개별화 전환교육계획을 위한

전환사정

(Transition Assessment)

조 인 수 저

대구대학교출판부

□ 저자 소개

조인수(대구대학교 특수교육과 교수)

저서: 특수교육학, 정신지체아교육, 정신지체인 직업지도의 이론과 실제, 직업재활개론, 직업재활과 지원고용, 자기결정기술, 자기결정 교수방략, 전환교육, 행동수정의 이론과 실제, 수업개선방법과 지도실제, 교육심리학, 여가·생활지도, 부모교육 등 50여편의 저서가 있음

논문: 학습자극의 내용과 자극 제시 방법에 따른 정신지체아의 선택적 주의 집중 외 100여편의 논문이 있음

1판1쇄 | 2009년 12월 1일
1판4쇄 | 2012년 9월 20일
지은이 | 조인수
펴낸이 | 홍덕률
펴낸곳 | 대구대학교출판부
경북 경산시 진량읍 내리리 15
전화 053) 850-8661~4 | 팩스 053) 850-5669
http://press.daegu.ac.kr/
찍은곳 | 남경기획
ISBN 978-89-7794-541-8-93370
정가 | 17,000원

개별화 전환교육계획을 위한

전환사정

(Transition Assessment)

최근 들어 특수교육계에서 가장 이슈가 되어 사용되어지고 있는 용어는 전환교육과 서비스다. 이들 용어는 개체의 차이성과 특정성에 따른 실질적인 사회적 통합을 전제로 특별한 교육적 지원요구학생들의 결과중심 전환을 위한 진로교육의 총체적 서비스활동을 제공해야 그들의 주도적인 삶의 질향상을 시킬 수 있다는 당위적인 명제로 사용되고 있다.

이와 같은 필요성에 비추어 미국을 비롯한 선진제국에서는 전환교육이 제대로 수행되고 있으나 우리나라에서는 전환교육에 관한 이해와 교육적 조치들이 매우 부족한 실정에 있어 특수교육현장에 지도지침서가 될 수 있겠금 많은 내용을 담으려고 노력하였다.

책의 구성은(제1장 전환교육의 배경과 전개과정, 제2장 전환교육계획과 실행, 제3장 전환사정의 영역과 내용, 제4장 전환사정 전략과 모델, 제5장 장래계획에 대한 사정, 제6장 자기주장과 자기결정 사정, 제7장 학습과 행동의 사정, 제8장 기능적 생활기술사정, 제9장 직업사정, 제10장 진로발달사정, 제11장 지원고용의 실행과 사정, 제12장 전화사정의 실천사항)총 12장으로 구성되어 있다.

머 리 말

이 교재는 전환교육과 서비스 전개과정에서 가장 선행되어야 할 전환사정(Transition assessment)에 초점을 두어 집필하였다. 한정된 시간과 외국문헌들을 참고로 사정 방략들을 제시하다가 보니 내용과 문맥들이 어색하고 미흡한 면이 많아 계속 보완해 나갈 생각이오니 많은 지도 편달 부탁드린다.

요즈음 특수교육 및 재활현장에서 장애학생들의 사회적 기술향상을 위한 전환교육에 많은 실천적 연구가 이루어지고 있는 과도기에 있어 본 책이 현장특수교육지도자들에게 실질적인 보탬이 되었으면 한다.

이 책이 출판되기까지 원고정리와 교정에 수고를 한 송정선 박사, 연구실조교 김수정, 박준영 학생, 좋은 책을 만들어 주시기 위해 애쓰신 대구대학교 출판부 박수영, 박지민 선생님께 고마운 정을 표한다. 끝으로 본서에서 언급된 내용이 미국의 선행연구물들을 중심으로 원고를 작성하여 우리 실정과 다소 거리감이 있고 미흡한 측면이 있겠으나, 교재를 참고하여 교육현장에서 내용을 재구조하여 사용할 수 있으리라 믿고 장애학생들의 전환교육과 서비스에 차원 높은 관심과 사회에 통합된 참다운 생산적인 인간육성을 하는데 작은 보탬이 되었으면 하는 바램이다.

2009년 12월 저자 씀

4 전환사정 전략과 모델 97

5 장래계획에 대한 사정 127

6 자기주장과 자기결정 사정 145

7 학습과 행동의 사정 187

11 지원고용의 실행과 사정 343

12 전환사정의 실천사항 383

1

전환교육의 배경과 전개과정

전환(transition)이란 한 가지 조건이나 장소로부터 다른 조건이나 장소로 변화해 가는 과정이며, 개인은 생애를 통해 이러한 전환의 다양한 형태를 경험하게 되고 또 이와 같은 과정을 통해 발전해 간다. 전환(transition)은 나이에 따라 성숙해 가며 겪는 변화에 대처하기 위한 종적 전환(예를 들면, 영유아기에서 초등학교로의 전환, 중·고등학교에서 성인사회로의 전환 등)과 상황과 환경의 변화에 따라 대처하기 위한 전환교육인 횡적 전환(예를 들면, 분리교육에서 통합교육, 병원이나 교도소에서 가정, 전학, 이사, 이직, 결혼, 정년퇴임)으로 나눌 수 있다. 전환이라는 용어가 교육적 환경 내에서의 각기 다른 과정을 지칭할 때도 사용되어지지만, 또한 전환은 학생의 졸업 후 적응을 용이하게 하는 과정의 의미로도 사용된다. 이렇듯 전환을 어떻게 개념 규정하느냐에 따라 전환에 대한 다양한 정의가 내려지기도 하며, 이에 따른 전환프로그램이나 지원전략이 달라질 수 있다. 본 장에서는 전환의 개념과 정의 전개과정을 중심으로 살펴본다.

1. 전환교육 및 서비스 정의

1) 전환교육의 정의

먼저 '전환(transition)'의 용어사용 변화과정을 살펴보면 1970년대 진로교육 운동이 1980년대 중반부터 새로운 개념으로 도입되기 시작한 것이 전환교육 운동이다. 역사적으로 본다면 1850년대 Edouard Seguin으로부터 1940년대 Rechard Hungerford에 이르기까지 성인기로 직업 전환되는 관심이 지금까지 이어져 온 개념이다. 전환에 대한 개념은 다양하게 사용되고 있으나 학교에서 직업적응을 위한 이동, 지역사회의 적응을 위한 준비 등 결과중심 전환교육 목적에 따라 전환 프로그램들이나 서비스들을 위한 전략들이 달라질 수 있다.

이는 미국에서 1980년대 중반에 'transition, transitional services, transition from school to society, transition for life'와 같은 용어들이 사용되었는데(Clark & Kolstoe, 1995; Halpern, 1985; Rusch, 1985; Wehman, Kregel & Barcus, 1985), 이 용어가 우리나라에서는 1990년대 중반 이후부터 '전환교육'이라는 용어와 더불어 '전환과정, 직업전환, 전환서비스, 전이, 전이서비스' 등의 용어로 사용되었다.

'전환과정'은 학교체제에서 사회체제로의 전환이 이루어지는 과정이 강조된 것이고, '직업전환'은 학교체제에서 사회로의 전환시 직업을 강조하여 사용한 용어로 사용된 것이며, 또한 '전환서비스'는 재활영역의 총체적인 지원측면에서 주로 사용되고 교육재활 측면의 경우, 학교체제에서 사회체제로의 전환을 위하여 학교에서 어떤 서비스가 주어져야 하는가에 초점을 맞춘 용어로 쓰인다. 또한 '전이, 전이서비스'는 transition을 '전환'이라는 용어 대신에 '전이'로 번역한 것이다. 이렇게 본다면 전환교육이라는 개념을 어떻게 정의하느냐에 따라 전환이라는 용어가 전혀 새로운 개념일 수도 있다. 우리나라의 장애인 등에 관한 특수교육법에서는 진로 및 직업교육이라는 용어로 사용되고 있다.

이 진로교육(career education)이라는 용어는 1974년 Sidney Marland가 Houston에서 학교 행정가들에게 행한 연설에서 그 용어를 처음 사용하였는데, 비록 요즘 사용하고 있는 전환교육과 유사한 점이 많다하더라도 전환교육이라는 개념은 장애인이 성인으로서 자립생활이라는 목표를 달성하기 위하여 장애학생이 갖는 제반 특성을 고려하여 종합적인 협력 지원체제 전략을 새롭게 체계화하면서 등장한 용어로 장애학생들을 위한 진로교육의 총체적 서비스 활동으로 간주되고 있다.

Wehman, Kreger와 Barcus(1985)는 다음과 같이 직업전환을 정의하고 있다.

직업전환은 대개 학교인사나 혹은 성인서비스 제공자에 의해 시작되고, 3년이나 5년 내에 학교를 떠나거나 졸업하게 되는 장애학생의 부가적 훈련 혹은 고용을 위한 계획이 수립되고 실행되는 세심하게 계획된 절차와 과정이다. 그러한 과정은 특수교육자, 부모, 학생, 성인서비스 전달 대표자 그리고 가능하다면 고용주가 참여해서 이루어져야 한다.

위의 정의에서 제시하고 있는 바와 같이 전환 노력은 학교와 지역사회의 다양한 인사들과 학생의 부모나 학생 본인의 적극적인 참여가 필요하다는 것이다. 또한 이 정의는 전환계획이 학생이 학교를 떠나기 전에 적절한 자격을 갖출 수 있게 구안된 계획적이고 체계적인 과정임을 제시하고 있다는 데 의의를 찾을 수 있다. 그러나 Wehman, Kreger와 Barcus(1985)가 제시하고 있는 정의가 학교에서 직업으로의 전환을 강조하고 있지만, 다수의 전환 전문가들은 전환프로그램은 지역사회 적응과 다른 성인 생활의 측면을 강조해야 한다고 주장을 하면서 의의를 제기했다. 이러한 주장은 특수교육 및 재활서비스국의 Madeline Will에 의해 제기된 것이며, 그가 "고용을 유도하는 서비스와 다양한 경험을 제공하는 성과중심의 과정"이라고 규정짓는 전환을 강조하면서 생겨나게 되었다. 다음은 전환에 관한 획기적인 문서 "학교에서 직업생활로의 교량모델"인 Madeline Will의 정의를 살펴본다.

학교에서 직업생활로의 전환은 고용으로 유도하는 서비스와 경험의 확장적 배열 구성으로 성과 지향적 과정이다. 전환은 고등학교 재학 중, 졸업시점, 중등학교 이후 교육이나 성인 서비스 그리고 고용의 최초 몇 년을 그 시점으로 한다. 전환은 학교에 의해서 제공되는 안전하고 구조적인 것과 성인생활의 위험과 기회를 연결하는 교량이다. 어떤 교량은 양끝 간에 안정된 지주와 굳건한 교각을 요구하기도 한다. 학교에서 직업으로, 그리고 성인생활로의 전환은 중등학교에서의 확실한 준비, 학교를 떠날 시점에서의 적절한 지원 그리고 필요하다면 성인의 생활사태에서의 서비스와 안정된 기회를 요구하게 된다(Will, 1984; p. 10).

위의 정의는 장애학생들의 고용을 위하여 학교에서 직장으로 전환을 강조한 "교량모델"이다. 이것은 "고용만이 아니라 성인생활의 적응에 필요한 비고용적인 차원도 고용이라는 궁극적인 목적에 기여하는 한 유의미하고 중요하다"고 주장한 Halpern(1985, p. 480)에 의하여 다시 수정되어지게 되었다. 그는 전환개념이 고용, 중등학교 이후 교육, 독립생활, 지역사회 참여, 그리고 사회적, 개인적 관계성에 대한 관심사를 포함시켜야 한다는 개념을 제시한 것이다. Halpern이 내린 전환개념은 학교에서 전환서비스를 시행하거나 학교 전환프로그램에 종사하는 전문가가 훈련에 직접 관여하도록 전개했다는 데 의의가 있다.

다음은 특수아동협의회 산하 진로개발 및 전환분과를 대표하여 Halpern(1994)이 내린 전환개념이다.

> 전환은 일차적으로 지역사회에서 이루어지는 성인의 역할을 학생이 감당하게 되는 상태로 간주된다. 이러한 역할은 고용, 중등교육 이후 교육의 참여, 가정의 유지, 적절한 지역사회의 참여 및 개인적, 사회적 관계의 만족 경험 등을 포함한다. 전환을 촉진하는 과정은 학교 프로그램, 성인기관 서비스 및 지역사회 내의 자연적 지원을 포함한다. 전환의 토대는 진로발달의 개념에 의해 안내되는 초등학교와 중등학교 동안 놓여져야 한다. 전환계획은 적어도 14세부터 수립되어야 하고, 학생은 능력의 완전한 신장을 위해 이와 같은 계획에 최소한의 책임을 이행하도록 해야 한다(p. 117).

이러한 전환교육의 정의는 총체적인 지원서비스체제로 지원의 흐름이 이동할 수밖에 없는 교육적 요구를 반영한 것이다. 공교육의 체제가 단편적인 지원이나 교육으로는 더 이상 장애학생이 통합된 지역사회에서 생산적이고 경제적인 개체로서 개인의 삶의 질을 제고할 수 없다는 가정의 토대를 반영하게 된 것이다.

이런 입장은 1990년 장애아교육법(IDEA; P.L. 101-476)과 1997년 확대 수정된 장애아교육법(IDEA; P.L. 105-17)에서 전환의 목적을 다음과 같이 설정하고 정의를 내렸다.

> IDEA의 전환의 목적(section 300. 1): (a)모든 장애아동의 고용과 독립생활을 위한 준비와 그들의 독특한 욕구를 충족시키기 위해 설계된 특수교육과 관련된 서비스를 강조하는 무상으로 적절한 공교육을 활용할 수 있도록 보장하는 것. (b)장애아동과 그들 부모의 권리를 보장하는 것, 고용과 독립생활을 위해 학생을 준비시키기로 의도된 특수교육과 관련 서비스의 분명한 진술서에 교육자, 부모, 학생은 학생의 학교 경험을 위해 계획을 할 때 성인결과를 고려해야만 확실히 성공할 수 있다(판례법; 20

U.S.C. 1400).

IDEA 전환의 정의(section 2000.29): (a) 전환서비스는 장애학생을 위한 일련의 통합된 활동의 수단으로 (1)전환은 중등학교 이후 교육, 직업훈련, 통합고용(지원고용 포함), 계속적인 성인교육, 성인서비스, 독립생활이나 지역사회 참여를 포함하는 학교에서 학교 이후의 활동으로 이동을 촉진하는 결과중심 과정 내에서 고안된 장애학생을 위한 일련의 통합된 활동이다. (2)이것은 학생의 기호나 관심을 고려한 학생의 욕구를 기초로 하며, (3)다음 사항을 포함한다. ①교수 ②관련된 서비스 ③지역사회 경험 ④고용과 다른 학교 이후의 성인생활 목표 개발, 그리고 ⑤만약 적절하다면, 일상생활 기술과 기능적 직업평가의 습득을 포함한다. (b)만약 특별하게 설계된 교수 혹은 관련 서비스로서 제공되거나, 장애학생이 특수교육으로부터 유익을 얻게 보조하도록 요구되어 진다면 장애학생을 위한 전환서비스는 특수교육이 될 것이다(section 300.18).

전환체제는 중등학교의 직업교육 프로그램의 좁은 선택의 문제점으로부터 시작하여 직업교육의 교육과정 접근(Hungerford, 1948), 중증장애인의 직업교육 접근으로 지원고용모델(Gold, 1972), 그리고 생활 속에서 이루어지는 교육에 중점을 둔 진로교육모델(Marland, 1974), 학생이 학교를 떠나기 전 부가적 훈련과 고용을 위한 계획수립을 강조한 직업전환모형(Wehman, Kreger & Barcus, 1985), 지역사회 적응과 다른 성인 생활의 측면을 강조한 모형(Halpern, 1994) 등의 이동과정을 거치면서 서비스의 계열성과 발달적 모델을 제시한 종합적인 지원체제로 이동을 해왔다.

이러한 정의적 모델이 부각된 원인은 공교육의 문제점(Ysseldyke, Algozzine, & Thurlow, 1992)으로 장애인의 실업과 낮은 삶의 질이 거론되기 시작하면서(Edgar, 1987b; Wagner, 1989) 출현하게 되었으며, 이는 구체적인 전달체제, 교육의 수월성 제고, 특수교사들이 수행해야 할 광범위한 역할 등 새로운 교육 체제와 종합적인 지원체제로의 급진적 이동의 필요성을 야기시켰다.

2) 전환교육의 배경과 발전

장애학생의 통합교육을 주도한 근본적인 사건은 미국의 전장애아교육법 P.L.

94-142(EAHCA,1975) 의 통과라고 할 수 있다. 전장애교육법에서는 3세에서 21세 이상의 모든 장애학생들에게 무상의 적절한 공교육(free appropriate public education: FAPA)을 제공할 것을 요구하고 있다. Sitlington, Clark, Kolstoe(2000)은 장애를 가진 사람들이 전통적인 학교 교육이나 경쟁 고용에 참여하는 것과, 지역사회의 시민으로 인정받는 것은 역사적 사건들이라고 했다.

전환계획운동은 여러 가지 면에서 1970년대와 1980년대 초의 전장애아 교육법과 진로교육 운동의 결합에 의한 산물이라 할 수 있다. Ken Hoyt(1975)은 진로교육을 "생활방식이나 일의 부분으로 직업에 종사하기 위한 준비이며 그것을 통해 배우는 경험의 총체"라고 정의했다. Hoyt(1977)는 더 부연하기를 진로 교육은 "개인들이 그의 삶에 있어서 의미 있고 생산적이고, 만족할 만한 직업 생활을 하기 위하여 각 사람들이 필요한 지식과 기술, 태도 등을 획득하고 활용할 수 있도록 도와주는 폭 넓은 지역사회 활동과 교육에 초점을 맞춘 노력"이라고 정의했다. 진로 교육은 모든 학생을 위한 교육운동으로 공교육 경험을 보다 의미 있게 제공하기 위한 시도이고, 학문적 교육내용이 실제 세계의 경험과 잘 결합되도록 하기 위한 것이다. 또한 진로 교육은 가족 구성원, 시민, 학생 등을 포함하는 개인의 역할 뿐만 아니라, 보수가 있거나 없는 일도 포함한다. 그것은 학생들이 직장과 지역사회 생활에 적절하게 적응할 수 있도록 사회적 기술, 대인관계, 작업 습관, 직업에 대한 태도가 포함되어야 한다. 그러나 진로 교육 운동은 국가적인 토대위에 완전하게 실행된 것은 결코 아니다(Sitlington, et al. 2000).

1970년 이래 많은 경쟁적이고 보완적인 교육적 정의가 학자와 지역사회 인사들에 의해 주도적으로 정의되었다. School-to-Work Opportunities 법안은 공교육에 있어서의 체계적인 변화를 위한 또 다른 시도였는데, 그것은 직업이나 성인 교육 그리고 모든 학생들이 고 기술, 고 임금을 받을 수 있는 직장의 취업 기회를 증가시킬 수 있는 기반을 갖추었다(U.S. Department of Education,1994). 그러나 School-to-Work Opportunities 법안(1994)은 국가적인 기반 위에 완벽하게 실행되지 못했고, 경쟁과 보다 학문-중심적인 교육 주창자들에 의해서 점점 더 힘을 잃게 되었다. 하지만 의미 있는 진로 교육과 직업 준비를 공교육 속에 포함시키려는 목표와, 학문적인 교육과 진로 준비를 결합시키려는 목표는 계속되었다. 이것은 ①국가적으로 높은 학교 낙제율 ②학생들이 직장 유지를 위한 기술 없이 고등학교를 졸업한다는 고용인들의 계속적인 비판 ③미국 직장환경의 자연스러운 변화

(Lombard, Miller, & Hazelkorn, 1998)등 많은 요인에 의해 영향을 받아왔다.

Field 등(1998)은 많은 장애학생들이 성공적인 사회구성원이 되기 위해 요구되는 기술 없이 성인생활로 전환하고 있다고 보고했다. 장애 학생들이 노동시장에서 참여할 준비를 제대로 하지 못한 채 고등학교를 수료하고 졸업하는 반면에, 노동 시장은 고용을 위해 보다 많은 기술과 숙련을 요구하고 있다. 저 기술을 가지고 고 임금을 받는 시대는 지나갔다(Lombard, Hazelkon, &Miller, 1995). 21세기의 높은 질적 고용에서는, 고 임금에 질 높은 기술을 요구하고 있다. 독립적으로 살아가는 아주 소수의 장애인만이 생활비를 벌거나 정규직으로 완전고용 되어 있다(Hasazi, Gorden, & , Roe 1985; Siegel, 1992; Sitlington, Frank, & Carson, 1992). 그리고 장애를 가진 아주 소수의 사람만이 21세기가 요구하는 고용 기술을 배우기 위해 중등교육 이후의 교육을 받고 있다(Fairweather & Shaver, 1991). 현대 과학, 엔지니어링, 기술자와 같은 높은 기술을 요구하는 분야에서 일을 하는 장애학생들이 거의 없는 반면에, 중등교육 이후의 진로과정에 들어가려고 시도하는 학생들의 비율은 높은 편이다(National Science Foundation, 2000). 장애인 국제조직 위원회 보고에 의하면 "장애 성인의 71%가 미 고용상태인데, 이것은 일반 인구의 20% 정도가 미고용 상태인것과 비교된다(Louis harris and Associates, 2000)"고 보고하고 있다.

미국장애인법(IDEA,P.L. 101-476,1990)의 통과로 교육자들은 장애학생을 위한 개별화교육계획(IEP)의 한 부분으로 16세보다 늦지 않게 (필요하다면 14세부터) 개별화 전환교육계획을 작성하게 되었다. 이 법률은 전환서비스를 다음과 같이 정의하고 있다.

결과 지향적인 과정 안에서 디자인된, 학생들을 위해 조정된 활동들로써 학교에서 학교 이후의 활동들로의 움직임을 촉진하는 것이다. 이 학교 이후의 활동들에는 고등 교육, 직업 훈련, 통합 고용(지원 고용 포함), 지속되는 교육, 성인 서비스, 독립생활 또는 지역사회 참여가 있다

IDEA(1990)에서는 일찌기 전환요구 사정의 중요성을 기술하고 있다. 특별히 이 법안은 "활동을 조정하여 설계할 때 학생개인의 요구에 기초해야 하고, 학생의 수행능력 측정과 흥미를 포함해야하고, 학업, 지역사회경험, 고용에 관한 발달상황, 학교이후 성인생활의 목표, 적절한시기, 일상생활기술 습득, 직업기능의 평가가 포함되어야 한다"(20 U.S.C. 1401(19))고 규정하고 있다.

생활에 대한 준비와 전환계획의 중요성은 IDEA 개정 법안(1997)의 법조문에서 강조되었고, 전환이 학교 준비의 중요한 구성요소로 재확인 되었다. 법안의 목적은 "장애를 가진 모든 학생들이 특수교육과 그들의 독특한 요구와 그들의 고용과 독립적인 삶을 위한 준비를 충족시킬 수 있도록 조성된 관련 서비스를 강조하는 적절한 공교육을 그들에게 제공할 것을 확실히 하는 것이다"라고 제시하고 있다.

목적 진술에서 IDEA법안(1997)은 장애학생의 교육 목적이, 장애를 가진 학생들의 성인생활 참여를 위한 준비를 하는 것이라는 사실을 다시한번 확인시켰다. 완전무상 공교육을 제공하기 위한 교육자들의 책임도 회피할 수 없다. 학생들의 IEP 개발에 있어서의 전환사정에 관한 내용이 이 법안에서 언급되고 요구되었다(Section 602.(A-C)).

2004년 (12월 P.L. 108-446) IDEA는 부시 대통령에 의해 승인되어 의회에서 공포되었다. 이 법에서는 전환평가와 전환계획에 대하여서는 고등학교 이후 생활을 위한 계획을 지원한다는 명령이 법에 의해 확고히 명시되었다.

IDEA에서 제시한 전환계획에 대한 몇 가지 주요 변화 내용을 살펴보면 다음과 같다.

전환계획은 어린이가 16세에 첫 번째 IEP가 실행되는것 보다 늦지 않게 전환계획이 시작되어야 하고, 해마다 계속해서 누가 기록해 나가야 한다(Section. 614(d)(1)(A)(i)(ⅤⅢ)).

학교 이후 목표를 위한 적절한 측정은 훈련, 교육, 고용, 적절한 장소, 반드시 개발되어야 하는 독립생활 기술과 관련되어있는, 나이에 적절한 전환사정에 기반해야 한다(Section614(d)(1)(A)(i)(ⅤⅢ)(aa)).

학생들이 중등교육 이후의 목적에 도달하기 위해 필요한 전환 서비스가 개발되어야만 한다(Section614(d)(1)(A)(i)(ⅤⅢ)(bb)).

법이 정하는 나이에 도달하기 1년전 보다 늦지 않게 시작해야 한다. 이 법률에 의한 아동의 권리는 아동에게 알려져야 하고, 어떤 경우에는 615항목에 의해 적정 도달 나이를 변동시킬 수 있다(Section614(d)(1)(A)(i)(ⅤⅢ)(cc)).

2004년 IDEA에서는 장애학생을 위한 조정된 활동설계를 위한 전환서비스 개념을 다음과 같이 정의하였다.

(A) 결과지향 과정 내에서 설계된다. 이것은 장애를 가지고 있는 아이들이 학교로부터 학교 이후의 활동으로의 움직임을 촉진할 수 있는 학문적 기능적인 성취의 개선에 초점을 두고 있는데, 학교 이후의 활동들은 고등교육, 직업교육, 고용 중재, 계속적인 성인교육, 성인서비스, 독립생활 또는 지역사회 참여를 포함한다.

(B) 학생들의 강점과 선호 그리고 흥미 등을 고려한, 개인 아동들의 필요에 기반해야 한다.

(C) 교수, 관련서비스, 지역사회 경험, 고용, 학교 이후 성인생활 목표, 적절한 시기, 일상생활기술 획득, 기능적 직업평가가 포함된다(Section 602. Definitions(34) (A-C)).

IDEA에 정의된 전환은, 학생들을 계획 과정에 통합시키고 학생들에게 자연스러운 동기부여를 제공하는 일을 시도할 뿐만 아니라 장애를 가진 아동과 그들의 가족들에게 적절하고 의미있는 교육을 제공하기 위해 시도하는 것이라 할 수 있다. 학생들에게 제공되는 교육프로그램이 그들의 목표나 열망에 기초하고 있다고 믿는다면, 중·고등학교 교육은 보다 적절한 것이 될 것이다. 전환계획은 학생의 미래를 결정하기 위해, 학생본인과 가족을 고무시키는 과정으로 장애를 가진 청소년이 고등학교 이후의 삶의 질적 개선을 위한 장래 목표를 확인하고 전략을 개발시키기 위해 정보를 모으고 사용하는 과정이다. 효과적인 전환계획은 고등학교를 떠나며, 성인 생활의 책임을 가지게 되는 모든 학생들을 위해서 진정 필요한 것이다.

2. 전환교육의 관련 용어와 규정 변화

전환교육은 지원수준의 발달적 모델에 의해 다양한 개념정의의 변화가 있었다. 종합적 지원체제로의 이동은 특수아동협의회 산하 진로개발 및 전환분과의 정의(Halpern, 1994)와 장애아교육법(이하 IDEA라 칭함, P.L. 101-476)의 개념정의에서 가장 핵심이 되는 것이다.

이러한 정의는 분명히 복합적인 중등학교 이후 결과를 위한 지원을 전환서비스 안으로 포함하기 위해 초기 전환교육 관점에서 확대된 개념적 구조를 가진다. 전환교육의 종합적 지원체제로의 이동변화와 개념적 원리의 핵심사항을 정의적인 관점에서 확인할 수 있다.

1) 용어의 의미

법령(P.L. 101-476)에 나타난 전환과정 용어의 의미는 다음과 같다.

□ 학교이후 활동이란?

이것은 개인이 다양한 성인 역할들 즉 중등이후 교육, 직업적 훈련, 고용통합(지원고용 포함), 계속적인 성인교육, 성인서비스, 독립적 생활, 그리고 지역사회 참여 활동 등이다. 이러한 활동들은 단지 고용에 초점을 둔 관점에서 뿐만 아니라 지역사회 내에서 확장된 삶의 영역으로 옮기는 욕구를 포함하고 있다는 것을 의미한다.

□ 결과지향적 과정이란?

성과 지향적 과정에서 결과란 용어는 전환과정에서의 주요한 일반적, 구체적 목표를 나타내고 있다. 법령에 의해 명시된 것처럼 이것들은 고용, 중등이후 교육, 직업적 훈련, 평생교육, 성인 서비스, 독립적 생활, 그리고 지역사회 참여 등이다.

□ 서비스 제공 시기는?

적어도 16세 이전에 학생에게 제공되어야 한다(IDEA P.L. 108-446, 2004).

□ 일련의 통합된 활동이란?

이것은 전환서비스를 구성하는 활동과 학생에게 전환서비스를 제공하는 각 기관간의 연계를 의미한다. 전환과정은 불가피하게 지역사회에서 각 기관의 다양한 인사들이 참여하게 되고 법령은 활동과 서비스가 중첩되지 않을 것과 각 기관과 인사가 각자의 책임한계를 인식하여야 함을 규정하고 있다.

□ 전환과정의 요소는?

학생의 기호나 관심을 고려한 학생의 욕구를 기초로 하여, ①교수 ②관련된 서비스 ③지역사회 경험 ④고용과 다른 학교 이후의 성인생활 목표 개발 그리고

⑤만약 적절하다면, 일상생활 기술과 기능적 직업평가의 습득을 포함한다.

□ 서비스 결정은 누가 하는가?

학생, 학생의 교사, 학교의 책임자, 부모, 그리고 개별학생에게 필요한 서비스를 제공하거나 계획에 참여하는 외부기관의 대표자이다.

□ 전환서비스가 제공되는 장소는?

법령에는 전환 서비스가 제공되어지는 장소에 관한 특별한 언급은 없지만 학교, 지역사회, 일터, 그리고 거주지역 등 다양한 장소에서 전환서비스가 제공되도록 한다는 것을 추측할 수 있다.

□ 필요로 하는 서비스의 종류에 대한 팀의 결정은?

IEP팀이 특정 학생에게 제공할 서비스의 종류를 어떻게 결정해야 하는지를 규정하고 있지는 않다. 전환이 IEP의 구성요소가 된 이후 장애학생들에게 개별적으로 포괄적인 사정을 기초로 다른 교육 및 관련 서비스를 확인하여 응용하는 과정을 따른다.

2) 전환교육의 개념적 구조 변화

장애인의 직업을 위한 전환교육 내용은 미흡하지만 전장애아교육법(EHA) 제정 당시부터 있어왔으며, 개념적 구조가 점점 더 단계적인 지원체제로 이동하여 왔다.

1975년에 제정된 전장애아교육법(Education for All Handicapped Children Act, P.L. 94-142)과 이를 개정한 장애아교육법(1990, PL. 101-476; 1997, P.L. 105-17)을 중심으로 장애아동의 교육권 확보와 직업재활을 위한 노력들이 전개되어 왔다.

전장애아교육법의 내용을 살펴보면 모든 장애아동을 최소로 제한된 환경에서 자유롭고 적절한 공교육을 받도록 규정하고 있으며, 장애아동이 아동의 현재 기능의 수준, 장・단기 목표, 제공될 서비스, 서비스의 시작 종결시기, 평가계획, 평가서비스, 일반교육에 참여 기회를 확대하기 위한 계획을 포함한 성문화된 개별화교육프로그램(IEP)을 가질 것을 규정하고 있다. 여기에서 학생에 대한 평가절차는 공정하고(nondiscriminatory) 다학문적(multidisciplinary) 팀에 의해 이루어져야 하며 아동이 특수교육에 배치되거나 평가되어질 때 부모는 그 사항을 알고 있어야 한다고 규정하고 있다.

전장애아교육법에 대해 좀 더 자세히 살펴보면 첫째, 법도입 시기에는 어린 장애학생에게 관심을 가지고 실행되었지만 1970년대에 이르러서는 직업훈련과 독립생활기술의 필요성이 대두되면서 중등학교 특수교육 학생에 관한 인식이 증가하기 시작했으며, 최소로 제한된 환경(Least Restrictive Environment) 조항은 직업관련 목표와 목적을 성취할 수 있도록 현장에 배치하는 반응적 환경(responsive environment)과 최소로 제한된 환경을 중등학교 학생들에게 분명하게 제안하겠다는 내용을 강조한 조항임을 의미한다(Phelps, Frasier, 1988).

둘째, P.L. 94-142의 규정은 정상학생이 활용할 수 있는 서비스와 비슷한 프로그램의 유형에 장애학생의 접근을 보장할 수 있도록 주와 지방 교육기관에 몇 가지 단계를 가질 것을 규정해 놓고 있다. 이러한 프로그램은 일반적으로 산업기술과 가정경제, 그리고 직업교육을 담고 있다(Federal Register, August 23, 1987).

이 시대의 연구들은 고용과 독립생활에 대한 중등 특수학교 장애학생의 열악한 학교이후 결과에 대해 관심이 증가하기 시작했으며, 따라서 중등학교 학생의 필요에 관심제공 및 1980년대에 우세했던 학교에서 작업으로의 전환(school-to-work) 운동을 위한 기초작업을 실제로 전장애아교육법이 제공하게 되었다.

장애아동을 위한 최소로 제한된 환경에서 적절한 공교육을 받도록 규정한 이후 여러 번 확대수정을 거쳐 1990년 P.L. 101-476에 IEP 서비스를 강화시켰다. 그 사항을 살펴보면 다음과 같다.

첫째, IDEA(1997, P.L. 105-17)는 조기 전환계획 수립을 강조하고 있다. 학생배치와 직업교육 프로그램 참가와 같은 아동의 학업과정에 주안점을 둔 학생 IEP의 구성요소 아래 아동의 전환서비스 욕구에 관한 진술 내용을 해마다 갱신해야 하고, 적어도 14세까지는 실행해야 한다고 규정하고 있다. 또한 고용과 학교이후 결과를 위한 준비로 IEP 개발의 중요성을 강조한 사항으로 학생은 적어도 14세 혹은 적절하다면 더 빠른 시기에 IEP 작성을 하도록 도와야 한다(section 300.347(b)). 이에 관련된 규정을 보면, - (b)전환서비스. IEP는 다음의 사항을 포함한다.

(1) 각 장애학생은 14세 (혹은 적절하다고 여겨지면 더 빠른 시기에 IEP팀에 의해) 에 시작해야 하고, 해마다의 갱신, 학생의 진보적 배치과정 혹은 직업교육 프로그램에 참여 같은 학업과정에 초점을 두고, 학생에게 적용할 만한 IEP의 구성요소에 학생의 전환 서비스의 욕구의 진술을 포함한다.

(2) 각 학생에 대하여, 16세에 시작(만약 IEP팀에 의해 적절하다고 여겨지면 더 어린 나이에)하고, 학생을 위한 필요한 전환서비스의 진술, 기관간 책무성의 진술 혹은 필요한 연계를 포함한다. 전환노력(교수와 계획)들은 조기에 시작할 필요가 있다.

둘째, 전환계획 수립 과정을 위해 특수교육자가 반드시 책무성(responsibility)을 가질 것을 포함하고 있으며, 또한 IEP에 학생이 학교체제를 떠나기 전 공립기관의 책무성 혹은 연계의 진술내용을 포함할 것을 제시하고 있다. 이런 규정들은 전환계획 수립에 장애인에게 중등학교 서비스를 제공하는 인사와 단체를 포함시킬 것을 규정하고 있다(미국 교육부, 1992).

셋째, 전환계획 과정에서 학생들이 주도적인 활동을 하도록 한다. IDEA의 최종규정에 전환서비스 목적이 학생의 전환서비스 욕구나 필요한 전환서비스 혹은 이 둘 모두가 고려되어지는 모임이라면, 14세에 시작되는 전환 서비스 모임에 학생이 참석할 것을 요구하고 있다(section 300.344b).

만약 학생이 참석하지 않으면, 공기관은 학생의 기호, 흥미를 보장할 수 있는 다른 조치들을 취해야 한다. 그리고 만약 모임에 초청된 기관의 대표가 참석하지 않으면, 공기관은 전환서비스의 계획수립에 다른 기관이 참석할 수 있는 조치를 취해야 한다(미국 교육부, 1992). 다음은 그 법적 조항의 내용을 담고 있다.

(1) 이 항의 단락(a)(7) 아래, 공공기관은 만약 IEP 모임의 목적이 다음을 고려한 사항이라면 IEP 모임에 어떤 나이의 학생이라도 참석할 것을 요청해야 한다.

(i) section 300.347(b)(1) 하에, 학생의 전환서비스 요구
(ii) section 300.347(b)(2) 하에, 학생을 위한 필요한 전환서비스 혹은
(iii) 둘 다

넷째, IDEA는 전환서비스의 규정에 기관간 계획수립(interagency planning)에 관한 사항을 규정해 놓고 전환서비스와 계획 수립은 팀에 의해 수행되어야 함을

강조하고 있다. 이 팀은 지역사회와 성인서비스 기관(예를 들면, 재활상담사)의 인사를 포함시킬 것을 요구하고 있다. 기관간 계획 수립은 특수교육자, 적절할 때 학생의 IEP모임에 초대되어진 외부 기관의 인사에 의해 주도되어져야 한다. 학생의 요구와 목표를 제고하기 위해 IDEA는 외부기관과 일치된 서비스의 연계가 되도록 중등학교 특수교사가 필요하다고 규정해 놓고 있다(section 300.348(a)(b)).

한편 1997년 장애아교육법 개정안(IDEA, P.L. 105-17)은 1990년 장애아교육법을 수정하여 새롭게 성안된 내용이다. 최종규정은 1999년 3월 12일 연방법(Vol. 64, No. 48, pp. 12406-12672)에 공포되었고, 1999년 5월 11일에 효력을 발휘했다. 몇 개의 항목은 학교에서 성인생활로의 전환계획 수립 전망을 확대 적용시켰다. IDEA의 이런 중요한 항목을 ①목적 ②정의 ③조기전환계획 수립 ④성인기로의 권리이동 ⑤학생의 평가 등을 중심으로 1990년 IDEA가 총체적인 지원체제로 수정확대 되었다. 이들 변화는 다음과 같다.

- "관련 서비스"가 전환서비스 항목에 추가되었다.
- 장애학생들은 주 전체 단위 평가(statewide testing)에 참가해야 한다.
- 기능적 행동 사정이 구비되어져야 한다.
- 전환의 목표에 학생의 자기결정을 강조하고 있다.
- 전환계획은 적어도 14세에 시작되어야 한다.

P.L. 105-17 변화의 핵심은 장애학생의 높은 중퇴율을 감안한 조치이다. 고용과 학교이후 결과를 위한 준비로 IEP 개발의 중요성을 강조한 사항으로 학생은 적어도 14세 혹은 적절하다면 더 빠른 시기에 IEP 작성에 들어가도록 도와야 한다는 사항이다(section 300.347(b)). 이에 관련된 규정을 보면 IDEA(P.L. 105-17)는 다음과 같이 규정하고 있다.

(b) 전환서비스에서 IEP는 다음의 사항을 포함하고 있다.

(1) 각 장애학생은 14세(혹은 적절하다고 여겨지면 더 빠른 시기에 IEP팀에 의해)에 시작해야 하고, 해마다의 갱신, 학생의 학업 과정(진보적 배치과정 혹은 직업교육 프로그램에 참여 같은 것)에 초점을 둔 그들에게 적용할 만한 IEP의 구성요소 아래 학생의 전환서비스의 욕구 진술, 그리고

(2) 각 학생에게 필요한 전환서비스의 진술은, 16세에 시작(만약 IEP팀에 의해 적절하다고 여겨지면 더 어린 나이에)하고, 만약 적절하다면, 기관간 책무성의 진술 혹은 필요한 연계를 포함한다.

이렇게 분석한 전환체제는 장애인 삶의 질적 향상을 위한 공교육의 노력이다. 교사와 학교자체만의 노력으로 계속적인 실업을 보이고 있는 장애인 직업교육과 특수교육의 협력체제를 구축해 장애학생의 성과중심의 삶의 질을 보장하도록 구안된 이러한 전환서비스 체제는 일련의 전환계획과정 즉, 학교와 일터 그리고 성인서비스 제공자들의 책임을 나누는 종합적인 지원체제로 이동한 것이다.

가장 최근에 입법화된 2004년 IDEA는 고등학교 이후 생활을 위한 계획을 지원하는 전환계획과 전환평가에 대한 명령이 법에 의해 확고히 명시되었다. IDEA에서 전환계획에 대한 몇 가지 변화를 자세히 살펴보면 다음과 같다.

전환계획은 아동이 16세 때 법적으로 결과를 위한 IEP를 시작해야 하는 시기보다 늦지 않게(즉 16세 IEP 실행 결과를 알기 위하여 그 이전에 사정이나 계획들이 실행되고 있어야 하므로 14세에 시작됨을 의미함), 그리고 해마다 계속해서 추가로 기록해 가야 한다(Section. 614(d)(1)(A)(i)(ⅧI)).

학교 이후 목표 설정을 위해서는 훈련, 교육, 고용, 시기, 독립생활기술과 관련한 연령에 맞는 적절한 전환사정에 기초한다(Section614(d)(1)(A)(i)(ⅧI)(aa)).

전환서비스는 아동이 학교이후 목표를 도달하기 위해 지원해야 할 것이 무엇인지를 요구 한다(Section614(d)(1)(A)(i)(ⅧI)(bb)).

법이 정하는 나이에 도달하기 1년 전 보다 더 이전에 시작한다. 이 제목 아래 아동의 법적 권리가 문서화되어 있어야 하고 예외의 경우에는 법조항에 의거하여 아동이 해당하는 적정나이를 변동시킬 수 있다(Section614(d)(1)(A)(i)(ⅧI)()).

2004년 IDEA에서는 장애학생을 위한 전환계획을 위한 포함되는 서비스 항목을 정의하고 있다.

IDEA(2004)에서는 결과지향과정으로 설계되었다는 점과 학생의 개별적 요구, 학생의 강점, 수행능력, 흥미에 대한 사정에 기초해야 한다는 것과 학습, 관련서비스, 지역사회 경험, 고용, 학교 이후 성인생활 목표, 적절한 시기, 일상생활기술, 직업적 기술에 대한 평가가 포함된다는 것이 주요 내용이다.

한편 전환에 관한 법령적 정의 뿐만아니라 다른 정의에서도 제안하고 있는 바 특히, 전환과정은 실제 "분야별(영역) 교차 접근(transdisciplinary)"이 이루어져야 한다는데 주목해야 한다. 이 용어는 전환계획은 교육 이외의 영역에서 학교 외부의 기관 전문가들의 공동 참여가 있어야 한다는 것을 의미한다(Levinson, 1993). 즉, 전환계획은 교육, 정신건강, 사회사업, 그리고 직업재활 각 분야 전문가들의 공동의 참여로 이뤄져 있기 때문이다. IDEA의 결과로 인해 교육자가 전환계획의 중요한 역할을 담당해야 하지만, 교육자는 이미 언급한 각 분야의 전문가들과 연계하는 역할을 해야 하는데 이는 장애학생이 학교를 떠나게 되면 이들에 대한 기본적인 책임을 떠 맡게 될 기관들이기 때문이다. 전환교육을 수립하는데 있어서 이들 기관들의 전문가들을 참여시키는 데 실패한다면 그 성과는 성공적일 수가 없다.

이러한 종합적인 지원체제로의 개념적 구조가 적합하게 수행되어진다면, 이 절차들은 개인으로 하여금 중요한 지식과 기술을 습득하도록 이끌고, 지역사회에서 서비스와 필수적인 지원과 함께 연계지을 수 있게 된다. 궁극적으로 이 결과들이 성취된다면 학생은 개인적 성공감을 이끌 수 있다. 이 절차를 도식화하면 그림 1-1과 같다.

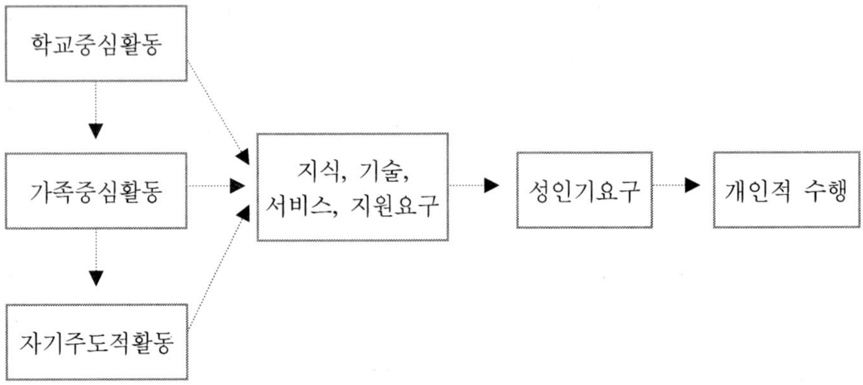

[그림 1-1] 성인기 전환과정의 함의

J. R. Patton and C. Dunn, (1998). *Transition from School to Young Adulthood : Basic Concepts and Recommended Practices.* Austin, TX:PRO-ED.

3. 전환교육의 전개 과정

전환교육은 학생이 학교를 떠나 성인생활에 실질적으로 적응할 수 있도록 돕는 결과중심의 교육과정을 전개함으로써, 학생의 교육적 요구와 흥미에 기초하여 교수, 관련서비스, 지역사회 경험, 직업과 다른 성인생활을 위한 능력들을 발달해 가는 과정이다(Sitlington, Clark & Kolstoe, 2000; 조인수, 2005). 특히 성인생활을 준비하는데 있어 특별한 교육적 지원이 필요한 학생들은 개인의 요구와 특성을 고려한 전환교육계획과 프로그램이 더욱 강조된다(Sitlington et. al.,2000; Clark & Kolstoe,, 1995; IDEA, 2004). 이러한 교육적 요구를 보장하기 위하여 개인 학생의 능력과 흥미을 고려한 개별화 전환교육계획(Individual Transition Plan; ITP)이 수립 되어야 한다.

미국 장애인교육법(IDEA, 1990, 1997, 2004)에서 전환교육은 최소한 16세 이전에 개별화전환교육계획을 시행할 것과 해마다 계속적으로 누가 기록해 나갈 것, 중등학교 이후 목표들은 훈련, 교육, 고용 등과 관련된 전환사정에 기초해야 할 것과 적합한 환경과 독립적인 생활기술이 함께 개발될 것, 전환서비스는 중등학교 이후 목표를 이루기 위해 요청되는 지원들일 것, 법이 정하는 성년의 나이에 도달하기 1년 전에 학생의 권리에 대한 정보를 진술할 것을 명시하고 있다. 이와 같이 미국을 비롯한 선진제국에서는 장애학생들의 삶의 질 향상을 위한 전환교육과 전환서비스가 법·제도적인 규정이 마련되어 실행되고 있으나 우리나라에서는 특수교육현장에 제도적인 뒷받침 없이 초보적인 수준에서 전환교육이 이루어지고 있어 전환교육 수행당사자들의 편의와 이해를 돕기 위해 전환교육수행에 대한 절차를 제시하고 개별화전환교육계획과 관련한 학제적 협동접근모형을 제안하는 일이 매우 중요하다.

특별한 교육적 지원요구학생들의 전환교육의 일반적과정은 ①전환사정 ②전환교육계획 ③교육과 훈련 ④배치 ⑤추수지도의 과정으로 이루어진다(Sitlington et. al., 2000: 조인수 2005). 효과적인 전환교육을 실행하기 위해서는 특별한 교육적 지원요구학생들의 요구파악을 위한 전환사정이 일차적으로 이루어져야하고 이를 토대로 개별화전환교육계획이 수립되었을 때 성과지향적인 전환결과를 얻을 수 있다(Flexer et. al., 2005,조인수 2000).

장애학생들의 실질적 사회통합을 위한 전환교육은 그들의 흥미, 진로, 강점에 기초한 개별화전환교육계획의 실행에서부터 출발한다. 이를 위하여 선행되어야 할 일은 학생개인에 대한 올바른 사정이 이루어져야하고 이를 바탕으로 교육적 조치가 강구되어야 한다.

1) 전환교육의 구성요소

(1) 전환교육의 계획수립

구체적이고 공식적인 전환 과정에 대한 계획 없이는 장애학생이 졸업 이후 질 좋은 프로그램을 제공받을 수 없으며, 또한 취업의 기회도 갖기 힘들 것이다. 그림 1-2의 장애학생을 위한 전환 과정의 세 단계에서 보듯이, 공식적인 전환교육의 계획을 수립하고 이 계획을 누가 어떻게 수행할 것인가가 구체화되어야 한다.

[1] 공식적이고 개별화된 계획

전환교육에서 중요한 하나는 모든 장애아동을 대상으로 그들이 만 16세가 되기 이전에 공식적이고 개별화된 전환교육에 대한 계획서를 개발하는 일이다. 장애아동이 획득하게 될 기술과 졸업하기 이전과 이후에 받게 될 전환교육 서비스에 대하여 구체적으로 기술한 계획서 없이는 전환교육 모델의 다른 구성 요소는 별다른 의미를 갖지 못하게 된다. 이 계획서는 직업과 가정, 그리고 지역사회 활동에서 요구되는 기술들을 중심으로 하여 장기목표와 단기목표를 설정하여야 한다. 전환교육 서비스는 이를 적절히 담당하게 될 기관, 직업배치, 그리고 추수활동 등을 포괄하되 구체적으로 작성되어야 한다.

전환교육의 계획은 그 범위상 종합적이어야 한다. 지역사회 내에서 일을 하는 데에는 여러 가지 다른 기술들이 요구된다. 구체적인 직업기술 훈련과 더불어, 장애학생들은 지역사회 내의 서비스를 효과적으로 이용하고, 돈을 제대로 쓰거나 관리하며, 혼자 일터에 출퇴근을 하고, 다른 사람들과 사회적으로 상호작용할 수 있도록 준비되어야 한다. 따라서 이 계획서는 장애학생의 전반적 요구를 종합적으로 충족시킬 수 있도록 전 영역을 기술하여야 한다.

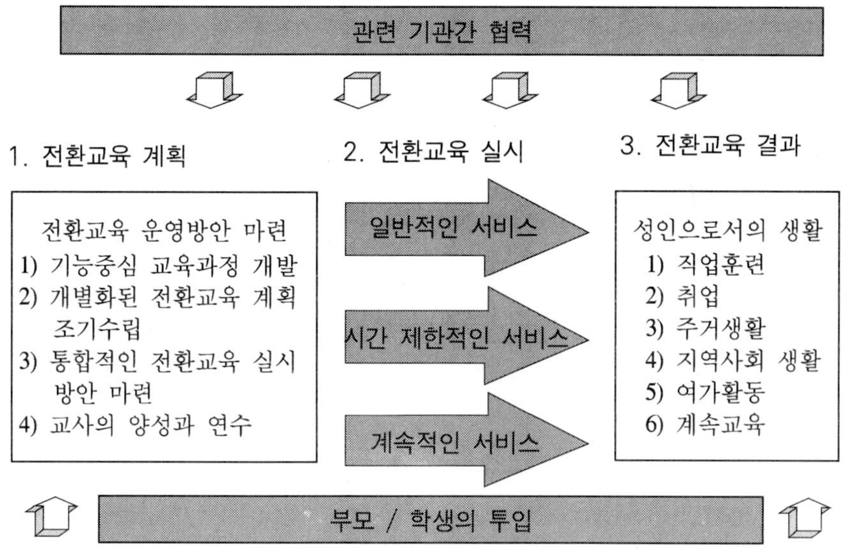

[그림 1-2] 장애학생을 위한 전환과정의 세 단계

전환교육 계획서는 또한 개별화된 것이어야 한다. 장애인 개개인은 졸업 후에 각기 다른 환경에서 일하거나 거주하게 된다. 또한, 각 개인은 졸업 후에 다른 형태의 서비스를 필요로 하게 될 것이다. 계획서는 한 학급이나 장애 영역의 일반적인 요구보다는 구체적인 개인의 요구에 초점을 맞추어 작성되어야 할 것이다. 나아가, 전환교육 계획서는 각 구체화된 서비스 활동을 누가 시작하여 계속되어지는지를 구체적으로 기술하여야 한다.

마지막으로 전환교육 계획서는 본질적으로 시간상 횡적인 연결성을 지녀야 한다. 이를 위하여, 전환교육에 관련되는 모든 개인과 기관이 전환교육 계획 수립의 초기 단계에 참여할 것이 요구된다. 이 계획서는 장애아동이 졸업하기 적어도 4년 전에 수립되어야 하고 그 후에 장애아동이 졸업 후 성공적으로 직업 배치에 적응할 때까지 적어도 일년에 한번 이상 수정되어져야 한다. 학교에 재학할 동안에는 전환교육 계획서는 아동의 개별화 학습계획(IEP)의 일부로 간주되어져야 한다. 이 계획서는 장애아동이 학교를 졸업한 후 만일 직업재활 서비스를 받는 경우 그 장애인의 "개별화된 전환계획서(ITP)"의 한 구성 요소로 될 수 있거나, 지역사회 서비스 기관의 개별화된 서비스의 일부가 될 수 있을 것이다. 비록 서비스를 제공하는 기관은 시간이 지남에 따라 바뀔 수 있더라도, 전환교육의 수립과 수정에 참여하는 관계자들의 계속성을 유지함으로써 서비스의 목표와 내용에 일관성을 유지할 수 있게 해야 한다.

[2] 전환교육계획을 위한 평가(사정)

전환교육 계획서를 개발하기 위해서는 장애아동에 대한 요구평가가 필요하다. 장애아동의 평가에 기초하여 전환교육을 위한 계획과 교수 방법이 달라질 수 있다. 그러나 전환교육 계획의 장기와 단기목표들은 모두 가능한 한 일찍 세워야 하며 교육평가는 학생이 학교생활을 하는 동안 지속적으로 이루어져야 한다. 개별화 전환교육계획은 성인으로의 전환에 초점이 맞추어지게 된다.

학생의 전환교육계획을 세울 때에는 다양한 측면이 고려되어야 한다. 독립생활을 위한 준비와 직업 기능등 특수교육 서비스 차원에서 학생 개개인의 평가가 이루어져야 한다. Sarkess와 Scott(1990)는 반드시 포함되어져야 하는 평가 부문들을 ①기본 신변자립 기능 및 의사소통 기능 ②수행 능력 ③대인관계 ④자신감 ⑤자기 건강법 및 손질 ⑥공동 업무 능력 ⑦업무 습관 ⑧성취된 학습 방식 등을 제시하고 있다.

관찰 기록표는 학생에 대한 풍부한 정보를 줄 수 있을 것이다. 부모, 교사, 고용주, 그리고 동료들이 각각 관찰 기록표를 기록한다면 그 학생에 대한 전반적인 것을 이해하는데 도움을 얻을 수 있다. 또한, 학생 자신이 자기 평가를 하는 방법도 추천할 수 있다. 현실적인 자기 평가는 모든 학생들이 가져야 하는 기능이며 연습을 통해 이러한 기능은 발전해 갈 수 있을 것이다. 가끔 학생 자신의 평가와 다른 사람에 의한 평가를 비교해 봄으로써 기능과 행동의 현실적인 평가를 할 수 있다.

[3] 목표의 설정

평가자료, 개별화 교육과정 개발팀의 노력, 가족의 가치관, 학생의 선호도에 따라 기대되어지는 전환교육의 목표는 장애인이 성인으로 적응해야 하는 사회생활을 성공적으로 하는 것이다. 성인으로 성취해야 할 목표를 설정하기 위해서는 의료적 필요, 교통수단의 이용, 개인별 장점과 제한점, 필요한 지원 서비스, 직업능력의 개발 정도, 그리고 여가 등에 대해서 고려해야 한다. 목표를 결정할 때 지금 현재 지역사회 내에서 제공되고 있는 서비스 종류에 의해 결정하거나 제한되어서는 안되며 개인과 가족의 필요와 욕구를 우선 반영해야 한다.

성인사회로의 성공적인 적응을 위한 교육의 과정으로는 기능적 학습, 취업과 직업 훈련, 독립적인 가정생활, 지역사회 활동에 참여, 취미와 여가 활동 기능의 5가지 영역으로 나누어진다. 각 영역에 따라 활용할 수 있는 교과 과정이나 교육 자료 등이 많이 있으나 중요한 것은 학생이 갖고 있는 교육적 필요에 따라 개별화 교과과정과 적절하게 조화를 이루어야 한다. 개별화 교육과정을 개발하는 팀은 장애아동이 성인으로 이루어야 하는 목표를 달성하기 위해 필요한 기술들을 잘 습득할 수 있도록 전환교육 계획을 개별화 교육과정에 수렴해야 할 책임이 있다. 성공적인 성인 사회생활을 하기 위한 기능에는 ①직종 탐구와 직업보유 능력 ②선택한 특정 직종에 필요한 전문적 작업능력 ③읽기, 쓰기, 의사 결정, 받아쓰기 등의 일반능력 ④사회적 능력 ⑤자기 옹호 능력 ⑥교통시설 이용과 같은 지역사회 생활 능력 ⑦요리 등과 같은 자립적 가정생활 능력등이 필요하다.

4 전환교육과 자기주장

자기주장이란 자신에게 필요한 것이 무엇인지 알고 요구할 수 있는 능력이라 할 수 있다. 자기주장은 자기 인생에 대해 스스로 책임을 지는 것을 의미하며 그것은 독립적인 사람이 되는 것을 말한다. 자기주장은 또 다른 사람이나 사회의 희생양이 되는 것을 막을 수 있음을 뜻한다. 자기주장 기술을 통해서 자신감을 쌓고 될 것이기 때문이다. 자신에 대해 보다 긍정적인 생각을 하게 될 때 사람들은 자기 인생에 대해 기꺼이 모험을 걸기도 한다. 자기 인생에 대한 책임은 곧 “무희망”에서 “희망”으로 나아가는 것을 의미한다.

자아의식을 개발시키는 것이 자기주장을 하는 기술을 습득하는데 있어 첫 번째 단계라 할 수 있다. 자아개념의 개발은 학습 방법은 물론 자신의 장점과 약점, 취미, 기호 등을 정확하게 아는 것을 포함한다. 경도장애 학생들에게 그들이 필요로 하는 편의 시설이 무엇인지 깨닫도록 하면 학교 내에서나 졸업 후 직장에서 스스로 자신에게 필요한 편의시설을 요구할 수 있게 된다. 또한 학생들은 학습과정에서도 자신들의 장점과 약점을 이용하여 학습할 수 있는 방법이 여러 가지가 있음을 깨닫고 스스로에게 맞는 방법을 찾아 활용할 수 있게 된다.

전환교육 계획을 통하여 학생들은 자신들의 관심 분야와 선호, 그리고 무엇을 선택할 것인가 결정할 수 있도록 교육받아야 한다. 장애 학생들은 그들이 생각하고 있는 내용과 자신들의 의견을 남에게 어떠한 방법으로 어떻게 전달하는 것이 적절하고 효과적인지 배워야 한다. 이러한 기술을 배우기 위해서 학생들은 자연스러운 생활환경 내에서 연습을 할 기회가 많이 필요하다. 전환교육 계획과 그 과정이 자기주장 기술을 교육하는 시점이 되어야 한다. 전환교육 계획은 학생들에게 책임감과 자아의식을 배우고 연습할 수 있는 기회를 끊임없이 제공해야 한다. 전환교육은 끊임없이 변해 가는 과정이고 학생들은 그러한 변화에 대처하기 위한 충분한 기술을 필요로 한다.

5 장애아동 부모의 참여

부모의 참여는 장애아동 전환교육의 중요한 구성 요소이다. 부모들은 그들의 자녀가 졸업 이후에 어떤 형태의 직종에 취업 가능성이 있는지를 잘 인지하고 있어야 한다. 부모들에게 전환교육 계획에 효과적으로 참여하는 데 요구되는 지식과 기술들을 습득할 수 있는 기회가 제공되어져야 한다. 특히 학교에서는 부모들에게 전환교육에 대한 정보를 제공하는 부모교육 프로그램을 개설함으로서 부모들을 보다 효과적이고 장기적으로 전환교육프로그램에 참여할 수 있게 할 것이다.

부모들에게 적절한 정보를 제공하기 위한 다양한 프로그램 내용은 그들의 요구 조사를 통하여 지적된 관심 사항이나 문제점을 바탕으로 하여 구성된다. 요구조사에서 나타난 부모들의 주요 관심 사항은 후에 부모 회의나 현장 방문 등을 통하여 논의될 수 있을 것이다.

부모교육 프로그램은 부모들에게 지역사회 내의 어떤 기관들이 장애인들에게 어떤 봉사를 제공하는지 알려주고, 특수교육, 직업교육, 직업재활, 성인 수용시설 등의 주요 기관이 직업 전환교육에서 어떤 역할을 하는지 알게 하며, 부모들이 이러한 다양한 서비스를 제공하는 기관과 전환교육에 대한 계획을 수립하고 미래에 필요한 서비스를 신청할 수 있도록 준비시킬 수 있어야 한다. 부모들이 지역사회 내의 성인 이용/수용 시설을 방문하도록 하는 것도 도움이 될 수 있을 것이다. 부모교육이나 현장방문을 통하여 부모들은 보다 직접적으로 관련된 정보를 얻을 수 있고 자녀의 미래에 대한 염려를 줄이며 전환교육 계획에 보다 적절하게 참여할 수 있게 된다.

6 관련 기관간 협력

관련 기관간 협력이란 학교체제, 재활 서비스 기관, 성인 시설, 직업-기술 훈련소 등 장애아동 관련 기관들이 중복되지 않으면서 적절한 서비스를 제공할 수 있도록 통합된 노력을 하는 것을 말한다(Horton et al., 1983). 이 개념은 재정적으로 책무성 있는 서비스 체제를 개발할 수 있도록 돕는 효과적인 운영 방법으로 널리 인정되어 왔다(Lacour, 1982). 기관간 협력은 재원을 절약하고 비능률성을 줄이기 위한 수단으로 적극적으로 권장되어야 할 것이다. 현실적으로 미국이나 한국에서 장애인과 관련된 각 기관들이 서로 사용하는 평가 용어가 다르고, 그 기준도 다른 경우가 많다. 제공되는 서비스가 중복되는가 하면, 또한 서비스의 연속성도 단절되는 경우도 생긴다. 정치적・심리적 측면에서도 관련 기관간 협력이 저해되는 경우도 생긴다. 행정가들은 간혹 기관간 협력을 증진시키려는 다른 기관의 노력을 의심하고, 증대된 협력 관계가 현재의 각 기관이 확보하고 있는 예산이나 프로그램 운영에 나쁜 영향을 미치지 아니할까 우려하기도 한다.

(2) 전환교육 지원 형태

미국의 특수교육 및 재활서비스국(OSERS)은 전환교육 프로그램의 세 가지 가정을 두었다(1983년 미공법 P.L. 98-199의 626장).

첫째, 사후 학교서비스의 복잡성 때문에 모든 장애학생들의 효과적인 전환은 적절한 지역사회 기회와 서비스 협력이 개개인적 환경과 욕구에 부합되도록 개발되어야 한다.

둘째, 전환교육 프로그램은 장애학생들에게 초점이 주어진다. 이는 학교를 졸업한 모든 장애인들에게 성인 서비스와 기회를 제공해야 한다는 것을 의미한다. 미국의 경우 해마다 약 250,000에서 300,000의 장애학생들이 학교를 졸업한다. 이 장애학생들이 고용을 획득하기 위한 특별한 서비스는 장애의 다양한 형태와 정도 때문에 더욱 효과적이다.

셋째, 전환교육 프로그램의 목적은 학교를 졸업한 후에 즉각적으로 또는 사후 중등교육 기간동안, 아니면 직업서비스 기간이 끝난 후에 직업을 얻도록 하는 것이다. 즉 지속적인 고용의 가정이다.

위의 세 가지 가정을 가지고 OSERS는 학교에서 직업으로의 원활한 전환을 위한 세 가지 전환교육 프로그램을 제시했다(Will, 1984).

첫째, 일반적인 서비스(No special services)
둘째, 시간제한적인 서비스(Time-limited service)
셋째, 지속적인 서비스(On going service)
이 프로그램 모델의 구성 요소를 자세히 설명하면 다음과 같다.

[1] 일반적인 서비스로의 전환

학교에서 직업으로의 첫 번째 전환(일반적인 서비스: No special services)은 지역의 고용 담당 정부 기관과 학교의 생활 지도 차원을 비롯해서 다수의 비장애인들이 사용하는 고용 서비스이다. 이 첫 번째 프로그램은 많은 장애학생들과 비장애학생들에게 함께 이용되는데 이 전환 과정의 사람들은 특별 서비스를 이용하지 않고도 직업기회의 혜택을 가지고 배치된다. 이것은 장애인 욕구에 대하여 특별한 조치나 조종으로써 만들어지는 것이 아닐 뿐더러 발생학적인 서비스로 구체화되는 것은 아니다. 예를 들어, 고등학교의 마지막 프로그램 단계에서 직업경험 프로그램을 제공하여 고용을 획득할 수 있고 고용선택을 위한 기술을 연마하도록 지역사회 대학, 직업기술학교, 4년제 고등학교, 기관 등은 전환 과정에서 중요한 역할을 한다.

[2] 시간제한적인 서비스로의 전환

학교에서 직업으로의 두 번째 전환(시간제한적인 서비스: Time-limited Services)은 고용을 하기 위한 일시적인 서비스로 구성된다. 학교를 졸업한 사람들은 노동시장에 참여하기 위하여 다른 직무 관련 프로그램을 실시하는 사후 중등 직업교육, 직업재활과 같은 재활시설에서 특별한 시간제 서비스를 받은 후에 고용을 탐색한다. 전통적으로 직업재활부, 산업 프로젝트(Project With Industry: PWI), 또는 직무 훈련 협력 지원같이 장애인을 대상으로 하는 전문적인 재활 및 성인 서비스이다. 즉, 이것은 직업재활은 가장 잘 알려진 시간제 서비스를 제공하는 서비스에 대하여 고용과 연관된 장애인들에게 자격을 주어 노동시장에 들어가도록 지원을 하고 개별적 내담자가 고용을 획득하거나 다른 서비스 목적을 얻게 된 후에 종결한다.

③ 지속적인 서비스로의 전환

세 번째 지속적인 서비스 (On Going Services)는 특히 중증장애인들에게 요구되는 것으로 직무와 직업 사회에서 성공적인 통합과 성취를 뒷받침해 주고 유지시키는 데 요구되는 서비스이다. 이 프로그램은 첫 번째, 두 번째 프로그램과는 달리 현재의 정책과 실행에 있어서 기본적인 변화를 요구한다.

이 전환 과정의 다양한 대안은 지속적인 직업기회의 연계가 가능하도록 하고 지원정책과 지역적으로 서비스를 설정하는 것을 포함한다.

미국의 연방기관은 프로그램 조력과 평가 기금에 책임이 있기 때문에 서비스를 설정하는 것을 계속적으로 지원한다. 정신건강, 정신지체, 공공복지에 책임을 지고 있는 어떤 주는 직업재활 기관과의 지속적인 서비스 관리를 위하여 다른 기관들과 협력을 하고, 프로그램은 연방조직에 의해서 계속 지원을 받는다.

(3) 전환교육의 결과

결과 중심 전환교육의 내용은 장애학생들의 사회적 기술 영역과 하위 지도 내용들이 초점이 된다. 여기서는 취업과 고용, 주거, 여가, 이동 등에 관해 간단히 언급한다.

① 취업

전환교육의 결과로 취업(고용)은 경쟁고용(competitive employment), 지원고용(supported employment), 보호작업장 고용(sheltered workshop employment), 작업활동센터(work activity center), 일상활동센터(day activity center), 미취업(unemployment) 등으로 나누어 볼 수 있다.

경쟁고용은 장애인이 비장애인 근로자와 동일한 조건으로 경쟁하여 취업을 하는 형태이다. 경쟁고용은 다른 취업의 유형에 비하여 장애인이 사회에 가장 잘 통합될 수 있으며 보수도 가장 높은 편이다. 또한 보다 안정적인 직업에 종사할 수 있고 작업 여건이 좋은 직종에 취업할 가능성도 높다. 그러나 경쟁고용을 위해서는 장애인이 특정한 기능이나 기술을 보유하고 비장애인 근로자와 경쟁할 수 있는 능력을 갖추어야 하며, 장애인의 취업 가능성과 작업능력에 대한 기업주나 종업원의 인식도 보다 적극적으로 전환되어야 할 것이다.

지원고용은 유급 고용으로 ①장애 때문에 작업장에서 일을 수행하는데 집중적인 지속적인 지원(intensive on-going support)을 요하는 발달지체인을 대상으로 하고 ②비장애인이 취업하고 있는 다양한 작업장에서 이루어지며 ③장애인이 계속적으로 유급직업에 종사하기 위하여 필요한 지원(감독, 훈련, 교통수단 제공 등)을 제공하는 것을 말한다.

보호작업장은 경쟁고용에 취업이 힘들 정도로 노동능력이 떨어지는 장애인을 대상으로 장기적으로 고용의 기회를 제공해 주는 데 있다. 따라서 보호작업장 고용은 임금이나 생산성이 경쟁고용보다 낮을 수 있으나 임금을 받고 생산성도 어느 정도 유지하는 고용의 형태이다. 보호작업장의 고용을 통하여 장애인은 취업을 하고 보수를 받으며 자신이나 가족의 생계에 기여하게 된다. 아울러 몇 년 동안의 훈련을 통하여 경쟁고용으로 나아갈 수도 있게 된다.

2 주거

정신지체인의 주거는 현재 크게 시설 수용과 부모와 함께 가정에 사는 것으로 양분된다. 대형 수용시설에 거주하는 것에 대한 비판이 야기됨으로써 최근에는 장애인 공동 가정인 그룹 홈의 설치가 시도되고 있다. 이 외에 장애인 주거의 형태로 친척집, 친구집, 혼자 독립하여 살기 등이 있다. 이들이 학교를 졸업한 후에 어떤 주거의 형태를 가져야 할 것인가는 매우 중요한 과제이다.

3 여가

정신지체인들의 삶의 형태 및 질에 영향을 미치는 다른 중요한 요인으로 여가 시간을 함께 보내는 사람, 주요 여가 활동들이 있다. 정신지체인이 여가 시간을 함께 보내는 사람을 가족, 장애인 친구, 비장애인 친구, 혼자로 구분하여 볼 수 있다. 또한 정신지체인들이 많이 하는 여가활동으로는 텔레비젼이나 비디오 보기, 음악 감상, 운동 등을 들 수 있다.

4 이동

외출하는 졸업생들의 주요 외출 이동수단으로는 대중교통, 걷기, 다른 사람의 승용차 함께 타기 등이 있다.

2) 전환교육의 실행과정

전환교육 및 전환서비스 실행 당사자들이 특별한 교육적 지원요구학생들의 지역사회 실질적 통합을 원만히 지원 할 수 있도록 전환교육절차를 구체적으로 제시하는데 초점을 두었다. 여기서는 전환교육의 과정, 전환교육지원팀접근에 대한 내용을 주로 탐색한다.

(1) 전환교육의 과정

전환교육의 실행절차단계와 전환교육을 이행함에 있어 가장 선행되어야할 개별화 전환계획과 사정에 대해 살펴본다.

전환교육의 실행단계: 미국 장애인교육법 개정안(IDEA. P.L. 108-446. 2004)에 명시된 전환교육이란 학교생활에서 사회생활로 이동해 가는 학생들의 활동을 촉진시키기 위한 결과 중심 모형으로 조직적이고 계획된 교육활동을 의미한다. 즉, 대학교육, 직업교육, 통합, 취업, 평생교육, 성인서비스, 자립생활, 지역사회 활동에 참여하도록 도와주는 종합적인 교육활동으로 이것은 개별학생의 요구, 흥미와 선호, 능력에 근거해야 한다. 또한 학습, 관련서비스, 지역사회 경험, 고용, 성인생활의 목표, 기간 및 시기, 일상생활의 기능 획득, 직업평가 등의 내용들이 포함되어야 함을 의미한다.

전환교육은 특별한 교육적 지원요구학생들이 학교과정에서 졸업 이후 지역사회에 성공적으로 적응할 수 있도록 훈련하고 지원하는 것을 목표로, 학교에서 직업으로 원만한 전환을 돕는 교육활동을 의미한다. 미국에서 개발된 전환교육 모형은 1990년대 국내에 소개된 이후 전환교육의 중요성을 인식하고 막연히 장애학생의 진로교육으로 이해하였던 개념이 특수교육의 종국적인 목표인 자립생활을 이루는데 있어 중요한 영역으로 확대하여 이해하고 실천되고 있다.

전환교육의 개념발달은 포괄적인 지원서비스 체제로 이동을 야기하였고 전환교육 과정의 범위를 어디까지로 할 것인가에 대해 전통적인 의미의 직업에만 국한할 수는 없게 되었다. 전환교육은 장애학생의 의존도를 줄이고 지역사회 서비스에 참여할 수 있는 중요한 요인인 자립생활능력과 사회생활, 직업생활 모두를 고려함과 동시에 학교, 지역사회, 서비스 기관, 민간단체, 가족들의 효율적인 협력 체제를 유도함으로써 지역사회 통합 및 개인적인 삶의 질 개선에 중요한 역할을 하게 되었다. 장애학생이 성인생활을 만족스럽게 참여할 수 있도록 학령기 전체를 통하여 삶의 전 공간에서 가족구성원, 시민 및 직업인으로서 취미, 생활의 참여자로서 다양한 역할수행을 준비시키는 중요한 과정 즉 장애인 진로교육의 총체적 서비스활동으로 인식되어 실행하고 있다(조인수, 2005).

전환교육 실행과정에 있어 중요한 과업들과 요소들을 중심으로 간단히 살펴보면 다음과 같다.

전환사정: 개별화전환교육계획을 개발하기 위해서는 장애학생에 대한 사정이 필요하다. 학생 개인에 대한 사정에 따라 목표와 교육계획과 교수방법이 달라질 수 있다. 학생의 흥미, 선호, 강점에 기초한 사정은 학생이 학교생활을 하는 동안 계속적으로 이루어져야 하고 사정결과에 따라 목표와 교육계획이 결정되기도 하고 조정되기도 한다. 사정은 개별화 전환교육계획에 필요한 모든 영역의 요소들이 포괄적으로 포함되어야 한다(Sitlington et al., 1996; 조인수, 2005).

목표의 설정: 사정자료, 가족의 가치관, 학생의 희망에 따라 기대되는 전환교육의 목표는 성인으로 성공적인 사회생활을 영위하는데 초점이 두어진다. 이러한 성인으로 성취해야 할 목표를 설정하기 위해서는 의료적 필요, 교통수단의 이용, 개인별 장점과 제한점, 필요한 지원서비스, 직업 능력의 개발정도 그리고 여가 등에 대해서 고려해야 한다. 목표를 결정할 때 지금 현재 지역사회 내에서 제공되고 있는 서비스 종류에 의해 결정하거나 제한되어서는 안 되며 개인과 가족의 필요와 욕구를 우선 반영해야 한다.

공식적이고 개별화된 계획: 전환교육에서 중요한 하나는 모든 장애학생을 대상으로 그들이 만14세가 되기 이전에 공식적이고 개별화된 전환교육에 대한 계획서를 구안하는 일이다(IDEA,1997). 2004년 IDEA에서는 16세 이전에 개별화전환교육계획을 세우도록 규정하고 있다. 장애학생이 획득하게 될 기술과 졸업하기 이전과 이후에 받게 될 전환교육 서비스에 대하여 구체적으로 기술한 계획서 없이는 전환교육 모델의 다른 구성 요소는 별다른 의미를 갖지 못하게 된다. 이 개별화전환교육계획은 직업과 가정, 그리고 지역사회 활동에서 요구되는 기술들을 중심으로 하여 장기목표와 단기목표를 설정하여야 한다. 전환교육 서비스는 이를 적절히 담당하게 될 기관, 직업배치, 그리고 추수활동 등을 포괄적으로 작성해야 한다(Bates, 1990; Clark & Kolestoe, 1995; Everson et. al., 1992; Patton & Dunn, 1999).

전환교육과 자기주장: 자기주장이란 자신에게 필요한 것이 무엇인지 알고 요구할 수 있는 능력이라 할 수 있다. 자기주장은 자기 인생에 대해 스스로 책임을 지는 것을 의미하며 그것은 독립적인 사람이 되는 것을 말한다. 전환교육계획을 통하여 학생들은 자신들의 관심 분야와 선호, 그리고 무엇을 선택할 것인가 결정할 수 있도록 교육 받아야 한다. 또한 그들이 생각하고 있는 내용과 자신들의 의견을 남에게 어떠한 방법으로 전달하는 것이 적절하고 효과적인지 배워야 한다. 전환교육은 학생들에게 책임감과 자아의식을 배우고 연습할 수 있는 기회를 끊임없이 제공해야 한다(Van Reusen et al., 1994).

부모의 참여: 부모 참여는 전환교육의 중요한 구성 요소이다. 부모들은 그들의 자녀가 졸업 후 어떤 형태의 취업 가능성이 있는지를 잘 알고 있어야 한다. 부모들에게 전환교육 계획에 효과적으로 참여하는데 요구되는 지식과 기술들을 습득할 수 있는 기회가 제공되어야 하고 학교에서는 부모들에게 전환교육에 대한 정보를 제공하는 부모교육 프로그램 개설은 중요하다. 체계적으로 계획된 부모교육 프로그램은 효과적인 전환교육에 중요한 요건이 될 수 있다(조인수, 2005).

관련 기관 간 협력: 관련 기관 간 협력이란 학교체제, 재활 서비스 기관, 성인시설, 직업-기술 훈련기관 등 관련 기관들이 중복되지 않으면서 적절한 서비스를 제공할 수 있도록 통합된 노력을 하는 것을 말한다. 이 개념은 재정적으로 책무성 있는 서비스 체제를 개발할 수 있도록 돕는 효과적인 운영 방법으로 널리 인정되어 왔다(Sitlington et al., 1996). 전환교육에서 관련기관 간 협력은 매우 중요한 요소로 인식되고 있다.

전환과정은 학교 뿐만 아니라 지역사회 각 기관의 다양한 서비스를 포함하고 있으며, 사정, 계획, 훈련, 배치, 그리고 추수지도 순으로 이루어진다(Flexer et. al. 2005). 이들 단계가 오직 하나의 독특한 시점에서만 일어나는 분리된 교육과정으로 구성되지 않고 각 단계들은 서로 영향을 미치는 상호작용의 연속적 과정이며 각 단계는 일정한 시점을 중심으로 반복적으로 일어나는 과정이다. 전환교육을 제공하는 총체적인 지원체제는 역할과 책무성이 강조되어 정보와 기술의 공유를 특징으로 하는 초학문적 지원체제의 팀협력이 가장 바람직한 방식이라고 할 수 있다.

전환과정의 실행단계는 결과중심의 전환목적에 따라 다르게 나타나지만 보편적인 실행단계를 제시하면 다음과 같다.

<표 1.1> 전환계획의 구성 요소

사정			계획		훈련			배치			추수지도
영역	방법	담당자	내용(목표)	담당자	기능	장면	담당자	직업	주거	담당자	
지적/인지적 영역	검사 면접	학교심리학자			지적/인지적 영역	학교사태	교사	경쟁고용	독립생활	학교직원	
교육적/학문적 영역	관찰	교사	고용영역	학교 직원	교육적/학문적 영역	주거사태	학교 심리학자	지원고용	·단일가족가정 ·그룹홈	직업재활 직원	필요한 지원 서비스의 제공
	검사점수										
			주거생활영역								
사회적/대인관계적 영역	사례연구	상담가		직업재활 직원	사회적/대인관계적 영역	지역사회 사태	직업재활 상담자	보호작업장 고용	지원생활	정신건강/정신지체 직원	제공서비스 습득 평가
직업기능/직업적성 영역	상황적(실제적)사정	직업평가사	지역사회 기능화 영역	정신건강/정신지체 직원	직업기능/직업적성 영역		사회 사업가		·가정 ·그룹홈	사회서비스 기관직원	
				사회서비스 기관직원							
신체적/감각적 영역		사회사업가			독립생활 영역		노동 감독자		시설생활	부모	
				고용주							
		언어치료사		부모	신체적/감각적 영역		고용주		·간호가정 ·병원		
		학교 간호사		학생			부모				
		작업/물리치료사					언어치료사				

사 정: 전환계획에서 첫 단계는 학생의 기능과 개별적 요구에 대한 사정이다. 사정되어져야 할 다양한 능력은 지적·인지, 교육·학습, 사회성·대인관계, 직업기능·직업 적성, 독립생활 그리고 신체·감각 영역들이다. 사정은 학생에 대한 정보를 수집하여 활용할 수 있으며 사정의 목표에 따라 한 가지 사정에서 여러 가지 사정으로 다양화 할 수 있다. 사정은 한사람의 전문가 책임만이 아니고 학생에 대한 특별한 정보수집에 책임이 있는 각 전문가들의 팀에 의해 실행된다. 이 과정에 참여하는 전문가들은 각각 학교나 지역사회 특정기관에 있는 사람들이기 때문에 사정에서 초학문적 접근은 불가피하다.

계 획(ITP): 학생 개인의 요구와 기능에 대한 사정 후 수집된 정보는 분야별 교차 접근 팀에 의해 학생의 개별화교육계획(IEP) 속에 포함될 개별화전환계획(ITP) 수립에 사용된다. 이 계획은 고용, 주거생활, 그리고 지역사회 참여와 관련된 목적과 목표가 명시되고 필요한 서비스를 제공하게 될 책임을 맡은 전문가와 기관을 확정하게 된다. 또한 서비스 준비에 따른 기간계획도 포함된다.

훈 련: 학생들은 IEP의 한 부분으로써 개별화전환계획이 개발됨에 따라 교육과 훈련이 시작된다. 학교뿐만 아니라 다양한 기관의 전문가들이 학생의 지도와 훈련에 참가하게 된다. 이 훈련은 학교, 일터, 지역사회, 그리고 주거지역 등 다양한 지역사회에서 실시한다.

배 치: 교육과 훈련이 완결되면 학생은 지역사회의 자연스러운 환경에 배치하게 된다. 작업장, 계속교육, 지역사회 여러장소에 배치되어 실제 상황에서 배우고 적응하게 된다. 고용, 주거생활, 그리고 중등이후 배치 선택권의 다양성은 학생을 위해 존재하고 학생의 기능과 선택에 따라 적절한 선택의 기회가 주어져야 한다. 고용선택은 경쟁고용, 지원고용, 보호작업장으로 나뉘어지고 주거생활 선택은 독립생활, 지원생활, 그리고 시설생활로 구별된다. 중등이후 교육 선택은 전문대학, 4년제 대학, 그리고 직업학교 등을 포함하고 있다.

추수지도: 초학문적 접근 전환모델의 마지막 단계에는 다양한 학교이후 환경에서 학생의 적응에 대한 성공여부를 평가하게 된다. 지원서비스의 추가적인 결정, 다른 서비스의 시작 및 추수지도 등 평가결과에 의하여 변동이 있을 수 있다.

Szymanski(1994)는 장애를 가진 개인에게 있어 전환서비스는 단일시점, 진로 선택적 관점에서가 아니라 종단적이며 진로지향적인 관점으로 통합되어야 한다고 주장한다. 더욱이 전환교육계획의 주요한 목적은 개인에게 장래생활에 필요한 능력을 갖추게 하는데 있다고 주장한다. 즉, 학교를 떠나야 하는 시점에서 학교 환경으로부터 지역사회로의 성공적인 결과를 가져오기 위한 결정을 지원하는 것만이 아니라 일생동안 그들에게 직면하게 될 환경과 상황을 결정하는데 필요한 지식과 기능을 준비하는 것이다.

요약컨대, 전환교육과정은 독특한 교육적 요구를 지닌 학생들의 발달가능성 탐색을 위한 전환사정을 하고 이를 바탕으로 개별화 전환교육계획 수립, 훈련, 배치, 추수지도 순으로 이루어진다.

(2) 전환교육계획과 사정

전환교육계획 및 실행은 장애영역과 장애정도에 따라 개별적으로 이루어져야 한다. 장애정도에 따라서 취업과 고용을 위한 직업 관련 영역 또는 일상생활기술과 사회적응기술 습득을 위한 영역에 더 많은 시간을 배정하여 지역사회 중심의 생활기능적인 교육과정이 계획되어야 한다. 이러한 전환교육이 성공하기 위하여 학생의 참여를 유도하는 자기결정(Self- Determination) 기술습득이 필요하다. 또한 학생들이 학교에서 성인사회로의 성공적인 전환을 이루기 위하여 발달단계에 따른 지식과 기술에 집착하기 보다는 통합된 지역사회로의 참여와 고용, 독립생활의 결과에 초점을 맞추는 것이 바람직하다. 미국 장애인교육법은(IDEA, 1990,

1997, 2004) 장애학생들의 중등학교 이후 삶에 대한 질적 보장을 명확히 하기 위해 전환교육의 공적책임을 강화하여 왔으며 IDEA(2004)는 장애학생을 위한 통합된 활동으로의 전환서비스 용어에 대한 정의를 ①결과지향과정으로 설계될 것. 즉, 학교에서 사회로 성공적인 전환을 위한 학습능력과 기술 습득에 초점을 두고 중등학교 이후 교육, 직업교육, 고용 중재, 평생교육, 성인서비스, 독립생활 또는 지역사회 참여가 포함된다. ②학생의 개인적인 요구, 강점, 수행능력, 흥미에 대한 사정에 기초해야 한다. ③교수, 관련서비스, 지역사회 경험, 고용의 발달, 다른 중등교육 이후 성인생활 목표, 적절한 기간, 일상생활 기술의 습득, 기능적 직업평가가 포함된다. IDEA에 정의된 전환은 계획된 과정과 학생의 자연스러운 일상을 통해 조정해 나가는 것 뿐 아니라 학생의 개인적 요구, 강점, 능력, 흥미에 대한 사정 자료에 기초할 것을 명시하고 있다. 전환교육에는 반드시 사정이 포함되어야 하고 중요한 요소임을 알 수 있다.

전환교육계획을 위한 사정은 여러 가지 성인기의 구체적 생활들로 확장하여 전환교육의 결과를 구체화함으로 구체적인 생활 기술들을 목록화하고 다양한 전환과정이 될 수 있도록 하였다. Wehman(1996)은 가장 중요하게 직면하는 전환영역을 고용, 주거, 지역사회, 재정적인 독립, 대인관계, 자기존중, 여가생활에 관련된 실제적인 것으로 정의하고, 전환교육 모델은 예상되는 실제적인 현실이라고 하였다. Miller 등(2007)은 전환사정의 내용들은 장래에 대한 계획, 자기결정, 대인관계, 지역사회 참여, 일상생활기술, 계속교육과 훈련, 학습수행 및 행동, 고용 등에 대한 개인의 흥미와 강점, 희망, 수행능력과 기술들이 상세히 기술되어 있어야 하고 개별화전환교육계획에 중요한 요소임을 지적하였다. 성공적인 성과중심의 전환교육을 위해서는 우선적으로 올바른 전환사정이 전제되어야 하고, 모든 전환영역의 계획과 실행 각 단계마다 전환사정은 매우 결정적인 역할을 한다(Miller et al., 2007; Flexer et al., 2005; 조인수, 2005). 사정 영역별 내용은 뒷 장에서 구체적으로 제시한다.

3) 전환교육 지원 팀 접근

전환교육과 서비스는 특별한 교육적 지원요구학생들의 실질적 지역사회통합을 위하여 공적인 책임을 지닌자들이 서로 협력하여 과업을 수행하지 않으면 안된다. 따라서 이 절에서는 학제적 및 관련인사들의 지원체제 구성, 전환협력팀의 조직과 역할들을 살펴본다.

(1) 분야별 교차지원

학제적 접근방식과 총체적 지원체제팀의 구성 목적을 먼저 살펴본다.

1 학제적 접근

특별한 교육적 지원요구학생의 지원체제도 교육, 복지, 재활 등의 분야로 분화되어 단독적인 서비스를 제공하면 관련기관들은 서비스의 누락이나 중복을 방지하기가 어려움으로 총체적 지원체제의 협력을 통하여 장애학생의 전환과정을 지원하여야 한다. 전환계획을 성공적으로 수행하기 위해서는 학제연구의 협력방식을 취해야 한다.

학제연구의 협력방법은 단학문적 팀(unidisciplinary teamwork), 다학문적 팀(multidisciplinary teamwork), 간학문적 팀(interdisciplinary teamwork), 초학문적 팀(transdisciplinary teamwork)으로 구분된다(Kopfstein, 1994).

단학문적 팀 협력은 다른 분야와 교류하지 않고 동일한 분야의 구성원들만이 모여서 협력하는 방식이고, 다학문적 협력은 계획이나 결과를 공유하기 위하여 만나지만, 구성원들이 각각 상호 독립적으로 활동하고 개입활동을 조정하지 않는 방식이다. 간학문적 팀협력은 다양한 분야의 구성원들로 구성되어 서비스를 통합, 조정하며, 내담자에 대한 사정과 개입을 위하여 공동으로 협력하는 방식이다. 이 방식은 팀의 분야간 구분 및 분야간 협의와 조정을 강조한다. 그리고 초학문적 팀 협력은 하나의 팀을 구성하는 여러 전문 분야의 역할 이완을 바탕으로 각 분야를 초월하여 정보와 기술을 공유하는 협력방식이다(Kopfstein, 1994).

초학문적 접근이라는 용어는 전환과정에서 "횡단 영역별"(across disciplines) 전문가들의 참여가 필요하다는 것을 나타낼 때는 "다학문적 접근"과 동일하게 사용되었으나, 엄밀히 말하자면 다학문적 접근은 장애학생을 검증하기 위한 학교를 기반으로 한 교육적 인사들 즉, 학교심리학자, 교사, 상담가, 학교간호사, 그리고 학교행정가 등으로 구성되었을 뿐, 이들 팀은 전형적으로 외부인사들은 포함되지 않는다는 것에서 차이점을 찾을 수 있다.

이러한 특별한 교육적 요구지원학생들의 전환과정에 전환서비스를 제공하는 총체적인 지원체제 팀은 단학문적 팀 협력이나 다학문적 팀 협력으로는 팀의 목적을 달성할 수 없으며, 역할이완을 바탕으로 전문 분야를 넘나드는 정보와 기술의 공유를 특징으로 하는 초학문적 지원체제의 팀협력이 가장 바람직한 방식이다.

독립생활, 진로설정, 지역사회 참여 등 성인기의 요구사항들을 장애학생들이 준비하기 위해서는 의료, 직업, 복지, 그리고 심리 서비스 등 다양한 분야의 서비스를 요구한다. 학교는 학생들의 성인기로의 전환과정에 전적으로 책임이 있는 것은 아니지만 학교는 장애학생들의 효과적인 전환 프로그램과 서비스를 촉진, 개발, 지원하고 지역사회의 통제를 위한 구조화된 서비스를 제공하기 위해 관련 기관들과 협력 팀은 반드시 필요하다.

[2] 총체적 지원체제팀

총체적 지원체제 팀은 다음과 같은 목적을 위하여 필요하다.

첫째, 전환협력 팀은 통합고용, 지역사회 참여, 고등교육, 성인교육 등 전환의 목적을 고려하여 구성원을 확인하고, 팀의 지도자를 선정하며, 구성원들 사이의 라포를 형성한다. 그리고 팀의 목적에 따라 합의하는 단계를 통하여 관리하며, 평가하기 위해서 필요하다.

둘째, 학교 졸업 이후의 결과를 개선하는 구체적인 활동과 책무수행 같은 실행계획의 작성을 위해 지원체제 팀의 구성과 협력은 반드시 필요하다. 그렇지 않으면 실행계획은 제대로 이행되지 않는다. Smith와 Edelen-Smith(1993)은 협력 팀은 프로그램의 개선을 표적으로 협력 팀의 비젼이나 임무를 진술하여야 한다고 주장하며, 이 과정에서 지원체제 협력 팀은 팀의 목표, 과제, 일정, 결과, 자원 및 책임자를 확인하고, 연간 계획과 연간 예산안을 작성한다. 이렇게 장애학생의 전환계획 팀은 팀의 임무 정의, 수행절차, 수행계획 등을 포함한 실행계획의 개발과 시행을 위하여 필요하다.

셋째, 총체적 지원체제 팀은 팀의 구성원과 사회적 기술, 작업윤리, 추리력, 작업관련 행동 등을 요구하는 고용주들의 요구를 반영하여, 장애학생들의 교육과 훈련 및 고용기회의 창출을 도모하기 위해 필요하다. 전환계획 팀은 고용주들과 지속적인 관계를 유지하며, 팀의 구성원으로 받아들여야 한다.

넷째, 총체적 지원체제 팀은 한정된 자원을 활용하기 위해 외부의 지원과 팀

구성원들의 자각이라는 두 가지 요인에 의해 성공적인 전환교육이 좌우되기 때문에 기관간 협력을 도모하고 자원을 공유하기 위해 필요하다.

다섯째, 다음으로 중등학교 특수교육 프로그램은 직업교육 과정의 교수, 협력과 통합, 전환서비스, 학생 성과의 기록, 성인서비스의 요구라는 다섯 개의 범주를 주요 영역으로 하여야 한다(Benz, Halpern, 1987). 이러한 범주들은 모두 중등학교의 특수교육과 전환 프로그램을 고려하는 교사, 부모, 학생 또는 행정가들에게 유용한 사정준거들이 된다. 하지만 이외에도 학교 직원과 지역사회 주민들의 욕구, 지역사회의 노동시장 분석 등은 모두 장애학생의 전환교육에 유용한 정보를 제공한다. 그러므로 장애학생들의 교육을 담당하는 학교는 지역사회의 다양한 요구의 사정을 위하여 총체적인 지원체제 팀 조직이 필요하다.

마지막으로 협력 팀은 전환평가 시 표준화된 방법이나 도구를 통해 팀의 진보와 장애학생의 진보를 조정하기 위하여 필요하다.

따라서 특별한 교육적 지원요구학생들의 교육을 담당하는 학교는 이들의 학교생활에서 성인생활로의 전환을 통한 삶의 질 제고를 위하여 전환과 관련된 기관들로 협력 팀을 개발하여 학생들에게 전환서비스를 제공하여야 하며, 또한 이러한 협력팀의 개발은 합리적인 과정을 거쳐야 한다. 만약 그렇지 못하다면 협력 이전보다 더 많은 문제를 유발한다. 따라서 지원체제 팀의 개발은 협력에 참여할 구성원을 확인하고, 이들 간에 신뢰를 구축하여 공동으로 정책이나 임무를 개발하며, 개발된 정책이나 임무를 실행하고, 평가하는 과정으로 이루어져야 한다(Flexer et. al. 2005).

(2) 전환교육 협력팀의 조직과 역할

특별한 교육적 지원요구학생들이 학교에서 성인기로의 유의미한 전환의 결과를 산출하기 위해 전환교육과 서비스가 올바르게 제공되어야 한다. 교수와 연계가 주축이 된 전환과정은 전환목표의 발달을 핵심으로 하여, 학생의 전환욕구의 사정을 시작으로 하는 활동적인 과정으로 학생의 성취목표를 이루기 위한 실천과 행위로 종합적인 활동이다(그림 1-3). 이러한 종합적인 활동에서는 지원 팀 간의 상호협력이 핵심과제로 강조된다.

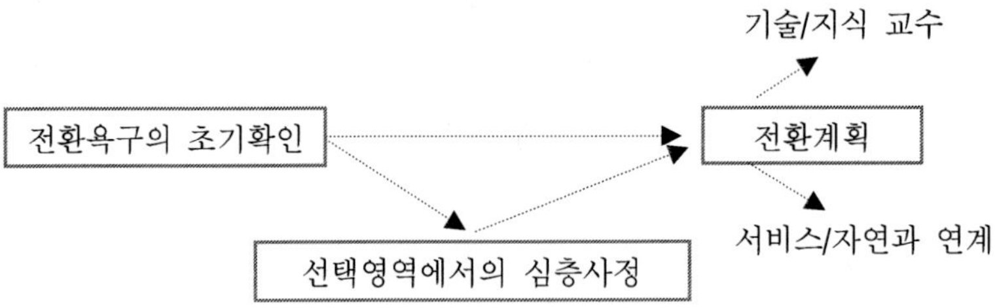

[그림 1-3] 전환계획수립 과정

Clark G.M. and Patton J. R. , 1997, *Transition Planning Inventory*. Austin, TX: PRO-ED.

전환교육의 효율적인 운영을 위한 종합적인 지원체제 운영을 위한 팀의 조직에는 행정가, 교사, 상담원, 학교 심리학자, 직업 교육평가원 전문가를 포함하여 학교 중심 전문가들이 포함되고, 그리고 부모와 지역사회 관련 인사들을 비롯한 다수의 전환교육 협력자들의 총체적인 역할조직이 필요하다(Levinson, 1993).

전환교육과정에서 총체적인 협력 팀의 역할은 다양하며, 서로 역할이 중복될 수도 있다. 종합적인 지원체제 운영을 위해 협력팀은 합리적인 과정을 통해 업무를 수행하여야 한다.

종합적인 지원체제 팀은 각 기관의 사정과 관점이 서로 상이하기 때문에 합의점을 찾아 분야별 교차지원 형태로 개발한다는 것은 쉬운 일이 아니지만 장애학생의 유의미한 전환서비스를 제공하기 위해서는 복잡하고 종합적인 서비스가 요구되기 때문에 여러 단계를 거쳐 전환업무가 수행·개발되어야 한다. 이를 위해서 학교와 지역사회의 적절한 자원을 확인하고 자원과 정보를 공유하며, 협력의 기회를 결정하는 일정한 단계에 따라 각 단계에서 요구되는 과제들을 하나씩 해결해 나가야 한다.

Wehman(1996)은 먼저 전환과정 협력 팀을 조직하여 지역사회의 요구를 사정한 다음 서비스 프로그램의 효과를 조사하고, 기관의 합의를 개발하는 단계를 밟아야 한다고 주장한다.

전환교육 팀의 개발 단계는 우선 전환과정 협력 팀에 참여할 구성원이 확인되어야 하며, 둘째, 핵심 팀을 조직하고, 셋째, 지역사회의 요구사항을 사정하고, 넷째, 프로그램의 효과의 평가 및 기관간 합의를 개발하는 일련의 단계로 시행되어져야 한다(Miller et. al. 2007)).

전환과정 협력 팀의 개발은 먼저 장애학생들의 전환과정과 관련된 모든 기관을 대상으로 구성원을 확인하는 단계로 시작되어져야 한다. 확인된 이후 전환과정 협력 팀의 구성원으로 협력 팀에서 학생의 진로계획, 직무훈련 보충, 프로그램 관리를 담당하는 전환전문가와 일반행정과 프로그램의 관리를 담당하는 특수교사는 반드시 포함되어야 하고, 장애학생 본인과 부모, 직업훈련기관의 대표, 특수교육 기관의 대표 등도 전환과정 협력팀의 구성원으로 필수적으로 포함되어야 한다(Benz, Kochhar, 1996).

전환과정 협력팀은 학생의 진보, 정보공유, 프로그램의 관리 등을 위해 한 달에 한번씩 회의를 개최해 의사소통을 도모하고 지원을 강화할 수 있어야 한다. 전환과정 협력팀의 역할들은 우선 개별화 전환계획 회의에 참석하여 관심과 선호 및 요구를 표현하는 구성원으로서 장애학생 본인과 부모들은 노력해야 하며, 장애학생의 직무 배치와 훈련, 의뢰, 직업사정 및 기타 중등학교 졸업 이후 서비스를 제공하는 구성원으로 직업훈련 기관의 대표는 임무를 수행해야 하고, 특수교육기관은 장애학생들에게 성인생활의 준비를 도우며 기능적 생활기술과 자기결정을 강조하는 교육과정을 제공하고, 개별화 전환계획의 일정을 조정하고, 주도하는 구성원으로 역할을 담당해야 한다(Wehman, 1996).

전환과정 협력팀 개발의 두 번째 단계는 핵심팀을 조직하는 단계이다. 핵심팀은 팀의 목적 설정, 지역사회 요구사정, 기관간 합의 도출 등의 팀 목적을 설정하고, 목적의 성취를 위해 팀을 자극하는 활동목록을 작성하며, 활동목록의 우선순위를 결정하고, 활동을 책임질 사람이나 집단을 배정하며, 활동의 완성시간을 결정한다. 핵심팀의 구성원들은 특수교육 감독자, 직업교육 감독자, 재활서비스 감독자, 프로그램 감독자, 지역사회 서비스 감독자, 옹호집단의 대표자 및 장애학생의 부모 등이 된다. 이외에도 지역사회의 다른 장애인을 지원하는 기관들도 핵심 팀의 활동에 참가할 수 있다(Wehman, 1996).

다음 단계로 핵심팀은 새로운 프로그램의 개발을 위하여 자원을 배치하는 방법을 결정하는 데 유익하고 최적의 서비스의 전달을 위해 지역사회에서 필요한 정보를 수집해서 지역사회의 요구사정을 해야 한다(Wehman, 1996).

전환계획팀 개발의 네 번째 단계는 프로그램의 효과를 조사하는 단계이다. 이전에는 지원자와 서비스 수혜자들이 기대하는 결과와 관계없이 특정 서비스를 선택할 수밖에 없었다. 이런 방법은 바람직한 결과와 일치하지 않기 때문에 변경되어야 하며, 프로그램의 목적을 성취하는데 대한 구체적인 설명이 서비스 제공자들 뿐만 아니라 프로그램 입안자들에게도 제공되어야 한다.

다음으로 기관간 합의를 개발하는 단계이다. 합의는 서비스의 시행과 더 나은 결과의 성취를 위해 참여하는 구성원들의 행동변화를 구체적으로 규정하는 것으로 기관간 협력의 시발점이 된다(Wehman, 1996; 조인수. 2005).

이와 같이 전환교육팀은 구성원을 확인, 지역사회의 욕구 사정, 기관간 합의의 도출 등의 역할을 수행하는 핵심팀의 조직, 최적 서비스의 전달을 위하여 필요한 정보를 수집하는 지역사회 요구의 사정, 표적 결과의 성취에 필요한 프로그램의 성취목적을 기술하는 프로그램의 효과 조사, 구성원들의 행동변화를 구체화하는 기관 간 합의의 단계를 통하여 개발되어야 한다.

요약컨대, 전환교육의 실행과정은 개인요구중심으로 한 ①전환사정 ②개별화 전환교육계획 ③훈련과 교육(지도) ④배치 ⑤추수지도 순으로 이루어진다. 전환교육과정에서 가장 선행되어야 할 부분이 개체의 차이성과 특정성에 기초한 전환교육계획 마련을 위해 전환사정이 선행되어야 하고 또한 중요한 부분이다.

이와 같이 전환교육과정에 비추어 볼 때 전환교육을 효율적으로 수행하기 위해서는 학제적접근을 통한 인적구성요소 및 지원팀간의 총체적협력이 매우 중요함을 알 수 있다.

2
전환교육계획과 실행

이 장에서는 개별화 전환교육계획수립단계와 ITP작성방법 및 실제에 관한 내용, 가족 · 부모의 참여 역할 등을 제시한다.

1. 전환교육의 구성과 운영의 원칙

미국의 장애인교육법 개정안(PL105-17:1997년 7월)은 "장애보다 사람이 먼저(people first)" 라는 개념을 강조하면서 모든 장애인들을 위한 개별화교육 과정에 전환교육계획을 반드시 포함시키고, 전환교육계획 작성 시기를 16세에서 14세로 하향 조정하였다. 최근에 개정된 IDEA(P.L. 108-446, 2004년 12월)에서는 적어도 16세 이전에 ITP계획을 세우도록 규정하고 있다.

장애학생도 비장애학생들과 더불어 학습하고 사회화 과정속에서 여가를 즐길 수 있는 기회를 보장받을 수 있으며, 중도 장애학생들도 직업교육 또는 취업·고용훈련에 초점을 둔 결과중심전환교육에 많은 비중을 두게 되었다. 학생들은 비장애 작업인과의 상호작용의 기회를 부여받지 못하고, 시간을 보내기 위한 활동 즉, 별다른 의미나 가치를 부여받지 못하는 활동에 참여를 강요당하는 분리 또는 보호된 환경에 배치되기보다는 자연적인 지역사회 환경에서 적절한 작업경험을 제공받을 수 있도록 배치되어야만 교육의 효과가 제대로 나타나게 된다.

장애학생들에게 적절한 직업이나 전환교육 프로그램을 제공하여야 한다는 관점이 제기된 데는 여러 가지 요인이 있다. 그 중에 하나는 가능한 한 빨리 효과적인 고용준비 프로그램을 시작하여 장애학생들의 성공적인 지역사회내의 고용을 보장해야 한다. 그러나 장애학생들은 실제적으로 시장성 있는 작업기술을 개발하는 프로그램을 부여받지 못하는 경우가 많으며, 낮은 임금, 임시작업 및 의미 없는 활동을 수행하여야 하는 고용환경에 배치되는 경우가 많다. 이런 결과와 더불어 중도 장애학생들의 학교 졸업 이후 상태에 관한 자료들은 그들의 고용상태와 훈련, 문제해결능력 등에 나타나고 있는 비효율성을 지적하고 있다. 이러한 장애학생의 직업특성으로 인하여 모든 개별화 교육과정은 전환교육계획을 통합하는 방안이 이루어져야 할 것이다. 그리고 전환교육은 ①생활기능 중심의 원칙 ②종적인 연결의 원칙 ③관련인 참여의 원칙 ④개별화의 원칙이 반드시 지켜져야 한다.

2. 전환교육 계획수립단계와 적용

1) 개별화 전환교육계획팀 구성

(1) 전환교육 계획 수립을 위한 학생 확인

모든 학생들은 적어도 16세 이전에 공식적인 전환교육계획을 수립해야 한다. 만약 학생이 중도에 학교를 그만둘 가능성이 높은 경우에는 조기에 전환교육계획을 수립할 수도 있을 것이다. 학교내 교사, 상담사, 혹은 다른 지정받은 사람이 전환교육계획 수립을 위한 팀장으로 일할 수 있다. 전환교육 계획의 수립 과정에 부모는 반드시 참여하여야 하고, 가능하면 학생도 참여하여 자신의 견해를 피력할 수 있어야 한다.

(2) 학교 내 관련 인사 확인

학교 내의 교사, 치료사, 상담사가 개별화전환교육계획 수립에 참여하게 된다. 학교내 인사를 선정할 때에는 각 인사의 전문영역과 함께 학생과의 접촉정도를 고려하여 신중하게 해야 한다. 가능하면 관련되는 모든 영역을 포함하되 회의 진행을 원활하게 할 수 있도록 집단이 너무 크지 않도록 하는 것이 좋다.

(3) 성인재활 서비스 기관 인사 확인

학생이 졸업하기 적어도 2년 전에 성인재활서비스 기관의 인사와 접촉을 시작하는 것이 좋다. 그러나 일반적으로 성인재활서비스 기관의 인사들도 업무가 많으므로 전환교육계획의 수립과 시행에 적극적으로 참여하게 하는 것보다 일종의 자문 역할을 할 수 있도록 하는 것이 좋다. 성인재활서비스 기관은 학생이 학교에 재학할 동안에는 자문과 일부 서비스를 제공할 수 있지만 특히 학생이 졸업한 이후에 보다 적극적으로 서비스를 제공하게 될 것이다.

2) 개별화전환교육 회의

(1) 회의 개최

일반적으로 개별화교육계획 수립시 전환교육계획도 함께 하게 된다. 따라서 개별화교육계획의 장기목표와 단기목표에 전환교육에 대한 내용도 반드시 포함되어야 한다. 전환교육계획을 수립하기 위한 회의에서는 학생이 졸업 후 가능한 한 독립적인 생활을 할 수 있도록 사회적 기술 영역 즉, 직업, 주거, 지역사회생활에 대한 구체적인 목표를 설정해야 한다. 또한 구체적으로 진술된 목표를 달성하기 위하여 필요한 적절한 서비스를 선정하고 목표를 달성할 수 있는 전략을 수립해야 한다.

전환교육계획의 목표는 직업, 주거, 여가, 지역사회에서의 생활 등 사회적 기술 영역에서 수립하되, 각 목표는 도달 예정일, 그 목표가 학교 졸업 이전 혹은 이후에 달성되는지 여부, 그 목표에 도달하기 위하여 서비스를 제공하는 기관명, 목표도달 예정일에 그 목표가 도달되었는지를 체크하게 될 사람의 이름 등을 기록해야 한다.

(2) 학생의 현재 수준 파악

장애학생에 대한 이해, 작업세계에 대한 이해, 학생의 현재 성취수준을 파악하여 전환교육계획을 작성하기 위한 기초자료로 삼는다.

첫째, 장애학생에 대한 요구를 이해하기 위하여 좋아하는 것과 싫어하는 것,

둘째, 꿈과 희망, 셋째, 잘 할 수 있는 것과 잘 할 수 없는 것이 무엇인가를 조사한다. 학생용 학습자료에서 제시한 내용은 다음과 같다. 이 학생용 자료를 중심으로 학생의 현재 수준을 파악할 수 있어야 한다.

<학생용 자료>

---

(1) 내가 좋아하는 것과 싫어하는 것을 아래에 적어보자. 혹은 오래 된 잡지에서 내가 좋아하고 싫어하는 것을 오려서 붙여보자.

좋아하는 것	싫어하는 것
1. 내가 학교에서 가장 하고 싶은 것	1. 내가 학교에서 하기 싫어하는 것
2. 내가 집에서 가장 하고 싶은 것	2. 내가 집에서 가장 하기 싫어하는 것
3. 내가 친구와 하고 싶은 것	3. 내가 친구와 함께 하기 싫어하는 것
4. 내가 혼자서 하고 싶은 것	4. 내가 혼자서 하기 싫어하는 것
5. 내가 외출할 때 하고 싶은 것	5. 내가 외출할 때 하기 싫어하는 것
6. 내가 가장 하고 싶은 것	6. 내가 가장 하기 싫어하는 것

(2) 나의 꿈과 희망 가운데 가장 중요한 것을 5개를 골라 적어보자.(혹은 잡지나 신문에서 오려 붙여 보자)

1)
2)
3)
4)
5)

(3) 내가 잘 할 수 있는 일과 잘 할 수 없는 일을 구분해 보기 위하여 아래의 체크리스트를 완성하고 이를 중심으로 학생의 수준을 파악한다. 이 체크리스트는 성인생활의 네 가지 영역에 대하여 수행성과 중요성을 기입하도록 하고 있다.

수행성은 장애학생이 현재 어느 정도 수행할 수 있는지를 세 단계로 기록한다. 즉, 도움 없이 할 수 있다; 조금 도움을 받으면 할 수 있다; 전혀 할 수 없다 중 어디에 해당하는 지에 따라 1, 2, 3 중에 표기하게 한다. 그리고 이 항목에 관하여 잘 알 수 없는 경우에는 n에 표기한다.

중요성은 장애학생이 성인으로서 살아가는 데 어느 정도 중요한가를 세 단계로 기록한다. 즉, 매우 중요하다, 조금 중요하다, 현재 중요하지 않다 중 어디에 해당하는 지에 따라 1, 2, 3 중에 표기한다. 그리고 이 항목에 관하여 잘 알 수 없는 경우에는 역시 n에 표기한다.

출처: 박희찬 외 2인 국립특수교육원, 1998.

학생 수준 파악을 위한 체크리스트

학생 이름 : ____________________   작성일자 :   년   월   일

□ 주거생활

단위	과 제	코드번호	수행성	중요성
(1) 청소	① 집안에서 주변의 물건을 깨끗하게 정리 정돈할 수 있다.	1)-(1)-①	1 2 3 n	1 2 3 n
	② 비와 걸레를 사용하여 집안 청소를 할 수 있다.	1)-(1)-②	1 2 3 n	1 2 3 n
	③ 청소기를 사용하여 청소를 할 수 있다.	1)-(1)-③	1 2 3 n	1 2 3 n
	④ 걸레질을 하여 얼룩이나 먼지를 없앨 수 있다.	1)-(1)-④	1 2 3 n	1 2 3 n
	⑤ 정리 정돈과 청소를 한 후 쓰레기를 구분하여 버릴 수 있다.	1)-(1)-⑤	1 2 3 n	1 2 3 n
(2) 의복 관리	① 간단한 의복을 손빨래 할 수 있다.	1)-(2)-①	1 2 3 n	1 2 3 n
	② 세탁기를 사용하여 빨래를 할 수 있다.	1)-(2)-①	1 2 3 n	1 2 3 n
(3) 요리	① 계란이나 고구마를 삶거나 쪄 먹을 수 있다.	1)-(3)-①	1 2 3 n	1 2 3 n
	② 라면을 끓여 먹을 수 있다.	1)-(3)-②	1 2 3 n	1 2 3 n
	③ 식사예절을 지켜 식사를 할 수 있다.	1)-(3)-③	1 2 3 n	1 2 3 n
	④ 식사 후 뒷정리를 하고 그릇을 씻고 정리할 수 있다.	1)-(3)-④	1 2 3 n	1 2 3 n
	⑤ 자동판매기에서 음료수를 구입하여 마실 수 있다.	1)-(3)-⑤	1 2 3 n	1 2 3 n
	⑥ 집 주위의 식당에서 음식을 주문하여 먹을 수 있다.	1)-(3)-⑥	1 2 3 n	1 2 3 n
(4) 신변 처리	① 혼자서 세수를 할 수 있다.	1)-(4)-①	1 2 3 n	1 2 3 n
	② 혼자서 올바른 방법으로 이를 닦을 수 있다.	1)-(4)-②	1 2 3 n	1 2 3 n
	③ 계절과 장소에 맞게 옷을 입을 수 있다.	1)-(4)-③	1 2 3 n	1 2 3 n
(5) 건강	① 건강을 위하여 적당한 운동을 할 수 있다.	1)-(5)-①	1 2 3 n	1 2 3 n
	② 감기나 배탈 시 어떻게 해야 하는 지 알 수 있다.	1)-(5)-②	1 2 3 n	1 2 3 n
	③ 다칠 위험이 있는 장소나 물건을 구분하고 조심할 수 있다.	1)-(5)-③	1 2 3 n	1 2 3 n
	④ 다쳤을 때 간단히 약을 바르거나 치료하는 방법을 알 수 있다.	1)-(5)-④	1 2 3 n	1 2 3 n
(6) 금전 관리	① 돈의 금액을 구별할 수 있다.	1)-(6)-①	1 2 3 n	1 2 3 n
	② 문방구나 수퍼마켓에서 물건을 살 수 있다.	1)-(6)-②	1 2 3 n	1 2 3 n

□ 사회생활

단위	과　　제	코드번호	수행성	중요성
(1) 시설 이용	① 공중화장실을 이용할 수 있다.	2)-(1)-①	1 2 3 n	1 2 3 n
	② 공중전화를 사용할 수 있다.	2)-(1)-②	1 2 3 n	1 2 3 n
	③ 우체국을 이용할 수 있다.	2)-(1)-③	1 2 3 n	1 2 3 n
	④ 위급할 때 파출소나 소방서에 연락하여 도움받을 수 있다.	2)-(1)-④	1 2 3 n	1 2 3 n
(2) 대인 관계	① 이웃 사람들과 함께 지낼 수 있다.	2)-(2)-①	1 2 3 n	1 2 3 n
	② 동성의 친구를 사귈 수 있다.	2)-(2)-②	1 2 3 n	1 2 3 n
	③ 이성의 친구를 사귈 수 있다.	2)-(2)-③	1 2 3 n	1 2 3 n
(3) 이동/ 여행	① 자신이 살고 있는 동네와 집주소를 알 수 있다.	2)-(3)-①	1 2 3 n	1 2 3 n
	② 동네의 편의시설을 이용할 수 있다.	2)-(3)-②	1 2 3 n	1 2 3 n
	③ 집 근처의 길을 다닐 때 교통질서를 지킬 수 있다.	2)-(3)-③	1 2 3 n	1 2 3 n
	④ 버스를 타고 다닐 수 있다.	2)-(3)-④	1 2 3 n	1 2 3 n
	⑤ 지하철을 타고 다닐 수 있다.	2)-(3)-⑤	1 2 3 n	1 2 3 n
	⑥ 택시를 타고 다닐 수 있다.	2)-(3)-⑥	1 2 3 n	1 2 3 n
	⑦ 고속버스나 기차를 타고 장거리 여행을 할 수 있다.	2)-(3)-⑦	1 2 3 n	1 2 3 n

□ 여가생활

단위	과　　제	코드번호	수행성	중요성
(1) 여가 시설	① 여가활동을 위한 계획표를 작성할 수 있다.	3)-(1)-①	1 2 3 n	1 2 3 n
	② 노래방을 이용할 수 있다.	3)-(1)-②	1 2 3 n	1 2 3 n
	③ 극장을 이용할 수 있다.	3)-(1)-③	1 2 3 n	1 2 3 n
	④ 놀이시설을 이용할 수 있다.	3)-(1)-④	1 2 3 n	1 2 3 n
(2) 실내 여가	① 가게에서 비디오 테잎을 빌려볼 수 있다.	3)-(2)-①	1 2 3 n	1 2 3 n
	② 가정에서 화분에 꽃이나 식물을 재배할 수 있다.	3)-(2)-②	1 2 3 n	1 2 3 n
	③ 취미활동으로 생활주변의 사물들을 그림으로 그릴 수 있다.	3)-(2)-③	1 2 3 n	1 2 3 n
(3) 운동	① 경기장에서 운동을 관람할 수 있다.	3)-(3)-①	1 2 3 n	1 2 3 n
	② 볼링장에서 볼링을 칠 수 있다.	3)-(3)-②	1 2 3 n	1 2 3 n
	③ 탁구장에서 탁구를 칠 수 있다.	3)-(3)-③	1 2 3 n	1 2 3 n
	④ 다른 사람과 팀이 되어 축구를 할 수 있다.	3)-(3)-④	1 2 3 n	1 2 3 n
(4) 실외 여가	① 자전거를 탈 수 있다.	3)-(3)-①	1 2 3 n	1 2 3 n
	② 가족이나 친구와 함께 등산을 할 수 있다.	3)-(3)-②	1 2 3 n	1 2 3 n

□ 직업생활

단위	과　　제	코드번호	수행성	중요성
(1) 직업 정보 획득	① 직업정보를 담고 있는 광고를 읽을 수 있다.	4)-(1)-①	1 2 3 n	1 2 3 n
	② 자신의 이력서를 작성할 수 있다.	4)-(1)-②	1 2 3 n	1 2 3 n
	③ 다른 사람의 명함을 읽을 수 있다.	4)-(1)-③	1 2 3 n	1 2 3 n
(2) 작업 태도	① 회사에서 상급자나 작업동료의 작업지시를 수행할 수 있다.	4)-(2)-①	1 2 3 n	1 2 3 n
	② 출근과 퇴근 시간을 잘 지킬 수 있다.	4)-(2)-②	1 2 3 n	1 2 3 n
(3) 작업 수행	① 회사에서 알맞은 작업속도를 유지할 수 있다.	4)-(3)-①	1 2 3 n	1 2 3 n
	② 회사에서 작업의 질적 수준을 유지할 수 있다.	4)-(3)-②	1 2 3 n	1 2 3 n
	③ 회사에서 일을 할 때 다치지 않도록 안전규칙을 지킬 수 있다.	4)-(3)-③	1 2 3 n	1 2 3 n
(4) 직업 적응	① 회사에서 다른 사람과 좋은 관계를 유지할 수 있다.	4)-(4)-①	1 2 3 n	1 2 3 n
	② 다른 사람의 감정을 이해하고 대응할 수 있다.	4)-(4)-②	1 2 3 n	1 2 3 n
(5) 취업 및 직업유지	① 직업을 선정하여 취업할 수 있다.	4)-(5)-①	1 2 3 n	1 2 3 n
	② 획득한 직업을 유지할 수 있다.	4)-(5)-②	1 2 3 n	1 2 3 n

작성방법 수행성 1 : 도움 없이 할 수 있다.　　중요성 1 : 매우 중요하다.
2 : 조금 도움을 받아 할 수 있다.　　2 : 조금 중요하다.
3 : 전혀 할 수 없다.　　3 : 현재 중요하지 않다
n : 알 수 없다.　　n : 알 수 없다.

(3) 직업 정보 수집

우리 주변에는 중증장애학생들이 일을 할 수 있는 직업의 사례를 볼 수 있다. 장애학생의 직업 흥미나 관심을 알아보기 위하여 식당, 가게, 자동차, 농업, 사무, 배달, 제조업, 건축, 대인서비스 등 9가지 분류 하에서 구체적인 직업의 사례를 소개하였다. 이러한 직업 가운데 중증장애학생이 어디에 얼마나 관심이 있는지 조사하게 된다. 아래 학생용 자료를 참고하여 보자.

<학생용 자료> (박희찬 외 2인 국립특수교육원, 1998)

아래의 항목에서 내가 매우 관심이 있는 것(1. 매우 관심), 관심이 있는 것(2. 관심 있음), 관심이 조금 있는 것(3. 조금 관심있음), 전혀 관심이 없는 것(4. 관심 없음)으로 표시하여 보자.

식 당

1) 식당에서 음식 주문을 받는다 .... (1, 2, 3, 4)
2) 식당의 주방에서 음식 재료를 준비한다 .... (1, 2, 3, 4)
3) 식당의 주방에서 음식을 만든다 .... (1, 2, 3, 4)
4) 식당에서 음식을 나르고 식탁을 치운다 .... (1, 2, 3, 4)
5) 식당에서 설거지와 청소를 한다 .... (1, 2, 3, 4)

가 게

6) 가게에서 물건을 진열한다 .... (1, 2, 3, 4)
7) 가게의 창고에 물건을 보관한다 .... (1, 2, 3, 4)
8) 가게에서 손님이 물건을 사면 포장해준다 .... (1, 2, 3, 4)
9) 가게에서 손님이 물건을 사면 배달해준다 .... (1, 2, 3, 4)

자 동 차

10) 자동차 겉면을 세차한다 .... (1, 2, 3, 4)
11) 자동차 내부를 청소한다 .... (1, 2, 3, 4)
12) 자동차 정비업체에서 정비를 돕는다 .... (1, 2, 3, 4)
13) 자동차 정비업체에서 주변을 청소하고 정리한다 .... (1, 2, 3, 4)

농 업

14) 과수원의 과일나무를 돌본다 .... (1, 2, 3, 4)
15) 과수원의 과일을 수확한다 .... (1, 2, 3, 4)
16) 꽃을 재배한다 .... (1, 2, 3, 4)
17) 채소를 재배한다 .... (1, 2, 3, 4)
18) 가축을 기른다 .... (1, 2, 3, 4)

사무보조

19) 사무실에서 서류를 정리한다 ………………………………………… (1, 2, 3, 4)
20) 사무실에서 전화를 받는다 ………………………………………… (1, 2, 3, 4)
21) 사무실과 복도를 정리하고 청소한다 ………………………………… (1, 2, 3, 4)
22) 서류를 복사한다 …………………………………………………… (1, 2, 3, 4)

배 달

23) 음료수를 배달한다 ………………………………………………… (1, 2, 3, 4)
24) 물건을 배달할 수 있도록 포장한다 ………………………………… (1, 2, 3, 4)
25) 주문한 물건을 배달한다 …………………………………………… (1, 2, 3, 4)

제 조 업

26) 귀걸이나 목걸이 같은 장식품을 만든다 …………………………… (1, 2, 3, 4)
27) 장난감을 만든다 …………………………………………………… (1, 2, 3, 4)
28) 만든 물건을 포장한다 ……………………………………………… (1, 2, 3, 4)
29) 공책을 만들기 위하여 종이를 절단하여 접착한다 ………………… (1, 2, 3, 4)
30) 옷을 만들기 위하여 천을 자르고 박음질을 한다 ………………… (1, 2, 3, 4)
31) 양말을 만들기 위하여 뒤집기와 박음질을 한다 ………………… (1, 2, 3, 4)
32) 가방을 만들기 위하여 끈과 지퍼를 단다 ………………………… (1, 2, 3, 4)
33) 가구를 만들기 위하여 나무를 자르거나 조립한다 ………………… (1, 2, 3, 4)
34) 액자를 만들기 위하여 재료를 자르거나 조립한다 ………………… (1, 2, 3, 4)
35) 전자제품을 만들기 위하여 재료를 조립한다 ……………………… (1, 2, 3, 4)
36) 전자제품을 만든 후에 잘 닦고 포장한다 ………………………… (1, 2, 3, 4)

건 축

37) 집을 짓기 위하여 건축 자재를 옮긴다 …………………………… (1, 2, 3, 4)
38) 수도, 전기, 창문샤시를 설치하는 일을 돕는다 …………………… (1, 2, 3, 4)
39) 벽돌을 찍는다 ……………………………………………………… (1, 2, 3, 4)

대인서비스

40) 미용실에서 미용사를 돕는다 ……………………………………… (1, 2, 3, 4)
41) 유아원에서 어린이들을 돕는다 …………………………………… (1, 2, 3, 4)

3) 개별화 전환교육 계획 작성 방법

학생에 대한 정보 및 직업에 대한 정보를 수집한 후에 개별화 전환교육 계획을 작성하게 된다. 이 개별화 전환교육 계획은 크게 다섯 부분으로 구성되어 있다.

첫째는 일반적인 사항이다. 여기에는 장애학생이나 보호자에 관한 일반적인 정보를 기록한다.

둘째는 장기목표를 적는 것으로 주거생활, 사회생활, 여가생활, 직업생활 등 사회적 기술 영역의 하위내용 중심으로 기록한다. 장기목표는 일반적인 용어로 단기목표를 포괄할 수 있게 진술한다.

셋째는 단기목표는 주거생활, 사회생활, 여가생활, 직업생활 등 사회적 기술 하위과제를 구체적으로 기록한다. 각 과제에는 코드번호가 부여되고, 그 뒤쪽에 그 과제를 목표로 설정한 일자를 기록하는 칸이 있다. 따라서 단기목표로 설정하는 경우 그 일자를 기록하여 단기목표에 포함되었는지 여부를 알 수 있도록 한다.

넷째는 실천방법, 기준, 기간, 평가에 관한 내용이다. 단기목표가 설정된 경우, 그 코드번호를 확인하여 구체적인 실천방법, 기간, 목표 도달 기준, 목표기준에 대한 달성여부를 기록한다. 장애학생에게 단기목표를 달성하기 위한 방법이나 기간. 그리고 달성여부를 평가할 수 있도록 자료를 기입한다.

마지막으로 전환교육계획에 참가한 사람들이 서명하고 학생과의 관계를 적는 내용이 있다.

<u>전환교육계획을 위한 양식</u>

□ 일반적 사항

학 생 성 명		성 별	남 여
주민등록번호		전 화 번 호	( ) -
학 교 명		학 년 / 반	학년 반
주 소		보호자 성명	
작 성 자		작 성 일 자	년 월 일

□ 장기목표

영 역	내 용
주 거 생 활	
사 회 생 활	
여 가 생 활	
직 업 생 활	

□ 단기목표

① 주거생활

단위	과 제	코드번호	목표설정일자			
(1) 청소	① 집안에서 주변의 물건을 깨끗하게 정리 정돈할 수 있다.	1)-(1)-①				
	② 비와 걸레를 사용하여 집안 청소를 할 수 있다.	1)-(1)-②				
	③ 청소기를 사용하여 청소를 할 수 있다.	1)-(1)-③				
	④ 걸레질을 하여 얼룩이나 먼지를 없앨 수 있다.	1)-(1)-④				
	⑤ 정리 정돈과 청소를 한 후 쓰레기를 구분하여 버릴 수 있다.	1)-(1)-⑤				
(2) 의복관리	① 간단한 의복을 손빨래 할 수 있다.	1)-(2)-①				
	② 세탁기를 사용하여 빨래를 할 수 있다.	1)-(2)-②				
(3) 요리	① 계란이나 고구마를 삶거나 쪄 먹을 수 있다.	1)-(3)-①				
	② 라면을 끓여 먹을 수 있다.	1)-(3)-②				
	③ 식사예절을 지켜 식사를 할 수 있다.	1)-(3)-③				
	④ 식사 후 뒷정리를 하고 그릇을 씻고 정리할 수 있다.	1)-(3)-④				
	⑤ 자동판매기에서 음료수를 구입하여 마실 수 있다.	1)-(3)-⑤				
	⑥ 집 주위의 식당에서 음식을 주문하여 먹을 수 있다.	1)-(3)-⑥				
(4) 신변처리	① 혼자서 세수를 할 수 있다.	1)-(4)-①				
	② 혼자서 올바른 방법으로 이를 닦을 수 있다.	1)-(4)-②				
	③ 계절과 장소에 맞게 옷을 입을 수 있다.	1)-(4)-③				
(5) 건강	① 건강을 위하여 적당한 운동을 할 수 있다.	1)-(5)-①				
	② 감기나 배탈 시 어떻게 해야 하는 지 알 수 있다.	1)-(5)-②				
	③ 다칠 위험이 있는 장소나 물건을 구분하고 조심할 수 있다.	1)-(5)-③				
	④ 다쳤을 때 간단히 약을 바르거나 치료하는 방법을 알 수 있다.	1)-(5)-④				
(6)금전관리	① 돈의 금액을 구별할 수 있다.	1)-(6)-①				
	② 문방구나 수퍼마켓에서 물건을 살 수 있다.	1)-(6)-②				

② 사회생활

③ 여가생활

④ 직업생활

□ 실천방법/기준/기간

① 주거생활

코드번호	실 천 방 법	기 간	기 준	달성여부
1)-(1)-①				
1)-(1)-②				
1)-(1)-③				
1)-(1)-④				
1)-(1)-⑤				
1)-(2)-①				
1)-(2)-②				
1)-(3)-①				
1)-(3)-②				
1)-(3)-③				
1)-(3)-④				
1)-(3)-⑤				
1)-(3)-⑥				
1)-(4)-①				
1)-(4)-②				
1)-(4)-③				
1)-(5)-①				
1)-(5)-②				
1)-(5)-③				
1)-(5)-④				
1)-(6)-①				
1)-(6)-②				

② 사회생활

③ 여가생활

④ 직업생활

□ 함께 모인 사람들

4) 개별화 전환교육 계획 실행

개별화 전환교육 계획 양식에 포함되어 있는 내용에는 전환교육의 장기목표, 단기목표, 실천방법, 기준, 기간, 달성여부 등이 포함된다. 이 양식에 의거하여 어떤 환경에서 실제 수업을 실시할 것인지에 대한 구체적인 계획이 마련되어야 한다.

이 자료에서는 구체적인 수업의 장으로서 교실, 학교 내 실습실, 학교 밖, 지역사회 내 시설, 가정, 회사 등을 설정하고 있다. 단기목표에 해당하는 과제의 코드번호를 적고 이 과제를 어떤 환경에서 실시할 것인가를 구체화시켜야 한다.

수업을 진행하는 환경이 2개 이상의 기관에 관련될 경우에는 관련기관의 전문가들이 협력하여 전환교육계획에서 수립된 목표를 달성할 수 있도록 시행한다. 또한 하위목표의 우선순위를 선정하여 즉시 시행하여야 할 것과 시간을 두고 장기간에 걸쳐 시행하여야 할 것을 구분하여 우선순위에 따라 프로그램을 진행한다.

(1) 누 가

전환교육의 실시는 일차적으로 직업담당교사가 맡게 된다. 직업담당교사 이외에 일반교사의 협력, 부모의 참여, 관련기관간의 협력이 필수적이다. 지식과 경험을 겸비한 능력있는 직업교사는 전환교육의 실시에 핵심적인 역할을 한다. 전환교육을 실시하기 위한 시수 결정이나 수업의 운영 방식, 시설 및 장비의 활용 등은 교육행정가와 직업 이외의 다른 교과목 교사들의 이해와 협력속에서만 가능하게 된다.

장애인 부모의 참여는 전환교육의 운영에서 중요한 구성요소이다. 부모들은 그들의 자녀가 학교 졸업이후에 어떤 형태의 취업 가능성이 있는지를 잘 알고 있어야 한다. 전환교육은 관련기관간의 협력 속에서 제공될 때 그 효과가 높다. 관련기관과의 협력은 재정적으로 책무성 있는 서비스 체제를 개발할 수 있도록 돕는 효과적인 운영 방법으로 널리 인정되어 왔다.

(2) 언 제

전환교육은 장애학생이 학교를 졸업하기 적어도 3-5년 전에 수립되고 적어도 일년에 한 번 이상 수정되어져야 한다. 전환교육계획서는 학교 재학기간 동안에는 IEP로, 학교를 졸업한 후에는 IPE로 연계되어 시간의 경과에 따른 종적인 연결성이 확보될 수 있어야 한다.

(3) 어디서

전환교육을 효과적으로 실시하기 위한 적절한 장소를 설정해야 한다. 전환교육은 교내와 지역사회에서 균형을 맞추어 실시할 수 있을 것이다. 교내 실습을 위한 장소로는 교실, 행정실, 식당, 실습실, 운동장, 기타 공간 등을 들 수 있다. 학교의 행정실에서 전화받기, 서류정리하기, 청소하기, 대인관계 연습하기와 같은 일들을, 그리고 식당에서 음식준비하기, 식사하기, 식당정리하기, 친구와 차 마시기와 같은 일들을 실습할 수 있다.

(4) 어떻게

학교를 졸업하게 될 때 추구해야 할 목표인 지역사회에서의 성공적인 성인생활이 전환교육을 통하여 달성될 수 있도록 매년 IEP의 장·단기 목표에 전환교육의 내용이 포함되어야 한다. 개별화 교육계획에서는 학생의 전환교육과 미래의 취업에 대한 구체적인 목표를 직접적으로 기술해야 한다.

코드번호 :

① 교실에서 실천하기

② 학교 내 실습실에서 실천하기

③ 학교 밖에서 실천하기

④ 지역사회 내 시설을 이용하기

⑤ 가정에서 실천하기

⑥ 회사에서 실천하기

---

5) 개별화전환교육계획 수정보완 및 평가

(1) 기관의 참여 비율 조정

학생의 졸업이 가까워짐에 따라 성인재활서비스 기관의 참여시간과 범위가 늘어나게 된다. 학교는 성인재활서비스 기관에 넘겨주게 될 정보와 서비스 제공에 대한 책임성 등에 더 초점을 둔다.

(2) 목표 도달정도의 평가

개별화전환교육계획의 각 목표가 도달되었는지를 확인할 수 있도록 1차적 책임이 있는 기관을 선정하여 각 목표별 책임자를 만나 평가회를 갖는다.

6) 종료회의 개최

전환교육 계획 중 어떤 목표가 성취되었고 어떤 목표가 달성되지 않았는지 최종적으로 평가하기 위하여 종료회의를 개최하게 된다. 고용의 목표, 여가의 목표, 적절한 지역사회 생활의 목표, 기타 설정된 목표가 가장 적절하게 성취될 수 있도록 관련기관에서 필요한 지원서비스를 받았는지 평가한다. 만약 어떤 목표가 성취되지 않았다면, 그 이유를 확인하고 목표성취를 위한 단계를 조절한다.

3. 개별화 전환교육 계획의 사례

- 개별화 전환계획의 예 -

학생 프로파일

소영이는 16세 정신지체이다. 소영이는 약간 부자유스럽게 걷고 언어장애를 동반하고 있다. 소영이는 자기와 친한 친구 이름정도까지는 인식할 수 있으나 다른 일견단어(sight words)를 읽지 못하며 숫자를 인식하지 못한다. 소영이는 1부터 15까지의 숫자와 일주일의 요일을 외울 수 있다. 소영이는 만나는 모든 사람에게 매우 친근감 있게 대하며 말한다. 학교생활에 관한 이름과 일상적인 것은 쉽게 기억한다. 소영이는 옆에서 지원하거나 돕는 사람이 없으면 쉽게 산만해지고 과제수행을 위해 앉아있는데 어려움을 겪는다. 소영이는 할머니 집에서 사촌과 조카와 이복형제와 살고 있다.

개별화 전환교육계획(ITP)

학생이름 : 이소영

생년월일 : 1986년 8월 6일 학교 : ○○학교

주민등록번호 : ITP 회의날짜 : 2001년 3월 15일

참여자

이 름	직위
김현미	학생
○○○	특수학교 교사
○○○	할머니
○○○	직업재활사
○○○	사례관리자

Ⅰ. 진로와 경제적 자기충족	
1. 고용목적	소영은 지원고용으로 양로원에서 보조원으로 파트타임으로 일할 것이다.
현행수준	소영은 제한된 작업경험을 갖고 있다. 한 자리에 오래 앉아 있거나 반복적인 작업을 하는데 어려움이 있다. 돕는 것을 즐거워한다.
목적성취를 위한 단계	(1) 지원고용 서비스 받기 (2) 적절한 버스노선 줄에 서기 (3) 여행훈련 제공하기
종료일	06/2002
목적이행 책임자	사례관리자, 직업재활사

2. 직업교육/훈련목적	소영은 양로원에서 일주일에 2일씩 활동 부서에서 자원봉사 할 것이다.
현행수준	소영은 소규모집단에서 급료가 지불되지 않는 다른 세 종류의 작업터에서 일해왔다. 반복적인 일은 잘하지 못한다.
목적성취를 위한 단계	(1) 적절한 작업터 얻기 (2) 소영이를 작업터에서 훈련하거나 감독하기 위한 학교요원 배치하기 (3) 한 작업터에서 다른 작업터를 이용하기 위한 교통수단 배치하기
종료일	12/2002
목적이행 책임자	특수학교 교사
3. 중등교육 이후의 교육	해당사항 없음
현행수준	
목적성취를 위한 단계	
종료일	
목적이행 책임자	
4. 재정적/수입욕구 목적	소영은 장애인생활보조금이 입금될 수 있도록 은행계좌를 만들 것이다.
현행수준	소영은 재정적인 문제에 있어서는 도움을 필요로 한다. 그의 할머니도 재정적인 처리에 어려움을 겪고 있어서 소영이가 돈을 관리하지 못하게 한다.
목적성취를 위한 단계	(1) 은행계좌를 만들기 위해 소영이의 할머니와 만난다. (2) 은행계좌를 만들기 위해 소영이를 돕는다. (3) 소영이의 장기적인 재정적인 후견인을 지정한다.
종료일	12/2002
목적이행 책임자	사례관리자
II. 지역사회 통합과 참여	
5. 독립주거 목적	소영은 보육원 가족들과 함께 살 것이다.
현행수준	소영이의 할머니는 가족들의 집안 일을 돌보는데 어려움이 있다. 그래서 소영이의 신체적, 정서적 욕구가 종종 무시된다.
목적성취를 위한 단계	(1) 소영이의 할머니와 여러 선택사항을 의논한다. (2) 보육원에 들어가기 위해 대기자 명단에 넣는다. (3) 소영이가 여러 다른 가정을 돌아볼 수 있도록 여러 가정을 방문한다.
종료일	06/2002
목적이행 책임자	사례관리자와 소영

6. 교통이용/이동의 목적	소영은 차도를 안전하게 횡단하는 것을 익힐 것이다.
현행수준	소영은 가야 하는 방향으로 빨리 향한다. 차도를 횡단하기 전에 쉽게 산만해지고 차가 오는 양쪽 길을 살펴보지 않는다.
목적성취를 위한 단계	(1) 소영의 이웃동네에서 훈련받기 위해 여러 방향을 인식한다. (2) 지역사회 중심의 차도를 횡단 연습을 한다.
종료일	04/2002
목적이행 책임자	특수학교 교사
7. 사회적 관계 목적	소영은 남자직원과 동료들 앞에서 적절한 행동을 나타낼 것이다.
현행수준	소영은 대부분의 사람들에게 공격적이다. 남자들에게 관심을 끌기 위해 그들을 발로 찬다든지 이름을 부른다.
목적성취를 위한 단계	(1) 학교에서 적절한 행동을 격려할 수 있도록 중재 계획을 개발한다. (2) 학교활동에서 적절한 행동들에 대하여 동료 모델링 기회를 제공한다. (3) 가족지도를 계속한다.
종료일	06/2002
목적이행 책임자	특수학교 교사
8. 레크리에이션/ 여가 목적	소영은 레크리에이션 리그 스포츠에서 장애인과 비장애인이 한쌍을 이루는 통합스포츠의 회원이 될 것이다.
현행수준	소영은 신체활동을 즐거워한다. 소영은 학교 밖에서 정기적으로 하는 활동들은 없고, 통합되어 참여하는 활동들은 없다.
목적성취를 위한 단계	(1) 참여프로그램에 등록한다. (2) 필요시에 이용할 교통수단을 위한 교통비 확보하기 (3) 학교에서 스포츠를 위한 지도 계속하기
종료일	07/2002
목적이행 책임자	특수학교 교사
III. 개인적 수행능력	
9. 건강/안전 목적	소영은 낯선 사람들을 만났을 때 조심하게 될 것이다.
현행수준	소영은 어느 곳에서나 낯선 사람을 만나면 말을 걸고 그들에게 질문하기 위해 그들 앞에 멈춰 선다.
목적성취를 위한 단계	(1) 지역사회에서 안전을 지키기 위한 지도를 한다. (2) 소영이가 지역사회에서 일하는 사람과 낯선 사람을 구별할 수 있도록 지도한다. (3) 소영이가 적절한 관심을 받을 수 있는 기회를 제공한다.
종료일	09/2002
목적이행 책임자	특수학교 교사

10. 자기권리주장/ 미래계획	소영은 대안의 후견인으로부터 도움을 받을 것이다.
현행수준	소영의 가족은 대가족이다. 소영의 할머니는 소영의 욕구를 다 살펴줄 수 없으므로 다른 적절한 후견인이 배치된다면 욕구가 충족되어질 수 있을 것이다.
목적성취를 위한 단계	(1) 다른 친척을 만난다. (2) 후견인과 장애인의 의무와 권리에 대한 정보를 제공한다. (3) 적절한 대안의 후견인을 지정한다.
종료일	12/2002
목적이행 책임자	할머니/사례관리자

4. 전환교육계획 과정에서의 가족·부모 역할체계

1) 전환과정과 가족·부모 역할참여

전환교육은 학생들의 독특한 교육적 요구와 흥미에 기초하여 교수, 관련서비스, 지역사회쟁점, 직업과 다른 성인생활을 위한 능력들을 개발해 가는 결과중심 과정으로 실질적 사회 통합을 돕는 진로교육의 총체적인 서비스 활동이다(조인수, 2005; Sitlington, Clark & Kolstore, 2000). 특히 지적발달장애학생들의 요구와 특성을 고려한 전환교육과 서비스에 있어서는, 학교와 지역사회의 다양한 인사들과 학생본인들을 비롯한 부모들의 적극적인 참여로 이루어진 총체적 지원체제팀에 의해 협력적으로 전환서비스가 실행되었을 때 전환효과를 극대화 할 수 있다. 지적장애학생들의 경우 지원체제팀 가운데 가족구성원들의 역할이 매우 중요하다(Clark & Kolstore, 1995; IDEA, 2004).

그 이유는 가족구성원들이 전환교육계획 준비시기부터 적극적으로 참여하여 구체적인 조처를 취할 수 있고 가족의 일차적 기능이 생태학적 · 체계적 접근의 핵심 구성요소이기 때문이다. 가족기능은 응집성과 적응성을 바탕으로 한 부모와 자녀간의 원숙한 관계를 이룩하였을 때 교육의 효과를 극대화 할 수 있고(조인수, 권영화, 2005) 학부모의 역할이 제대로 수행되었을 때 장애학생들의 전환교육과 서비스가 성공을 거둘 수 있다(Sitlington, Clark & Kolstore, 2006).

전환교육 과정에서 부모의 역할은 ①장애학생들의 요구와 특성 및 정보를 전환교육팀에 제공하는 일 ②개별화전환교육계획(ITP)에 참여 ③자기주장, 자기결정 그리고 독립심 개발에 아동을 돕는 일 ④자녀들에게 스스로에 대한 이해심 증진과 경험제공 ⑤교육관련 기관 및 자문회의 서비스 역할 ⑥장애인단체, 특수교육 성인서비스 활동, 그리고 가족모임에 참여 하는 일등 무수히 많다(조인수, 2005).

가족 구성원 중 한사람에게 어떤 일이 발생하게 되면, 가족 구성원 전체가 영향을 받는다. 특히, 장애학생을 특수교육제도로부터 성인생활 및 성인 서비스체계로 전환 하려고 할 때 많은 난관에 봉착한다(Blacher, 2001). 가족 구성원에게서 발생하는 변화는 긍정적 혹은 부정적인 영향을 미칠 수 있다. 전환교육 과정에서 교육자 및 관련 전문가들의 역할은 전반적인 전환의 전개과정에서 가족 구성원에게 긍정적인 영향이 미치도록 필요한 지원과 정보을 제공하고 가족 구성원의 책무 이행을 돕는 것이 매우 중요하다(Steere, Rose & Cavaiuolo, 2007).

장애학생의 가족 구성원들은 전환이 가져올 변화에 준비를 잘하지 못하는 것과 성인서비스 체계에 관한 정보를 충분하게 제공받지 못하는 경우가 많다. 이것은 잠재적으로 현재의 삶을 힘들게 만들고 가족 구성원들은 많은 스트레스를 받게 된다. 주목할 만한 것은, 전환은 특수교육제도에 대한 의존에서 성인서비스 체계로의 변화를 수행하는 것이 첫째 관건인 만큼, 이때는 전환결과의 적합성 기준을 만족시키기 위한 요구사항에 토대를 둔다. 그 외에도, 장애학생들의 요구와 흥미 특성에 따른 결과중심 전환교육을 위해 많은 과정의 교육조치와 체계적인 지원서비스가 필요하다.

이러한 도전에도 불구하고, 전환기에 있는 대다수 학생들에게는 그들의 삶 전반을 통해 가족 구성원들의 역할수행이 가장 중요하고 부모들은 지속적인 안내자가 될 필요가 있다. 학교의 특수 교육자들과 관련인사들은 장애학생들의 성공적인 전환에 매우 중요한 인적구성요소이지만, 그들의 능동적인 참여는 학생들이 특수교육제도를 떠나면 곧장 멈추고 만다. 성인서비스 제공자들의 역할은 매우 중요하지만 그들의 영향력은 그 범위가 제한되고 종종 시간적으로 제약을 받는다. 그러나 가족 구성원 중 부모들은 일반적으로 가장 지속적인 지원자다.

학교에서 성인생활로의 전환에 있어 가족 구성원들이 학생들의 잠재적인 능력에 가장 많이 영향을 미친다. 또한 전환과정에서의 제반도전을 충족시키기 위해 교육자들과 기타 관련기관 전문가와 더불어 가족 구성원들의 역할체계에 따른 지원서비스가 매우 중요하다(Sitlington, Clark & Kolstore, 2006; Steere, Rose & Cavaiuolo, 2007).

이절에서는 주로 장애학생들의 전환을 위해 교육자들과 기타 전문가들과 함께 가족 구성원들이 전환과정에 보다 적극적으로 참여할 수 있는 방법들을 살펴보고 전환교육 계획 작성 및 과정에 있어 부모들의 적극적인 참여와 역할 방법들을 제시하는데 주안점을 두었다.

2) 전환교육계획 과정의 가족 역할 체계

여기서는 전환교육계획 과정에서 가족들이 직면하는 문제, 가족체계 모델을 구체적으로 살펴본다.

(1) 전환교육 과정에서의 가족들이 직면하는 문제

학교에서 성인사회로의 전환을 할 때 장애학생을 둔 가족들에게는 스트레스가 더욱 증가될 수 있는 시기이다. 일반적으로 장애학생 부모들의 스트레스가 증가되는 시기는 아동의 장애 발견, 아동의 학교 입학 및 청년기의 시작 등이 포함된다(Featherstone, 1981; Wehmeyer, Morningstar, & Husted, 1999). 대부분 부모들은 그들의 사망 후 자녀들의 행복, 돌봄 및 안전을 걱정하고 있다. 그래서 학교에서 성인기로의 전환은 장애인의 삶의 주기 중 하나의 전환에 불과하지만 장애인을 둔 가족들의 삶에서는 어려운 시기이다. Ferguson, Ferguson과 Jones(1988) 등은 전환교육 과정에 대한 가족들의 인식과 가족들의 반응을 조사한 연구에서 ①절차상의 전환(학교에서 다른 기관으로 전환) ②가족생활에서의 전환 ③학생의 지위에서 성인으로의 전환 등 3가지 양상의 전환교육을 경험하고 있음을 지적했다. 이들 각 단계들은 가족들에게 특히 많은 스트레스를 주고 있을 언급한다.

Thorin과 Irvin(1992)은 장애아동들을 위한 주거 선택이 부모들에게 다양한 스트레스 요인들이 있음을 지적하였고 Gallivan-Felon(1994)등은 부모들이 전환교육 계획 작성 선택사항에 대한 지식이 부족함을 밝혔다. Hanley-Maxwell, Whitney-Thomas 및 Pogoloff(1995) 등은 장애아 부모에게 첫 번째 충격은 자기 아동의 장애 발견이고 전환교육은 “두 번째 충격”에 속한다고 했다. 그들의 연구는 장애학생을 둔 가족들은 자기 아동의 성공에 대한 전망을 갖지만 여전히 서비스 지원을 많이 기다

려야 한다는 것과 자기 아동을 위한 사회적인 연결망의 부족, 부모 자신의 요구와 아동 요구의 차이, 아동의 미래를 결정하는 순수한 어려움 등을 포함해 수많은 장애물이 존재함을 기술하고 있다.

Whitney-Thomas 및 Hanley-Maxwell(1996) 등은 장애학생을 둔 가족들과 비장애학생 가족들의 반응을 비교한 연구에서 장애학생을 둔 가족들이 전환교육 과정에서 유의미하게 어려움을 겪고 자기 아동의 미래 성공에 대해서도 훨씬 더 비관적인 전망을 가진다는 것을 발견했다. Lehmann과 Roberto(1996)는 장애학생을 둔 부모들과 직업교육을 받고 있는 일반학생 부모들을 인터뷰한 결과, 학생들의 성인서비스 제공시 교통수단의 불편, 서비스지원 대기시간 등의 불만을 토로하지만 장애아동을 둔 부모들이 자기 자녀들에 대해 훨씬 더 긍정적으로 생각하고 있다. Thorin, Yovanoff 및 Irvin(1996) 등은 발달장애 성인들의 가족들이 직면하는 딜레마는 아동의 삶에 지속적이고 철저한 가족역할 참여가 필요하다고 강조했는데 전형적인 가족참여는 종종 젊은 사람들의 보다 더 큰 독립 획득을 감소시키기 때문이라고 언급한다. Kraemer와 Blacher(2001)는 가족들을 인터뷰한 결과, 열심히 전환교육 계획 작성에 참여했지만 주로 성인서비스 체계에서의 선택 부족 때문에 여전히 자기 아동의 미래 직업 환경에 관해서는 비관적인 전망을 지닌다는 것을 알아냈다. 이 연구에서의 주목할 만한 발견은 이상적인 서비스 체계에서 부모들이 자기 아동을 위해 해주기를 원하는 것과 실제사이에 불일치가 많이 존재한다는 것이다. 가족들이 희망하고 있는 것과 제한된 실용적인 선택간의 불일치는 Cooney(2002)의 연구에서 토론되었다. Cooney의 연구는 자기 아동을 위한 부모들의 목표가 재능과 능력을 활용할 기회, 지역사회에 공헌할 기회, 손해로부터 안전하게 될 기회 등에 초점을 맞추고 있다는 것을 발견했다. Chambers, Hughes 및 Carter(2004) 등은 중도장애 학생들의 부모들과 형제자매들을 인터뷰한 결과 가족 구성원들 모두 학교 졸업 후 선택에 관한 지식 부족을 느낀다는 것을 알아냈다. 마지막으로, Timmons, Whitney-thomas, McIntyre, Butterworth 및 Allen(2004) 등은 장애학생을 둔 부모들에 대한 포크스 그룹(focus group: 테스트할 상품에 대해서 토론하는 소비자 그룹)과 심층면접을 수행하고는 응답자들이 성인서비스 전달 체계를 변덕스럽고, 복잡하고, 반응할 수 없는 것으로 인식한다는 것을 알아냈다. 이들 부모들은 또한 일상생활과 미래에 대한 일반적인 불확실성이 성인기로의 전환을 위한 계획 작성을 어렵게 만드는 도전이라고 지적한다.

이들 연구자들은 또한 가족들의 주거지의 위치(도시 대 시골지역)가 특히 교통수단과 시골지역 환경에서의 실용적인 선택 부족에 부가적인 도전을 제시한다는 것을 발견했다.

전환기 가족들이 직면하는 평범한 도전사건들(Steere, Rose 와 Cavaiuolo, 2007, p.63)을 요약제시하면 다음과 같다.

<표 2.1> 전환기에 가족들이 직면하는 도전사건들

- □ 자기 아동의 미래에 투자할 생각 부족
- □ 학교가 자기 아동에게 계속 서비스를 제공할 것이라는 가정
- □ 미래에 대한 두려움
- □ 성인서비스 기관에 대한 지식 부족
- □ 부모 열망과 아동 열망에 대한 갈등
- □ 전문가가 가장 잘 알고 그가 계획 작성을 이끌어야 한다는 가정
- □ 전환교육 계획 작성 과정에 수반될 정보의 부족
- □ 학생이 수행하지 않을 만큼 충분히 도전적이어야 한다는 기대감
- □ 전환교육 계획 작성에 따른 에너지와 시간 부족
- □ 장기적인 미래가 아니라 매일 매일의 관심사에 초점 맞추기

대부분 연구들은 장애아가족들과 비장애아가족들의 경험과 유사하지만 전환기 장애아 가족들에게 스트레스강도가 훨씬 높다. 예를 들면, 대다수의 가족들은 대학 혹은 그의 첫 직장에서 어떻게 적응할까 걱정하지만, 장애아동을 둔 가족들은 자녀들의 고등교육을 비롯한 결과중심전환에 많은 걱정을 한다. 또한 장애아동 가족들은 다른 가족들과 공유할 수 없는 성인서비스 체계의 복잡함을 처리하는 것과 같은 독특한 스트레스를 경험한다.

(2) 가족체계 모델

장애학생을 둔 가족들은 삶속에서 많은 희노애락의 변화를 경험할 수 있기 때문에 부모들이 겪는 심리적 심화과정들을 살펴볼 필요가 있다.

첫째, 아이의 출생은 큰 즐거움을 주는 때이지만, 또한 가족들 삶에 큰 변화를 주는 시기이다. 이 일은 가족 구성원들의 책임과 역할에 변화를 가져오고, 가족 구성원들 간의 상호작용이 조정되어야 한다. 나이가 많은 가족 구성원은 새로운

책임을 맡아야 할 수도 있고 가족경제에 영향을 미칠 수도 있다.

또한 가족들은 학생들의 학교 입학과 졸업, 사회로의 실질적인 통합을 위한 전환을 함에 있어서 부모들은 많은 성취와 스트레스를 경험하게 된다.
구체적인 가족체계모델을 제시하면 그림 2-1과 같다.

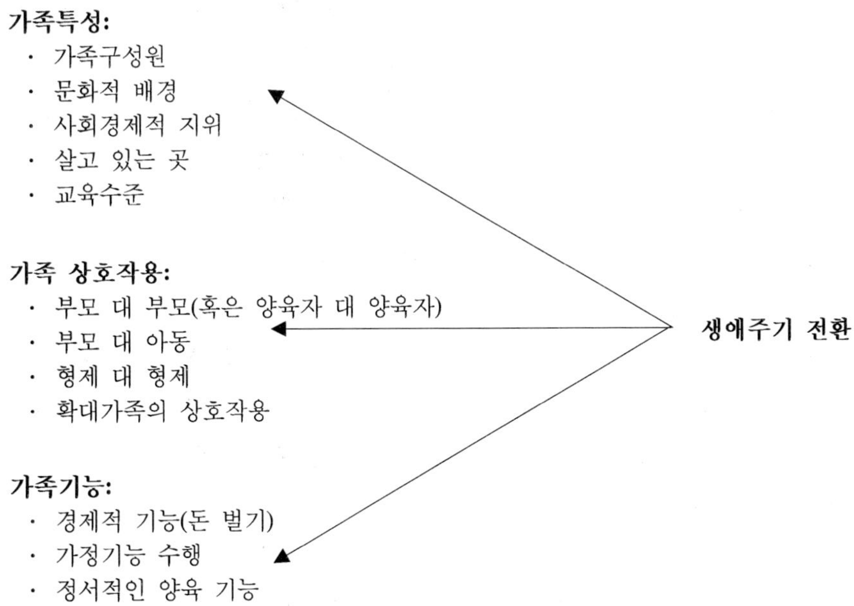

[그림 2.1] 가족체계모델

출처: Turnbull, Turnbull, Erwin과 Soodak(2006).

Turnbull, Turnbull, Erwin과 Soodak(2006) 등은 전환전문가들이 장애인 가족들을 어떻게 지원하고 그들과 어떻게 효율적으로 함께 일할 것인가에 초점을 맞추어 광범위하게 연구해 왔다. 그들의 연구는 생활 속에서 가족들이 어떻게 기능하고 제반사건이 가족체계에 어떻게 영향을 주는가를 기술하는 가족체계모델을 제시했다.

Turnbull, Turnbull, Erwin과 Soodak(2006) 등이 제시한 가족체계모델은 가족이 몇 가지 구성요소 혹은 서로 연관되는 "하위체계"를 가진다. 가족양상 하위체계의 특징은 가족 구성원, 그들의 문화, 그들의 교육 수준, 사회 경제적인 지위, 이웃 기타 등등으로 구성된다. 여기서의 핵심은 "전형적"인 가족 개념은 지난 몇

십 년 동안 엄청나게 변화해 왔고 현재 많은 서로 다른 가족양상들이 존재한다. 상호작용 하위체계는 가족들의 상호 관계 즉, 어머니 대 아버지, 부모 대 아동, 친척 대 친척의 상호작용 유형 등으로 구성된다. 이들 상호작용의 유형은 실제 가족들 간에 다양할 수 있다.

기능상 하위체계는 가족 구성원이 가족을 위해 행해야만 하는 제반활동으로 구성된다. 예를 들면, 누군가는 가족을 위해 돈을 벌어야 하고(경제적인 기능) 가정을 꾸려나가야 하며 누군가는 가족 내 아동을 돌보아야만 하는 일(가족기능수행) 등 무수히 많다.

가족체계모델의 마지막 요소는 생명주기(life cycle)에 맞는 전환으로 구성된다. 이들은 가족체계 내의 다른 모든 요소들 혹은 하위체계에 영향을 줄 수 있는 것들이다. 예를 들면, 아동의 출생이다. 이 행복한 일은 분명히 가족의 양상을 바꾼다. 부모 대 부모 상호작용이 부모 대 아동이란 새로운 상호작용 유형으로 변화되고 실제로는 많은 노력과 시간을 요구하게 된다. 예를 들면, 아동 돌보기 및 양육과 같은 새로운 기능들이 요구될 것이고 이 기간에 부모 중 한 사람의 수익이 잠재적인 비용으로 들어간다. 이런 예들은 비록 축복받은 혹은 즐거운 일이라도 전체 가족체계에 영향을 준다.

Turnbull, Turnbull, Erwin과 Soodak(2006) 등이 제시한 가족체계모델은 피상적이기는 하지만, 학생들의 학교에서 성인생활로의 전환을 포함해서 주요한 인생사들이 전체 가족 구성원들에게 많은 영향을 미침을 알 수 있다.

가족체계모델은 장애인들의 삶에서 가족의 중요성 및 전문가들이 가족들과 어떻게 협력하고 가족들을 어떻게 지원할 것인가에 대한 지침을 제공해 준다.

가족들과 의사소통하면서, 여러분은 자신과, 가족들을 알고, 그들의 문화적인 다양성을 존중하고, 그들의 장점을 확인하고, 선택을 촉진시키고, 더 큰 기대감을 계획하고, 적극적으로 의사소통하고, 믿음과 존중을 보장한다. 의사소통은 역량을 부여하는 맥락을 여러분이 창조할 수 있는 수단이고 가족의 동기화 및 지식/기술에 영향을 줄 수 있는 방법 중 하나이다. 효과적으로 의사소통을 할 때, 가족들이 그들 자신을 믿게 함으로써 더 큰 통제력을 획득하며 가족의 동기화에 영향을 줄 수 있다. 이처럼, 여러분은 가족들에게 유용한 정보를 제공하거나 그들의 문제해결, 문제 대처 혹은 의사소통 기술을 증가시킴으로써 가족들의 지식과 기술을 증가시킬 수도 있다(Turnbull & Turnbull, 1997, p.156).

Turnbull과 Turnbull(1997)은 장애인 가족들과 전환전문가들이 어떻게 협력할 것인가라는 구체적인 방안을 형성하는데 지침안내자의 역할을 해왔다.

가족체계모델에서 하위체계의 가족특성 가운데 한 양상은 가족문화다(Turnbull, Turnbull, Erwin과 Soodak, 2006). Turnbull, Turnbull, Erwin과 Soodak(2006) 등은 인종, 민족성, 종교, 지리적인 위치, 소득수준, 성, 성적인 지향, 장애수준, 직업 등 때문에 문화를 집단 동일시(identification)라고 말한다. 그리고 이들 요인들 중에서 어떤 요인이 성공, 젊은 가족 구성원을 돕는 확대가족의 역할, 교육 전문가 혹은 서비스 전문가들과 상호작용할 때 편안함의 수준, 혹은 미래계획 작성의 중요성 등에 무엇이 공헌할 수 있는가에 대한 가족 구성원의 지각에 이바지 할 수 있다. 왜냐하면 문화적인 차이가 결정에 실질적인 영향력을 지닐 수 있기 때문에, 교육자들과 전문가들이 전환교육 과정과 그 과정이 단위가족에 미치는 영향력에 대한 각 가족들의 지각력을 이해하는데 시간이 걸린다(Luft, 2005). 특히, 교육자들은 귀인이라는 올가미, 다시 말하자면, 문화적인 차이만을 보여주는 행동에 대한 잘못된 해석에 빠지지 말아야만 한다(Rubin, Chung, & Huang, 1998). 예를 들면, 어느 한 가족이 IEP모임에 참석하지 않기로 한 결정은 그들 아동교육 프로그램에 가족의 관심 부족이라고 해석될 수도 있지만 실제로 그것은 가족들이 학교라는 다른 분위기에 대한 어색함 즉 부모들이 학교에 대해 갖는 불편함을 나타내는 것일 수도 있다. 유사하게, 물음에 대답을 하지 않는 것은 말없는 의견차이라고 오해될 수도 있는데, 실제는 부모 혹은 가족 구성원이 물음에 대해 단순히 곰곰이 생각하고 있는 중일지도 모른다. 전문가들은 “그들은 상관 안한답니다.”, “그들은 과잉보호되고 있어요.”, “그들은 비현실적입니다.”, “그들은 비협조적입니다.” 등과 같은 가족들에게 부정적인 태도를 주는 말을 피하도록 조심을 해야만 한다. 표 2.2는 Steere, Rose와 Cavaiuolo(2007)등이 제시한 문화적인 차이가 다양한 서로 다른 배경을 가진 가족들과 함께 일하는 전문가들이 고려해야만 하는 행동들을 나열한 것이다.

자신의 문화적인 편견을 아는 것은 전환기에 장애학생을 둔 가족들과 효율적으로 일하려는 노력에 매우 중요한 구성요소다. 무엇보다도, 비록 전환전문가들이 동의에 이르지는 못하더라도 가족들의 관점을 존중하려는 모든 노력을 경주해야만 한다.

<표 2.2> 문화적인 차이에서 오는 행동들

눈 맞춤
신체적인 접근성
언어(verbal) 및 비언어(nonverbal)의 상호작용 유형들
문어 읽기 자료의 편안함
중등이후 교육의 가치
교육 전문가의 언어, 옷 기타 등에서 느끼는 편안함
권한 있는 사람에 대한 지각
계획 작성에 직접가족 및 확대가족의 역할에 대한 지각
성공에 공헌하는 것에 대한 지각
자기 지역사회 성공에 공헌하는 것에 대한 지각

3) 전환과정에서 부모의 적극적인 참여·역할

여기서는 전환교육계획시 가족참여 방해요인, 부모의 역할을 살펴본다. 부모의 역할은 전환과정에서의 일반적인 역할과 부모의 적극적인 전환 참여를 위한 전문가의 역할을 탐색한다.

(1) 전환교육 계획시 가족참여 방해 요인

전환교육 계획 작성에 있어 가족의 적극적인 참여에 대한 여러가지 방해 요인들이 있다. 여기서는 가족들이 직면하는 방해 요인들을 네가지 관점에서 살펴보고자 한다.

교육내용과 스케줄 변화 : 가족들이 직면하는 가장 긴급한 문제들 중 한 가지는 전환기간 동안에 아동의 교육내용과 교육계획 일정에 대한 잠재적인 변화다. 전환지원자가 일하는 동안에 가족들에게는 중요한 문제를 제기할 수 있다. 종종, 성인 서비스에 관한 가족의 선택들은 주로 이런 문제에 바탕을 두고 있고, 분리된 혹은 지역사회 서비스의 기반을 넘어서 센터에 기반을 둔 프로그램들을 선택할 수도 있다. 왜냐하면 이들 프로그램들이 더 많은 안정과 이점을 제공해줄 것이라고 잘못 지각할 수도 있기 때문이다.

교육구조 · 프로그램의 초점 변화 : 많은 장애학생들이 통합 환경에서 교육을 받고 있지만(Steere, Rose, & Fishbaugh, 1999), 분리된 성인서비스 선택을 계속 요구하고 있는 실정이다. 어떤 가족들에게는 딜레마에 봉착한다. 분리프로그램, 통합교육, 성인서비스 프로그램, 지원고용 같은 통합서비스 등 어떤 교육조치와 프로그램을 받아들일 것인가에 대한 고민이 많다.

종적전환에 대한 지원인력과 관계망 부재 : 성인생활로의 전환에서 제기되는 한 가지 장해 요소는 학교와 가족들과의 제휴가 끝난다는 것이다. 새로운 제도를 다루는 전환(Ferguson et al., 1988)은 가족들이 새로운 신임 관계망을 발전시켜야 된다는 것을 의미한다. 종적전환 과정에서 지원 인력부족과 관계망 형성의 부재의 두려움 등은 학교를 신임했던 가족들에게는 도전적인 사건이 될 수 있다.

학교졸업 후 진로 최상의 조건 : 가족들이 직면하는 장해 요소는 자기 자녀와 나머지 구성원을 위해 행하는 최상이 무엇인가 균형을 맞추기 위한 긴장감과 압력이다. 종종, 전환기 아동에게 최상으로 보이는 것이 다른 가족 구성원들에게는 최고가 아닐 수도 있다. 예를 들면, 학생은 자기 가정 밖으로 이동을 해가길 원하지 않을 지도 모르지만 그의 부모들은 아들을 지속적으로 돌보는 책임으로부터 일시적인 휴식을 요구할 수도 있고 때로는 자기 자녀들이 수용 프로그램으로 이동해 가는 것을 환영할 수도 있다. 장애학생들에게 서비스를 제공하는데 있어 많은 어려움을 겪는다.

앞서 언급한 내용 즉, 교육내용과 스케쥴 변화, 교육구조·프로그램의 초점 변화, 종적전환에 대한 지원인력과 관계망 부재, 학교졸업 후 진로의 최상조건 등은 전환교육 계획시 가족참여를 방해하는 요소들이다. 전환교육 과정에서 가족들을 적극적으로 참여시키기 위한 다양한 조치들을 강구해야 한다.

(2) 전환교육 과정에서의 부모의 역할

먼저 전환교육 계획시 부모들의 일반적인 역할을 살펴보고, 능동적이고 창의적인 전환지원전문가들은 전환교육과정에 부모들이 겪는 어려움을 극복하도록 도와줌으로써 성공적인 전환에 주요한 공헌자가 되어야 한다. 전환교육계획과정에서의 가족들의 적극적인 참여를 위한 전환전문가들의 역할 방법들을 탐색한다.

1 부모의 역할

전환교육 과정에서 부모의 역할은 ①장애 학생들의 요구와 특성 및 정보를 전환교육팀에 제공하는 일 ②개별화 전환교육계획에 참여 ③자기주장, 자기결정 그리고 독립심개발에 아동을 돕는 일 ④자녀들에게 스스로에 대한 이해심 증진과 경험 제공 ⑤교육관련기관 및 자문화의 서비스 역할 ⑥장애인 단체, 특수교육 성인서비스 활동 그리고 가족모임에 참여하는 일 등 무수히 많다(Sitlington et. al. 2006: 조인수, 2005).

부모들은 학생들의 전환과정에서 부모-전문가간의 관계성에 심오한 영향을 미치고 가족기능 수행의 절대적 서비스 제공자이다. 부모의 일반적인 역할(조인수, 권영화 2005)은 ①아동문제의 근원으로서의 부모 ②조직구성원으로서의 부모 ③서비스 개발자로서의 부모 ④전문가결정의 수령자로서의 부모 ⑤학습자와 교사로서의 부모 ⑥정책옹호자로서의 부모 ⑦교육적 의사결정자로서의 부모 ⑧가족구성원으로서의 부모 등이다. 이런 역할들은 시대적 흐름에 따라 아동문제해결자로서의 부모, 학생들에 대한 활동적 역할 기대와 가족구성원간의 상호적인 역할, 가족구성원의 독특한 요구를 충족시키는 전문가로서의 역할로 변해가고 있다. 이와같이, 전환교육과정에서 부모의 역할은 매우 광범위하고 막중하다.

먼저, 전환과정에서 학부모들이 적극적으로 참여해야하는 이유로는, 첫째 학부모들은 어떤 사람들보다 더 자신의 아이들을 잘 안다. 따라서 그들은 계획을 수립하는데 비판적인 자원으로 역할을 할 수 있다. 둘째, 학부모들은 훈련과정 목적 추구의 계속성을 유지하는데 아주 효과적일 수 있다. 셋째, 학부모들은 체제주장, 전문가 변화를 촉진하는 행동을 할 수 있으나 성취에는 한계가 있다. 넷째, 학부모들은 보다 좋게 직업적 성공을 하도록 자녀의 적극적인 학습을 교육하면서 역할 모델과 교사로서 행동을 할 수 있다. 다섯째, 학부모들은 긍정적인 결과에 관한 지역사회 지원자와 전달자로서 행동을 할 수 있다. 여섯째, 양육자와 돌보는 자로서 학부모는 전문가적 노력들에 지지와 격려를 한다.

전환과정에서 부모들의 역할(조인수, 2005)을 종합적으로 정리해보면 다음과 같다.

첫째, 아동의 흥미, 기능, 작업태도, 그리고 면담, 평가척도와 체크리스트의 완결에 의한 인격에 대한 정보를 전환교육 팀에 제공함으로써 평가과정에 이바지하는 일이다. 둘째, 자녀들의 IEP와 ITP의 개발에 참여함으로써 자녀들을 위한 교육과 직업 목표 개발을 돕는 일이다. 셋째, 자기주장, 자아결정, 그리고 독립심을 개발하는 데 아동을 돕는 일이다. 넷째, 자녀들에게 스스로에 대한 이해심을 증진하도록 인정하는 경험을 제공하는 일(취업에 대한 이해, 주거 생활), 후기 중등학교 선택(의사 결정할 수 있는 능력)이다. 다섯째, 자녀의 IEP를 포함하는 전환교육 계획 개발에 참여함으로 취업장, 주거 생활, 그리고 지역사회 역할에 대한 목표들을 개발하는 일을 돕는 일, 여섯째, 지방 그리고 정부 자문 회의에서 서비스하는 역할, 일곱째, 장애인을 위한 변호사 단체를 결합하는 일과 특수교육, 성인에 대한 서비스 활동, 그리고 가족 모임에 참여하는 일 등이다.

2 부모를 위한 전환전문가의 역할

전환 관련 전문가들이 부모를 위해 선행해야 할 사항들(Steere et. al. 1999: Steere et. al 2009)을 몇 가지 요약 제시하면 다음과 같다.

믿음 쌓기 : 첫 번째 취해야 할 조처는 전환교육자들은 장애학생 부모들과 믿음을 쌓는 것이다. 전환교육자들은 가족들과의 지속적인 대화 및 그들과의 약속 이행을 통해 믿음을 형성해야 된다. 장애학생가족들과 빈번한 의사소통이 첫 번째 단계다. 전화 접촉을 시도하기보다는 쪽지 편지나 이메일을 통한 메시지 전달이 훨씬 효율적인 것이 될 지도 모른다. 또한 가족들에게 자주 “좋은 소식”을 전해주는 것이 그들이 학교 교직원들과 접촉을 하려는 동기를 더욱 강화해 준다. 전환전문가들이 항상 가족들에게 그들이 더 좋아하는 의사소통 방법이 무엇인지, 그들이 얼마나 자주 접촉하기를 좋아하는지, 그들에게 어떤 정보가 매우 유용한지를 물어보는 것이 중요하다.

전환계획 및 문제에 대한 인식 증대 : 일단 믿음이 형성되면, 교육자들과 전환전문가들은 전환교육 계획 작성과 관련된 문제들을 가족들에게 인식시키는데 도움을 받을 수 있다. 이것은 전환전문가들이 가족들에게 많은 정보를 재빨리 제공해야 한다는 것을 의미하지는 않는다. 오히려, 가족들의 전환 문제에 대한 아이디어를 끄집어내야만 한다. 미래에 관한 질문과 설문지는 전환교육에 유용한 방법이다(Hutchins & Renzaglia, 1998). 학교 교직원들과 보다 친밀한 관계를 유지하고 있는 일부 가족들에게는 직접 얼굴을 맞대고 만나는 모임은 성인생활로의 전환에 대해 토론하기 시작할 적절한 시기다. 가능하다면, 학교 건물로 가족 구성원들이 교직원들을 만나기 위해 항상 올 것이라고 기대하기 보다는 오히려 종종 가족 구성원들의 집에서 그들을 만나도록 해야 한다.

전환결과 안내 · 질문 : 많은 가족들에게 전환은 매우 위압적인 장해 요소이기 때문에, 그들의 긴급한 질문을 강조하고 시작한다면 그것이 최상의 방법이 될 수 있다. 이미 언급한 것처럼, 설문지 혹은 모임을 통해서 행해질 수 있다. 예를 들면, “내 아들이 잘하는 것은 무엇인가?” 혹은 “그가 어떤 관심을 보였는가?” 등과 같은 질문들은 시작해야할 최상의 장소에 관한 정보를 제공할 수도 있다. 가족과 함께 일하고 있는 교사와 기타 전문가들은 가족 구성원들로 하여금 전환, 가족의 희망, 두려움, 관심사가 무엇인가에 대해 생각해보게 해주는 ①여러분 아동은 집에서 어떤 잡무를 하는가? ②여러분 아동이 어떻게 가장 효율적으로 학습하는가? ③여러분 아동은 어떤 직업 경험을 갖고 있는가? ④여러분 아동은 학교에서 어떤 과목이나 활동을 즐기는가? 등 많은 질문을 할 수 있다.

이들 질문들은 전환기 학생들과 연관된 전 분야의 토픽이 포함됨을 확신시켜 주는 성인생활(직업, 가정생활, 지역사회 생활, 여가 및 오락)등의 영역에 따라 체계화될 수 있다. Hutchins와 Renzaglia(1998)은 가족이 자기 아동의 미래 고용 선택을 할 수 있도록 설문지를 개발하기도 했다.

정보 제공 : 가족은 핵심 정보가 부족하다. 이런 정보를 제공하는데 전환전문가들이 핵심적인 역할을 해야 한다. 하지만 성인기관에 관한 수많은 안내책자만 단순히 보내는 것으로 정보를 획득할 수 없다. 왜냐하면, 정보의 양이 너무 많거나 비실용적인 것일 수도 있기 때문이다. 전환전문가들은 성인서비스 체계를 기술한 다음에 접촉해야 할 기관에 관한 정보 제공을 위한 가족과 상호작용 시간을 활용해야만 한다. 이 일은 개별적인 모임 및 가족과의 상호작용 혹은 가족에게 정보를 제공하기 위해 설계된 학교가 지원하는 훈련을 통해서 일어날 수 있다. 또한 일부 학교와 성인서비스 기관과 합동으로 안내책자를 개발하고 지역에 살고 있는 가족이 전환교육 서비스에 친숙하도록 설계된 책자들을 제공한다. 이런 자료들은 읽기 쉽고, 보다 편리한 방식으로 만들어지기 때문에 지역의 전환교육 서비스에 도움을 줄 수 있다.

지원과 확신감 제공 : 올바른 방향으로 전환 될 것이라는 것을 가족들에게 확신시켜 줄 필요가 있다. 전환은 전문가들의 의견과 더불어 학생과 가족들에게 올바르게 안내되어야 한다. 하지만, 전문가들의 적극적인 도움이 절실히 필요하다. 특정 가족들과 믿음이 가는 관계망을 발전시킨 전문가들에게는 열린 의사소통 통로가 가족들에게 정보뿐만 아니라 정서적인 지원의 제공을 훨씬 더 쉽게 해준다.

가족 자원 파악 : 가족은 전환에 도움이 될 자원을 많이 갖고 있지만 이들 자

원에 대한 구체적인 지원방법을 인지하지 못하고 있을 수도 있다. 예를 들면, 친구들과 확대가족 구성원들은 전환기에 있는 학생들을 위한 잠재적인 지원 자원이다. 이것은 특히 중요한데 대부분의 사람들은 자기들이 알고 있는 타인을 통해 직업을 구하기 때문이다. 또한 가족은 지원과 도움을 제공하는데 매우 중요한 협력자인 지역사회와 아무런 관련이 없을 수도 있다. 예를 들면, 많은 가족들에게는 그들의 작업장은 지역사회 관련 지원과 중요한 관계가 있기 때문이다. 전문가들은 전환교육 계획 작성 과정에 도움이 될 수 있고 이미 존재하고 있는 자원을 가족들에게 알리고 가족들이 이미 존재하는 자원에 맞출 수 있도록 지원해 주어야 한다.

지원 자원 연결 : 마지막으로 전환전문가들은 정보 제공 이상의 일을 해야 하고 가족들이 지원 자원과 관련되도록 돕는 역할을 해야 한다. 이것은 가족들이 찾고 있는 구체적인 사람과 접촉하도록 하거나 도움을 줄 수 있는 다른 전문가를 가족들에게 소개하기를 포함한다. 일부 가족들에게는 전환 과정을 경험하거나 혹은 더 나은 경험을 한 다른 부모들이 최상의 지원자가 될 수도 있다. 학교기관들은 전환기 가족들을 위한 지원 및 정보제공을 충실히 하고, 전문가들은 새로운 가족들이 전환 모임에 참석하도록 독려해야 하며 기타 가족들의 구성원 정보 혹은 성인서비스 기관에 의한 훈련과 모임에 관한 정보를 체계적으로 제공해야 한다.

요약하면, 전환교육 계획시 가족의 적극적인 참여를 시키기 위해서 전환전문가들은 먼저 부모들과 ① 믿음을 쌓고 ②전환계획 및 문제에 대한 인식증대 ③전환결과 안내 질문 ④정보제공 ⑤지원과 확신감 제공 ⑥가족자원파악 ⑦지원자원 연결을 체계적으로 할 필요가 있다.

(3) 부모참여와 역할요약

장애학생들의 전환교육 계획 작성 과정에서 관련인사들의 총체적인 팀 접근가운데 부모들의 역할이 매우 중요하다. 가족구성원 중 부모들은 학생들의 전 생애를 통해서 가장 전형적이고 지속적인 지원망이다. 학생들 본인 뿐만 아니라 가족구성원들은 전환교육 과정에 의해 새로운 경험을 하고 많은 영향을 받는다. 가족들은 그들 자녀의 특수교육제도의 통과 경험을 포함해 주요한 삶의 사건들에 의해 영향을 받는 다양한 가족기능 체계로 개념화 될 수 있다. 장애학생들의 가족은 그들 자녀들의 삶 동안에 수많은 실질적인 장해 요소들에 직면한다. 특히, 부모들은 자녀의 성공적인 전환지원에 필요한 성인서비스 체계 및 조처에 관한 정보를 제대로 제공받지 못한다. 가족이 중요한 정보에 접근할 수 있는 방법을 찾아내고 전환교육 계획 작성 과정에서 더욱 가족구성원들의 능동적인 역할을 하도록 가족, 학교 교직원 및 전환 전문가들은 체계적이고 선구적인 역할을 할 필요가 있다.

첫째, 장애학생 전환교육과정에서 가족들이 직면하는 문제들은 전환교육서비스에 대한 정보부족과 지원체계 미흡에 대한 스트레스를 많이 경험한다. 장애 학생들의 전환사정에서 개별화 전환계획, 훈련과 배치, 사전・사후 서비스에 이르기까지 결과중심 전환교육에 많은 도전과 시련을 겪는다.

전환기 가족 즉, 부모들이 직면하는 문제는 ①자기 아동의 미래에 투자할 생각부족 ②학교가 자기 아동에게 계속 서비스를 제공할 것이라는 가정 ③미래에 대한 두려움 ④성인서비스 기관에 대한 지식 부족 ⑤부모 열망과 아동 열망에 대한 갈등 ⑥전문가가 가장 잘 알고 그가 계획 작성을 이끌어야 한다는 가정 ⑦전환교육 계획 작성 과정에 수반될 정보의 부족 ⑧학생이 수행하지 않을 만큼 충분히 도전적이어야 한다는 기대감 ⑨전환교육 계획 작성에 따른 에너지와 시간부족 ⑩장기적인 미래가 아니라 매일 매일의 관심사에 초점 맞추기 등을 들 수 있다.

전환기 가족체계모델은 가족특성, 가족 상호작용, 가족기능 세 가지 구성요소에 따른 하위체계를 가진다. 가족특성은 가족구성원, 문화적 배경, 교육수준, 사회경제적 지위, 이웃 기타 등으로 구성되고, 가족들의 상호작용은 부모 대 부모, 부모 대 아동, 형제 대 형제 확대가족의 상호작용 요인에 따라 다양하다. 가족기능은 경제적 기능, 가정기능 수행, 정서적 양육 기능이 주가 된다. 특히, 가족체계모델은 생명주기(life cycle)에 맞는 전환으로 예를 들어, 아동이 출생하면 부모 대 부모 상호작용이 부모 대 아동으로 새로운 상호작용 유형으로 변화하고 많은 시간과 노력 및 비용이 소용될 뿐만 아니라 새로운 기능을 요구하며 가족전체에 영향을 준다. 여기서 제시한 가족모델은 장애학생의 삶속에서 가족의 중요성 및 관련 전문가들이 부모들과 어떻게 상호협력 지원할 것인가에 대한 지침을 제공해 줄 수 있다.

둘째, 전환과정에서 부모의 적극적인 참여가 필요하고 다양한 역할수행이 요구된다. 먼저 전환교육시 부모의 적극적인 참여를 방해하는 요인들은 ①교육내용과 스케줄 변화 ②교육구조·프로그램의 초점 변화 ③종적전환에 대한 지원인력과 관계망 부재 ④학교졸업 후 진로의 최상 조건 등 이다. 전환과정에서 부모들이 참여해야 하는 이유는 ①학부모들은 어떤 사람들보다 더 자신의 아이들을 잘 알기 때문에 그들의 계획을 수립하는데 비판적인 자원으로서 역할을 할 수 있다 ②학부모들은 훈련과정 목적 추구의 계속성을 유지하는데 아주 효과적인 조력자이다. ③학부모들은 체제 주장, 전문가 변화를 촉진하는 행동을 할 수 있으나 성취에는 한계가 있다 ④학부모들은 보다 좋게 직업적 성공을 하도록 자녀의 적극적인 학습을 교육하면서 역할 모델과 교사로서 행동을 할 수 있다 ⑤학부모들은 긍정적인 결과에 관한 지역사회 지원자와 전달자로서 행동을 할 수 있다 ⑥양육자와 돌보는 자로서 학부모는 전문가적 노력들에 지지와 격려를 한다.

전환교육 과정에서 부모의 일반적인 역할은 ①아동문제의 근원으로서의 부모 ②조직구성원으로서의 부모 ③서비스 개발자로서의 부모 ④전문가결정의 수령자로서의 부모 ⑤학습자와 교사로서의 부모 ⑥정책옹호자로서의 부모 ⑦교육적 의사결정자로서의 부모 ⑧가족구성원으로서의 부모이고, 전환교육 과정에 있어 부모들의 실질적인 역할은 ①아동의 흥미, 기능, 작업태도, 면담, 평가척도와 체크리스트의 완결에 의한 인격에 대한 정보를 전환교육 팀에 제공함으로써 평가과정에 이바지하는 일 ②자녀들의 IEP와 ITP의 개발에 참여함으로써 자녀들을 위한 교육과 직업 목표 개발을 돕는 일 ③자기주장, 자아결정, 독립심을 개발하는데 아동을 돕는 일 ④자녀들에게 스스로에 대한 이해심을 증진하도록 인정하는 경험을 제공하는 일(취업에 대한 이해, 주거 생활), 후기 중등학교 선택(의사결정 능력) ⑤자녀의 IEP를 포함하는 전환교육 계획 개발에 참여함으로 취업장, 주거 생활, 지역사회 역할에 대한 목표들을 개발하는 일을 돕는 일 ⑥지방, 정부 자문회의에서 서비스하는 역할 ⑦장애인을 위한 변호사 단체를 결합하는 일과 특수교육, 성인에 대한 서비스 활동, 가족모임에 참여하는 일 등이다.

한편, 전환과정에서 부모들이 적극적으로 참여할 수 있도록 전환전문가들이 해야 할 역할로는 ①믿음 쌓기 ②전환계획 및 문제에 대한 인식 증대 ③전환결과 안내·질문 ④정보 제공 ⑤지원과 확신감 제공 ⑥가족 자원 파악 ⑦지원 자원의 연결이 체계적일 수 있도록 하여야 한다.

여기서 제시된 내용들은 특수교육자들이 특수학교 학부모 교육이나 부모교육 세미나 자료로 활용할 수 있을 것이다.

3
전환사정의 영역과 내용

전환교육이 효과적으로 이루어지기 위해서는 장애 학생들의 흥미와 요구에 따른 발달가능성을 토대로 사회생활을 원만히 할 수 있도록 이들의 올바른 요구사정을 통한 개별화 전환교육 계획을 세워 결과중심 전환교육을 충실히 수행해 나가야 한다. 장애 유형과 정도에 따라서 취업과 고용 또는 일상생활기술과 사회적응기술 습득을 위한 조치들이 강구되어야 한다. 이러한 계획의 과정에는 반드시 학생의 개인적 요구, 강점, 능력, 흥미에 대한 사정 자료에 기초해야 한다. 전환교육이 실행되는 곳에는 반드시 올바른 전환사정이 전제되어야 한다.

여기서는 전환사정의 개요, ITP사정영역과 요소에 관한 내용을 중심으로 탐색한다.

1. 전환사정의 개요

1) 전환사정의 정의와 목적

IDEA(1990, 1997, 2004)의 전환교육관련 법안은 다양한 측면으로 확장되고 발전하여 왔다. 그중 전환사정에 관하여 '학생의 교육과 활동을 계획하고 조정할 때 학생 개인의 요구에 기초해야 하고 학생의 흥미, 학업적 기능, 일상생활기술, 지역사회 경험, 직업기능의 평가, 고용에 관한 발달상황, 중등교육 이후 성인생활의 목표, 적절한 시기가 포함되어 있어야 한다'고 서술되어 있다.

IDEA법안에서 전환사정이 무엇이라고 정의되어 있지는 않았지만 현재의 요구사항과 장래직업, 교육, 생활, 개인과 사회적 환경에서 개인의 요구, 능력, 흥미에 대한 자료를 계속적으로 수집하는 과정이라고 모두가 인식하고 있다. 사정자료는 전환과정에서 공통적으로 함께 다루어지고 목표에 대한 정의와 개별화 교육 프로그램에 포함되어 서비스를 제공하는 가장 기초적인 형식이다(Sitlington et al., 1997).

미국의 전환교육분과(DCDT; The Division on Career Development and Transition)는 전환사정에 대하여 '전환사정은 현재와 미래의 직업활동, 교육, 개인적 및 사회적 환경 등과 관련되는 개인의 강점, 요구, 선호, 흥미 등에 관한 지속적인 정보 수집의 과정이다. 사정자료는 전환과정에서 공통적 이해의 근간으로 작용하며, 개별화교육에 포함되어야 하는 목표와 서비스를 결정하는 기초가 된다(Sitlington et al., 1997)'는 정의를 승인하였다.

또한 DCDT는 전환사정을 평생 진로 발달과 모든 삶의 역할과 관련된 진로사정, 일과 고용과 관련된 직업사정, 생태적이고 기능적인 사정(환경에 따라서 전형적으로 발생되는 기술에 대한 학생의 사정)을 포함하는 포괄적인 용어로 정의하였다.

Green과 Kochhar-Bryant(2003)는 전통적인 전환사정은 대부분 연간 계획으로 구안되고 학생의 현재 능력을 기술하며 기능중심인 것에 비교하여, 앞으로의 전환사정은 지속적인 과정이며 미래 지향적이며 학생 개인 중심적이라고 전통적인 사정과의 차이점을 설명했다.

CEC(Council for Exceptional Children)는 전환사정은 현재와 미래의 직업, 교육, 생활, 개인과 사회의 환경에서 필요한 개인의 능력, 흥미, 요구에 대한 자료수집의 계속적인 과정이며 사정자료는 전환과정의 개별화교육계획과 목표설정의 기본적인 형식으로 제공된다고 정의하고 있다.

이러한 전환사정은 유아기에서 성인기까지 개인이 직면하는 모든 전환단계마다 이루어지면서, 장애인과 그 가족들이 만족할 만한 결과를 성취하기 위하여 전생애에 걸쳐 필요한 정보를 얻고 조직하는 지속적인 과정이다(Clark, 1998)라고 하여 전환사정의 대상을 전생애로 확대하였다.

조인수(2005)는 청소년 장애학생이 학교에서 학교 졸업 이후 성인생활로의 전환교육을 효과적으로 실시하기 위해서는 전환사정이 일차적으로 이루어져야 하고, 이를 통한 개별화전환교육계획(ITP: Individual Transition Plan)수립이 성공적으로 수행되어졌을 때 전환교육이 단계적으로 진행될 수 있다고 전환교육에서 사정의 중요성을 언급했다.

전환사정은 효과적인 전환계획을 결정하기 위한 정보를 학생, 부모, 교사들에게 제공하는 것으로 가정, 학교, 지역사회에서 개인의 전반적인 자료를 지속적으로 수집하는 과정이다.

전환사정은 학생을 위한 계획과 선택을 도와 줄 뿐 아니라 학생의 직업과정과 지역사회 경험에서 지속적인 정보를 수집하는 중요한 역할을 한다.

전환사정은 고등학교 이후의 원만한 생활을 위해 필요한 정보를 학생, 부모, 교사에게 제공할 뿐만 아니라, 특히 전환사정은 학생과 주위 관련자들이 학교교육과정과 생활계획의 항목을 현명하게 선택하기 위하여 학생의 장점, 한계, 동기에 대한 정보를 제공한다. 사정은 모든 전환활동이 발생되는 곳에 기본적이고 구조적인 정보를 제공하고 학생의 성인생활에 중요한 모든 영역에 대한 정확하고 편리하고 포괄적인 정보를 제공한다. 이러한 정보는 학생의 요구, 흥미, 선호에 가장 적합하고, 학교이후 성인생활의 목표를 위한 가장 필요한 서비스와 환경을 선택하고 결정할 수 있도록 한다(Flexer, Simmons, Luft & Bear, 2005).

이 과정은 한 번으로 끝나는 것이 아니라 계속되어지는 정보 수집 과정이다. 전환사정과정은 ①사정 ②중재 ③평가의 과정으로 이루어지는데, 여기서 주어진 중재의 성공과 실패에 대한 평가는 새로운 중재를 실행하거나, 조정하기 위한 사정 정보로 사용되어지고, 이것은 또 다시 평가되어 진다. 즉, 전환사정은 계속적으로 이행되는 순환과정으로 볼 수 있다(조인수, 2005).

전환사정은 청소년들의 가정과 학교, 지역사회생활 전 생애에 걸친 사정과 평가를 의미하는 것으로, 전환계획은 학생이 성인으로서의 삶을 준비하기 위한 전체적인 접근을 의미하기 때문에, 전환사정 정보는 반드시 포괄적으로 수집되어야 한다.

전환사정은 개인의 필요, 선호, 흥미를 수집하는 계속적인 과정인데, 그 이유는 그것들은 현재와 미래의 일, 교육, 생활, 개인 환경, 사회 환경적 요구와 연관되어 있기 때문이다. 사정 자료들은 전환 과정에서 공통의 줄기와 같은 것으로, 개별화교육계획에 포함되어 있는 목표와 서비스를 결정하는 중요한 정보의 근간이

되는 것이다(Miller et. al. 2007).

2) 전환사정의 특징

전환사정과 계획은 고용 이후와 지역사회 참여, 일상생활 기술, 여가생활, 사회적 기술, 이동, 경제적 기술을 포함한 진로에 중점을 두고 확장되어 가야하고, 전문가들이 실제로 전환사정을 하고 있지 않은 점과 전환과정에서 학생들의 참여와 자기결정이 확대되어야 한다(Tomas et al., 2002).

전환사정을 실시 할 때 고려해야 할 특징으로는 첫째, 전환사정은 학생 중심적으로 개별화되어야 한다. 예를 들어, 학생이 대학에 들어가기를 원하지만 부모는 그렇지 않을 때 그의 ITP팀들은 대학에 대한 계획을 기록하고 도움을 주어야 한다. 이것은 학생의 삶으로 논의 되어야 하고 교사나 부모의 삶이 아님을 지각해야 한다. 학생이 자기개념, 자기인식, 자기주장을 위한 권리와 책임에 대한 지식을 알 수 있도록 도와주는 것이 교사의 역할이다(Test et al., 2006). 또한 전환사정은 특별히 개별화된 성인기 성과와 관련된 학생의 능력과 요구가 기록되어 있어야 하고, 실제 환경에서 특별한 과제에 대한 학생의 성공이 자세하게 포함되어 있어야 한다. 학생이 선호하는 삶의 형태와 능력이 반영된 특별한 환경에서 학생의 성공 가능성을 사정하는 것이 중요하다. 이는 어떤 환경에서 어떤 사람들이 학생의 능력을 사정하는지 명확하게 정의할 필요가 있다.

둘째, 전환사정은 지속적이고 계속적인 과정이다. 청소년기 학생은 엄청난 변화를 경험하고 이러한 경험들은 학습에서부터 가치관, 선호도 등의 변화에 영향을 주게 된다. 학생과 교사들은 계속적으로 변화되는 장래 목표에 따라 성취를 위한 전략을 선택하고 수정하는 결정을 해야 한다. 지속적인 사정은 학생의 성장, 교육, 경험을 명확하게 결정하는데 매우 중요하다.

셋째, 전환사정의 계속적인 과정은 장래 중등학교 이후 성과에 중심을 두고 있는 다양하고 자연스러운 환경에서 실행되기를 요구한다. 학생들의 진로 선택에 따라 요구되는 기술을 배우기 위하여 지역사회 환경(레스토랑, 버스 안, 영화관 등)뿐 아니라 고용된 상황 등 다양한 환경에서의 수행능력도 평가할 필요가 있다. 더 나아가 고용, 중등학교 이후 교육, 지역사회 주거, 지역사회 참여와 같은 다양한 상황과 환경에서의 사정을 요구한다.

넷째, 전환사정은 포괄적이고 정확하고 현실적인 전환프로파일을 통하여 사정결과를 통합하고 효과적으로 요약해야 한다. 전문가들의 용어에서 벗어나 학생의 요구, 홍미, 선호를 부각시키고 학생에 대한 긍정적인 기대로 장래희망을 촉진해 가야 한다. 전환사정의 모든 구성원들이 자신의 분석과 해석이 충분하게 공유되어 활용될 때 가장 큰 효과를 유지할 수 있게 된다.

다섯째, 전환사정은 문화적 차이에 민감해야 하다. 교사와 다른 사람들은 그들의 문화와 민족적 정체성을 이해하고 각 학생이 기록한 가치관을 존중하고 문화적 차이를 적절히 조화시키며 주류화의 가치 속에 그들의 정체성과 차이를 조화시켜 협력하면서 일해야 한다(Owens & Blanchett, 2004).

전환사정의 특징은 학생중심으로 개별화되어야 하고 지속적이며 계속적인 과정으로, 중등학교 성과에 목적을 둔 자연스런 환경에서 실행되어야 한다. 그리고 전환 프로파일을 통하여 사정결과를 포괄적으로 통합하고 효과적으로 요약하여 사회문화와 개체의 정체성에 맞게 유용하게 활용되어야 한다.

3) 개별화교육계획과 전환사정

IEP과정에서 전환계획의 중요성은 표 3.1과 같이 시각화 할 수 있다. 전환계획은 전환사정과정을 통해서 내부적으로 발달되었다. 전환계획은 학생, 가족, 지역사회, 교육자를 포함한 상호 협력적인 노력의 산물이다. 전환은 학생을 위한 단기목표(학년)와 장기목표(고등학교 이후)로 분류된다. 전환계획은 가깝고 먼 장래를 계획하기 위한 구조를 제공한다. 표 3.1에서 효과적이고 전반적인 전환사정을 위해 요구되는 5가지 구성요소를 제시했다면 표 3.2는 학생들의 IEP속의 학습목표와 전환계획의 관계를 정의하고 있다.

자기결정과 자기옹호 목표, 기초학습 목표, 일상생활기술 목표, 직업적 목표는, 전환사정 과정과 전환계획에 있어서 학생과 가족의 의미 있는 참여를 통해 알게 된 흥미, 태도, 능력, 장점, 한계에 기초를 두고 개발된다.

<표 3.1> 전환사정 모델

효과적인 전환계획을 위한 사정 데이타의 활용

효율적인 전환계획

직업적 사정

1. 흥미
2. 능력
3. 태도

형식적 그리고 비 형식적

1. 기술적 준비/ 학교에서 직업 사정
2. 지역사회 기초 사정
3. 상황적/ 작업현장 사정

일반적이고 특별한 직업 기술

∧ ∧ ∧ 미래 주변환경의 준비 ∨ ∨ ∨

∧ ∧ ∧ 현재와 장래계획 ∨ ∨ ∨

모든 영역의 기초학습과 행동사정

1. 표준화된 평가
2. 일반화된 평가
3. 학습 양식 평가

기능적생활 기술 사정

1. 일상생활 기술
2. 사회적 기술

공식적이거나 비공식적인 환경

1. 가정
2. 학교
3. 지역사회

장래계획을 위한 요구와 목표 사정

1. 가정생활
2. 지역사회참여
3. 직업과 직업교육
4. 여가와 여가생활
5. 중등학교 이후 교육과 훈련

자기결정과 자기주장기술

1. 기초학습
2. 직업 훈련
3. 중등이후 교육과 훈련

전환사정

출처 : R.J.Miller, R.C.Lombard, S.A.Corbey,(2007)*Transition Assessment*. Boston:Perason Education,Inc(p.6)

<표 3.2> 개별화교육계획에 따른 전환사정요소

전환사정				
장래계획에 대한 목표	자기결정과 자기옹호의 목표	학습과 행동의 목표	생활기술의 목표	직업에 대한 목표
· 장래계획 요구사정 · 구조화된 정보수집 과정 · 장래계획 조사 1. 학생 2. 가족 3. 특수교사	· 자기결정과 자기옹호 사정 · 자기결정과 자기옹호 기술 1. 학생 2. 가족 3. 특수교사	· 기초학습기술 사정 · 표준화 및 규준화된 검사를 통한 학습양식 사정 · 행동기술 사정	· 생활기술 사정 · 외부적 및 내부적 환경 1. 가정 2. 학교 3. 지역사회 4. 작업장	· 직업적 사정 · 공식적 및 비공식적 지역사회 기초한 상황사정 1. 흥미 2. 태도 3. 능력
영역				
1. 가정생활 2. 지역사회 참여 3. 직업과 직업훈련 4. 중등이후 교육과 훈련	1. 기초학습 2. 직업과 직업훈련 3. 중등이후 교육과 훈련	학습과 행동영역에 관련된 모든 것	1. 일상생활 2. 사회적기술 3. 일반적인 고용	1. 일반적인 직업기술 2. 특별한 직업기술
미래 주변 환경의 준비				

출처: R.J.Miller, R.C.Lombard, S.A.Corbey,(2007)*Transition Assessment.* Boston:Perason Education,Inc(p.8)

IEP는 흥미있는 직업을 조사하고 직업 선택에 대한 정보를 수집하여 학생에게 필요한 지원과 참여 기회를 제공해야 한다. 전환계획은 모든 교육과정 결정과 IEP팀이 학생의 목표설정을 하도록 도와준다. 표3.3은 전환계획의 중요한 구성요소를 제시하고 있다(2004년 IDEA).

전환계획과 전환사정은 1990년 미국장애인교육법(IDEA)의 개별화 교육계획(IEP)이 제기된 이래로 2004년 IDEA에서 전환사정이 강조되고 있다. 특히 개별화 전환교육계획(ITP)마련을 위해 ①장래계획과 목표를 위한 사정 ②자기결정과 자기권리주장을 위한 사정 ③학생의 학습양식과 행동에 대한 표준화된 사정이 포함된 기초학습에 대한 장점과 단점 ④생활기술에 필요한 지도에 대한 사정 ⑤직업적 흥미, 태도, 학교와 지역사회 양쪽의 능력 등 전반적인 전환사정 내용과 과정을 포함할 것을 요구하고 있다.

결국 전환계획은 청소년 학생을 위한 IEP과정으로 모든 교육과정을 결정하고, IEP팀이 수업목표를 정하는 데 실질적인 도움을 주도록 규정하고 있다.

<표 3.3> 전환계획을 위한 중요한 요소(IDEA2004)

정의(602조)

(34)전환서비스 "전환서비스"라는 말은 장애학생을 위해 조정되고 설계된 활동을 의미한다. 즉,

(A)결과지향 과정으로 설계되고, 학교에서 학교이후 활동으로 이동하는 학생들의 기초학습과 기능적인 성취를 발달하는 것에 초점을 두고 중등이후 교육, 직업교육, 직업중재, 계속적인 생애교육, 성인서비스, 독립생활, 지역사회 참여와 같은 활동들이 포함된다.

(B)개별 학생의 요구, 장점, 수행능력, 흥미등의 검사를 기초로 한다.

(C)학습, 관련서비스, 지역사회 경험, 고용의 발달, 학교 이후 성인생활목표, 적절한 시기, 일상생활기능의 획득, 직업기능 평가등이 포함된다.

개별화교육프로그램(614조)

(I)"개별화 교육 프로그램" 또는 "IEP"는 장애학생을 위한 발달, 관점에 대한 진술인데 이 조항은 다시 세분화 된다.

(Ⅷ)아동이 16세 되어 첫 IEP가 제공되는 것보다 늦지 않게 전환계획이 시작되어야 하고, 매년 누가 기록해야 한다.

(aa)적합하게 측정된 중등이후 목표는 훈련, 교육, 고용, 시기, 독립생활기술과 관련된 전환사정 연령에 기초하고 있다.

(bb)전환서비스는 이러한 목표에 도달하기 위한 조력을 필요로 한다.

(cc)법이 정하는 나이에 도달하기 1년전 시작한다. 이 법률에 의한 아동의 권리는 충분히 인지시켜야 하고, 어떤 경우에는 615조에 의해 적정 도달 연령을 변동시킬 수 있다.

2. 전환사정의 주요영역

사정과정에서 수집된 자료는 개별화전환교육계획에 필요한 영역들과 직접적인 관련이 있어야 하고, 전환교육계획에서 제기되는 질문에 대한 정보가 있어야 한다. 사정과정에서 수집된 정보는 현재의 성취수준을 기술할 때 통합되어 활용됨으로써 전환교육계획 과정에 도움을 준다.

장애학생들이 학교를 떠날 때의 성과와 관련하여 독립적인 생활(가정과 지역사회 내에서 생활), 개인·사회적 적응, 고등학교 이후 교육과 훈련, 그리고 고용에 초점을 맞추어 왔다. Conin과 Patton(1993)은 이들 영역을 성인기의 복합적이고 중요한 생활영역으로 확대하였다. 이렇게 구체적이고 목록화된 생활기술영역들은 다양한 전환과정이 될 수 있으며 이런 목록들은 학생의 성취수준을 평가하는데 중요한 시사점을 주고 장애학생의 평가와 중재의 방향을 제시해 주게 된다. 학업성취라는 협소한 영역을 넘어 장래 학생들이 직면하는 다양한 삶의 영역에 필요한 생활기술 및 성인기 목표 영역 전반을 포함해야 한다.

전환사정의 영역을 고용, 계속교육과 훈련, 의사소통과 학업수행, 자기결정, 대인관계, 통합된 지역사회 참여, 건강과 몸관리, 독립적인 일상생활, 여가 및 레크레이션 등의 분야로 나누어 사정하기도 한다. Miller 등(2007)은 전환사정 영역을 크게 장래계획의 사정, 자기결정과 자기주장에 대한 사정, 학습과 행동의 사정, 생활기술 사정, 직업 사정 다섯 가지 하위영역으로 나누었다. 그 구체적인 사정 내용을 탐색해 보면 표 3.4와 같다.

<표 3.4> 전환사정의 주요영역

장래계획사정	자기결정과 자기주장 사정	학습과 행동기술 사정	생활기술 사정	직업 사정
· 목표, 희망, 요구 · 직업과 직업훈련 · 중등교육이후교육 · 가정생활 · 지역사회참여 · 여가생활	· 학습 · 직업과 직업훈련 · 중등이후 교육 (자기결정 지식과 기술)	· 준거참조검사 · 규준참조검사 · 학습양식 사정	· 일상생활 기술 · 사회적 기술	· 흥미,능력,태도, · 기술준비/학교에서 직장으로 · 지역사회중심사정 · 일반/특별한 직업기술

출처 : Miller, R. J., Lombard, R. C. & Corbey, S. A(2007) *Transition Assessment Planning Transition and IEP Development for Youth with Mild to Moderate Disabilities*(p. 8). Pearson Education, Inc.

1) 장래계획 사정

전환사정의 첫 단계는 장래계획에 대한 사정이다. 장래계획을 사정하는 것은 전환사정 과정의 매우 중요한 구성요소로서 개인 중심의 계획과정으로 목표, 흥미, 능력, 중등학교 이후 희망에 대한 사정에서 출발된다. 학생들의 미래 생활에 대한 자신의 비젼을 구체화하고 목표달성을 위한 단계적인 계획 과정을 시작하게 된다. 장래계획 사정은 학생, 가족, 교사들이 학생의 고등학교 이후 삶의 형태뿐 아니라 직업목표 도달을 위한 보다 광범위하고 포괄적인 미래계획의 필수적인 구성요소이다. 직업계획 사정은 학생의 나이와 직업성숙에 따라서 결정적인 비젼을 가질 만큼 성숙할 수 도 있고, 직업에 대한 관심이 없거나 불확실한 개념을 가질 수 도 있다. 그것이 어떠하든 전환교육계획과 사정의 목표는 특별한 직업의 목표를 향해 나아가는 것이고 필요한 교육과 훈련을 포함하는 것이다. 고등학교 이후 어떤 직업을 원하는가? 고등학교 이후 어디에서 살기를 원하는가? 고등학교 이후 어떤 활동에 참여하기를 원하는가? 이러한 질문들의 누적 효과는 고등학교 이후 할 일에 대한 비젼이 발달되어 가는 것이고 미래 생활에서 자신의 비젼을 구체화하고 목표달성에 대한 단계적인 계획과정을 시작하게 된다는 것을 의미한다. 장래에 대한 상상은 장래계획에 대한 결정을 유도하고 목표달성을 위한 동기를 부여하게 되며 이러한 과정들은 학생들이 자신의 장래와 삶을 관리할 수 있도록 한다.

장래계획은 IDEA에서 요구하고 있듯이 학생의 흥미, 능력, 목표를 고려한 학생의 장래목표와 요구에 대한 학생 중심 개별화교육계획의 첫 단계이다. 장래계획은 생애 전반의 기초로 활용되기에 계속적으로 변화하는 내용을 반영하여 더욱 구체적이고 확실하게 개발해 가야한다. 장래계획 사정은 일회성 행사로 끝나는 것이 아니라 매년 변화된 목표를 반영해 가야한다. Friedland(1999)는 경증장애 학생들이 장래계획에 대하여 부모님과 의사소통에 문제가 있고, 자기의 의견을 전달하는데 어려움이 있으며, 자기의견을 전달하는 훈련이 부족함을 지적했다. 또한, 장래계획에 대한 자료결과 분석을 통하여 부모와 학생의 서로 다른 장래희망을 조정해 나가야 하고 장래계획에 가장 큰 고민도 고려되어야 한다.

경도장애 학생을 위한 장래계획 사정은 My Future My Plan(Sheets & Gold, 2003), I PLAN(Van Ruessen & Bos, 1990), Dare to Dream(Webb et al., 1999), FUTURE(Sitlington et al., 1996)등이 있으며, 중증장애 학생을 위한 사정자료로 MAPS(Vandercook et al., 1989), Personal Futures Planning(Maunt & Zwernik, 1998)이 활용되고 있다.

2) 자기결정과 자기주장 기술 사정

자기결정과 자기주장 기술은 학생이 전환계획 과정에 기꺼이 참여하고 주체적인 역할을 할 준비과정으로 정의한다. 장래계획 사정이 학생으로 하여금 장기와 단기의 비젼, 목표설정, 그리고 직업에 대한 구체화를 시작하도록 돕는 반면, 자기결정 사정은 미래에 대하여 주도적으로 선택하고, 문제를 해결하고, 자기주장을 할 수 있는 개인의 준비성을 사정할 기회를 제공하는 것이다. 전반적인 전환사정은 자기결정 능력들이 없으면 효과적인 사정이 될 수 없다. 교육의 목표가 자신의 필요, 희망, 관심을 다룰 줄 알고 자신의 목표와 희망을 주장할 수 있는 자기 지향적 학습자로 발달시키는 것이라면 자기결정에 대한 사정과 교수는 모든 학생에게 중요하다(Milller, 1994).

미국의 전환교육분과(DCDT)는 자기결정은 한 사람으로 하여금 목표 지향적, 자기 조절적, 자율적 행동을 할 수 있게 만드는 기술, 지식, 신념의 결합이라고 하였다. 자기결정은 자기 자신이 능력 있고 효과적이라는 확신과 더불어 한사람의 강점과 약점을 이해하는 것이다. 이런 기술과 태도에 기초하여 행동할 때 장애학생들도 우리 사회에서 성인으로 역할을 감당하게 된다(Field et al., 1998). 자기주장은 때때로 자기결정과 호환적으로 사용되나 자기결정의 일부분으로 구성되기도 한다. 자기주장은 자기의 관심, 요구, 필요, 권리를 효과적으로 의사소통하거나 전달하여 원하는 것을 얻어내는 개인의 능력으로 요약될 수 있다.

Wehmeyer(2002)는 학생들의 관심과 선호 조사하기, 선택적 기술 조사하기, 교육계획과 교육목표 설정을 촉진하기, 학생들을 문제 해결과 의사결정에 참여시키기, 그리고 학생 지향적 학습전략 활용하기 등을 비롯한 자기결정을 촉진시킬 전략들을 제안했다. 효과적인 자기결정 사정들은 자기 인식을 촉진할 것이며, 교육목표와 교과과정의 중재에 대한 선택을 도와주며, 학생의 전체 교육 프로그램의 효과성을 평가할 기회를 제공할 것이다.

Abery 등(1997)은 자기결정을 지식, 기술, 신념으로 그 구체적인 기술들은 법률적인 권리와 자원, 자기인식, 책임, 목표설정, 의사결정, 문제해결, 자기조정, 독립적 생활기술, 사회적 기술, 의사소통 기술, 자기 확신, 내면의 통제, 결정, 자긍심 등으로 꼽았다. Valenti(1989)는 고등학생들에게 중등과정 후의 성공을 위한 자기주장 기술을 준비시키는데 실제적 지침과 워크북을 만들었다. 워크북의 주제는 특정장애 이해하기, 진단검사 이해하기, 법률 아래에서 권리와 책임 알기, 전환과정으로 중등학교 이후 이해하기, 개인적 학습기술 개발하기가 포함되어 있다. Field 등(1998)은 자기주장 훈련은 어떻게 주장할 것인가와 무엇을 주장할 것인가에 초점을 맞춘 것이라고 하였다. 자기결정 사정 도구들은 학생과 학부모의 면담, 기술에 대한 기록, 관찰 등으로 학생들의 훈련을 결정하도록 도와준다. 이를 위해 자기결정에 대한 여러 가지 사정도구들이 출간되어 있다.

활용되는 자기결정 사정 도구들은 The Arc's Self-Determination Scale(Wehmayer & Kelchner, 1995), Choice Maker Self-Determination Assessment(Martin & Marshall, 1994), The Self-Determination Knowledge Scale(Hofman et al., 1995), The Self-Determination and Self-Advocacy Skills(Miller & Corbey, 1994)등이 있다.

3) 학습과 행동의 사정

이 영역은 학습 양식과 문제 행동에 대한 사정이다. 모든 학생에게 학습 능력은 중등교육 이후 삶에 영향을 미치며 학업의 한계들은 고등학교 이후에 계획에도 중요하게 고려되어야 한다. 학습의 한계성을 다루는 것은 부족한 학습능력에 대한 보완책과 교정기술을 찾는 것을 의미하기도 하고, 어떤 학습전략을 통해 학습할 것인가를 결정할 수도 있으며, 전환교육계획에 기초하여 이들 중 한가지나 모두의 중재가 가능할 수도 있다. 행동에 대한 우려 역시 모든 학생들의 성공적인 교과과정 참여에 영향을 미치고 특히 고등학교 졸업에 많은 영향을 준다. 사회성 및 행동에 대한 우려들이 고등학교와 그 이후 삶에 영향을 미친다면 이 부분에 대한 올바른 사정과 계획들이 있어야 한다. 전환교육이 효과적이고 양질화 되려면 학생의 교육적 성취(공식 · 비공식)와 학생의 사회성 · 행동과 관련된 사정정보 역시 포함되어야 한다. 학습사정 정보는 학생의 강점과 약점을 확인하고 학생과 가족의 자료에 근거하여 교육과 직업을 결정하도록 지원하고, 학생의 학업성과와 진보, 교과과정의 평가와 강화, 학생 성적 결정, 학교의 책임 등의 결정들을 지원하는 활동이 포함된다. 또한 구체적으로 행동사정은 학생의 문제행동의 위험수준, 사회적 기술의 수준과 문제행동 감소 전략, 보상 전략 등이 포함된다. 학습과 행동의 검사로는 WISC-Ⅲ, Behavior Assessment System for Children(BASC), Brigance의 Diagnostic Comprehensive Inventory of Skill-Revised (CIBS-R) 등을 활용할 수 있다.

학습양식 사정(Learing Style Assessment)은 모든 사람들이 정보를 수용하고 조직화하여 표현하는데 개별화된 독특한 방법을 사용한다. 한 개인의 학습 양식은 가장 효과적인 학습방법을 의미하고 그 방법을 선택하면 힘들지 않게 학습효과를 얻을 수 있다. 가장 효과적인 학습 방법을 확인하도록 돕고, 선호하는 학습 방법을 사용할 기회를 제공하는 것은 학습자가 학업환경에서 성공하는 요인이 된다. Dunn과 Dunn(1978)은 시각적, 청각적, 촉각·운동감각적, 다중감각적 학습자 학습특성을 제시하면서, 학습양식에 따라 알맞은 교수방법, 과제형태, 학습 자료들을 사용하도록 소개하였다.

4) 기능적 생활기술 사정

생활기술은 성인기에 있는 개인의 성공적인 독립생활에 기여하는 기술이라고 했다(Cronin,1996). Knowles(1990)는 생활기술을 가정·가족생활, 여가생활, 개인의 책임과 관계성, 신체적/정서적 건강, 공동체 참여, 여가와 교육등 여섯 가지 영역으로 제시하고 이러한 기술들은 성인 생활에서 여러 환경에 걸쳐 광범위하게 적용된다고 보고했다. 하지만 경도 장애학생의 경우 학습이나 직업 기술들만 습득하고 생활기술은 직접 교수되지 않는 경우도 있다고 보고했다. Haring 등(1990)은 학생추적 연구결과 57%이상이 독립적인 생활을 원하고 있기에 주거선택, 쇼핑, 음식준비, 의류관리, 이동, 재정, 신용카드사용, 여가활동, 건강과 안전, 대중교통, 친구, 부모 등의 구체적인 생활기술들에 대한 사정자료들을 교육계획에 포함시켜 훈련해야 할 필요성을 지적하면서 경증 장애학생들은 이러한 생활기술에 대한 직접교수나 체계적인 훈련으로 충분히 성공적인 결과를 가져올 수 있다고 했다.

경도장애인들의 사회적 기술 결핍 요소들은 친구사귀기, 가족관계의 불만족, 제약된 범위의 사회적 관계, 다양한 정서적·심리적 문제들을 내포하고 있다. 전환계획에 관한 사회적 기술의 사정목적은 여러 환경에서 사회적 기술을 사정하고 직접 훈련이 요구되는 특정 생활기술의 결핍을 발견하여 가정, 학교, 공동체에서 가족, 교육자, 기타 인력들이 도움을 주기 위함이다. 따라서 학교에서 성인 생활로의 성공적인 전환에는 모든 분야의 숙련된 생활기술이 필요하다. 이러한 필수적인 생활 기술들이 없으면 취업과 중등교육 이후 목표들이 위험에 처할 수 있기에 기능적 생활기술은 성공적인 성인생활에 매우 중요하다(Garjar et. al.,1993).

생활기술은 사회적 기술(Social skill), 사회적 능력(Social competence)과 다른 포괄적이 전환사정들이 포함된다. 사정 도구들로는 Ender-Severson 전환평정 척도, 지역사회 적응기술 사정(Community Integration Skill-Assessment ; CIS-A), 생활중심 진로교육 사정(Life Centered Career Education Assessments; LCCE), 전환계획 조사지(Transition Planning Inventory; TPI)가 있으며, 일상생활 기술과 사회적 기술, 직업관련 기술에 대한 정보를 수집하는 목록들로 구성되어 있다.

5) 직업 사정

포괄적인 전환계획은 직업사정에 대한 정보 없이는 완성될 수 없을 뿐 아니라 직업사정은 모든 사정정보의 핵심 요소이다. 장애 학생들을 장래 직업훈련이나 고용에 대비하여 직업 프로그램 과정에 배치하는 것은 직업사정의 기본적인 기능이다(McMahan. & Bear, 2001). 직업 사정 절차들이 직업훈련계획이나 직업훈련 선택에 있어 중요하게 활용되었을 때 최대의 영향력을 가질 수 있으며, 특별한 요구를 가진 개개인 학생에 대한 직업사정 프로파일(Vocational Assessment Profile; VAP)을 완성해 나가는 것이 매우 중요하다.

직업사정은 직업흥미 및 직업적성과 능력을 주로 평가한다. 학생의 직업을 결정하기 위해서는 적성검사와 함께 다른 직업평가들을 종합적으로 비교하여야 한다. 직업사정은 주로 3단계로 이루어지는데 1단계는 학생의 축적된 자료 검토, 직업흥미 검사, 학생·보호자·교사면접 및 교사의 비공식적 평가를 주로 하고, 2단계에서는 직업성숙도 평가, 직업 준비도, 표본작업, 작업관련 행동, 학습양식 목록 등을 실시한다. 3단계에서는 시뮬레이션 직업장면, 기능적 생활기술, 생산적인 일, 상황평가 등을 실시한다. 학생 개인에 따라 사정도구를 선택하지만 일반적인 능력이나 적성을 측정하는 검사로는 ASVAB(Armed Services Vocational Aptitude Battery), CAPS(Career Ability Placement Servey), MESA(Microcomputer Aptitude Battery), OASIS(Occupational Aptitude Servey and Interest Schedule), OASIS-Ⅲ(Occupational Aptitude Survey and Interest Schedule)등이 있다. 상황이나 표본작업을 사정하기 위해서는 비공식적인 개인용 체크리스트나 조사지를 많이 활용한다. 포괄적인 직업사정 체계로는 멕케런 다이얼 직업평가체계(McCarron-Dial Vocational Evaluation System : MDVES), 직업준비도 검사(Pre -Vocational Readiness Battery:PVRB)가 있다.

3. 전환사정의 방법

지금까지 전환교육을 실행하기 위하여 여러 가지 전환사정 방법들이 활용되어 왔는데, 크게 두 가지로 나눌 수 있다. 첫째는 개인에 대한 사정 방법으로 배경 정보의 분석, 면접・설문지, 심리측정도구, 작업 표본, 교육과정 기초 사정, 상황 평가등이 있다. 둘째, 학생이 접하게 될 환경에 대한 사정으로 지역사회 환경분석, 직무분석, 중등과 중등이후 훈련환경의 분석이 포함된다.

1) 개인에 관한 사정

개체를 사정하는 방법은 학생에 대한 정보자료를 분석하는 과정으로 전환계획 수립과 목표를 결정하는데 중요한 지침이 된다. 또한 이러한 내용들은 학생에게 적합한 사정 도구를 결정하는 것 뿐 아니라 대안적 사정도구를 검토하기 위해서도 필요하다.

배경정보 분석(Analysis of Background Information) : 학생에 대한 교사, 관련 서비스 직원들의 관찰과 기록에 대한 분석으로 배경정보 분석시 우선 학생의 IEP를 검토하고 IEP에 제시된 전환목적과 활동사항을 고려해야 하며 학생의 장애 특성상 요구되는 부가적 사정의 유무를 조사해야 한다. IEP는 학생의 관심, 목표, 지나온 활동들을 누가기록해 놓은 대표적인 것으로 학생의 개인적, 교육적, 직업적, 건강에 관한 정보가 포함되어 있다.

면담・질문지(Interview/Questionaires) : 학생, 가족구성원, 이전 지도교사, 친구, 상담사, 지원 관련기관의 직원, 이전의 고용주와의 면담내용은 학생의 실제생활 및 미래 성인생활 계획에 대한 최상의 정보 자료이다. 이를 통해 학생의 장기 목표, 사회적 개인적 소망 및 능력에 대하여 매우 실제적이고 정확한 정보를 파악할 수 있다(Sitling et al., 1996). 이러한 내용은 면접이나 질문지를 통하여 정보를 수집 한다.

심리측정 도구(Psychometric Instrument) : 이 도구는 현재의 학업적인 목표와 요구와 관련하여 미래에 받을 교육과 훈련을 위하여 선택하거나 결정하는 것으로 학력성취 검사, 직업흥미 검사, 기능적 생활기술 검사, 자아개념 검사, 학습유형

검사, 직업적성 검사 등이 있다. 이 도구는 학생의 현행 학업, 생활기능, 직업의 일반적인 지식에 대한 수준을 측정하거나, 흥미나 적성을 파악하는 것으로 계획을 수립하고 실행할 때 출발점을 정하는데 사용된다. 그러나 다른 평가도구와 마찬가지로 학생의 전환계획을 수립할 때 유일한 방법으로 사용해서는 안된다.

작업표본(Work Sample) : 작업표본이란 실제 직업이나 직업군에서 사용되고 있는 동일하거나 유사한 과제, 재료, 도구에 관련된 작업 활동이다. 작업표본은 개인의 흥미, 능력, 작업습관, 개인적·사회적 기술을 측정하는데 사용될 수 있다. 작업표본을 실시할 때 중요한 것은 과제에 대한 실행수준을 파악하는 것과 더불어 흥미, 과제 집중력, 지원이나 분류 요청의 수준에 관한 정보를 관찰하고 축적하는 것이다. 이 작업표본은 지역의 직업분석, 직업훈련 프로그램에서의 과제를 기초로 개발되거나 또는 교실에서의 진로탐색의 한 부분으로 개발될 수 있다.

교육과정중심의 평가기술(Curriculum Based Assessment Technique) : 교육과정에서 가르친 내용을 기초로 하여 평가하는 교육과정중심 평가(CBA)는 교육현장에서 주요한 과제 중 하나다. 교육과정중심 평가는 하나의 특정한 방법이 아니라 프로그램 관련 교사에 의해 개발되고 가르친 내용에 초점을 맞추는 접근법이다. 교육과정중심평가 기술에는 준거지향검사, 교육과정중심평가, 포트폴리오 평가, 능력중심평가, 교육과정중심 직업평가가 있다.

상황 평가(Situational Assessment) : 상황평가는 가능한 개인의 현실에서 최대 유사한 미래주거, 작업, 교육, 지역사회 환경에서 일어날 행동을 사정하는 체계적인 관찰과정이다. 여러 기간에 걸쳐 다양한 실제 또는 모의 작업 및 지역사회환경에서 개인행동을 관찰하고 기록하는 것은 전환교육계획을 위한 전환사정의 기초를 제공한다.

결론적으로 전환계획수립과 목표를 결정하는데 중요한 지침으로서 개인의 직업능력 사정정보 수집은 배경정보를 분석, 면접/질문지, 심리측정도구, 작업표본, 교육과정 중심의 사정 및 상황 평가 등 다양하고 종합적으로 이루어져야 한다.

2) 전환환경에 관한 사정

학생 개인의 요구, 선호, 강점, 흥미와 그 학생의 미래 환경을 연결시키기 위해서는 학생 자신에 대한 정보를 수집하는 것 뿐 아니라 그 학생이 성인이 되어

배치될 것이라고 예측하는 주거, 작업, 교육환경에서 요구되어질 것들을 체계적으로 분석하는 것이 매우 중요하다. 학생의 지적능력이 낮을수록 더 구체적인 환경에 대한 분석이 필요하다. 학생이 처할 환경과 상황이 적합하게 재조정되거나 재배치된다고 하더라도 최소한의 지원이 필요하게 될 것이다.

지역사회 환경 분석(Analysis of Community Environments) : 지역사회의 환경을 분석하는 것은 중증장애인들과 함께 일하던 전문가에 의해 처음 소개된 방법으로 지역사회 중심의 주거환경과 관련된 환경분석 방법이다. 이러한 환경분석 방법은 현재 주거환경과 함께 미래 주거환경에서 요구되는 것을 인지하는 것이 중요하다. McDonnell 등(1991)은 지역사회환경의 요구를 분석 · 인지하기 위하여 다음의 4가지 사항들을 결정하여야 한다고 하였다. 개인이 활동하게 될 장소, 각 환경에서 수행할 과제, 어려운 활동단계에서의 성취정도, 훈련프로그램을 종료하기 위해 기대되는 성취수준에 대한 사항들을 결정하여야 한다.

작업분석(Job Analysis) : 작업분석이란 작업환경에서 필요로 하는 요구를 분석하는 과정이다. 즉 작업에서 이루어지는 과제를 분석하는 것이다. 이것은 하는 일의 종류와 작업이 수행되는 방법, 작업이 수행되는 환경에 대한 정보를 체계적으로 수집하는 과정이다. 이러한 정보는 작업장 이외의 쉬는 시간이나 직장을 출퇴근 하면서 교통수단을 이용하는 과정에서 일어나는 활동들에 대한 정보들도 수집되어야 한다. 작업분석은 시간을 많이 요하는 것으로, 작업장에서 직접적으로 작업자를 관찰하고 작업자와 이야기하며 감독자를 지도하는 것이 중요하다.

중등학교와 이후 교육 및 훈련환경 분석(Analysis of Secondary and Postsecondary Training Environment) : 교사는 학생의 현재 작업환경과 장래에 목표로 하는 작업환경을 분석해야 하는 것처럼 학생의 현재 중등교육환경과 장래 진학계획이 있는 고등교육환경을 분석해야 한다. 고등교육을 준비하기 위한 훈련프로그램에서는 여러 가지 정보를 수집해야 한다. 즉, 입학원서 쓰기, 입학하기 위한 과정, 지원서비스, 고등교육기관 교수요원의 학습지원서비스 제공의지 여부, 진로 및 개별상담서비스, 학업과 직업에 관련된 훈련 프로그램, 경제적 지원 가능성에 관한 것들이다. 이 외에도 학습 전략이나 공부기술 또는 자기결정 기술들을 지도하는 것을 포함한다.

결과적으로 개인의 잠재적 생활환경 및 작업과 교육환경에 대한 정보를 수집하는 것은 전환교육의 계획과 실행에 있어 중요하다(조인수, 2005; Sitilington et al., 1997). 이러한 전환사정 정보는 학생의 요구, 흥미, 진로에서 학생이 성인으로 나아가는 미래의 환경과 연결하기 위해 아주 중요한 과정이다.

3) 전환사정과 적합성 확인

전환사정에 있어 적합성은 개인에 대한 사정과 전환환경에 대한 사정의 비교분석을 통한 적합성 유무를 확인하여 필요한 조치를 취하는 과정이다. 개인의 강점, 요구, 선호, 흥미와 현재 및 미래 환경의 요구사항과 문화를 연계시키는 과정을 나타내면 아래와 같다. 이 그림의 왼쪽 상단에는 개인의 욕구, 선호, 흥미에 관한 정보를 수집할 수 있는 방법들이 제시되어 있다. 오른쪽에는 미래의 직업·교육·지역사회 환경에서 요구되는 정보를 수집할 수 있는 방법들이 있다. 이 사정과정에서 적절한 경우 보조공학을 활용하여 개인의 능력을 신장하고 환경에 대한 적응력을 높인다.

개인의 사정 방법
· 배경정보의 분석 · 면접/질문지 · 심리측정도구 · 작업표본 · 교육과정 기초의 평가 · 행동관찰 · 상황평가

전환환경의 사정 방법
· 지역사회환경 분석 · 직업분석 · 프로그램 분석 · 중등학교 이후 교육 및 훈련환경의 분석

적합한가? (개체와 환경을 비교하는 문서)	
적합성	배치와 조정하기
적합	필요한 지원 확인하기 필요한 권고사항 확인하기 필요한 훈련 확인하기
부적합	다른 환경에서 자료 수집을 계속하기 개인 관련 자료 수집을 계속하기 과정 연결을 재시도 하기

[그림 3-1] 개인과 환경사정의 적합여부

출처 : Sitlington, P. L., Neubert, D. A., Begun, W., Lombard, R. C. & Leconte, P. J(1996). *Assess for Success: Handbook on Transition Assessment*(p. 99), Reston, VA:CEC.

그림 3-1은 개인과 환경간의 적합 여부를 실제적으로 확인하는 중요한 과정이다 만약 개인과 환경 간의 관계가 적합하면, 배치가 이루어지고 필요한 점검과 지원을 제공한다. 적합성을 높이기 위하여 필요한 자원, 지원, 보조공학과 편의시설, 훈련을 확인하는 것이 중요하다. 만약 확보된 정보에 근거해 볼 때 개인과 환경간의 관계가 적합하지 않으면, 다른 환경에 대한 추가적인 정보가 수집될 필요가 있으며 연계가 적합할 때까지 적합 여부를 계속 확인해야 한다. 전환 프로파일은 사정정보를 요약하는 유용한 수단이 될 수 있고 정기적으로 수정·보안되어야 한다.

요약하면, 전환사정은 여러 가지 방법들이 활용되어 왔는데, 크게 개인을 사정하는 방법과 환경을 사정 분석하는 방법이 있다. 개인과 환경간의 적합 여부를 확인하는 과정을 거쳐 적합하다면 배치가 이루어지고 필요한 지원과 점검을 실시한다. 만약 적합하지 않다면 다른 환경에 대한 추가적인 정보수집과 학생능력에 대한 적합여부를 계속 확인해야 한다.

4. 공식적·비공식적 사정

전환사정은 공식적·비공식적 사정 두 종류로 나눌 수 있다. 공식적 사정은 표준화되어 비교할 수 있는 정보를 제공하지만 중요한 능력에 대한 특별한 면은 측정할 수 없다. 비공식적 사정은 개발 및 활용과 해석에 있어서 보다 많은 시간을 필요로 하지만 특정 환경에서 학생의 특별한 능력에 대한 정보를 제공할 수 있다.

1) 공식적 사정

표준화된 공식적 사정은 집단 내에서 표준과 관련된 개인의 일반적인 특성을 알기 위한 목적으로 만들어진 것이다. 전형적인 검사로는 지능검사, 성취도검사가 있다. 표준화된 사정은 정해진 공식적인 절차에 따라서 실시하고 그 결과는 수치로 산출되어 해석하고 활용된다. 한 개인과 다른 사람을 비교하기 위한 이런 검사는 일치된 관리와 해석에 근거한다. 어떤 검사는 검사자가 사전에 엄격한 규칙과 검사방법 숙지를 요구한다.

지능검사와 성취도검사는 특수교육에서 공식적으로 활용되고 있으며 전환교육 프로그램에서는 적응행동 척도, 인성검사, 직업흥미 검사, 직업인의 특성, 학생의 능력과 진보를 평가하기 위한 직업기술 검사 등이 있다. 몇몇 새로운 전환관련 검사는 지역사회 기술에서 특별히 요구되는 한사람의 지식과 기술을 사정하기 위하여 만들어지고 개발되기도 한다. 신뢰성 있는 내용과 자세한 항목은 표준화 검사의 이점이다.

공식적이고 표준화된 검사는 발달과정을 따라가며 신뢰도와 타당도를 강조하고 개인 간의 비교를 위해 활용되어 진다. 대부분의 검사는 발달중심 또는 평균과 비교하는 것으로 장애 학생에게 비교척도 설정이 어렵다는 문제가 있다. 더구나 특별한 편의시설이 요구되는 학생이나, 검사과정에 어려움이 있는 학생은 그들의 실제 능력을 표현하기가 어렵다. 다른 학생과 비교는 학생에 대한 일반적인 정보와 개별화교육을 위하여 유용한 정보를 제공한다. 그러나 특별한 환경에서의 학생의 잠재력에 대한 정보는 공식적 검사와 비공식적 검사 결과를 결합하는 쪽이 좋다. 양쪽 결과를 종합하여 행동의 특성과 차이, 프로그램을 위한 요구사항을 기록하였을 때, 학생에 대한 정확한 인식을 할 수 있으므로 사정의 가치를 명확하게 한다.

검사도구로는 직업흥미나 기술을 위한 Halpern(1994)의 Transition Planning Inventory(TPI), Becker Reading-Free Interest Servey(RFV-Ⅲ), Career Maturity Inventory(CMI), Knowledge of the World of Work Scale, Kuder Vocational Preference Record, Reading-Free Vacational Interest Inventory, Self-Directed Search, Wide-Range Interest and Opinion Test(WRIOT)등이 있다. 사회성 척도를 위한 사정도구는 Progress Assessment Chart of Social and Personal Development, Social and Prevocational Information Battery, Waksman Social Skills Rating Form, and Leisure Time Activities Scale 등이 있고 기초학습을 위한 사정은 Adult Basic Literacy Assessment, Brigance Diagnostic Inventory of Essential Skill, Wide Range Achievement Test(WRAT) 등이 있다.

국내에 표준화되어 있는 도구로는 K-WISC-Ⅲ(Korean-Wechsler Intelligence Scale for Chilren-Ⅲ), K-ABC(Korean Version of the Kaufman Assessment Battery for

Children), 한국판 적응행동검사(Adaptive Behavior Scale; K-ABS), 적응행동검사(Korean Institute for Special Education-Scales of Adaptive Behavior; KISE-SAB), 지역사회적응 능력검사(Community Intergration Skill Assessment; CIS-A), 자기결정 능력검사(김정권 외, 2004), 기초학습 기능검사(박경숙 외, 1989), 홀랜드 진로탐색 검사(안창규 외, 1972), Becker의 그림 직업흥미 검사; RFV-Ⅲ) 등이 있다.

2) 비공식적 사정

학생의 능력과 특성에 대한 공식적이고 표준화된 검사의 한계를 보충할 수 있는 접근으로 동시적이고 기능적인 사정이 이루어진다(Harpern 1984). 1997년 IDEA는 공식적인 검사의 한계를 극복하기 위해 비공식적인 검사도구의 활용을 강조하였다.

비공식적 사정은 학생의 요구, 흥미, 선호도가 무엇인지 결정하기 위하여 사용되어지며 그들의 IEP와 전환교육 목표에 도달하는 과정이 얼마나 적합한지에 대한 정보을 제공한다. 비공식적 사정은 학생의 교육적 프로그램의 특별한 과제에 대한 직접적인 능력이 적합한지를 결정하기 위하여 특별한 환경에서 예를들면, 학급과 지역사회 환경에서 학생의 능력을 사정한다.

그러나 비공식적 사정의 문제 중에 하나는 타당성과 신뢰성에 대한 잠재적인 결함이다. 다시 말해서, 실제 검사도구가 어떻게 설계되었고 결과의 신뢰성에 대한 문제라고 할 수 있다.

비공식적 사정은 개별화전환계획과 관련하여 학생 개인의 성공, 강점, 요구에 대한 구체적인 정보를 제시함으로 표준화된 검사결과의 결정적인 단점을 보완하게 된다. 비공식적 사정은 공식적 사정의 표준화를 따를 수 없지만, 특별한 요구를 가진 학생을 위한 매우 중요한 정보를 제공한다. 비공식적 사정은 특별한 상황이나 환경에서 학생이 수행하고 있는 정보를 제공하고, 성공을 위하여 필요한 훈련, 지원, 조정에 대한 자료로 활용된다. 이러한 비공식적 사정결과들은 특히 장애 학생들의 개별화교육계획과 프로그램 결정에 매우 유용한 정보를 주며, 전환교육에서는 오히려 공식적 사정보다 오히려 더 많이 활용되기도 한다.

비공식적 사정 방법은 학생의 누가기록, 교육과정중심 사정, 준거-지향 검사, 포트폴리오 사정, 조사와 면담. 상황과 환경사정, 작업표본, 행동의 사정 등이 있다.

비공식적 사정도구로는 장래계획 조사 시스템(Future Planning System; FPS), 학습양식 사정(Learing Style Assessment; LST), 전환평정척도(Enderle-Severson Transition Rating Scale; ESTR), 생활중심 진로교육(Life Centered Career Education; LCCE), 직업사정 프로파일(Vocational Assessment Profile; VAP) 등이 있고, 국내에서는 생활중심 진로교육(조인수, 2004)이 소개되어 있다.

4
전환사정 전략과 모델

전환서비스 과정에서 다양한 환경과 방법으로 실시된 전환사정 자료들을 효율적으로 활용하기 위하여 제시한 전환사정 모형과 몇 가지 전략들을 소개 하고자 한다. 우리 실정에 맞도록 조정하여 활용할 수 있을 것이다.

1. 장래계획에 대한 사정 전략

1) 경증 장애 학생들을 위한 전략

(1) 나의 장래계획 : 고등학교 이후 삶에 대한 자료와 전환계획

나의 장래와 계획(Sheets & Gold, 2003)은 경도장애학생을 위한 장래계획 자료를 종합하는 과정이다. 이 장래계획 분석을 위해서 ① 학생의 노트 ② 전환과정에서 학생의 비디오테이프 ③ 부모·가족 구성원과 교사 안내상담자료 등을 활용한다. 이러한 자료들은 학생의 성공적인 장래계획에 도움을 주기 위한 많은 정보가 포함되어 있다. 이 학생 노트북은 공식적인 장래계획 사정 도구와 고등학교 이후 삶을 위한 계획 자료관련 정보들이 포함된다. 학생 노트북은 학생 장래계획 기록의 통합을 위한 공간으로도 활용된다. 부모·가족과 교사(Stenhjem & Scholeller, 2003)를 통해 얻어진 자료들은 장애학생들의 고등학교 이후 삶을 지원하기 위한 계획설계에 이용된다.

(2) 나의 계획(I PLAN) : 자기 주장 전략

경도장애 학생을 위한 중요한 장래계획 시스템인 I PLAN(Van Ruesen & Bos, 1990)은 자기주장 전략이다. I PLAN은 자기옹호 기술증진을 위한 장·단기목표 계획과정과 결합된 개인중심의 계획전략이다. 이 전략은 학생이 그들 자신의 IEP 모임에 참여하고 이끌어 가며 학습을 위한 능력과 자신의 현재 목표를 위해 준비해 가는 과정에 초점을 두고 있다(Van Ruesen & Bos, 1990). "I PLAN"을 구체적으로 살펴보면 다음과 같다.

I(Inventory) : 장점과 약점, 학습 수행능력 조사목록 만들기
P(Provide) : 목록정보 전달하기
L(Listen and respond) : 듣고 반응하기
A(Ask question) : 풍부한 사고를 위한 질문하기
N(Name your goals) : 목표를 명확하게 설정하기

자기옹호 전략은 모의 IEP팀 모임을 만들어 주도해 가도록 구조적인 기회를 제공할 뿐 아니라 그룹 모임에 참여하고 주도하기 위한 자기주장 기술과 사회적 기술을 발달시키는 실제적인 적합한 도구이다(Van Ruesen, et al., 1994). I-PLAN 전략의 목표는 학생이 자신의 IEP 모임을 주도해 가고 현재 자신의 학습 및 교수적 장점, 약점, 목표, 희망을 알리는 것이다. 이것은 장래계획과 자기주장 훈련 영역에서 강력하고 유용한 학습전략이 되고 학생이 IEP 과정을 위임받아 참여하는 동기를 제공하는데 초점을 둔 것이다(Van Ruesen & Bos, 1990). 자기옹호 전략이 중학교 또는 고등학교 수준의 경도장애학생에게 유용하게 설계된 과정이라고 할 수 있다.

(3) 꿈에 도전 : 장래계획을 위한 안내

꿈의 도전은(Webb, et al., 1999) 고등학교 이후 장래계획을 위해 장애학생을 도와주기 위해 설계된 워크북이다. 이 자료는 ①나의 개인적 전환계획 ②나의 꿈의 정립과 이런 꿈을 이루기 위한 고려점 ③나의 IEP 참가 ④지역사회 참여와 주변에서 얻을 수 있는 것은 어떤 것이고 삶 공간의 고려점 종합적인 나의 강점, 약점, 태도, 기술을 하도록 구성되어 있다. 이것은 장래계획 워크북으로 경도장애학생이 활용할 수 있는 잘 설계된 문서이다. 이 자료는 플로리다 대학 전환센터를

통해 온라인으로 사용할 수 있다(www.thetransitioncenter.org/page).

(4) 장래계획 전략

Sitlington등(1996)은 Wynne Begun(1995)에 의해 효과적으로 발전된 FUTURE계획 전략을 개발했다. FUTURE계획 전략은 장래라는 기억에 기초하고 있다. FUTURE의 6단계는 학생이 직접적인 계획을 주도한다.

F(Find) : 자아 발견하기
U(Understand) : 자신의 꿈과 남과 다른 점, 권리, 능력을 이해하고 가치를 발견하기
T(Think) : 당신의 목표 성취를 위해 필요한 것과 어떤 것을 요구해야 하는지 생각하기
U(Use) : 계획을 위해 필요한 정보 활용하기
R(Reach) : 계획을 통하여 목표에 도달하기
E(Evaluate) : 계획의 결과를 평가하기

FUTURE 계획전략은 경도장애 학생들에게 독립적으로 널리 사용될 수 있다(Sitlington, et. al.,1996).

2) 중증 장애학생을 위한 전략

(1) McGill 활동과 계획 시스템(MAPS)

MAPS(Vandercook & York, Forest, 1989)는 중증장애학생이 일반 학급에 참여하는 완전통합을 목표로 개발된 도구이다(Westing&Fox, 1995). MAPS는 현재와 미래의 꿈과 장점, 흥미, 요구사항에 대한 사정으로 활용될 수 있다. 부모, 친구, 서비스 제공자, 또래, 교사들용 질문 시리즈는 다음과 같다.

개인적 생육사는 어떤가?
자신을 위한 당신의 꿈은 무엇인가?
자신에 대한 당신의 불길한 예감은 무엇인가?
자신은 누구인가?
개인의 장점, 재능, 능력은 어떤 것인가?
개인적인 요구사항은 무엇인가?
학교생활에서 좋은 것은 어떤 것이며 그렇게 만들기 위해 무엇을 해야 하는가?

MAPS는 많은 참가자들의 노력의 결합으로 만들어진 것으로 학생의 흥미, 수행능력, 기술 수준이 분명하게 나타나게 된다. 중증 학생에 관한 MAPS의 실행에 관한 문헌도 많이 있다(Forest & Lusthaus, 1989; Forest&Pearpoint, 1992; Vandercook, York, & Forest, 1989). 어떤 저자들은 MAPS가 중증장애학생들을 위해 효과적이고 적절한 과정이라고 주장하지만 경도장애학생에게도 유용할 수 있다.

(2) 개인의 장래계획

중증장애학생을 위한 개인적인 장래계획(Mount & Zwernik, 1988)은 3단계의 계획과정으로 구성되어 있다. 이 단계는 장애를 가진 학생의 개인적인 프로파일이 포함되고, 학생 개인의 프로파일에 기초하여 개인의 장래계획이 개발되고, 계획이 성공적으로 수행되기 위한 가족, 친구, 교사, 지역사회 지원자들로 지원의 순환과 연결망이 형성된다. 개인의 장래계획은 개인에 의해 설정된 개인의 희망과 꿈에 초점을 두고 있다. 계획과정은 자역사회 자원을 통한 학생들의 요구에 맞는 최소한의 "적합성"을 추구한다. 계획과정은 학생을 위한 "아이디어 계획"을 설립하는 것이고 계획의 목표를 성취하기 위한 혁신적인 방법을 찾는 것이다.

2. MAGIC 모형

MAGIC모형은 진로계획에 대한 공식적 사정과 교육과정 중심의 사정을 통합한 것이다(Lombard, Larson & Westphal 1993). MAGIC 모형의 기본 목표는 학생들이 실제로 그 환경으로 배치되기 전에 예상되는 교육과정이나 직업에 필요한 기술을 습득하는데 있다. 또 다른 목표는 한 학생이 프로그램을 성공적으로 수료하기 위해 받아야 하는 교육과정·훈련과정을 결정하는데 있다. 이 접근법은 공식적·비공식적 사정활동들로 부터 생성되는 자료를 완전히 활용할 수 있도록 설계된 다섯 개의 연속적인 단계들로 구성된다.

MAGIC 모형을 간단히 요약하면 다음과 같다.

단계1, M(Make) : 학생의 장래에 대해 예상하기
흥미, 태도, 학습 양식, 직업적 적합성 사정
단계2, A(Assess) : 장래 예상 환경에 대한 기초 기술 수준 사정하기
기술과 관련된 문서자료 검토, 장래 교사 면담, 프로그램 조사 목록
단계3, G(Guide) : IEP발달과 기술 습득 안내
불일치 분석, IEP에 불일치 기술 명시, 요구되는 교육과정과 교수지원 확인
단계4, I(Instruct) : 일반화를 위한 교수
학생들에게 가르칠 것 : 기술의 시연, 기술에 대한 설명, 기술 활성화 방법
단계5, C(Conduct): 유지에 대한 점검하기
교사, 가족 구성원, 학생과 상담하기

1) 단계 1 : 학생의 장래 예상하기

학생의 학습과 직업과 관련한 장래를 예상을 하는 것은 MAGIC 모형에서 첫 번째 단계이다. 학생 관심사, 학습과 직업 능력, 학습 양식과 선호사항에 대한 공식적 사정은 잠재적인 능력 예상을 하는 기초 자료로 제공된다. McMahan 과 Baer(2001)에 따르면, 기능적 직업 평가는 포괄적 전환계획을 위한 "최상의 실제(best practices)"와 일치하며 2004년의 IDEA 입법은 전환계획이 학생의 관심사, 능력, 선호사항에 따라 수행되어야 함을 요구한다. 학생의 학습 직업과 관련된 장래계획을 위해서는 직업적 관심 자료, 직업 적성 자료, 학업 능력 자료 그리고 선호 학습 양식에 대한 자료들이 수집되고 검토되어야 한다. 대부분의 경우, 학생의 학습에 대한 정보는 누가 파일에서 쉽게 찾아볼 수 있다. 한 학생의 직업적 관심, 직업 적성, 선호 학습 양식을 결정하기 위해서는 교사가 공식적 검사도구들을 가지고 검사를 실시해야 할 것이다. 공식적 표준화 도구를 선택할 때는, 그 도구가 학령기 학생들에 대해 표준화된 범위와 개체군 표본에 장애를 가진 학생들이 포함되었는지를 확실히 검토해야만 한다. 직업적 관심, 적성, 적합성에 해당하는 검사도구들은 다음과 같다.

직업흥미 사정도구

The California Occupational Preference Survey(COPS)

The Reading-Free Vocational Interest Inventory: 2(R-FVII-2)

The Self-Directed Search

The Interest Determination, Exploration and Assessment System(IDEAS)

직업 적성 사정도구

Occupational Aptitude Survey and Interest Schedule(OASIS-3)

Career Ability Placement Survey(CAPS)

Career Decision-Making System-Revised, CDM)

직업 적합성 작성 활동

한 학생의 직업적 관심과 직업 적성 간의 관계를 알기 위해서는, 관심 목록과 유사한 직업군을 측정하는 직업 적성 도구를 사용해야 한다. 예를 들어 The California Occupational Preference System(Knapp & Knapp 2004)은 직업적 관심 목록과 직업 적성 도구 두 가지로 이루어져 있다. 두 도구는 모두 14개 직업군에 따라 관심 차원과 능력 차원을 측정한다.

2) 단계 2 : 장래 예상 환경에 대한 기초 기술 수준 사정하기

직업과 관련된 장래 그림이 그려지면 교육과정 기반 직업 사정(CBVA)으로 알려진 사정 과정이 실행되어야 한다. 교육과정 기반 직업 사정은 ①학습능력과 직업적 기초기술 수준 ②수업 과정에서 특별한 교수 설계에 필요한 자료 수집 과정이다.

Albright 와 Cobb(1988)은 자신들의 교육과정 기반 직업사정 접근법에 세 가지 특정 단계를 병합시켰다. '시작' 단계로 알려진 첫 번째 단계는 학생이 직업 프로그램이나 훈련 과정에 배치되기 전에 행해지는 자료 수집에 관련이 있다. 이 단계 동안 정보 수집의 기본적 목적은 학생들이 자기들의 표현된 관심과 능력에 일치하는 직업 프로그램들에 배치되는 것을 보장하는 것이다. '점검' 단계로 알려진 두 번째 단계는 프로그램 참가 동안 학생 성과에 대한 점검을 포함한다. 이 단계 동안 정보를 수집하는 일차적 목적은 학생들이 직업 프로그램을 성공적으로 인지하는지와 교수 지원에 변화가 필요한지를 결정하는 것이다. 세 번째 '전환' 단계는 학생들이 직업 프로그램을 수료하고 중등과정 후 연수나 취업으로 전환할 준비를 하면서 수집되는 자료와 관련이 있다. 이 단계의 기본 취지는 학생들이 중등학교 환경으로부터, 자신들의 관심과 능력에 일치하는 학교졸업후 환경으로 성공적인 전환을 하도록 준비하는 것을 보장하는 것이다.

MAGIC 모형의 기본목표는 학생들이 실제로 전환된 환경으로 이동하기 전에 예상되는 환경에서 필요한 기술을 습득하는 것을 보장하는 것이다. 예를 들어 사정 인력들이 학생이 프로그램에 입학하기 1-2년 전에 예상되는 학습 과정의 입학 수준을 결정한다면, 학생들이 프로그램 배치 이전에 필수적 기술을 습득하는 것을 돕는 데 이용될 수 있다. 사정될 초기 수준 기술은 대개의 경우 지시 따르기, 업무에 매진하기, 언어적 표현, 문자 표현, 철자, 메모하기, 키보드 다루기, 시간 잘 지키기, 안전 규칙 따르기, 문제 해결하기, 기기 다루기, 읽기 기술, 조직화 기술 등이 포함되지만 이런 기술로 국한되지는 않는다.

MAGIC 모형의 또 다른 중요한 목표는 한 학생이 관심을 가진 프로그램을 성공적으로 수료하기 위해 받아야 하는 교육과정과 교수적인 조정과 지원을 결정하는 것이다. 이 지원들을 계획하기 위해, 프로그램 과정의 교수적 설계에 대한 정보가 수집되어야 한다. 사정될 교수 설계 요소들에는 교사 선호사항들이 포함된다. 예를들면 교사의 공식 혹은 비공식적 수업 설계, 교수 선호사항, 시험 방법, 과제와 프로젝트, 숙제의 구성과 방법, 테크놀로지 이용, 집단 활동의 범위, 성적 산출 절차 등이 있다.

위에 열거된 정보를 획득하고 기록하는 데 이용될 수 있는 도구는 프로그램 조사로 특수교육자들과 일반교육자들이 협동적으로 완료하도록 되어 있다.

· **프로그램 목록 활동 :** 고등학교 교사가 직업전문대학 같은 중등과정 졸업 후 환경들의 입학 수준 기술 요건들에 관해 학습하기 위해서는 프로그램 목록 조사지를 이용하는 것이 도움이 된다. 프로그램 목록들은 모든 관련자들이 서로에게 가장 필요한 방법으로 정보를 선택하기 위해 논의의 과정을 가지는 것이 좋다. 앞에서 언급한 바와 같이, 프로그램 목록의 첫 번째 목적은 학생이 원하는 교육기관의 교사가 어떤 방법으로 가르치기를 선호하는지를 결정하도록 설계되어 있다. 수업 설계, 시험 방법, 교수 방법, 성적 절차에 관련된 항목들이 이 과정에서 확인된다. 이런 정보는 특수교사로 하여금 장래 일반교육자의 교수 선호사항과 학생의 학습 양식을 고려한 교육과정과 교수 방법에 대한 보완 방법을 개발할 수 있게 될 것이다.

이 활동의 두 번째 목적은 학생이 원하는 프로그램을 성공적으로 완수하기 위해 가져야만 하는 입학 수준 기술을 결정하는 것이다. 프로그램 목록 조사 활동은 일반 교육자를 통하여 학생이 이 프로그램에 입학 할 때 필요로 하는 가장 필수적인 기술들을 확인할 수 있게 한다. 이 정보가 확인되면, 교사는 학생들에게 프로그램 실행사전에 입학요건에 필요한 기술습득을 지도할 수 있다.

3) 단계 3 : IEP개발과 불일치 기술 안내하기

이 단계에서, 사정 인력은 두 가지 자료를 검토해야 한다. 첫째, 이 모형의 첫 번째 단계에서 수행된 공식 사정 활동들의 결과 학생의 관심사, 적성, 학습 양식과 선호사항들에 관련된 정보가 기록된다. 그리고 2단계에서는 장래 예상되는 과정에서의 교육과정과 교수방법에 관한 정보가 프로그램 목록에 기록된다. 사정 인력은 예상되는 학습과정에서 필요한 기술들을 어느정도 현재 그 학생이 소유하고 있는지를 검토해야 한다. 이 검토는 불일치 분석(discrepancy analysis)으로, 사정 팀으로 하여금 예상된 학습과정에서 배치되기 전에 학생들이 필요로 하는 기술이 무엇인지를 정확히 결정할 수 있게 한다. 불일치 기술(discrepant skills)의 확인은 IEP 팀으로 하여금 IDEA의 요구대로 개개 학생의 선호사항과 능력들과 직접 연결된 목표와 목적을 개발할 수 있게 한다. IEP팀은 현재까지의 사정 자료에 기인하여, 학생이 필요로 하는 특정 교육과정과 교수 방법들을 찾아 낼 수 있다. 이 과정 전체에 걸쳐 일반교육자들을 참여시킴으로써 학생의 프로그램 배치 이전에 필요한 학습 환경을 개발할 수 있다. 입학 전 계획은 학생들로 하여금 실제로 학습 과정에 다니기 전에 입학 수준에 요구되는 기술을 학습하도록 해 준다.

· **전환 IEP 활동:** 전환 IEP 활동의 목적은 MAGIC 모형의 첫 단계 동안 수집된 공식 전환사정 정보와 두 번째 단계 동안 수집된 자료에 기반을 둔 교육과정 두 가지 모두가, IEP 전환 목표와 목적을 개발하는 데 사용된다. 그리고 특정 교수와 교육과정 적용을 위한 자료 수집 활동 개발이 가능하게 된다.

이 활동을 위해, 교직원은 MAGIC 모형의 첫 단계에서 완성된 학생 직업 사정 프로파일과 직업 적합성 사정을 필요로 한다. 이 정보를 가지고서 교사는 장래의 학습 과정이나, 학생의 관심과 능력에 일치하는 직업을 예상할 수 있다. 장래 학습 과정이나 장래 직업이 확인되고 나면, 교사는 IEP에 포함될 수 있는 장래 목표 진술을 개발할 수 있다.

장래 목표 진술에 관련되는 목적들을 개발하기 위해, 교사는 학생 프로파일 양식과 직업 적합성을 MAGIC 모델의 1단계에서 구체적으로 개발해야 한다. MAGIC 모델의 2단계에서 완성된 프로그램 목록이 또한 이 시점에서 필요하다. 이 단계에서 교사는 1단계에서 수집된 학생 정보와 2단계에서 수집된 교육과정과 교수방법 정보간의 불일치 분석을 수행해야 한다. 이 활동의 목적은 학생이 현재 프로그램으로부터 장래 학습과 직업으로 성공적인 전환을 하기 위해 필요로 할 가장 필수적인 기술들을 결정하는 것이다. MAGIC 모델의 단계 1과 2에서 수집된 자료를 검토함으로써 ① 장래 프로그램에 필요한 필수 입학 수준 기술과 ② 학생의 현재 기술 수준의 정도를 확인할 수 있다. 학생이 장래 프로그램에 필요한 기술들 중 일부를 소유하고 있다면 이 기술들이 IEP를 위해 구체화될 필요가 없다. 하지만 학생이 장래 프로그램에 필요한 중요 기술들 중 일부를 소유하고 있지 못하다면 이 불일치 기술들은 IEP를 위한 목표나 목적으로 만들어질 수 있다.

IEP의 또 다른 중요한 요소는 교육과정과 교수방법에 관련된 사항이다. 학생의 학습 양식과 선호사항을 장래 교사의 교수 선호사항과 비교함으로써 특정 교수방법과 교육과정을 학생이 성공적으로 수용 할 수 있는 IEP를 개발할 수 있다.

4) 단계 4 : 일반화를 위한 교수

불일치 기술을 사정하고 습득하도록 교육한 것이 예상된 환경으로 전이되지 않으면 지금까지의 노력이 헛수고가 되고 만다. 장애 학생들이 습득한 기술들이 실제 환경에서 일반화하여 적용하는데 어려움을 겪는다는 것은 사실이다(Deshler, Ellis & Lenz 1996). 장애학생들에게 기술의 일반화를 위하여 특정 전략 훈련들이 주어지면 일반화 기술을 습득할 수 있다고 한다. 전환 프로그램들이 전형적으로 학생들에게 지역사회 환경에서 새로운 기술들을 적용할 기회를 제공한다 하더라도, 학생들의 학습환경에 기술을 전이하기 위한 특정 전략들을 적용하기 위해 특별히 필요한 인력들이 추가되는 노력이 있어야 한다. 기술 일반화를 촉진할 수 있는 접근법들의 예들은 ①언어적 시연(기억되어야만 하는 정보의 언어적 반복) ②청각적 시연(기억되어야만 하는 정보의 청각적 반복) ③시각적 시연(기억되어야만 하는 정보의 시각적 반복) ④촉각적 시연(시각적 반복과, 기억되어야만 하는 정보를 다시 읽고 다시 쓰는 것 같은 운동감각적 반복을 결합시키는 것) ⑤적용 환경에 대한 언어적 지향(기술들이 일반화될 수 있는 다양한 학교·지역사회·가정 환경들 논의하기) ⑥적용 환경에 대한 신체적 지향(기술들이 일반화될 수 있는 다양한 학교·지역사회·가정 환경들로의 개인적 방문) ⑦하나의 환경 내에서 근접한 기술들의 활성화(학교) ⑧두 개의 환경 내에서 근접한 기술의 활성화(학교와 가정) ⑨세 개의 환경 내에서 근접한 기술의 활성화(학교, 가정, 지역사회)와 같은 것들이 있다.

일반화 활동 : 학생들이 교실에서부터 다른 학교와 지역사회 환경으로 기술을 전이하는 법을 안다고 가정한다. 장애 학생들의 기술 일반화와 관련하여 전략이 부재한 경향이 있기 때문에, 교사들은 학생들의 일반화 경향을 알기위해 사정하는 것이 중요하다. 학생 이해와 일반화 행동의 사용과 관련된 기초선 자료를 개발하기 위해, 교사들은 학급 내 행동 관찰, 일반교육 수업들 내에서의 행동 관찰, 학생 면접, 부모 면접, 일반교육자 면접, 고용주 면접, 지역사회 관찰 등과 같은 절차들을 이행할 수 있다.

기초선 자료가 수집된 후, 일반화 전략을 습득하고 사용하는 것을 돕기 위한 교수 접근법을 개발한다. 예를 들어 학생들이 특수교육 리소스 룸(special education resource room)에서 시각적 혹은 청각적 시연하는 기술을 배운다면, 이들은 새롭게 습득된 기술을 독립적으로 적용될 수 있는 다양한 학교·지역사회 환경들을 지향하게 된다. 학생들이 새로운 기술이 사용될 수 있는 다양한 환경들에 대한 이해를 하게 되면, 이 기술을 다른 환경에서도 사용하거나 활성화 해야 한다. 학생들이 지역사회 환경에서 이 기술들을 일반화하라고 요청받기 전에 학교 환경에서 성공적으로 일반화하는 데 새롭게 습득된 기술들을 이용해야 한다. 이것은 기술을 지역사회 같은 통제되지 않은 환경으로 기술을 전이하기 전에, 학교 같은 통제된 환경에서 성공할 큰 기회를 가지는 좋은 기회가 된다.

5) 단계 5 : 유지에 대한 점검하기

교사가 한 학생의 장래 학업이나 취업의 성공을 위해 부지런히 지도하고 준비하였다 하더라도, 그 학생의 성과에 관한 피드백을 결코 받지 못할 수도 있다(Test et. al. 2004). 교사들은 자기들의 교수적 접근법이나 프로그램 개발들이 효과를 나타낸 범위를 거의 인식하지 못한다. 이 피드백이 없으면, 교사들은 또한 자신들이 가르치는 교육과정의 질을 평가할 수 없다. MAGIC 모형의 마지막 단계인 5번째 단계는 유지에 대한 점검을 수행하는 것이다. 이 유지 점검은 교사들에게 피드백을 제공하여 자신들의 교수방법과 교육과정의 질을 평가할 수 있도록 설계되어 있다.

한 학생이 장래 환경에 진입하고 나면, 이전에 배운 기술들이 새로운 환경으로 일반화되었는지를 결정하는 것이 필수적이다. 또한 이 기술들이 유지되고 있는 범위를 결정하는 것도 중요하다. 학생들이 문제의 기술들을 적용하고 있는 범위를 평가하기 위해 일반교육자들과 함께 협동적으로 작업해야 한다. 유지에 대한 점검을 수행하는 데 사용될 수도 있는 전략들은 학생 자기 보고서나 면담, 교실 관찰, 새로운 교사들과의 주기적인 면담, 새로운 교사들로 부터의 주기적인 서면 피드백, 학생들의 서면 피드백, 현재 교사들의 피드백 등이 포함된다.

유지 점검 활동: 이 활동의 목적은 이전 학생들이 현재 환경에서 성공하는 정도를 결정하기 위해 그들에 대한 피드백을 권유하는 것이다. 이를 위해 교사들은 지난 3년 동안 학생들의 명단을 만들고 매년 5-7명의 표집 학생을 임의로 선택한다. 최종적으로 학생이 결정되면, 교사들은 학생들이 입학하거나 취업한 학교나 직장의 환경을 결정해야 한다. 그리고 교사들은 자기들의 교수적 접근법에 관한 피드백이 가능한 7-10개의 질문들을 계획한다. 질문들이 개발된 후, 교사들은 학생들에게 그 질문지를 보내거나 학생들과의 면담을 한다.

교수방법 및 교육과정 피드백 자료가 수집되고 나면, 교사들은 자기들의 교수방법과 교육과정의 어떤 부분에서 수정이 필요한지를 평가할 수 있다.

3. APIE 전환사정 모델

전환사정은 학생이 정보를 선택하고 사정과정에 참여하며 고등학교 이후 환경에 필요한 기술을 이해하는데 도움을 주는 것을 목적으로 한다. 그러므로 전환사정은 계속적인 과정이어야 하고 정보를 수집하는 방법도 다양해야 한다. 이러한 요구를 채워주는 적절한 모델이 APIE 모델이다. 이것은 직접 가르치는 과정에서부터(Dtephens, 1987)체계적인 훈련모델로(Haward, 1987) 적용되고 있으며 4가지 기본적인 단계로 구성되어 있다. 즉 사정(Assess), 계획(Plan), 교수(Instruct), 평가(Evaluate) 4단계이다. 이 모델에 따르면 평가자는 모든 학생의 요구를 파악하기 위하여 전환사정 절차의 구성요소를 체계적으로 설계할 수 있어야 한다.

1) 1단계(Assess) : 사 정

첫 번째 단계는 각 학생의 졸업 후 성과와 관련된 개인의 요구, 선호도, 흥미 등을 파악하는 사정이다. 이 초기 사정은 이용 가능한 현재의 자원과 학생들의 졸업 후 성과를 성취하는데 요구되는 미래의 자원을 고려해야 한다. 이를 위하여 다양한 사정전략을 사용하여 개인들로부터 많은 정보를 수집해야 한다. 1단계에서 수집된 정보는 IEP의 전환구성요소인 계획과 학생의 졸업 후 성과를 달성하기 위한 특별한 지도방법으로서 학생의 학습과정을 설계하는데 사용된다. 1단계에서는 각 학생들이 목표를 성취할 수 있도록 돕기 위하여 새로운 학생의 기술, 환경적 지원, 현재의 유용한 자원과 미래의 요구되는 자원에 관하여 무엇이 필요한가 등에 관한 질문이 제공된다.

전환사정에서 사용되어질 수 있는 공식적이고 표준화된 사정절차들로는 학습양식 목록, 학업성취검사, 지적기능 사정, 적응행동검사, 적성검사, 흥미도검사, 인성검사, 삶의 질 척도, 사회적 기술목록, 직업전 검사, 직업기술사정, 전환지식과 기술 목록 의학적 실험절차 등의 유형들이 있으며 비공식적 전환사정 방법으로는 면접, 질문지, 다양한 환경 체제에서의 직접관찰, 환경분석, 교육과정 중심 사정 등이 있다.

2) 2단계(Plan): 계 획

졸업 후 진로와 관련된 학생의 요구, 선호도, 흥미를 결정하기 위한 충분한 정보가 수집되면 APIE모델의 2단계로 옮길 시기가 된 것이다. 사정정보는 IEP계획팀의 모든 구성원이 이해하고 계획을 촉진할 하나의 체제로 이행하기 위해 종합적으로 다루어지고 해석되어야 한다. 현재 일어나는 계획은 학습과정과 함께 학생 IEP의 전환구성요소로 활용된다.

3) 3단계(Instruct): 교 수

APIE 모델의 2단계가 완수되고 IEP의 전환 구성요소, 목적과 목표, 학습과정이 결정되면, 다음단계는 학생에게 교수를 제공한다. 교수는 IEP안에서 기술되어진 졸업 후 진로를 성취하기 위해 필요한 기술을 습득할 수 있도록 실행한다. 교수가 가능한 영역은 자기결정, 사회적 기술, 건강과 안정, 지역사회 주거, 지역사회 참여, 고용 등이다.

4) 4단계(Evaluate): 평 가

네번째 단계인데 평가는 전환사정 절차에서의 마지막 단계로 인식하지 말고 지속적인 과정이라는 사실을 전환사정의 주된 특징임을 명심해야 한다. 4단계에서 수집된 정보는 순환적 과정으로 돌며 지속적으로 유지된다. 4단계는 학생이 졸업 후 진로로 기대할 수 있는 장소에서 평가하기를 허락하면 전환의 진보 여부를 결정하기 위해 6개월, 적어도 해마다 반드시 시행해야 한다.

교수환경에 있어서의 학생 성취도를 결정하기 위하여 주마다 또는 매월 진보에 관한 보고서가 개발되어야 하고 그 내용을 학생 및 가족과 함께 공유할 수 있어야 한다. 보고서는 학생들의 자기 평가방식으로 완수한 과제나 보편적인 수행에 대한 단순한 자기보고식 체크리스트 형식이나 과제분석 그래프 형식이 될 수도 있다.

1단계에서 설명된 모든 전략들은 4단계에서 다시 사용되어 질 수 있다. 계획과 교수를 지속시킬 자료를 계획적으로 수집해야만 한다. 학생이 다른 직업, 지역사회 주거 선택 등에 관한 배울 기회를 기지고 있듯이 전환계획도 전반적으로 변화되어야 하고 더욱 정밀해져야 하는데 그 이유는 지속적인 정보의 제공을 통하여 졸업 후 진로를 설정하고 수정할 기회를 얻을 수 있기 때문이다.

요약컨데, 포괄적인 자료 수집 활동의 결과, 전환사정 인력은 IEP의 목표와 목적을 개발한다. 또한 한 학생의 선호 학습 양식의 사정은 적절한 교과과정과 교수에 적용 할 수 있도록 준비하고 장애 학생들에게 일반화 전략의 중요성과 유지에 대한 점검을 수행하는 것이 중요하다. 그리고 다른 전략들도 고립적인 형태로 존재하는 것이 아니라 전환계획의 근간으로, 학교와 학생, 가족, 직장과 지역사회 인사들의 능동적인 참여를 필요로 한다.

4. 협력 전환사정 모델

전환교육은 성인기의 복합적이고 중요한 생활영역으로 확대하여 구체적인 생활기술들을 목록화하게 할 뿐 아니라, 학생개인에 대한 사정에서부터 시작하여 학생의 장래 목표와 관련된 환경에 대한 사정도 요구한다. 이것은 학생의 희망과 목표에 따라 여러 환경과 기관들을 발굴하고 학생들이 필요로 하는 정보를 수집하여 학생과 담당교사, 부모들에게 전달해 주어야 함을 의미한다.

1) 협력 전환사정의 개념

전환교육 과정에서 선행되어야 하는 전환사정은 여러 기관과 전문가들의 협력을 통한 팀접근이 필요하다. 전환교육의 제반 이론에서도 지역사회 협력, 다학문적인 접근, 기관과의 연계라는 개념들이 반복적으로 사용되고 있다. 학교 현장의 경우 전환교육이 시작되고 있는 시점에서 지역사회 및 전문가들의 상호협력은 막연하게 생각되지만 특별한 교육적 요구를 가진 학생들에게 꼭 필요한 것으로 반드시 시도되어야 하는 과업이다. 그리고 전환교육이 교실공간에서 한명의 교사에 의해 이루어질 수 있는 것이 아니기에 협력적인 전환사정 모델에 관심을 가져야 한다. 지역사회 기반의 협력적인 전환사정 활동은 지적장애학생들이 지역사회 여러 분야에 자연스럽게 참여하고 적응해 갈 수 있는 중요한 가교의 역할을 할 수 있다(Clark, 1998).

협력 전환사정 모델은 교사 및 지원인력, 학교 행정가, 성인서비스 제공자, 부모, 중등학교 이후 교육자들, 고용주를 포함한 학교와 지역사회 구성원들이 적극적으로 역할을 부여받고 협력하여 활동하는 체계적인 접근이다. 이러한 접근의 근본적인 목표는 성공적인 전환과 학교에서 사회 환경으로 옮겨지는 과정에서 협력적인 전환계획을 촉진하기 위한 지침을 제공할 수 있다.

따라서 다양한 전환 전문가들의 협력 전환사정 모델을 통하여 앞으로 우리는 어떻게 지역사회 기관과 연계하여 학생들에게 필요한 정보를 수집하고, 효율적으로 여러 전문가들과 함께 협력하여 전환사정과 계획을 수행해 나갈 것인가에 대한 방안을 제시할 필요가 있다.

여기서는 특별한 교육적 요구를 가진 학생들의 개별화전환교육계획을 위한 전환사정의 다학문적 협력 모델을 제시함과 동시에 전환사정 단계에 따른 사정 내용들을 구체적으로 분석하여 개별화전환계획을 위한 협력 전환사정 모델을 탐색·제시하고자 한다.

2) 협력 전환사정 모델 단계와 내용

지역사회를 기반으로 하는 개별화전환계획 협력전환사정 모델(Miller, er al, 2007)은 먼저 학교 위원회 구성, 전환 핵심팀 조직, 지역사회 조사, 지역사회 활동계획, 개별화 전환과정, 연간 평가의 단계로 구성되며 각 단계마다 활동의 목직과 내용을 구체적으로 살펴본다.

(1) 학교 위원회 구성(1단계)

협력 전환사정 과정은 학교의 운영위원회 구성으로부터 시작된다. 이 팀은 지역사회 중심 전환계획 절차에 필요한 공통된 신념과 높은 의욕을 가진 책임자들로 구성된 집단이다. 학교 운영위원회의 일차적인 목적은 교육청 행정가들, 지역기관 대표자, 고용주, 부모, 교육자, 학생들의 지원과 협력을 얻어내기 위함이다. 그러므로 과정의 시작 단계에서 운영위원회의 조직은 매우 중요하다. Vortruba(1981)

는 작은 팀으로 변화의 노력을 조직화하는 것이 보다 크고 주체하기 어려운 위원회보다 더 효율적으로 성과와 결과에 영향을 미치는 것이 일반적이라고 지적한다. 운영위원회는 지역사회 지원의 중심으로 다음 단계에서 핵심 팀과 함께 계획과 실행 및 유지단계의 모델을 개발할 수 있다.

(2) 전환 핵심팀 조직(2단계)

운영위원회는 협력적인 전환사정 모델의 실행을 위한 지역사회 지원의 중심으로 구성되고, 전환 핵심팀은 계획과 실행 및 유지에 대한 설계와 개발을 한다. 핵심 팀의 구성은 교육청, 지역 기관, 중등학교 교사, 고용주를 비롯한 연속적인 서비스 제공자들에 의존한다. 이와 관련하여 시골지역은 지역사회 내에서 소수의 서비스 제공자들로 구성되기에 전환 핵심팀의 크기는 도시 지역에 있는 학군과 비교할 때 매우 작을 수도 있다. 이상적인 전환핵심 팀 구성은 학생, 부모, 교직원, 교사 및 지원인력, 고용주, 성인 서비스 제공자, 중등학교 이후 교육자와 지원 교사가 포함되어야 하지만 지역에 따라 한계점을 가지기도 한다. 이 시점에서 운영위원회는 전환 핵심팀과 결합하여, 지역사회의 복잡한 전환계획과 모델의 남은 단계의 실행을 책임지게 된다.

(3) 지역사회 조사(3단계)

전환 핵심팀의 가장 중요한 책임은 학군과 지역사회 내에서 전환 서비스와 현재 이용 가능한 프로그램 선택의 연속성에 대하여 평가하는 것이다. 공교육 서비스와 교육과정 모델의 공식적·비공식적 사정은 학교 내에서 전환 프로그램과 관련하여 공백이 존재하는지에 대하여 핵심 팀에서 결정하도록 되어 있다. 더욱이 이러한 사정 요구는 지적장애학생들이 지역사회에서 중등교육 이후 교육과 훈련의 선택 및 고용의 기회들이 있는지를 평가한다. 지역의 성인지원 서비스는 지적장애학생들이 학교생활에서 중등교육 이후 환경으로 진입하면서 이들이 이용할 수 있는 범위를 결정하기 위하여 사정이 필요 하다. 지역사회 조사 정보는 전환 핵심팀으로 하여금 지역사회 전환계획에서 가장 중요한 문제점과 장벽들을 다룰 수 있도록 한다.

(4) 지역사회 활동계획 개발(4단계)

학교와 지역사회 사정이 완성되면 전환 핵심팀은 현재의 연속적인 서비스에서 어디에 공백이 존재하는지를 판단하기 위하여 자료를 분석한다. 공백이 결정되면 전환 핵심팀은 학군과 지역사회에서 가장 결정적인 공백을 보완할 활동계획을 수립한다. 예를 들면 요구사정에서 지역의 직업 재활 서비스들이 학습장애 학생들에게는 쉽게 이용되지만 정서 및 발달장애 학생에게는 잘 활용되지 못하고 있는 것을 밝혀낼 수 있다. 전환 핵심팀은 정서 및 발달장애 학생들의 직업재활 서비스의 활용을 확대하는 계획을 개발할 것이다. 또 다른 예로 고등학교의 장애학생들은 자신의 직업흥미와 직업적성에 대하여 빈번하게 사정하고 있지만 중학생들은 유사한 평가를 받지 못하고 있다는 것을 사정에서 밝혀주게 된다. 이 상황에서 전환 핵심팀이 중요성을 인식하면 학교 내에서 직업흥미와 직업적성 사정을 실행하는 통합적인 활동계획을 개발하게 될 것이다. 전환 핵심팀은 또한 지역사회 전환계획에 관하여 인식 개선을 위한 활동 계획을 이용할 수 있다. 부모 교육, 지적장애학생을 위한 자기결정 연수, 학교 관리자 연수, 기관과 고용주 세미나와 같은 인식활동들은 해당 관계자들이 관련된 활동에 참여하는 인식과 기술을 연마하도록 한다. 지역사회 활동계획의 근본적인 목적은 전환과정의 공백확인과 전환과정에서 주요 책임자들이 전환과정의 실행에 성공적으로 참여하는데 필요한 기술 습득의 기회를 마련해 주는 것이다.

협력 전환사정 모델이 실행된 여러 학군들에서 몇 가지 주제들이 지역사회 행동 계획과 관련하여 중요한 우선 사항들로 대두된다. 그 주제는 기관 협력, 전환과정을 위한 부모교육, IEP과정에서 학생참여를 위한 교육, 학교 전문 인력 양성이다.

①**기관 협력**: Sitlington 등(1996)은 장애학생들이 중등학교에서 성인 생활로 원만한 전환을 위하여 교육과 지역사회 서비스 제공자들 간의 협동적 전환계획에 대한 필요성을 설명하였다. IDEA(2004)에 의하면 학생이 공적인 학교 환경을 떠나기 전에 서비스 받을 연속된 기관이 확정되어 IEP에 기록되어 있어야 한다고 했다. 중등교육 이후 교육프로그램, 직업 전문대학, 대학교와 현재 중등학교들 간의 발전적인 협력은 학생들이 성인 훈련 프로그램의 학업적, 직업적, 개인·사회적 요구들에 대한 적절한 준비의 가능성을 높여준다. 또한 고용환경과 프로그램 운

영 기관과의 협력 역시 학생들의 장래목표 도달의 가능성을 높일 수 있다.

2 **부모 교육**: 전환교육 과정에서 부모참여는 전환 핵심팀의 또 다른 결정적인 관심사이다. 부모교육은 부모들이 자기 자녀들이 제공 받을 수 있는 다양한 성인서비스의 정통한 소비자들임을 인식시키고 서비스를 위한 효과적인 주창자들이 되겠금 준비시키는 활동이다. 부모 교육 활동들에 관련된 네 가지 기본적인 결과들을 보면 첫째, 부모들은 장애인을 돕는 성인 서비스 제공자들과의 연계성을 지향해야 한다. 둘째, 부모들은 특수교사, 직업교사, 재활 인력, 상담가 등의 중요한 서비스 제공자들의 특별한 책임과 역할에 대하여 알아야 한다. 셋째, 부모는 전환계획 과정에서 자신들의 책임과 역할에 대하여 알고 있어야 한다. 넷째, 부모는 장애학생이 IEP 계획 과정을 통한 참여자로서 왜 자기결정 기술을 성취해야 하는지 이해할 수 있어야 한다.

부모는 전환계획 과정에서 매우 중요한 역할을 한다. 부모들은 자녀들과 관련된 서비스 제공자와 각각의 관리자들의 책임과 역할에 대하여 배울 기회가 주어진다면 그들은 전환계획의 팀구성원으로 귀중한 정보를 제공할 수 있다.

3 **학생 교육**: Field 등(1998)은 모든 전환계획 과정에 학생을 포함할 것을 주장한다. IEP 및 전환 회의에서 학생 참여는 지역사회 중심 전환과정의 성공적인 실행에 매우 결정적이다. IEP 및 전환과정에서 정신지체학생의 완전 참여를 위하여 그들은 활동적인 IEP팀 구성원으로 역할을 감당할 준비를 해야 한다. 이러한 중요한 문제를 다룰 활동계획은 계획 이전 단계, 계획 단계, 계획실행 단계로 세 개의 단계에 걸쳐 지향하게 될 것이다(Sitlington, et al., 1996).

- **계획이전 단계**: IEP 및 전환계획 과정에서 학생의 참여를 촉진하기 위하여 전환 핵심팀은 계획이전 단계와 IEP 회의 이전에 다음과 같은 교육적 접근을 활용할 수 있다.

· IEP 및 전환 회의의 목적 토의하기IEP 및 전환 회의 비디오 보기 · IEP회의 참여자들의 역할 토의하기 · 학생의 사정 정보 검토하기 · IEP 회의의 역할 시뮬레이션 만들기 · IEP 구성원들에게 학생 소개하기 · IEP 회의동안 물을 수 있는 질문 목록 개발하여 도움주기 · 회의에서 공유할 개인적 목표 목록 개발하여 도움주기	· 효과적인 비언어적 의사소통 기술 토의하기 · 효과적인 언어적 의사소통 기술 토의하기 · 이전 IEP 목표와 목적 검토하기 · 학습에 필요한 편의 목록 개발하기 · 교육과정에 필요한 편의 목록 개발하기

• **계획 단계:** 전환 핵심팀에 의해 계획 이전 활동들이 실행되면 학생들은 IEP 전환팀의 구성원이 될 수 있다. 회의를 하는 동안 학생들은 다른 팀 구성원들과 의미 있는 논의에 참가하도록 독려해야 한다. IEP 회의를 하는 동안 참여할 수 있는 행동 샘플들은 다음과 같다.

· 팀구성원 소개하기 · 흥미와 능력 표현하기 · 특별한 요구와 제한점 검토하기 · 교육 목표 검토하기 · 팀 구성원으로부터 피드백 요청하기 · 개인적 목표 표현하기	· 합리적인 수용과 지원 요청하기 · 목표 설정을 위한 개인적인 책임 표현하기 · 목표 달성을 위한 개인적인 책임 표현하기 · 새로운 계획 목표와 목적 검토하기 · 회의에 참여한 구성원들에게 감사하기

• **계획 실행 단계:** 학생들은 자신의 개별화된 IEP 회의에 성공적으로 참여한 후 이제 핵심팀에 의해 IEP에 제시된 전환목표와 목적을 수행하기 위한 준비를 해야 한다. 계획과정의 결과로서 학생은 계획 내에 진술된 목표와 목적을 수행하는데 있어서 그들의 개인적 역할에 대한 완선한 이해를 해야 한다. 이 단계 동안 지적장애학생들에 의해 실행될 수 있는 자기결정 활동들은 다음과 같다.

· 시간을 지켜 수업에 출석하기 · 필요한 경우 학습적 편의 요청하기 · 필요한 경우 시험 편의 요청하기 · 적절한 비언어적 행동 표현하기 · 적절한 언어적 행동 표현하기	· 학습 습관과 학습 스케줄 조절하기 · 학령기 이후 교육적 선택 조사하기 · 학령기 이후 고용 선택 조사하기 · 성인 지원 서비스와 자격 요건 조사하기 · 학교에서의 성인생활 관련 모든 전환회의 참여하기

④**교직원 연수:** 핵심팀이 떠맡아야 할 주요한 노력은 교직원 연수다. 전환계획 절차에 교직원들의 완전한 참여를 위하여 과정 내에서 그들의 책임과 역할에 관하여 배울 기회가 주어져야 한다. Sitlington(1996)은 교직원들은 전환계획 과정에서 학교 내의 중요한 핵심 전문가로서 포함되어야 한다고 했다. 여기에 포함되는 사람은 특수교사, 중등학교 이후 교육자들, 직업현장 책임자, 직업코치, 지원 서비스 인력, 학생, 부모, 성인 서비스 제공자들이다.

공식적 전환과정에 관한 학습에 부가하여 교직원은 특별한 교육적 요구를 가진 학생들에게 직업개발 기회를 제공하도록 하고 자기들의 역할을 인식해야 한다. 교직원은 학생들이 고등학교 이후 성공적으로 독립하는데 필요한 학업·일상생활·사회·직업 기술들을 갖추도록 해야 한다. 전문가 양성 세미나, 지역 서비스, 온라인 과정, 컨퍼런스와 같은 교육적 포럼들은 교사들이 기존 교과과정에서 진로 개발 내용을 통합하여 효과적인 전략을 숙달하는데 도움을 줄 수 있다.

(5) 개별화 전환과정을 위한 계획 개발(5단계)

학교에서 지적장애학생의 개별화된 전환과정을 지원하는 것은 전환 핵심팀의 중요한 책임이다. 이 모델의 단계 동안 핵심팀은 다음과 같은 문제들을 해결하기 위하여 교직원과 협력해야 한다. 첫째, 과정의 시작단계에서 전환서비스의 목표가 될 학생 확인 둘째, 학교 내의 전환계획을 위한 체계적인 절차 개발이다.

① 전환계획을 위한 학생 확인

공식적 전환계획 절차들은 지역사회 전체에 걸쳐서 확립되어야 한다. 전환계획의 최상의 실제는 전환사정이 최소한 15세 이전에 시작하기를 권장하고 있다. IDEA(2004)에서 전환계획은 장애학생이 16세일 때와 고등학교 마지막 학년인 학생에게 직접 계획이 매우 중요하다고 하였다. 최우선 순위 학생들에게 성공적인 중등과정 후 결과들을 보장하기 위해 이들은 고등학교를 수료하기 최소한 일 년 전에 중등과정 이후 교육 기회들, 직업 선택사항들, 성인 지원 서비스들을 받아야 한다. 이 과정은 시골 지역에 살고 있는 학생들에게는 더욱 복잡하기도 하다. 시골지역 학생들은 때때로 자기 고향에서 좀 떨어진 곳에서 중등과정 이후 교육이나 취업을 준비해야 한다. 교통, 독립생활, 지역사회 이동, 재정적 고려 같은 문제들은 고등학교 졸업 이전에 해결될 필요가 있다.

공식적인 전환계획이 요구되는 또 다른 중요한 시기는 중학교에서 고등학교로 진학하는 시기이다. 연구들은 경도 장애학생들이 종종 중등과정에서 직업 프로그램들에 참여하지 않고 단지 교과 학습에만 참여 한다는 것을 보여준바 있다 (Lombard, Hazelkon & Neubert 1992). 학생들이 자신의 흥미, 능력, 선호도 그리고 개인적 목표들과 조화되는 중등학교 과정에 배치되는 것을 보장하기 위해 공식적 전환계획이 중학교에서 고등학교로 진학하는 시기에 실행될 수 있다. 적절한 학업과 직업 프로그램들을 선택할 기회가 주어진 정신지체학생들은 중등학교 이후 교육 및 취업과 관련하여 적절한 선택을 하도록 준비 할 수 있다.

2 학교에서 전환계획 절차

핵심팀의 다음 관심사는 학교 내에서 실행 가능한 프로그램으로 전환과정의 확인, 개발, 실행이다. 가능하다면 이 과정은 서비스 중복 정도를 감소시키기 위해 기존 절차들을 전적으로 활용해야 한다. 학교 내 전환계획의 1차적 구성은 ① 전환사정 절차 ② IEP 절차 ③ 교과와 직업 수업을 위한 교수적 지원 ④ 추수지도 절차등이 포함된다.

• **전환사정 절차:** 전환사정은 성인 생활을 준비하는 개별화교육 프로그램에 포함되어 학생과 부모가 그들의 목표를 확인하기 위한 계속적인 과정이다. 성인역할에는 직업, 중등과정 후 교육이나 연수 프로그램, 독립생활, 지역사회 참여, 그리고 사회적 · 개인적 관계가 포함되어 있다. 효과적인 사정 자료는 전환과정에서 기초적인 맥락의 역할을 하며 역할과 관련된 계획과 배치 결정의 기초 자료가 된다. 전환사정을 수행하는 폭넓은 목적에는 다음의 것들이 포함된다.

첫째, 전환사정 활동들을 계획할 때 학생들의 직업 발달 수준 결정. 둘째, 지적장애학생들의 취업기회, 중등과정 후 교육과 훈련프로그램 기회, 독립생활의 상황, 지역사회 참여, 개인 · 사회적 목표들을 비롯한 중등과정 후 목표들과 관련된 자신들의 관심, 선호도, 강점, 능력에 대한 확인. 셋째, 중등교육 이후 목표 달성을 촉진하기 위하여 교육, 직업, 지역사회 환경 내에서의 적절한 배치 결정하기. 넷째, 학생들의 자기결정 기술 발달 및 확인하기. 다섯째, 취업, 중등과정 후 교육과 훈련 프로그램, 독립생활, 지역사회 참여, 사회적 · 개인적 역할과 관계성을 비롯한 중등과정 후 목표를 달성하고 유지하기 위해 필요로 하는 편의, 지원, 서

비스 결정하기등

● **IEP 절차:** 전환사정 활동들의 근본적인 목적은 학생 개인의 결과지향적인 전환목표와 IEP와 관련된 목적들을 개발해 가는 것이다. 공식적 · 비공식적 사정 자료들을 활용하여 개별화 전환팀은 학생의 중등교육 이후 장래 목표, 장래 환경에서 성공을 위해 필요한 기술, 그리고 성인 서비스 제공자나 지원 인력의 도움을 고려하여 계획을 구안할 수 있다. 공식적 · 비공식적 전환사정 자료들을 모두 활용하여 팀구성원들은 IEP내에 다음의 요소들을 포함하게 될 것이다. ①학생의 장래 진학 학교 또는 중등학교 이후 환경에 대하여 자세하게 진술하고 관련된 결과지향적인 목표 진술 ②장래환경에 성공적으로 진입하기 위하여 필요한 기초기술 수준을 단기목표로 진술 ③교사들이 기술한 교수 전략은 학생의 기초기술 수준의 획득을 위한 것 ④학생이 현재 환경에서 장래환경으로 전환하는데 필요한 기술을 어떻게 배우는지에 대한 일반적인 전략 진술 ⑤학생이 교실 바깥환경에서 기술을 일반화할 수 있는지 관리에 대한 전략 진술 ⑥기관간 연계에서 어떤 역할을 주어졌는지 진술 ⑦학교에서 중등이후로 전환과정에서 기관의 역할

● **교수적 지원:** 전환 핵심팀의 다음의 관심은 일반 학급에서 통합되어 있는 동안 정신지체학생이 받아야 하는 교수지원의 수준을 결정하는 것이다. IDEA (2004)에 따르면 학생은 그들의 학령기 이후 목표를 준비하는 단계로서 중등교육과정에 배치되어야 한다. 만약 학생이 교과에서 직업까지 모든 범위에서 도움을 원한다면 일반교사는 학생의 성공을 보장하기 위한 특수교육 전문가들로부터 교수적 지원을 받아야 한다. 전통적인 프로그램으로 학습도움실(resource room)의 방법이 있기는 하지만 일반학급 내에서 필요한 지원을 위한 특수교육 교사가 필요하다.

교수적 지원은 직접적 교수 또는 간접적 교수라는 두 종류가 있다. 직접적 교수 지원은 일반적으로 특수교사와 특수교육을 필요로 하는 학생간의 교실에서 면대면 상호작용 또는 특수교사와 직업 혹은 일반교사들의 대면 상호작용을 가리킨다. 간접 교수 지원은 직업 및 학습과정에 특별한 집단을 포함하여 학습 기반 조성에 도움을 주도록 하는 특수교사들의 활동들을 말한다. 간접 교수 지원 활동들은 전형적인 교실 상호작용을 포함하지 않지만 관리자 양성 및 연수, 직업사정, 행정적 지원, 다학문적 계획 같은 지원 활동들이 포함된다.

● 직접 교수 지원

직접교수 지원은 일반교사들이 가장 직접적으로 지적장애학생에게 영향을 주는 협력 전환모델의 구성요소이다. 면대면 상호작용은 전형적인 3가지 환경에서 일어난다. 교과와 직업적 언어, 특수교육 리소스 룸, 경험과 실습을 위한 지역사회 사이트로 직접 지원을 제공하는 한 가지 기본 목적은 특수교육을 필요로 하는 학생들이 학습 과정을 성공적으로 마치는데 필요한 도움을 보장하는 것이다. 또 다른 목표는 일반교사들이 모든 학생에게 자신들의 언어로 교실 환경 내에서 효과적인 교수를 제공하는 것을 돕는 것이다. 특수교육 요구 학생들이 통합된 학급의 수업과 직업 교육에서 성공하려면 학생들과 교사는 특수교육 인력으로부터 의미있는 지원을 받아야 한다. 직접 교수 또는 지원 활동들은 수업의 조정, 자료와 기기의 보완, 시험 선택, 성적 선택의 네 영역으로 분류할 수 있다.

수업 조정: 특수교사는 효과적인 교수 접근법들에 대한 실제적인 연수를 받는다. 이 접근법과 전략들은 지적장애학생들이 자주 경험하는 정보처리의 어려움을 조정하도록 설계되어 있다. 효과면에서는 이러한 전략은 "최상의 실제"를 표방하며 일반학급의 모든 학생들에게도 유익함을 주게 된다. 일반교육 환경에서 모든 학생들에게 질 좋은 교수를 제공하기 위해서는 모든 학생의 독특한 능력과 학습 양식을 이해하는 것이 필수적이다. 특수교사의 기본 역할은 각 학생의 능력과 선호를 보완할 교수 접근법을 개발하여 일반교사를 돕는 것이다. 어떤 교수 접근법들이 일정한 학생들에게 다른 접근법들 보다 더 잘 작용한다는 것은 분명하지만 특수교사들이 일반적으로 사용하는 접근법으로 ①다감각적 접근(비디오, 슬라이드, 시연 등) ②협동적 학습 집단 ③컴퓨터 보조 수업과 연습 ④수업의 구조화(학습안내, 강의 개요 등) ⑤기억을 잘 떠오르게 하는 언어적 정보 ⑥촉각적 시연(필수적인 능력에 대한 신체적 연습) ⑦또래 학습 등의 방법들이 있다.

특수교사는 일반교사와 협력하고 정규적인 직업 환경과 교실 환경에서 학습의 혁신을 실행해야 한다. 협력은 또한 교과과정 자료들과 기기의 보완 정도를 확인하는 것이 중요하다.

교과과정 자료와 기기 보완: 특별한 교육을 필요로 하는 학생이 교과과정 자료들이나 언어적 기기의 보완이 필요할 때 특수교사는 직업 교육과 교과 지도에 도움을 제공할 수 있다. 다시 말하면 읽기능력, 명료성, 접근 가능성의 목적으로 교과과정 자료들을 재구성하는 것은 특수교육 요구 학생들 뿐 아니라 모든 학생에게 유용하게 활용될 수 있다. 유용한 교과과정 보완의 예는 ①학습지 재구성하기 ②단원의 질문 단순화하기 ③교과서 주요내용 표시와 컬러로 분류하기 ④수업 노트 구조화하기 ⑤학습 지침 개발 ⑥보조기기 착용 확인하기 ⑦기기의 부분 명칭알기 ⑧교과서를 테이프로 녹음하기 ⑨다시 보기 위한 교실시연 녹화하기 등이 있다.

시험 선택: 교사들이 과목에 대한 학생 이해 정도를 알기 위해 한 가지 또는 두 가지 시험 형태에 의존하는 것은 흔한 일이다. 시험 형태들이 제한되어 있을 때 어떤 학생들은 그 자료에 대한 자기의 진정한 이해 정도를 표현할 수 없을 것이다. 다시 말하면 이런 경우는 표현 선호도에 관계되는 학습 양식의 차이에서 오는 결과이다. 학생 자신의 알고 있는 만큼의 평가 방식으로 검사 받을 가능성을 높이기 위하여 다양한 종류의 시험들이 제시되어야 한다. 시험 선택은 직업과 교과과정에서 ①온라인 시험/프로젝트 ②구두시험 ③필답시험 ④신체적 시연 ⑤협동적 집단 시험 ⑥수행능력 시험 ⑦교사와 학생 면접 ⑧질문에 빠르게 대답하기(수업 중 임의로 질문함) ⑨구두 및 서면 과제 ⑩개인 또는 집단별 보고하기등을 활용할 수 있다.

성적 선택: 일반교육 환경에서 학생의 성공을 촉진하는 또 다른 교수지원의 종류는 학생 성적과 관련된다. 시험처럼 일반교사에게 다양한 선택 사항들이 있다 하더라도 학생 성적에 대해서는 유일한 접근법을 사용하는 경향이 있다. 그러나 교수지원 전문가는 학기가 시작되기 전에 일반교사들과 성적 선택에 대하여 논의하여, 학생 성적에 대한 결정들이 해당 프로그램 배치 이전에 이루어질 수 있도록 하는 것이 중요하다. 일반교사들이 활용할 수 있는 성적 선택사항은 ①합격·불합격 ②전통적인 문자 등급 ③체크리스트 ④숫자나 부호의 등급 ⑤교사와 학생의 약속 ⑥개인별 수행능력 점수 ⑦협력적인 성적(학생, 교사) ⑧자기 보고서 등의 다양한 종류가 포함된다.

조정된 수업, 교과과정의 자료와 기기의 보완, 시험의 선택, 성적의 선택으로 분류한 네 가지 제목 아래 다양한 직접적 교수지원 활동 목록들을 제공한다. 이러한 활동 목록이 완벽하지 않지만 특수교사들이 직업과 교과과정에서 특별한 교육적 요구가 있는 학생들을 지원 할 때 유용하다고 생각된다. 협력 전환사정 모델의 실행자들이 지적장애학생들과 유의미한 협력에 참여함으로 간접적 교수지원의 선택사항 목록들을 더욱 확장해 나가야 한다.

• 간접적 교수 지원

직접 교수지원 활동들이 일반 교과과정에 통합된 지적장애학생들의 성공에 중요하다 하더라도 특수교사는 장애학생들의 긍정적 지각과 포괄적 전환계획의 중요성을 높일 간접 활동에도 참여해야 한다. 간접 교수지원 활동들은 Carl D. Perkins Vocational Education and Applied Technology Act of 1998(P.L. 105-332)의 "특수교육 보장" 조항에 있는 바와 같이 범주화될 것이다. 그 범주들에는 조기통지, 평등한 접근, 공식적 전환계획 활동이 포함된다.

조기 통지 활동: 정신지체학생들은 자신들이 활용할 수 있는 직업 및 교과 선택에 대한 완전한 이해를 보장하기 위하여 특수교사는 해당 선택 년도 1년 전에 학생과 부모들에게 그에 대한 정보를 제공해야 한다. 예를 들면 중학생은 9학년에 들어가기 1년 전에 9학년 진로교육 선택 사항들에 관한 정보를 받아야 한다. 고등학생은 중등과정을 떠나기 최소 1년 전에 중등과정 이후 직업 기회들에 관한 정보를 제공 받아야 한다. 학생과 부모들은 모두 직업 선택 사항들에 대한 정보를 이전에 제공받아야 한다. 학생과 부모들 모두에게 정보를 제공하는 것은 프로그램 배치 결정이 학생과 그의 가족의 최선의 관심 사항들에 기초해야 한다. 빠른 정보 제공을 촉진하는 활동들의 목록에는 끝이 없다. 아래의 활동들은 학생들과 부모들에게 직업과 교과 교육 기회들에 관하여 알려 주는데 사용되는 간접 교수 지원 전략들의 예시는 ①정보 책자 배포하기 ②정보 회의/세미나 개최 ③학생과 부모들이 해당 프로그램을 방문하고 관찰하기 ④교사들이 학생과 부모에게 그들의 과정에 대해 이야기하기 ⑤IEP나 기타 교육 계획 회의에서 선택사항들에 대하여 논의하기 ⑥경험을 전달할 수 있는 프로그램 수료자 학생 초대하기 ⑦취

업에 필요한 기술을 전달할 수 있는 고용주 초대하기 ⑧학생과 부모의 모국어로 정보 전달하기 ⑨진로용어와 머리말 약어에 대한 소사전 제공하기 ⑩학생과 부모에게 관련 인터넷 웹사이트 안내하기 등이 있을 수 있다.

평등한 접근 활동: 학생과 부모들은 활용 가능한 직업과 학업 선택사항들에 대한 모든 정보를 제공 받은 후 이러한 선택사항들에 대하여 공평한 접근을 보장받는 것이 필요하다. 다양한 간접 교수 지원 활동들이 정신지체학생의 관심, 능력 선호와 일치하는 프로그램들에 참여하는 것에 도움을 줄 수 있다. 적절한 직업과 교과 과정에 대한 접근을 촉진할 활동들에는 ①상담 전문가와 입학절차들에 대하여 상담하기 ②IEP에 배치 결정이나 다른 교육계획 표시하기 ③배치 이전에 학생의 프로그램에 필요한 기초적인 기술 습득 도와주기 ④학생의 활용 가능한 지원 서비스 논의하기 ⑤배치 결정할 때 사정자료 활용하기 ⑥입학에 대한 도움과 상담 제공하기 ⑦프로그램 교사의 선호하는 교수방법 확인하기 ⑧프로그램 과정의 여러 면에 대하여 논의하기(시험과 성적선택 등) 등이 포함된다.

공식적 전환 활동: 간접적 교수지원의 세 번째 제목은 학생이 중등과정 이후 교육이나 취업으로의 전환을 준비하기 위해 특정 프로그램 과정에 입학했을 때의 활동들에 관련된다. 조기 통지와 평등한 접근이 실행되었다면 전환계획 전략은 효과적으로 실행 될 수 있다. 간접 교수지원 활동은 ①공식적·비공식적 직업사정 ②자격있는 전문 상담가와 상담하기 ③지원 서비스를 위한 협력적인 계획 ④중등교육 이후 목표와 관심에 대한 확인 ⑤취업 기회의 확인 ⑥다학문적 팀에 의한 개별화된 전환계획 완성 ⑦전환과정에서 학생의 역할 논의 ⑧추수조사 실행과 같은 공식적 전환계획이 포함된다.

제시된 직접 및 간접 교수 전략들은 지적장애학생들에 대한 전체적인 서비스 제공을 개선하기 위해 실행될 수 있는 활동들의 목록을 보여주고 있다. 다양하고 혁신적인 전략들의 결합은 일반교사와 특수교사들의 상당한 시간과 노력을 필요로 할 것이다. 여기에 제시된 전략은 학습의 실패와 낮은 동기의 결과로 인하여 심각한 학습 문제를 방지 하는데 도움을 줄 수 있을 것이다. 문제는 시간과 노력의 정도이고 직접 및 간접적 교수지원은 본질적으로 예방책으로 설계되어야 한다. 협력 전환 모델의 일차적 목표는 학생들에게 의미 있고 생산적인 성인 생활을 가장 잘 준비할 수 있도록 하기 위하여 과정, 활동, 학생 주변 환경에 포함되는 모든 기회를 제공하는 것이다. 이러한 목표를 달성하기 위하여 일반교사와 특수교사 뿐 아니라 다른 전문가들도 중재보다는 예방의 자세로 임하는 것이 필요할 것이다.

학교이후 추수 절차: 협력 전환모델의 또 다른 책임은 공식적인 추수지도 절차를 개발하는 것이다. 고등학교 졸업자들이 중등이후 지역사회 환경에서 성공적으로 적응하는 것을 보장하기 위해 특정 단계에서 점검해야 한다. 따라서 핵심팀 구성원들은 이전의 학생들이 사회적·교육적으로, 고용과 지역사회 환경에서 잘 적응하고 있는지 평가하기 위하여 학교 인력과 협력하여 일해야 한다.

(6) 전환과정의 연간 평가(6단계)

협력 전환 모델의 다섯 단계들이 실행된 후 전환 핵심팀은 이 모델의 일차적 목표들이 성취되었는지 알아보기 위해 공식적인 평가를 수행해야 된다. 학교 내 전환 절차들을 검토하는데 더하여 추수 조사에서 적합한 학교 이후 환경에 성공적으로 배치된 학생의 숫자 파악을 위한 평가를 실시해야 한다. 성인 지원 서비스의 유용성에 대한 공식적 검토는 연간 평가의 필수불가결한 구성 요소이다.

앞서 언급된 전환사정 모델의 과정과 내용을 축약하여 그림으로 제시하면 다음과 같다.

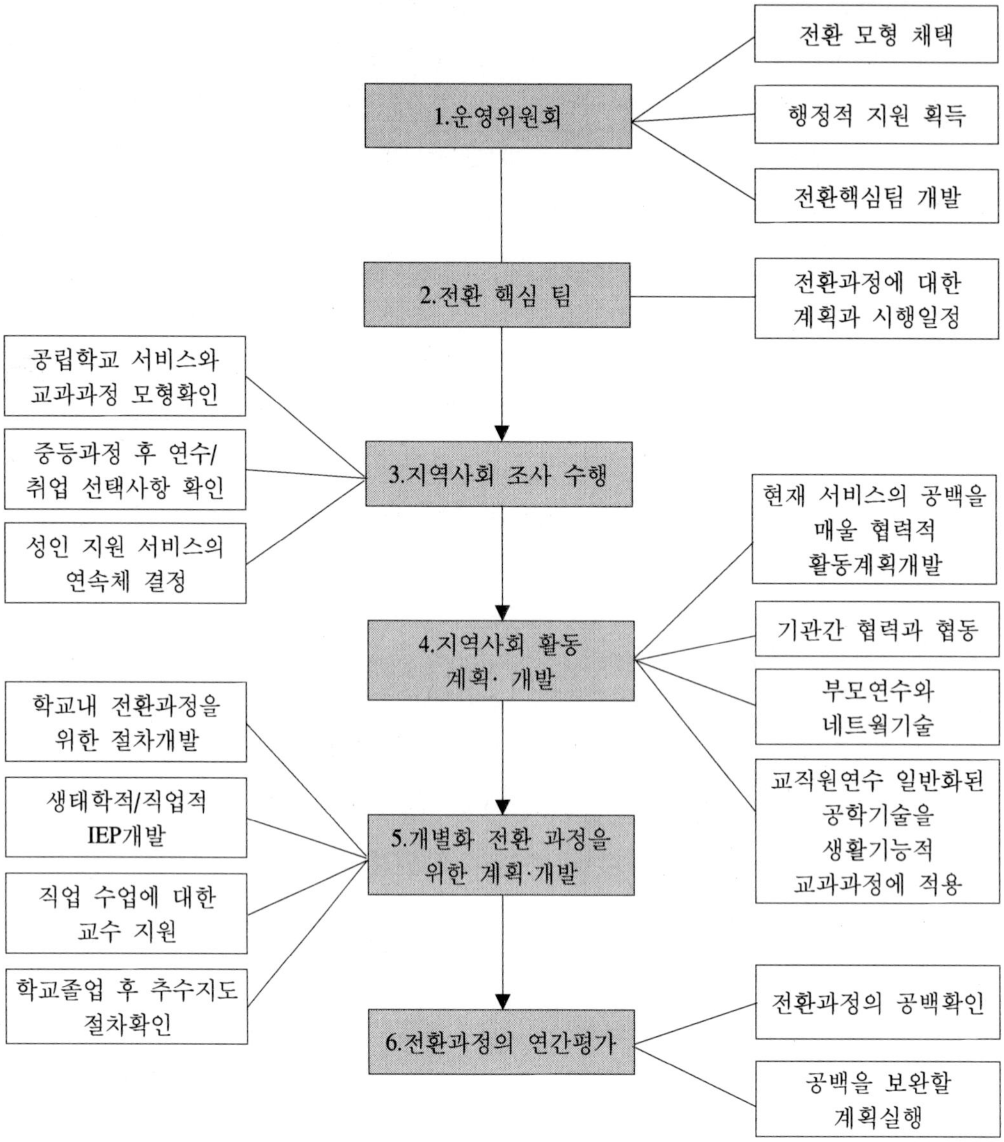

[그림 4-1] 협력 전환사정 모델

Miller, R. J., Lombard, R. C., & Corbey. S. A., (2007). *Transition Assessment: Planning Transition and IEP Development for Youth with Mild to Moderate Disabilities*. Pearson Education, Inc. p143

특별한 교육적 요구를 지닌 학생들의 개별화전환교육계획 구성을 위한 협력 전환사정 모델은 지역사회 내에서 체계적 전환과정을 촉진하도록 설계된 다학문적 접근 방법이다. 이 모델의 의도는 지적장애학생들이 학교에서 사회로 전환 뿐 아니라 학교 내에서 전환을 준비 할 수 있도록 공식적인 과정을 보장하는 것이다. 협력 전환사정 계획에는 많은 전문가들이 참여하며 지적장애학생 본인도 포함된다. 이 모델의 의도는 공개적인 논의를 시도하는 것으로 모든 전문가들이 지적장애 및 다른 장애학생들의 학교 이후 성과를 개선하려는데 주인의식을 가지고 참여하는 것이다. 지역사회에 기반을 둔 협력 전환사정 모델의 구체적 구성영역은 ①학교위원회 구성 ② 전환핵심팀 조직 ③지역사회 조사 수행 ④지역사회 활동 계획 개발 ⑤개별화 전환과정을 위한 계획 개발 ⑥전환과정의 연간평가 6단계로 이루어진다. 단계별 구체적 내용과 제시된 과업과 예들은 전환계획 및 사정관련 전문가들에게 좋은 지침과 자료가 될 수 있을 것이다.

5
장래계획에 대한 사정

장래계획은 전환사정의 가장 중요한 첫 번째 영역으로 개별화 전환교육의 단초가 된다. 장래계획과 전환사정, 장래계획 사정에 관한 예시, 장래사정 계획 조사지 양식 등을 중심으로 제시했다.

1. 장래계획과 전환사정

전환사정 과정에서 첫 단계는 장래계획에 대한 사정이다. 장래계획을 사정하는 것은 전환사정 과정의 매우 중요한 요소로서 학생 개인의 목표, 흥미, 능력, 고등학교 졸업 이후 희망 등에 초점을 두어 사정한 장래계획사정은 학생, 가족, 교사들이 학생의 고등학교 이후 삶의 형태 뿐 아니라 진로계획과 지도를 위한 평생계획에 도움을 준다. 진로계획은 직업발달과 장래계획의 필수적인 구성요소이며 보다 광범위하고 더 포괄적인 장래계획 과정의 핵심적인 구성요소이다. 직업에 대한 장래계획은 효과적인 전환계획을 위한 적절한 직업과 교육의 선택, 고용선택의 결정적인 바탕이 된다. 진로계획은 특별하고 체계적이며 공식적인 계획을 요구한다. 진로계획 과정에는 직업결정을 하기 위해 학생의 현재 상태와 고용에서 예견되는 시장경향에 관한 자료, 학생의 흥미, 능력, 태도, 수행정도에 관한 사정, 부모 조사서, 다른 사람과의 협동력, 진로과정을 반영한 진로계획의 발달, 연간 진로계획 평가 등이 다양하게 포함되어야 한다(Cunanan & Maddy-Bernstein, 1995).

직업계획 사정은 학생의 흥미, 수행능력, 장래 직업목표로 구성되고 광범위한 장래계획수립 과정에서 중요한 요소을 차지한다. 학생의 연령과 진로성숙에 따라서 직업에 무관심 하거나, 장래 직업에 대한 불확실한 개념을 가질 수도 있다. 장래 직업목표에 대한 결정적인 비젼을 가질 만큼 성숙한다. 현재의 진로 성숙이 어느 단계이든지 전환계획과 사정의 목표는 학생의 특별한 직업목표를 향해 과업을 진행해 나가는 것으로 전환계획 발달지도 내용은 고등학교와 그 이후 필요한 교육과 훈련을 포함한다.

Wehmeyer, Agran, Hughes(1998)는 교육자들이 학생의 흥미, 수행능력, 선택, 기대에 대한 자료수집을 위하여 관찰, 인터뷰, 사정도구를 활용할 수 있고, 이 정보는 학생이 성인기로의 전환을 위한 자료로 활용할 수 있음을 언급했다. 장래계획 과정에서 학생은 공식적인 전환사정과 계획의 여러 부분들을 요청할 수 있다. 고등학교 이후 어떤 직업을 원하는가? 고등학교 이후 어디에서 살기를 원하는가? 고등학교 이후 어떤 여가활동에 참여하기를 원하는가? 이러한 질문들을 함으로써 고등학교 이후 할일에 대한 비젼이 발달되어 간다. 장래계획은 전환사정 과정의 구성요소이고 학생들은 미래 생활에서 자신의 비젼을 구체화하고 목표달성에 대한 계획을 전개해 나간다. 이러한 과정을 통하여 교사들은 학생들이 자신의 장래와 삶을 관리할 수 있도록 자연스럽게 동기부여를 시작할 수 있게 된다. 장래에 대한 상상은 장래계획에 관한 결정을 유도하고, 결정한 자신의 목표를 달성하고자 하는 동기를 부여한다. Van Reusen과 Bos(1994)에 의하면 자신의 활동을 선택하는 학생들이 전환참여와 활동의 성공에 더욱 동기를 부여하게 된다고 언급했다.

장래계획은 학생자신의 교육적 프로그램과 IEP과정을 제공하기 위한 촉매자로서 정확히 올바르게 수행되었다면, 흥미, 수행능력, 목표, 장래희망에 관하여 본인과 가족이 인식할 수 있게 된다. 전환교육의 목적은 고등학교 이후 삶을 준비하기 위한 것이고 장래목표와 요구에 대한 사정은 수요자 및 학생중심 IEP과정에서 첫 번째 단계가 된다.

장래계획은 사정의 과정이지 일회성 사건이 아니라는 것을 기억해야 한다. 이 과정은 학생의 장단기의 장래목표 뿐 아니라 자신에 대한 인식 발달을 도와주며 생애 전반에 걸쳐 효과적으로 활용될 수 있다. 장래계획 사정은 전반적인 전환사정이 수반되어야 한다.

장래목표에 대한 사정에서 도출한 요구들은 전환계획과 여러 가지 선택에 영향을 미치고 한번으로 정해지는 것이 아니라 적어도 매년 조사되어야 한다. 장래계획 사정은 기초학습과 교수 형태의 사정, 생활기술 사정, 직업사정 뿐 아니라 자기결정과 자기옹호 기술 사정을 포함하는 다른 사정 내용들과 함께 수집된다. 장래계획 환경에 대한 요구 사정을 그림으로 제시하면 다음과 같다.

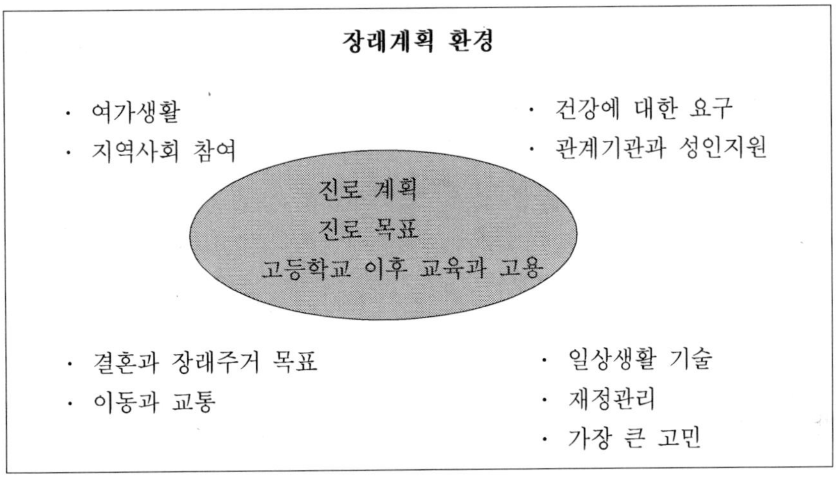

[그림 5-1] 장래계획요구의 사정

출처 : Miller, R.J. Lombard, R.C. & Corbey, S.A(2007). *Transition Assessment: Planning Transition and IEP development for youth with mild to moderate disabilities* New York: Pearson Education, Inc. P.21

2. 경도 장애학생의 장래계획 사정

장래계획사정을 올바르게 수행하기 위해서는 먼저 학생과 가족의 장래계획 목표와 관련된 정보를 수집하여 IEP팀에 도움을 줄 수 있는 사정 절차와 도구들을 제시해야 한다. 몇 가지 장래계획 절차와 도구를 소개한다. 장래계획을 위한 최초 사정은 학생이 적어도 16세가 되기 이전에 이루어져야 한다.

1) 장래계획조사 시스템

전환사정을 위한 장래계획조사(FPS: Future Planning Inventory System)는 미네소타 교육국(1993)에 의해 여러가지 도구들이 출판되어, 1998년에 보강되었다. 장래계획조사는 경도장애학생과 그 가족들이 사용할 수 있도록 고안되어 학생, 부모·보호자, 교사에 의해 기록되며 3개의 설문지를 서로 비교한다. 학생, 부모·보호자, 교사에 의해 작성되는 3개의 조사지는 쉽게 구별하기 위하여 다른 색깔 용지를 사용한다.

이 조사지에 포함되는 장래계획 정보는 ①고등학교 이후 교육에 대한 선택 ②가정생활의 선택 ③레크레이션과 여가 선택 ④교통수단의 선택 ⑤재정적 지원 ⑥건강관련 욕구 ⑦가장 큰 장래고민 등과 같은 영역이 있다.

이러한 장래계획 영역은 IDEA(2004)에서 제시한 정의, 전환계획 요구사항과 일치한다.

3개의 각 설문지는 장래계획 목표와 관련하여 장래 희망에 대하여 유사한 반응을 보이기를 기대한다. 학생, 부모, 교사는 각각 그들의 조사용지를 독립적으로 완성하고 오직 장래 희망은 조사지의 반응을 서로 참고한다. 학생, 부모, 특수교사는 학생의 고용, 추후교육, 고등학교 이후 독립생활 등 사회적 적응기술 내용들에 대한 것들을 의논 한다.

조사지로부터 수집된 자료는 IEP 모임에서 토론하고 학생의 요구를 도출하여 완성된 평가보고서로 IEP과정에서 공식적인 전환의 목표와 목적으로 활용된다. 학생, 부모, 교사가 장래계획에 대한 정보를 인터뷰하고 토론하는 것은 장래계획을 문서상 정보로 더욱 명확하게 할 뿐 아니라, 어떤 부분에 초점을 맞추어 전환계획을 할 것인가를 결정하는 기회가 된다. 조사는 학생, 부모, 교사에 의해 완성되어지고 1년이나 6개월마다 수정하기를 권장하고 모두가 참여한 조사는 문서로 IEP위원회에 전달되어지며 학생의 장래 학습계획에 방향을 제시할 수 있다. 성공적인 전환계획은 학생의 강점, 단점, 희망, 고등학교 이후 꿈을 향한 공통된 비젼을 IEP팀에 제공한다. 장래계획의 체계적인 조사는 목표 성취를 위한 유용한 도구가 된다.

(1) 학생용 조사지

학생용 조사지의 첫번째 목적은 고등학교 생활과 고등학교 이후 삶을 위한 계획목표와 희망을 알아내는 것이다. 두 번째 목적은 전환과정으로 학생의 생활기능적인 교육과정이 시작되는 것이고, 전환계획 영역에서 제공하는 재활서비스 제공, 부가적인 사회보장적인 수입 같은 중요한 성인서비스에 대한 정보를 제공한다. 학생이 그들의 장래에 대한 선택을 하기 전에 그들은 고등학교 이후 삶에서 성인이 받을 수 있는 유용한 서비스에 대한 정보를 알고 있어야 한다. 특수교사들은 적어도 16세가 되기 이전 학생들의 요구사정과 함께 학생들의 선택에 따른 현장훈련이 시작되어야 한다. 경도장애 학생의 교육과정은 지역사회 자원에 대한 조사가 포함되어야 하고 이러한 자원의 적절한 활용에 대한 훈련이 되어야 한다.

학생용 조사지는 그들 장래를 명확하게 계획하는 기회를 제공하고 필요한 지원 서비스를 작성하고 시작하게 한다.

학생용 조사의 내용은 읽기 능력이나 비용에 대한 수준을 고려하지 않았으므로 만약 필요하다면 적절한 편의나 조정을 해야한다. 학생과 부모는 성인서비스 용어에 대하여 배워야 하고 필요한 서비스를 제공하는 기관의 이름을 알아야 한다. 이러한 조사들은 학생을 위해 필요한 현재의 훈련을 제공할 뿐 아니라, 앞으로 중요한 계획에 대한 정보도 제공한다. 만약 학생용 조사지에 필요로 하는 지원이 기록되어 있다면 상담교사나 사회복지사가 참고하여 도움을 주어야 한다. 학생이 독립적으로 조사지를 작성하는 능력과 준비가 부족하다면 교사는 조사지를 완성할 수 있는 여건을 마련해야 주어야 한다.

(2) 부모·보호자용 조사지

이 조사지는 학생이 16세가 되기 이전에 부모나 보호자에게 송부되어야 하고 계획된 IEP 모임 날짜 2주전에 1년에 한번 또는 6개월에 한번. 부모는 조사를 완성하도록 안내 받고 IEP위원회에 조사지를 제공해 주어야 한다. 첫 번째 목적은 장래계획을 위한 정보를 수집하는 것이고, 두 번째 목적은 가족의 이름이 포함되어 있는 현재의 훈련과정을 시작하게 되는 것이다.

장래계획조사 시스템의 조사 내용들은 여러 가지 양식과 모양으로 활용할 수 있다. 예를들면, 현재의 조사 내용 뿐 아니라 지난해의 부모 조사에 대한 복사가 포함되기를 원할 것이다. 어떤 부모들은 단순히 처음에 조사한 항목에서 같거나 다르게 유지하고 있는 것, 조사영역에서 부가적인 설명이 있는 것, 지난해 보다 변화된 것들에 관한 누가 기록된 것을 다시 보기를 원하기도 한다. 해마다 혹은 6개월 마다 자료를 수집하는 목적은 사정과 개별화전환계획을 위한 것이다.

(3) 전문가(교사)용 조사지

특수교사들은 부모와 학생용 조사지 내용을 보기 전에 교사용 조사지를 완성해야 한다. 교사의 학생에 대한 지각은 가장 적절한 계획을 결정하는데 실질적인 도움을 준다. 모든 참가자들처럼 교사도 각 학생의 IEP・전환 위원회 개최 이전에 일년이나 6개월마다 조사지를 완성해야 한다.

장애학생들은 미래 계획을 예언하기에는 어려움이 있으므로 장래목표는 자연적으로 발달되는 것이 아니라 유도하고 촉진해 가야 한다. 이와 같은 일은 학생들 스스로 고등학교에서 가장 중요하다고 생각하는 것을 기록한 이후 부모・보호자에게 말할 수 있다. 장래계획 조사지는 현재 이후에 관한 생각을 할 수 있는 기회를 제공하고 미래계획을 시작할 수 있는 특별한 정보를 공급한다.

가끔은 학생, 부모, 교사들의 서로 다른 장래 희망으로 공통된 비젼을 가지기 힘들다. 학생들은 장래 자신을 위해 어떤 생각을 고집하거나 실행하고자 하는 의지보다는 장애로 인한 한계점을 더 크게 가지고 있다.

이것은 삶의 경험이 제한된 13세에서 22세의 일반 청소년의 공통된 현상일수도 있으나 장애학생은 성인역할에 대한 준비나 선택에서 장애가 없는 또래보다 기회가 부족하다. 결과적으로 해마다 토론, 재조정의 기회를 가지고 공통된 비젼을 다시 한번 확인하는 것은 IEP위원회의 중요한 임무이다. 장래를 위한 공통된 비젼을 가지는 것은 학생, 부모, 교사가 함께 조정하고 책임감 있게 노력하여 의미있는 장래계획으로 발전 시켜가야 한다.

2) 장래계획 사정 정보의 IEP목표 활용

(1) 중등이후 교육에 대한 사정(예시 1)

철수는 학습장애를 가진 16세(고2)의 학생으로 교사의 도움으로 장래계획조사지를 작성하였다. 철수는 지난해 배관공이 되기를 원했다. 1학년 동안 직업배관에 관한 몇 개의 보고서를 작성했다. 이 과정을 통하여 그는 배관공으로 직업기회에 관한 정보 뿐 아니라 배관공의 하루일과에 대한 정보를 수집하게 되었다. 그는 학교생활 중 2회 정도 다른 학교에서 3시간 동안 배관공에 대한 직업영상을 본 후, 철수는 배관공이 되는 것을 싫어하게 되었다. 그는 배관공 작업이 얼마나 어려운지에 대해 놀랐다. 철수는 그가 원하는 직업은 여러 사람들과 함께 일하는 것이라고 확신하게 되었다.

철수는 현재 경찰이 되기를 원하고 지역사회 전문대학이나 4년제 대학에 입학하는 것에 대하여 매우 고무되어 있다. 그의 부모들은 철수가 법 집행에 관심을 가지는 것에 대하여 놀라워하며 적극적으로 지원했다. 철수가 배관공이란 직업에 대해 더 이상 관심을 가지지 않았고 주변 사람들은(교사, 학생, 부모) 철수에게 강한 학습 동기와 잠재력을 발휘하게 하는 동기부여에 대하여 인정했다. 그의 학생용 조사서를 다시 보면 대학입학과 대학준비 과정을 확실히 이해하고 있지는 않다고 생각된다. 직업목표가 바뀌는 것은 IEP위원회에서 기록하여야 하고 적절한 전환계획에 철수의 새로운 직업목표를 반영하여 기록해야 한다. 철수의 교육프로그램은 직업에 초점을 둔 것에서 학업과 대학준비 과정으로 바꾸어야 한다. 철수가 잘하는 과목은 수학이고, 쓰기와 구어를 통한 의사소통에는 장애를 나타낸다. 철수는 사회적 기술훈련과 의사소통기술 보완을 필요로 한다. IEP목표와 전환활동은 다음과 같이 기록되었다.

<u>중등이후 교육</u>

장래목표 : 졸업 후 나는 지역의 전문대학이나 대학교에 입학하기를 계획하고 경찰이 되기 위한 훈련으로 주요 법률 집행에 참여하기를 원한다.

전환요구 : 전환팀은 철수가 필요로 하는 내용을 ① 법집행 관련 직업에 대한 정보 ② 대학준비 과정과 대학입학에 관한 정보 ③ 사회적 기술과 의사소통 기술의 발전으로 보았다.

전환서비스 · 활동

① 부모의 지원과 함께 철수와 교사는 경찰서를 방문하여 그를 위한 직업관련 영상을 볼 것이다.

② 철수는 경찰 탐구 학생 동아리와 연계할 것이다.

③ 철수는 대학에서 요구되는 과정과 수준을 알아보기 위하여 지역 전문대학이나 종합대학을 방문할 것이다. 그는 법집행에 관련된 최소한 한명의 학생을 만날 것이다.

④ 철수는 법집행에 관한 직업을 조사할 것이고 법 집행과 관련된 경찰과 다른 직업의 요구사항을 탐구할 것이다.

---

⑤ 영어와 사회적 학습을 하는 동안 작문과제가 주어 졌을 때 철수는 법집행에서 미란다 원칙과 다른 중요한 법적 이슈들에 대한 보고서를 작성할 것이다.

IEP 목표

자유롭게 의사소통을 할 수 있는 능력과 법집행에 대한 정보를 수집하고 제공하는 능력이 중요하게 요구된다. 철수는 의사소통 기술에서 대화를 시작하는 단계에서 부터 한사람과 대화를 유지하는 수준으로 향상되기를 목표로 하고 잘 알지 못하는 사람으로부터 자유롭게 대화하여 정보를 알 수 있도록 한다.

(2) 서로 다른 비젼에 대한 사정(예시 2)

영희는 정서장애를 가진 18세(고3)의 학생으로 도움 없이 학생용 장래계획 조사지를 완성했다. 장래계획 사정 결과에 의하면, 영희는 학교 졸업후 시골집에서 약 100마일 떨어진 중소도시에서 살기로 계획했다(장래계획조사지에 주거선택). IEP모임에서 서로 대화하는 동안 영희는 주거계획에서 친구와 아파트에서 생활하기를 희망하고 있다. 장래계획의 다른 항목을 보면 영희는 고등학교 이후 교육에 대한 계획은 없고 단지 큰 도시로 이사해서 직장을 구하는 계획을 하고 있다. 직업 종목은 큰 도시로 이사하는 것 보다는 덜 중요하게 생각한다.

이것은 영희 부모들에게 큰 놀라움이었다. 지난해(고2) IEP · 전환 회의에서 영희는 졸업 후 집 인근에서 일하기를 계획했다. 부모는 영의의 독립적인 생활목표를 알지 못했다. 현재 부모에 의해 작성된 장래계획 조사지(고3)에 의하면 영희는 고등학교 졸업 후 그 지역에 거주하면서 집에서 함께 살기를 바라고 있다. 고1 때에 부모들은 영희가 졸업 후 시골에 남아 있는 것으로 의견이 일치했다. 이런 경우 영희의 부모는 가족의 지원 없이 타 지역에서 독립적인 생활을 할 수 있을 만큼 일상생활 기술과 사회적 기술이 매우 부족하다고 걱정했다.

이와 같은 상황에서 IEP팀은 부모들이 수용할 수 있는 전환계획으로 조정하기 위한 시도를 해야 한다. 그리고 학생은 전환계획의 주도자임을 중요하게 기억해야 한다. 첫째, 학생은 전환계획에 대한 설명을 해야 하고 자신의 목표와 희망을 강력하게 전달해야 한다. 중복되는 전환계획은 학생의 목표 뿐 아니라 장래 고민되는 문제도 해결할 수 있는 “안정망”을 작용하게 된다. 반복되는 전환계획은 학생의 목표와 희망을 기록하고 그런 다음 질문한다. 만약 이 목표를 실행하지 못하면 어떤 일이 일어날까? 영희의 IEP처럼 이사하기 위하여 준비하는 것에 주목해야 한다. 팀구성원들은 영희의 이사계획에 대한 부모와 교사들의 지지를 얻기 위하여 독립적 생활기술의 발달에 대한 증거를 나타낼 필요가 있다(그녀의 년간 목표와 단기목표 도달을 통해 증명할 수 있다). 만약 영희가 IEP팀이 요구하는 기술까지 발전되지 않으면 그녀는 독립생활을 준비할 수 없다.

가족과 교사는 고등학교 이후 이사를 가려고 하는 영희의 계획에 관한 현실을 중요하게 생각하라는 것이다. 장애가 있건 없건 독립적인 생활을 위한 계획, 구매 결정, 직업선택은 많은 청년들에게 중요하며 그것은 부모, 교사, 보호자들에게 위험성과 우려가 되기도 한다. 부모와 교사는 영희가 독립생활을 준비 하는 것을 인정하든 말든 관계없이 독립생활에 대한 계획은 영희의 권리이다. 영희는 성인으로서 자신의 교육프로그램을 결정할 수 있다.

<u>독립생활</u>

장래 목표 : 졸업이후 큰 도시에 이사하여 살기를 원한다. 직업을 구하고 나의 친구와 아파트에서 살기를 원한다.

전환요구사항 : 독립적인 생활은 많은 독립생활기술을 필요로 한다. 영희가 배워야하는 독립생활 기술은 다음과 같다

① 신용카드 사용 방법 ② 임대, 계약 등을 포함한 아파트 생활의 의무 ③ 아파트 임대비용 ④ 룸메이트와 다른 성인과의 관계에 필요한 사회적 그리고 의사소통 기술

전환서비스 · 활동(고학년)

① 영희는 신문에서 직업을 조사하고 도시로 이사하여 할 수 있는 적합하고 흥미있는 3개의 직업을 정리할 것이다.

② 신문 활용으로 영희는 2개의 가능한 아파트를 찾고 그녀와 룸메이트는 임대를 신청하고 아파트를 구할 것이다.

③ 영희와 그의 부모님과 합의한 지역 2개의 아파트를 방문할 것이고 영희는 아파트 임대와 비용에 대한 정보를 모을 것이다.(월세, 기간, 연장, 임대 형태 등)

독립생활을 위한 연간 목표: 영희의 고등학교 이후 독립생활 계획에 따라 지역사회에서 독립적으로 살기에 필요한 일상생활기술에 참여 할 것이다.

지도 목표

① 2개의 다른 아파트에 관한 임대계약 내용에 대한 읽기가 주어진다. 영희는 계약에 관한 6개의 질문에 6개의 바른 대답을 해야 한다. 질문은 다음과 같다. : 아파트에서 매달 임대되는 것은 어떤 것인가? 임대료가 지불되는 부분들이 유용하게 활용하는 것인가? 아파트에 애완동물을 기를 수 있는가? 아파트 임대에 전세금은 얼마인가? 아파트를 떠난 후 전세금

은 언제 어떻게 돌려받을 수 있는가? 왜 어떻게 이 계약을 해지 할 수 있는가? 임대 계약의 다른 특별한 부분은 다시 봐야 할 것이다.

② 아파트 임대비용 목록을 물었을 때 영희는 적어도 5개의 현실적인 아파트 임대비용을 알 수 있다.

③ 그녀가 선택한 가상의 직업이 주어졌을 때 독립생활에 필요한 실제적인 예산을 만들어 가야한다. 즉 대략적인 한 달 수입과 임대, 이용료, 음식비용, 오락과 접대, 자동차 또는 교통비가 포함된 대략적인 한 달 지출 비용이 포함된다.

④ 독립생활 관련 테스트에서 룸메이트와 함께 생활하면서 발생하는 3가지 좋은 점과 3가지 부정적인 고민들을 열거할 것이다.

⑤ 가상의 신용카드 대금이 주어졌을 때 ·전체 지불액 ·최소 지불 ·지불날짜 ·앞으로 있을 일과 균형 있는 재정운영 ·신용카드 한계액에 대한 인식이 있어야 할 것이다. 그녀는 3개의 문항에 3개 모두100% 정확하게 수행할 수 있다.

⑥ 시험에서 영희는 신용카드사용의 3가지 장점과 카드남용에 따른 3가지 결과를 서술할 수 있다.

이런 관점에서 교육프로그램의 권리와 책임은 부모와 교사의 지원 안에서 영희 자신의 몫이다. 영희는 그녀의 IEP에 사인을 하고 자신의 교육프로그램에 대한 결정권이 있다. 영희는 도시 중심부로 이사하는 것에 교육 프로그램 초점을 두고 일상생활기술, 대인관계 기술, 독립생활을 위한 결정에 대한 주력해야 한다. 만약 고등학교 졸업 이후 이사하는 것이 사실이라면, 부모와 교사가 영희의 독립생활을 강력하게 반대한다 해도 학생의 독립생활 결정과 독립생활에 필요한 기술의 발달을 위해 노력해야 하고 수집된 정보를 신중하게 검토해야 한다. 교사들은 영희의 장래계획을 위한 책임과 자아정체성을 심어주기 위해 그녀의 계획을 활용해야 한다. 학생의 장래계획은 실현가능한 것을 인식할 수 있는 매우 중요한 기회이다. IEP팀은 학생의 문제점과 현실을 파악하면서 장래를 계획하도록 기회를 주어야 한다.

(3) 가장 큰 고민에 대한 사정(예시 3)

경수는 14세의 경증의 정신지체 학생으로(중3) 상담교사의 도움으로 학생용 장래계획 조사지를 완성했다. 장래계획 조사지에 경수가 알지 못하는 성인 서비스에 관해 많은 기록이 있다는 것에 놀란다. 경수는 고등학교 졸업이후 취업에 관한 강한 비젼이 없었고 현재에도 동일하다. 그것은 IEP팀이 경수의 장래계획에 관한 중요한 정보를 얻기 위한 그의 조사지 5가지 질문에 아직 대답을 하지 못했다는 것이다. 경수는 고등학교 졸업 이후 전문 축구선수를 할 수 없다는 "가장 큰 고민"을 제시했다. 경수는 조직적인 축구팀에 참가한 경험이 없고 스포츠 경기에 열광하는 편도 아니고 특별히 몸집이 큰 편도 아니기 때문에 가족과 교사들은 사실상 놀랐다.

IEP모임에서 대화를 통하여 경수는 방과 후 5,6학년 학생들과 축구경기를 하고 이 활동을 즐거워하고 있음을 알았다. 그러나 영수의 축구경험은 축구에 관련된 중요한 정보가 있거나 적절한 경험이 없다. IEP팀 회의에 기초하여 고등학교 교사의 도움으로 고등학교 신입생 축구팀에 참가하는 것이 그가 원하는 것인지를 결정하기 위하여 고등학교 축구팀 연습(전환활동)을 방문하는 스케쥴을 잡았다. 그의 부모님이 경수의 키에 대하여 걱정하였는데 그곳 선발팀 중 더 작은 키의 축구선수들이 있었다. IEP팀은 경수의 흥미에 기초한 축구에 대한 시도를 동의했다. 전환활동으로 경수를 위한 적절한 활동인지를 알기 위하여 IEP팀은 고등학교 축구팀에 대한 정보를 기록하기 시작했다. 고등학교 축구팀이 경수가 구성원이 되기를 원하여 축구팀으로 나갈 수 있다(대학팀, 전문대학팀, 신입생팀).

IEP결과에 따르면 장래계획 조사지에 경수는 그의 흥미에 의한 여가활동으로 축구를 적었다. 덧붙여서 경수는 특별히 축구에 흥미를 가진 운동경기에 관련 직업을 조사하는 것에 관심을 가지도록 기록했다. IEP · 전환팀은 이런 사정 정보에 기초하여 레크레이션과 여가활동 영역에 전환계획을 실행하기로 했고 직업적 흥미도 역시 계획하였다. IEP 전환계획의 활동, 목표, 목적은 경수의 고1학년 IEP에 포함된다.

레크레이션과 여가활동

장래 목적 : 나는(경수) 고등학교 축구팀으로 활동과 YMCA를 통한 다른 스포츠 활동에 관한 여가활동에 대해 조사할 것이다.
전환요구사항 : 경수는 고등학교 축구팀 경기에 관심을 가지고 있다. 경수는 고등학교 팀 구성원으로 상호작용할 수 있는 기술이 필요하다. 특별히 경수는 사회적 기술과 의사소통 기술이 요구된다. ①토론 주제에 대한 인식 ②주제에서 벗어나지 않기 ③상호간 대화기술 ④관련대화하기 전략
전환 활동(고1학년)
① 경수와 그의 부모는 YMCA 소년 축구팀의 5, 6학년을 위해 운영되는 팀에서의 활동을

위해 YMCA과 접촉을 할 것이다.

② 경수는 1학년 동안 1학년 축구팀에 참가 할 것이다.

③ 경수는 1학년 동안 겨울과 여름으로 연계하여 2개의 YMCA활동과 스포츠에 관심을 가질 것이라고 기록했다.

④ 경수는 고등학교 신입생 멤버로서 고등학교 축구팀에 참가할 것이다.

⑤ 경수는 신입생 축구팀의 코치를 만나고 팀의 연습시간, 주별 연습 횟수, 가을에 시작되는 경기에 대한 코치의 기대 같은 것들을 알 수 있을 것이다.

⑥ 경수는 YMCA 겨울 또는 봄철 운동 중 한곳에 참가할 것이다.

레크레이션과 여가에서의 연간목표 : 경수는 또래와 긴밀한 대화를 위하여 독립적으로 대화를 시작하고 유지하는 의사소통 기술이 점차 증가된다. 독립적으로 시작하는 능력, 시작한 대화 주제를 적어도 5분간 유지하는 것, 주제에 대한 5번의 연습으로 5개의 대화를 효과적으로 하는 것.

지도 목표

① 선택 주제가 주어지면 경수는 고등학교 연령의 또래와 5번의 연습으로 5번의 대화를 독립적으로 시작할 수 있다.

② 선택한 주제가 주어지면 독립적으로 대화를 시작할 것이고 5번의 연습으로 5개의 대화를 3분 동안 유지할 수 있다.

③ 축구주제가 주어지면 경수는 독립적으로 대화를 시작하고 5번의 연습으로 5번의 대화를 처음 시작한 주제로 3분 동안 대화를 유지할 수 있다.

④ 축구주제가 주어지면 경수는 독립적으로 대화를 시작하고 유지하고 시작한 주제에 대하여 5번 연습한 5개의 대화를 5분이나 그 이상 적합한 대화를 해 나간다.

학생에 의해 작성되는 장래계획 항목의 "가장 큰 고민"은 흥미있고 IEP팀이 신중하게 토론하는 정보가 된다. 기록한 년도에 기초하여 우리는 "가장 큰 고민"에 대한 질문에 학생이 인식하는 실제적인 반응을 포함한다.

- 나는 고등학교를 졸업하고 좋은 직장을 얻을 수 있을까?
- 나는 졸업하고 대학에 들어 갈 수 있을까?
- 나는 고등학교 졸업 이후 어디에 살 것인가?
- 고등학교 이후 어떻게 생활 할 수 있을까?

학생에 대한 모든 반응에서 경수의 프로축구선수가 될 수 있을지에 대한 고민이 반영되고 학교에서 성인으로 전환하는 학생들의 고민이 모두 포함된다. 경수의 장래계획에서 제기된 반응은 고등학교 1학년을 계획하는 과정에서 교사와 부모들이 장래에 대하여 의견을 교환 할 수 있는 기회를 가지게 된다.

요약컨대, 이장은 효과적인 전환사정을 구성하기 위한 장래계획에 대한 영역이다.

첫째, 장래계획 사정은 전환사정의 결정적인 요소로서 학생 중심의 IEP와 수요자 중심의 발달과정의 결정적인 부분이다. 둘째, 장래계획은 지속적인 전환과정으로 효과적인 전환사정의 다른 영역들과 함께 연계되어 있다. 셋째, 많은 장래계획 자료와 과정은 장래계획에 대한 사정정보를 수집하기 위해 존재 한다. 넷째, 교사는 장애 학생의 사정 방법과 도구의 적합성을 위하여 장래계획 사정을 주의 깊게 살펴보아야 한다.

장래계획 조사지(학생용)

<u>일반적인 학생정보</u>

학생의 이름 : ____________________

주민등록번호 : ____________________ 생년월일 : ____________________

졸업 예정일 : ____________________ 학년 : ____________________

현재 주소 : ____________________ 전화 번호 : ____________________

부모 이름 : ____________________ 부모 휴대전화 : ____________________

고등학교 재학기간 동안 어떤 과정에서 교육받기 원하는가? (장래계획 목표성취를 위한 과정의 종류를 선택하라)

_________ 대학 준비 _________ 일반교육(졸업에 필요한 최소한)

_________ 직업 준비 _________ 모르겠다

I. 직업/중등이후 교육 선택

1. 졸업이후 나는 장래교육이나 훈련을 원한다.

_________ 예 _________ 아니오

만약 그렇다면 고등학교 이후 관심있는 교육이나 훈련의 종류를 체크하라

_________ 4년제 대학 _________ 개별적인 직업훈련 프로그램

_________ 지역 전문대학 _________ 직업군인 서비스

_________ 기술 대학 _________ 성인교육 프로그램

당신이 원하는 공부와 훈련은 어떤 것인가? ____________________

기초학습 기능에서 성취에 대한 동기 수준은

_________ 높음 _________ 중간 _________ 낮음

훌륭한 결정력과 개인적인 성공을 위한 나의 통제력 수준은

_________ 높음 _________ 중간 _________ 낮음

내가 필요한 것이 무엇인지와 그것을 얻기 위해 어떻게 해야 하는지 인식하는 능력은

_________ 높음 _________ 중간 _________ 낮음

2. 졸업하면, 나는 당장 직장을 구하려고 한다.

_________ 예 _________ 아니오

만약 그렇다면 기대하는 직업의 종류를 체크하라.

_________ 경쟁 고용 _________ 전일제 _________ 파트타임

_________ 자영업

_________ 지원 고용 _________ 전일제 _________ 파트타임

_________ 보호 고용 _________ 전일제 _________ 파트타임

3. 졸업후 1년 동안 일할 수 있다면 어떤 종류의 직업을 원하는가?

____

4. 졸업후 5년 동안 일할 수 있다면 어떤 종류의 직업을 원하는가?

____

5. 고등학교 이후 목표와 취업의 성취를 도와주려면 올해 고등학교에서 어떤 과정의 교육을 원하는가?

______________ ______________

______________ ______________

6. 고등학교 교육을 통해 얻기를 원하는 시험에 대한 정보는? (ASAB, SAT, ACT, PSAT)

7. 집에서 어떤 가사 일을 할 수 있으며 가사 일을 얼마나 좋아하는가?

활동

①. ______________

② ______________

③. ______________

④ ______________

⑤. ______________

독립의 등급

독립적으로 할 수 있음	필요한 도움

8. 당신이 현재 하는 일과 실제로 좋아하는 일을 적어라

____

9. 지역사회에서 경험할 수 있는 일과 직업은 어떤 것이 있는가?

______________ ______________

______________ ______________

10. 당신이 실제로 싫어하는 직업은 어떤 것인가?

______________ ______________

______________ ______________

II. 주거생활 선택

1. 졸업이후 어디에서 생활하기를 원하는가? (목록을 체크하세요)

__________ 큰 도시(인구 10만 이상) 도시 이름 __________

__________ 중소 도시(인구 3만에서 10만) 도시 이름 __________

__________ 소 도시(인구 3만 이하) 도시 이름 __________

__________ 농촌

____

2. 아래 목록을 체크 하세요

_______ 아파트나 주택에서 독립생활

_______ 가족 구성원과 함께 생활(누구?) _______

_______ 도와주는 사람과 생활

_______ 지도하는 사람이 있는 아파트(어디) _______

_______ 그룹 홈(어디) _______

_______ 대학 기숙사(어디) _______

_______ 다른 기타사항

III. 레크레이션과 여가활동

1. 흥미있는 여가활동 조사

졸업 후 지역사회에서 활용할 여가생활 자원을 아래의 목록에서 체크하라

운동/스포츠 활동

_______ 수영 _______ 역도 _______ 스키

_______ 달리기 _______ 에어로빅 _______ 카누

_______ 소프트볼 _______ 야구 _______ 오토바이

_______ 걷기 _______ 낚시 _______ 캠핑

_______ 자전거 _______ 볼링 _______ 경마

_______ 다른 종류 _______

대형 이벤트 행사

_______ 영화 _______ 자동차 경주

_______ 스포츠 행사 _______ 말, 개, 자동차 쇼

_______ 음악 이벤트 _______ 지역사회 교육 프로그램

_______ 다른 종류 _______

개인적 활동

_______ 바느질 _______ 음악 듣기 _______ 당구

_______ 손으로 만들기 _______ 요리 _______ 비디오 게임

_______ 독서 _______ 놀이 기구 _______ 쇼핑

_______ 애완동물 돌보기 _______ 편지 쓰기 _______ 잔디 돌보기

_______ 전화로 얘기하기 _______ TV 보기 _______ 세차와 차관리

_______ 카드나 보드게임 _______ 인터넷 _______ 다른 종류

사회적 활동

_______ 데이트 _______ 집에서 접대

_______ 소풍 _______ 댄스

_______ 외식 _______ 드라이브

_______ 교회 활동 _______ 가족 친구와 함께 있기

_______ 사회적 모임에 소속 _______ 자원봉사

_______ 다른 종류 _______

2. 고등학교 재학기간 동안 당신이 좋아하는 과외활동은 어떤 것인가?

____

____

이런 과외활동에 참여하기 위하여 어떤 외부의 지원을 필요로 하는가?

__________ 예 __________ 아니오

그렇다면 그것을 기록하라 ______________________________

3. 장래 여가활동

당신이 생각하기에 졸업 이후 지역사회에서 활용될 여가자원을 체크하세요

______ YMCA 또는 YWCA ______ 볼링 연맹 ______ 영화관

______ 레크레이션 클럽 ______ 시/도 공원 ______ 스포츠 경기장

______ 다른 종류 ______________________

고등학교 졸업 이후 참여하고 싶은 여가활동은 어떤 것인지 모두 적어라

____

위의 여가활동에 참여하기 위하여 외적인 지원이 필요한가?

__________ 예 __________ 아니오

그렇다면 어떤 것인지 적어 보세요 ______________________________

Ⅳ. 이동수단 선택

지역에서 다닐 때나 일하러 갈 때 무엇을 이용하는가?

______ 자신의 자동차
______ 가족의 자동차
______ 시내 버스
______ 택시
______ 도보
______ 지역의특별한 교통수단 (마을버스 등)
______ 다른 사람들의 도움
______ 다른 종류 ______________

현재 하고 있는것	배워야할 것
________	________
________	________
________	________
________	________
________	________
________	________

Ⅴ. 재정적인 지원

1. 당신의 장기적인 목표를 이루기 위하여 아래의 영역에서 재정적인 도움이 필요한가?

1) 고등학교 이후 교육 __________ 예 __________ 아니오

필요하다고 한다면 원하는 정보가 어떤 것인지 아래에서 모두 체크하라.

__________ ① 재활 서비스 담당국
__________ ② 양도 증서
__________ ③ 장학금
__________ ④ 공부에 필요한 것
__________ ⑤ 학자금 융자
__________ ⑥ 보조 보장 소득

2) 적당한 직업을 얻는데 도움 받기를 ________ 원한다 _______ 그렇지 않다

원한다고 한다면 필요한 정보를 아래 모두 체크하라

_____________ ① 재활서비스 담당국

_____________ ② 지역 직업 훈련기관

_____________ ③ 주정부의 직업 서비스

_____________ ④ 보조 보장 소득

3) 주거생활에 도움이 __________ 필요하다 _________ 그렇지 않다

필요하다면 원하는 정보가 어떤 것인지 아래에서 체크하라

_____________ ① 지역사회 서비스

_____________ ② 보조 보장 소득과 의료적 지원

_____________ ③ 시 지원 가사 도우미

_____________ ④ 독립생활 센터 서비스

2. 당신은 재정적인 도움을 받기 위해 아래 기관과 연결되기를 원하는가?

_________ 그렇다 ___________ 그렇지 않다

모두 체크하라

_________ 해당사항 없음 ___________ 사회보장국

_________ 재활서비스 담당국 ___________ 지역의 사회서비스

_________ 지역 직업 훈련기관

_________ 다른 곳이 있으면 기록하세요 ________________________

VI. 건강 관련

1. 당신의 최근의 건강검진일은 언제인가?

(날짜)___________________________

2. 아래에서 당신이 필요로 하는 것은 어떤 것인가?

______ 의료적(약물 등) 요구 _______ 필요 _____ 그렇지 않음

_________ 건강 관련 상담 _________ 필요 _______ 그렇지 않음

_________ 그 외 ____________________________________

그에 대한 설명을 부탁합니다. ______________________________

3. 장래 필요하게 될 지원은 어떤 것인가?

____

____

VII. 현재 당신의 장래에 가장 염려되는 부분은 어떤 것인가?

6
자기주장과 자기결정 사정

장애 청소년들의 장래 목표 설정은 성공적인 성인 생활을 위한 중요한 예언가 역할을 한다(Raskind 등 1999; Reiff, Gerber & Ginsberg 1997). 목표 설정과 장래 계획 기술은 자기결정 과정의 중요한 요소로 개념화되어 왔다(Abery 등 1997; Bremer, Kachal & Schoeller 2003; Field 등 1998b; Wehmeyer 2002). 장래계획, 자기결정 과정, 그리고 자기주장 기술은 밀접한 상호관련성이 있다. 장애 학생들의 사정과정에서 자기결정은 필수불가결한 요소이며(Sitlington 등 1996), 또한 자기결정은 생활 기술(life skill)과 학업 기술(academic skill)을 포함한 모든 사정 활동들에 대한 학생참여의 중요한 구성요소이다(Field 등 1998a). 아주 현실적인 의미에서, 장래계획과 자기결정 사정은 효과적인 전환계획의 초석이 된다. 이런 기초적인 사정의 주된 목적은 학생의 동기를 유발하고 그 학생과 가족에게 교육 과정의 선택권을 부여한다. 이 두 영역 사정을 위한 기본적 전제는 학생중심, 수요자 주도의 교육에 있다. 교육의 목표가 자신의 필요, 희망, 관심을 다룰 줄 알고 자신의 목표와 열망을 주창할 수 있는 자기 지향적 학습자로 발달시키기 위한 것이라면(Milller 1994), 자기결정을 위한 사정과 학습은 모든 학생늘에게 중요하다.

1. 자기결정의 개념과 구성영역

1) 자기결정의 정의

자기결정은 최근 장애인을 위한 결과중심 전환교육의 중요영역으로 특히 학령기에서 성인 생활로의 전환에 크게 영향을 미치는 교육적 작용요소이다(Field 1996). 자기결정은 ①자신에 대한 인식(know yourself) ②자아 존중(value yourself) ③계획하기(plan) ④행동하기(act) ⑤성취한 결과 지각(experience outcomes and learn)을 포함한다. 학생이 경험에서 학습된 것은 자기 인식과 자아 존중에 영향을 주게 되고 그러한 과정이 반복된다. 따라서 이 모형은 계속되는 자기평가에 기초하여 계속적으로 발달되어 가며 자기결정 기술 뿐만 아니라 내적 감정 요인들도 포함되어 있다.

미국의 진로 개발전환국(DCDT: Division on Career Development and Transition,)에서 제시한 자기결정에 대한 정의는 다음과 같다.

> 자기결정은 한 사람으로 하여금 목표 지향적, 자기 조절적, 자율적 행동을 할 수 있게 만드는 기술, 지식, 믿음의 조합이다. 자기결정은 자기 자신이 능력 있고 효과적이라는 믿음과 더불어 자신의 강점과 제한점을 이해하는 것이다. 이러한 기술과 태도에 기초하여 행동할 때 개인들은 자기 삶을 제어하는 더 큰 능력을 갖고 우리 사회에서 성인들의 역할을 감당한다(Field 등 1998b).

자기결정과 개선된 학습 성과들 간에는 긍정적인 관계가 있다(Wehmeyer & Schwartz 1998). 안타깝게도 많은 교사들이 학생들의 IEP에서 이런 중요한 기술들을 포함시키지 않고 있다(Wood 등 2004).

Martin과 Marshall(1995)은 특수교육 문헌에서 자기결정 정의를 다음과 같은 개인이라고 요약했다.

"어떻게 선택하는지를 알고 있고 자신이 원하는 것이 무엇인지 및 그것을 어떻게 얻는지도 알고 있다. 자신의 요구를 알고, 자기결정이 된 개인은 목표를 설정하고, 지속적으로 목표를 추구한다. 이것은 개인의 존재를 주장하기, 자신의 요구를 알리기, 목표를 만족시킬 진보를 평가하기, 수행에 맞추기 및 문제를 해결하기 위해 구체적인 접근하기 등을 포함한다"(p. 147).

이 말이 의미하는 것처럼, 자기결정이 된 사람은 전형적으로 성인기와 관련된 역할을 성취할 수 있다. Wehmeyer(1992, 1996)는 "부당한 외부의 영향이나 방해를 받지 않고 자신의 삶의 질에 관한 선택과 결정을 내릴 수 있는 자신의 삶에서 주도적인 역할을 수행하는 것"이라고 정의를 내리면서 자기결정을 교육성과 중 하나라고 기술했다(1996, p. 24). 주도적인 수행자(causal agent)는 자신의 삶에서 자신이 일을 행하고 자신이 몸소 일이 일어나도록 만드는 사람이다. 그래서 자기결정이 된 사람은 자신의 삶에서 주도적인 수행자로서 역할을 한다.

한 가지 잘못된 생각은 자기결정이 된다는 것이 자신의 모든 선택과 결정 전반에 대한 완전한 통제력을 가지는 것과 똑같다고 믿는 것이다. Deci와 Ryan(1985)은 자기결정에 중요한 것은 절대적인 통제가 아니고 오히려 개인의 삶에 영향을 미치는 선택과 결정에 주도적인 역할 수행자임을 지적했다. 인간은 더 나은 수행을 할 수 있거나 행동을 더 잘할 수 있는 자질을 가진 다른 인간에 대한 실제 통제력을 포기하는 쪽을 선택할 지도 모르지만, 그런 결정을 허용할지 여부에 대한 개인결정이 남아 있다. 그러므로 자기결정이 된 사람은 매일 자기 활동 수행을 지원할 수 있는 사람을 선택할 수 있고, 자신의 연간 세금계산서를 완성해 줄 회계사를 선택할 수 있고, 자신의 무릎수술에 대한 책임을 질 외과 의사를 선택할 수 있다. 비록 많은 경우에 결정과 선택에 대한 통제는 정확하게 소위 절대적인 통제이지만, 자기결정 행동을 위한 필요조건은 아니다.

자기결정이 된 활동에 지속적으로 종사하는 사람을 자기결정이 된 사람이라고 기술할 수 있고, 이때 "자기결정이 되었다"는 기질적인 특성을 말한다. 기질적인 특성은 시간과 상황에 관계없이 행동과 행위가 지속적인 사람을 기술하는데 사용되고 있다. 이런 정의상의 틀 안에서, 자기결정이 된 행동은 4가지 기본적인 특징을 가진 행동을 말하는 것으로 파악 된다. ①자율적으로 행동하고 ②행동은 자기 규칙적이고 ③자신이 직접 행동을 시작하고 일에 심리적 역량을 가지고 반응하고 ④자아를 실현하는 방식으로 행동한다. 그림 6-1은 이들 4가지 핵심적인 특성간의 관련성을 보여준다.

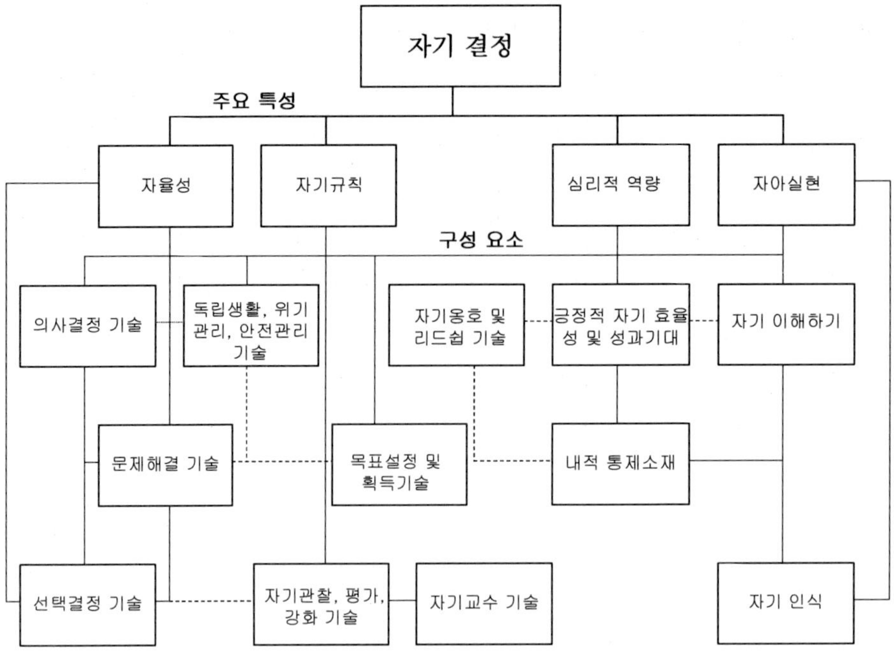

[그림 6-1] 자기결정의 주요특성과 구성요소

자기결정은 아동과 청소년이 자신의 삶에서 주도적인 역할 수행자가 되도록 해주는 태도를 발전시키고 기술을 배우게 하는 삶의 전 영역에 결쳐서 나타난다. 이들 태도와 능력이 자기결정의 구성요소이고 교수적인 강조가 생성하는 곳은 바로 이 하위수준에 근거한다.

효과적인 자기결정 사정 결과들은 자기 인식을 촉진하고, 교육 목표와 필요한 교과과정 중재를 선택하는 데 도움을 주며, 학생의 전체 교육 프로그램의 효과를 평가할 기회를 가질 수 있다. Wehmeyer(2002)는 학생들의 관심과 선호 사정하기, 선택적 기술 탐색하기, 교육 계획과 교육 목표 설정 촉진하기, 학생들을 문제 해결과 의사 결정에 참여시키기, 그리고 학생-지향적 학습 전략들 활용하기 등을 비롯한 자기결정을 촉진시킬 전략들을 제안한다.

자기결정과 관련된 이슈들에 대한 초점은 1990년의 IDEA(1997) 개정, 그리고 2004 IDEA의 핵심 테마이다. 자기결정 초점은 1973년의 재활법에 대한 1992년 개정에 반영했다. Field(1996)는 자기결정에 대한 자신의 연구에서 우리 사회에서 장애에 대한 아래의 철학적 진술을 강조한다. 1992년의 재활 수정법에 따르면,

장애는 인간 경험의 자연스러운 부분이며 ①독립적으로 살 권리 ②자기결정을 누릴 권리 ③선택 할 권리 ④사회에 기여할 권리 ⑤의미 있는 직업을 추구할 권리 ⑥미국 사회의 경제적, 정치적, 사회적, 문화적, 교육적 주류(mainstream)에 완전히 포함되고 통합될 권리(section2, Findings, Purpose, Policy) 등과 같은 개인의 권리들을 약화시키지는 못한다.

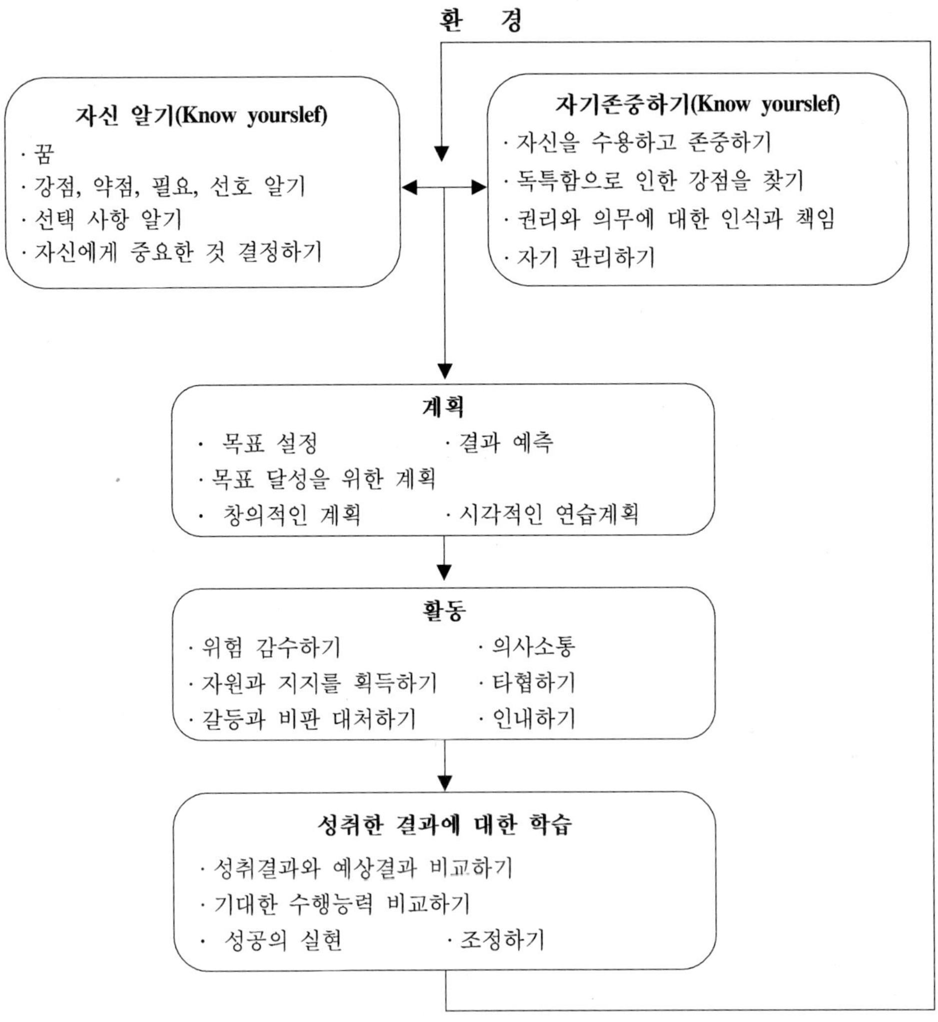

[그림 6-2] 자기결정

출처: Field, S & Hoffman, A(1994) Development of a model for self-determination, *Career Development for Exceptional Individuals*, 17, 159-169. PRO-ED, Inc.

1973년의 재활법의 개정(1992)으로, 자기결정에 관련된 이슈들은 고등학교 이후 삶을 넘어 계속된다. 자기결정을 하는 개인의 중요성은 공교육(public education)과 성인 서비스의 제공을 통일하는 요소이다. 자기결정을 하려면, 공교육을 마친 졸업생들은 다음에 제시된 것들을 수행 할 수 있어야 한다.

첫째, 자기들이 원하는 지원을 받기 위한 성인 서비스 선택

둘째, 성인 서비스에 대한 요청

셋째, 자신의 장애에 대한 인식

넷째, 자신들의 필요, 소망, 욕구에 대한 표현

다섯째, 요청하는 서비스 제공을 위해 필요한 서류 작성

여섯째, 자기들이 원하는 취업 교육이나 중등과정 후 교육에서의 필요한 편의시설 작성

일곱째, 법에 의해 규정된 편의에 대한 자기 권리 주장

장래계획이 학생의 목표와 열망을 식별하는 반면, 자기결정 과정과 자기주장 기술은 전환계획 과정에 기꺼이 참여하고 주도적인 삶이되기 위한 학생의 준비성(readiness)으로 정의 할 수 있다. 장래계획 사정이 학생으로 하여금 미래에 대한 자신의 비전, 목표 설정, 그리고 직업 계획을 식별하고 구체화하기 시작하도록 돕는 반면, 자기결정 사정은 학생과 관련된 미래에 대한 주장, 선택, 문제 해결, 그리고 자기주장을 할 수 있는 개인의 준비성을 사정할 기회를 제공한다. 효과적인 전환사정은 자기결정의 모든 구성 요소들에 대한 의미있는 사정을 통해서 가능하다. Abery 등(1997)은 자기결정 과정을 보완하는 기술, 지식, 신념과 태도를 다음과 같이 제안했다.

<표 6.1> 자기-결정의 지식, 기술, 신념

지식	기술	태도와 신념
· 법률과 권리	· 목표 설정	· 자기-확신
· 시스템과 자원	· 의사 결정	· 내재적 통제 (internal locus)
· 자기-인식	· 문제 해결	· 결단(determination)
· 책임	· 자기-조절(self-regulation)	· 자부심(self-esteem)
	· 독립적 생활 기술	
	· 사회적 기술	
	· 의사소통 기술	

2. 자기결정과 자기주장

1) 자기권리 주장운동

여기서는 발달지체인의 자기권리주장 운동의 전개과정과 역할, 필요성, 그리고 과제에 대해 알아보고자 한다.

(1) 자기권리주장운동의 전개

자기권리주장(self-advocacy)이란 자신을 위해 스스로 권리를 주장하고, 권리를 획득하고자 하는 활동이다. 사람들은 훈련, 경험을 통해 새로운 기술들을 배우며, 그 기술을 통해 자신의 삶에 대한 결정을 해 나간다. 하지만 발달지체인들은 자신을 위해 주장하고 선택하며 결정할 기회를 가지지 못했으며, 아직 많은 사람들은 발달지체인이 이런 능력을 가질 수 있다는 사실을 인정하지 않고 있다.

하지만 현대 사회는 발달지체인에 대한 인식의 변화를 일으키고 있으며, 누구도 차별되지 않는 평등한 권리를 가져야 하고, 똑같이 질적인 삶을 누려야 함을 깨닫고 있다. 질적 삶(quality of life)의 요소는 인간의 전 생애에 걸쳐 다양하지만, 자신이 삶의 주체가 되어 자신만의 세계를 형성하고 자기 주도적으로 사는 것이 질적인 삶을 사는 것이라고 할 수 있다.

자신이 삶의 주체가 되기 위해서는 우선 스스로 자신을 표현할 수 있어야 하며, 자신이 필요한 것을 주장하고 획득할 수 있는 능력이 있어야 한다(김정권, 김혜경, 1999). 이 능력이 바로 자기권리주장 능력이며, 이를 성취하기 위해 발달지체인들 사이에 운동이 일어나고 있는 것이다.

유럽이나 미국 같은 국가에서는 이 운동이 30여년 전부터 풀뿌리운동으로 일어나서 지역사회를 기반으로 발달지체인들의 권리를 주장하기 위해 단체를 만들어 운동을 벌이고 있다. 하지만 한국에서는 1998년 '전국특수교육 부모 대학 지도자 워크샵'에서 처음 이 단체에 대해 알리고 여러 활동을 통해서 운동을 벌이고 있다.

우리나라에서는 자기권리주장 단체의 이름을 '더불어 사는 국민'이라고 정하고, 심·신의 손상으로 교육·사회·직업에서 겪고 있는 불이익이나 불평등을 알리고자 하며 서로 협력하는 사회 체제 안에서 완전 사회 통합을 이루기 위해 노력하고 있다.

자기권리주장의 정의: 자기권리주장 운동을 정확히 이해하기 위하여, 자기권리주장이란 용어를 간단히 정의해 보는 것이 필요하다. 몇몇 학자들은 자기자신 또는 비슷한 처지의 사람을 위해 활동하고 대화하는 것이라고 주장한다(Hallgren, Norsman, and Bier, 1977; Williams and Shoultz, 1982). Rhoades(1986a)는 자기-권리주장은 평등과 자립의 성취, 그리고 사회의 완전한 시민으로서 인식되도록 하는 것이라고 설명했다. 최근에 전국 연맹인 미국발달지체인 자기-권리주장연맹(Self-Advocates Becoming Empowered)에 의해 채택된 '자기권리주장' 정의는 다음과 같다 :

자기권리주장은 발달지체인 스스로를 위해 주장하는 방법을 가르치고, 그들 장애인이 생각하는 것들을 표현할 수 있는 방법들을 배우게 하는 것이다. 이것은 발달지체인들이 좀 더 자립적인 생활을 하도록 스스로 결정하고 선택하는 방법을 가르치기 위한 것이다. 또한 그들에게 권리를 가르치지만, 그들의 권리만이 아니라 그들의 의무도 알게 하는 것이다(Hayden and Shoultz, 1991, p. 4).

다시 요약해 보면, 자기권리주장 운동은 회원들에게 동등한 사회 시민으로써 살아가는 방법을 가르치는 한편, 그들이 생각하고 활동하는데 있어서 가능한 자립할 수 있도록 용기를 주는 삶의 한 방식이라고 할 수 있다.

자기권리주장 운동의 유래: 발달지체인의 자기권리주장운동은 정신지체인, Bengt Nirje가 자신의 어린 시절과 성인시절에 겪은 경험을 바탕으로 정신지체인도 자신의 선택을 할 수 있으며, 선택의 역할을 해야한다고 믿게 됨으로서 1960년대 말 스웨덴에서 처음 시작이 되었다. 미국에서는 1973년 오레곤에서 시작이 되어 현재까지 많은 발전을 보이고 있다. 이 단체들은 'people first'라는 단체 이름을 내걸고, 그들이 장애인이라는 호칭으로 불리어지기 전에 일반인과 똑같이 자신의 이름으로 불러주어야 한다고 주장하고 있다. 그리고 동등한 국민으로서 평등과 독립을 위해 그리고 사회에 참여할 수 있는 구성원이 되기 위해 그들의 주장을 내세우고 있다(Longhurst, 1994).

이 단체는 초기에는 지방에서 시작되었지만 전국적인 협회로 성장하였다. 협회의 초기 토론 내용은 처음에는 주로 재활 문제에 초점을 두었으나, 자기권리주장과 관련된 많은 문제들이 계속 건의되었다. 이 협회들은 미국과 영국령 콜롬비아, 그리고 영국에서 그와 유사한 자기권리주장 단체들의 발전을 촉진시키고 있다.

자기권리주장 운동의 선두주자: 이전의 여러 사회 운동들은 발달지체인들의 자기권리주장 운동이 발전하는데 많은 영향을 준 것으로 보인다. 흑인들의 시민권 투쟁(civil rights straggle)과 같은 운동들은 평등에 대한 요구를 수용하려는 사회적 분위기를 조성하는데 도움을 주었다(Lewis, 1970). 예로 독립생활운동(Independent Living Movement)과 같은 운동들은 불이익을 받고 있는 집단(장애인 단체)들이, 그들의 생활을 방해하는 장애물을 알리는데 도움이 되었다(Langway, Abramson, Hager, and Hackett, 1982). 또 다른 중요한 사회운동이 자기권리주장 운동 내에서 나타났다. 예를 들어 처음에 미국정신지체아협회(National Association for Retarded Children: ARC-후에 Association for Retarded Citizens라 불리어졌고 지금은 The Arc라 부른다)라 불리었던 정신지체아 부모 협회의 창립은 발달 지체 영역에서 자기권리주장에 대한 선례를 세웠다(Lakin and Bruiniks, 1985). 또 다른 자기권리주장의 중요한 요소는 소비자 옹호 운동(Nader, 1965), 자립 운동(Gartner and Riessman, 1984), 그리고 시민 참여 운동(Miller, 1972)과 같은 것에서 알 수 있듯이, 수요자가 원하는 서비스를 제공할 수 있도록 투자를 요구하는 것이다. 결론적으로 말하자면, 정상화와 탈시설화의 이상들이 받아들여짐으로써 발달지체인에 의한 자기권리주장 운동을 고무시켰다고 볼 수 있다(Lakin, & Bruininks,1985; Laski,1985).

미국에서의 자기권리주장 운동: 발달지체인의 자기권리주장은 1960년대에 다른 나라에서 시작되었으며, 미국에서는 1973년 처음 시작되었다. 자기권리주장 운동은 영국령 콜롬비아에서 열렸던 자기권리주장 협의회에 참석했었고, 그리고 이전에 여러 학회들에 속해 있었던 몇 사람에 의해서 시작되었다. 이들은 장애인에 대한 차별과 기회의 부족으로 사회생활에서 어려움을 겪고 있었다(Williams &

Shoultz, 1982). 그들은 “함께 살아가는 방법을 배우고 그들 스스로를 위해 주장하기 위하여”란 목적을 내세우고 자기권리주장 단체를 결성함으로써 이 제안들을 내어놓기를 결심했다(Schaaf, et al. 1977, p. 249). 일반인 자원봉사자들의 도움으로, 회원들은 모든 결정이 그들 발달지체인들에 의해 이루어지는 자신들의 자기권리주장 단체를 조직하고 관리하는 방법을 배웠다. 몇 달 만에 그 단체는 회원이 거의 40명으로 증가되었다.

발달지체인들 스스로가 단체의 경영을 맡게 된 후부터, 단체 회원들은 다른 장애인들에게 자기권리주장에 대해서 가르치기 위해서 노력했으며, 그들 장애인들 협회를 후원하기로 결심하였다(Schaaf et al., 1977; Williams & Shoultz, 1982). 오레곤주에서 첫 대회가 열렸고, 이 대회에 500명이 참석하였다. 이 대회를 「We Have Something to Offer」이라고 불렀으며, 이 첫 대회를 개최함으로서 얻은 직접적 결과는 오레곤주에서 16개의 자기권리주장 단체가 생겼다는 것이다(Rhoades, Browning, & Thorin, 1986c). “People First” 협의회는 오레곤주에서 매년 행사를 갖게 되었으며, 다른 주들이 이들의 방법을 배우기 위해 많은 사람들을 파견하였다(Rhoades, 1986b; Schaaf, et al., 1977). 이 협의회는 여러 나라의 자기권리주장 단체의 촉매제 역할을 하였으며, 그리고 자기권리주장 단체들의 발전에 크게 공헌하였다.

한국에서의 자기권리주장운동: 우리 나라에서는 사단법인 한국발달장애아교육복지회 주최로 1998년 8월 19일 경주 코오롱 호텔에서 부모, 전문가, 발달지체인 등 250여명이 뭉쳐서 부모대학 지도자 워크샵을 개최하면서 발달지체인 자기권리주장운동을 전개하기 위한 추진위원회가 결성되었다.

제 1차 추진위원회 위원 위촉 및 협회의가 98년 9월 25일 경주 코오롱호텔에서 개최되어 자기권리주장운동의 추진 방향, 인적 구성, 홍보 및 추진 운동기관 선정, 경비 조달 방법 등에 관해 논의했고, 그 후 10월 30일까지 비공식회의를 3회 가졌다. 제 2차 위원회의가 11월 4일 대구대학교 도서관 601호실에서 개최되었고, 3차 회의가 98년 12월 8일 경주에서 개최되어, 자기권리주장 대회의 프로그램 운영 및 내용, 자기권리주장운동 방향 설정에 관해 논의하였다.

제 4차 위원회가 3월 10일 동대구 관광 호텔에서 개최되어, 자기권리주장 대회의 업무와 역할 분담에 대한 구체적 논의가 있었고, 더불어 사는 국민 단체 구성

방안, 선진지 견학, 기타 단체 활성화 방안을 논의하였다. 그 이후 자기권리주장 대회의 준비 건으로 4차의 회의가 있었다.

1999년 4월 9일 '발달지체인의 자기권리주장 대회'가 국회의원회관 대회의실에서 발달지체인, 학부모, 전문가, 후원회원, 도우미 등 1919명이 참석한 가운데 개최되었다. 주장대회는 교육분과에서 12명, 직업분과에 10명 모두 발달지체인 22명의 자기 주장 발표가 있었으며, 결의문 채택을 하여 각 기관에 그 뜻을 전달하였다. 거기에는 발달지체인 외에 국회의원, 헌법 재판소장, 특수교육 및 재활단체의 장 그리고 교육계 인사들이 참석했었다.

이 대회에서 자기권리주장자들은 그들의 권리를 찾기 위해 다음과 같은 결의를 하였다(한국 발달장애아교육복지회, 제1회 발달지체인 자기권리주장대회 팜플렛, 8면).

첫째, 우리를 대한민국 국민으로서 인정해 주어야 한다.
둘째, 우리의 생각과 언어와 행동이 더 이상 무시되지 말아야 한다.
셋째, 우리의 생각을 말로 표현할 수 있는 기회가 주어져야 한다.
넷째, 우리의 능력이 최대한 개발되도록 적절한 교육이 보장되어야 한다.
다섯째, 우리는 직업을 갖기 원하며 이는 직업재활법에 의해 보장되어야 한다.
여섯째, 우리의 취미 활동과 여가활동이 최대한 보장되어야 한다.
일곱째, 우리의 자유로운 사회활동을 위해 완전한 사회참여가 이루어져야 한다.

자기권리주장자들의 결의에서 알 수 있는 것은 발달지체인들도 그들 나름대로 주장할 수 있는 능력이 있으며, 표현 방법이 우리와 다를지 모르지만, 그들이 원하는 것은 일반인과 똑같다는 것이다.

그리고 제 5차 위원회가 동대구관광 호텔에서 1999년 5월 7일 자기권리주장 대회 평가 반성회 및 간담회를 위해 개최되었다.

1999년 8월 16일에서 23일까지 발달지체인 미국현지 워크샵을 통해 'Jay Nolan Community Service Center'와 워크샵을 가졌으며, 나성 더불어 사는 국민의 회원과 담론회를 가져 그들의 경험을 배웠다. 미국 오레곤주 더불어 사는 연명과 만나 진지한 토의를 하였다.

2000년 4월 17일에서 18일까지 '제 1차 더불어 사는 국민 지도자 워크샵'을 열어 더불어 사는 국민의 지도자 교육이 있었다. 이 지도자 워크샵은 앞으로 각 기관 및 지역 '더불어 사는 국민' 창립과 운영에 있어 지도자를 기르는 것이 목적이며, 연수 후 지도자증을 주어 공인된 지도자로 인정받게 하고 있다. 매회 30여명씩 양성하는데 발달지체인 지도자 15명과 앞으로 더불어 사는 국민의 자문인이 될 일반지도자 15명으로 구성된다. 이 지도자 워크샵은 매년 경주에서 진행이 되고 있다.

우리 나라의 자기권리주장운동 관련 도서는 현재 발달지체인의 자기권리주장운동(김혜경 역, 1998), 발달지체인의 자기권리주장운동: 더불어 사는 국민(김정권, 김혜경, 1999), 더불어 사는 국민 운영 핸드북(김정권, 여광응, 조인수, 김혜경, 1999), 나의 꿈, 나의 소망(1999), 전환교육(조인수, 2005), 자기결정교수방략(한국발달지체인 교육복지회, 2009) 등이 발간되었으며, 이 책들은 자기권리주장운동 단체를 만들고 발전시키는데 기본 자료가 되고 있다.

이와 같이 1998년 8월 이후 벌여온 '더불어 사는 국민'의 운동은 이제 겨우 시작에 불과하지만, 이 운동의 필요성에 대한 확실한 인식과 신뢰를 기반으로 하고 있는 한국의 자기권리주장운동은 그 성과를 기대해도 되리라 생각한다. 그리고 이 운동에 필요한 기본 자료의 준비와 후원 단체의 활발한 활동은 더욱더 이 운동에 대한 성공을 확신하는데 밑거름이 되고 있다.

(2) 자기권리주장 운동의 역할과 필요성

자기권리주장 운동의 역할: 발달지체인들은 언어 표현력이나 사고력이 부족하다고 볼 수 있다. 그런 점 때문에 지난 70여년간 부모들이 그들을 위해 권리 찾기 운동을 벌여왔으며, 발달지체인들의 교육권, 노동권, 행복권, 생존권 등을 부모들이 주장하였고, 부모단체를 만들고 권리 주장 활동을 해 왔다. 발달지체인들은 그들의 권리를 주장한다거나 자신이 필요한 욕구를 표현할 수 없다고 생각했기 때문에 스스로 자신을 표현하고 주장할 기회를 만들지 못하였다.

미국의 정신지체 부모 단체인 미국정신지체협회(The Association for Retarded Citizen : The Arc)나 우리나라의 한국장애인부모회나 한국정신지체인애호협회 같은 단체는 발달지체인 자신들의 단체가 아니다. 그러나 대부분의 장애인 권리 주장 운동은 이들에 의해 부모 운동으로 전개되어 왔다. 하지만 자신의 요구나 불편함 등은 자신이 가장 잘 알고 잘 나타낼 수가 있으므로 자신의 단체를 통해 자신의 권리 주장을 스스로 해야함이 당연할 것이다. 이 발달지체인의 자기권리 주장 운동 단체는 자신의 단체이며, 타인이 권리를 주장하는 것이 아니라 발달지체인 스스로가 자신의 권리를 주장하는 단체임에 의의를 부여해야 한다.

유럽과 미국에서는 발달지체인 스스로가 자신의 권리를 주장하는 운동을 벌써 30년 이상 벌여서 전국적 조직을 갖게 된 상태이다. 이 단체의 특성은 그들 옆에 항상 부모들이나 다른 협력자가 필요하다는 것이다. 특히 부모 단체와는 파트너쉽을 가지고 운동을 펼쳐나가고, 단체를 이끌어나가야 한다. 그들은 많은 교육과 지원을 받으면서 단체를 운영할 것이며, 이들은 이 단체를 통해서 자신감을 키우고, 자기 결정을 하며, 그들의 사회와 나라에 관해 배우고 참여하는 기회를 가진다.

발달지체인의 자기권리주장 운동의 역할에 대해 살펴 보면 다음과 같다.

첫째, 스스로 자신의 의사를 표현하는 것이다. 교육을 통해 스스로를 표현할 수 있도록 해야하며, 사회에 나아가서도 떳떳이 자신을 소개하고 자신의 느낌을 말할 수 있도록 해야하는 것이다.

둘째, 자신의 문제를 스스로 결정하고 해결하는 것이다. 많은 발달지체인들은 그들 생활에 있어 선택을 할 수 있다고 인정을 받지 못했고, 그래서 그들의 문제를 스스로 결정할 기회조차 가지지 못했다. 질적 삶을 살아가기 위해서는 그들이 원하는 삶을 살아야 한다. 즉, 자기 결정을 올바로 할 수 있을 때 질적 삶을 살아갈 수 있는 것이고, 이 자기 결정이 가능한 사람이야말로 스스로의 가치를 알고 존중하는 길이 될 것이다.

셋째, 권리뿐만 아니라 의무도 알고 실천하는 것이다. 그들이 할 수 있는 범위 내에서 그들이 해야 할 일, 지켜야할 일들을 배우고, 사회생활에 적응 능력을 기르기 위한 교육을 해야 한다.

넷째, 자신이 완전한 시민임을 알려야 하는 것이다. 이 유동은 반달지체인도 일반인과 똑같은 인간임을 주장하며, 그들이 완전한 시민임을 모두에게 알리고, 그들의 권리를 주장하는 것이다.

발달지체인의 자기권리주장 운동은 이제껏 부당하게 차별되었던 그들의 삶을 되찾기 위한 운동이다. 이 운동을 통해 그들의 권리를 외치기 위해서는 우선 그들의 권리가 무엇이며 어떤 방법으로 주장해야 하는지를 배울 기회를 가져야 한다. 발달지체인의 자기권리주장 운동은 그들에게 할 수 있다는 자신감을 심어주고, 사회의 편견을 바로 잡는데 큰 역할을 하며, 발달지체인들의 질적인 삶을 열어주는 사회 운동이라고 할 수 있다.

자기권리주장 운동의 필요성: 과거, 그리고 아직도 우리 사회에서는 발달지체인들을 어린애 취급하며, 그들의 생활에 대한 결정에 있어 참여할 기회를 주지 않는다. 그리고 항상 장애인이라는 호칭이 따르며, 시설을 만들어 그들을 시설에 수용하고 있다. 발달지체인들은 그들의 권리와 책임에 대해서 배우지 못하고 있으며, 그들도 사회에서 더불어 살 수 있고, 일하고, 참여하고, 기여할 수 있다는 것을 보일 기회를 가지지 못하였다. 또한 일반인들은 발달지체인들을 똑같은 인간으로서의 가치있는 사람으로 보지 않고, 존중하지 않으며, 존엄성을 인정하지 않는다. 하지만 발달지체인은 존중되고 존엄성을 인정받는 가치있는 사람이다. 다른 사람과 접촉하고 사회에 참여하며, 봉사하기를 원하는 일반인과 똑같은 시민이요 국민이다.

일반인들은 발달지체인을 다른 특성을 지닌 사람으로 보며, 그들과는 다른 사람이라고 생각한다. 그리고 그들 자신에게는 일어나지 않을 일이고, 일어나지 말아야 되는 일로서 생각하고 있으며, 항상 좋지 않은 쪽으로 생각을 한다. 발달지체인을 동정하고 자선을 베푸는 것이 잘하는 행동이라고 믿고 있으며, 그들의 능력을 아예 인정하려하지 않는다. 발달지체인들은 이렇게 취급됨으로서 자신감을 잃어가며, 스스로 무능하게 되어 가는 악순환의 결과를 낳고 있는 것이다(김혜경, 1998).

미국 자기권리주장 운동 연맹에 모였던 700명의 대표자들은 그들이 함께 뭉쳐야 되는 이유로 세력화와 연결망(network), 그리고 그들의 활동, 책임, 권리, 자존심 등을 들었다. 전국적으로 발달지체인 권리 조직체의 강한 연결망을 발전시키는 것은 수천의 사람들이 똑같은 주장을 위해 싸우며, 똑같은 목적을 향해 일하고, 그들의 자존심과 문화를 만들어 가는 일을 하고 있다는 것을 의미한다(Bootel, 1999, Worrell, 1988).

오랫동안 발달지체인은 사회에서 분리되어 있었으며, 사회와 고립되어 있었고, 가족과도 멀리 떨어져 있어야 했다. 교육도 제대로 받지 못했으며, 일반학교에 다니는 것이 허락되지 않았고, 법에 의한 동등한 권리가 부정되었고, 직업을 얻을 길이 없었다. 하지만 이제 그들은 같은 공동의 목표를 달성하기 위해 운동을 전개하는 사람이 많으면, 많을수록 이런 문제 해결이 더 쉬워진다는 것을 알고 있으며, 그리고 단체를 만들어 그들의 권리를 회복해야 함을 깨닫고 있다. 조직된 단체에서 함께 일하는 것은 고립을 깨고 우정을 발전시키며, 사회적인 생활을 할 수 있게 해 준다. 또한 단체는 선택과 차별에 대해 배우고 그것이 그들에게 어떤 영향을 주는 것인지 알게 한다. 그들은 단체를 통해 자기권리주장 운동 전략을 배우며, 질적인 삶을 보장받기 위해 침묵을 깨고 스스로 권리를 주장하게 된 것이다(김정권, 김혜경, 1999).

발달지체인의 자기권리주장 운동은 분리되고 격리된 생활에서 해방 될려는 것만이 아니다. 그들은 교육을 받으며, 공동 사회 생활을 배우고, 그들이 필요한 지원, 서비스, 기술 등을 얻기 위해 주장한다. 그리고 그들간의 강력한 상호관계를 만들어 우정을 발전시키는 것이다. 역사적으로 보면, 사회는 항상 피부색이나 생김새, 성별 등으로 차별을 해 왔으며, 그들을 일반인과 다른 사람으로 취급했으며, 다르게 행동하는 것에 대해 무시를 했다. 자기권리주장 운동은 이 차별에 대해 저항하는 운동이다.

차별은 그들이 원하고, 요구하고, 바라는 것을 거절당하는 것을 의미한다. 차별은 법에 위배되는 것이지만, 사람들은 여전히 차별을 한다. 차별은 보통 두려움과 무지에서 온다. 두려움은 즐겁지 않은 감정과 위험성, 고통의 느낌을 가지는 것을 의미한다. 많은 일반인들은 그들이 장애인과 같이 있을 때 막연한 두려움이나 혐오감을 느낄 수 있다. 발달지체인들이 위험하기 때문이 아니라 이상한 생김새, 행동과 언동 때문에 이런 느낌을 가지는 것이다. 무지란 어떤 것에 대한 지식의 부족과 이해의 부족을 의미한다. 일반 사회인을 이런 무지에서 벗어나게 하는 것이 첫 번째 단계이다. 그러므로 이 운동은 발달지체인이 인류 역사에 기여하는 동등한 인간이며, 사회 구성원이라는 것을 알려야 하는 것이다.

발달지체인들은 단체를 통해서 자립을 성취하고자 한다. 자립이란 스스로를 위하여 결정을 하는 것이며, 다른 사람들이나 다른 것들에 의해 통제되지 않는 것이다. 또한 자립은 자기 자신의 생활을 위해 충분한 재정을 가지는 것이며, 자신이 필요한 신체적 지원을 가지는 것이다. 자립은 많은 발달지체인들의 주요 목표이다. 발달지체인들은 그들의 자립을 위해 결제력, 세력화, 사회적 인정 등의 공평한 몫을 원한다(Sands, & Wehmeyer, 1996).

경제력은 자신이 원하는 필요한 것들을 살 수 있도록 한다. 또한 세력화는 강인한 힘을 주며, 영향력을 발휘하고, 그들이 말하는 것을 경청해주는 사람을 가지며, 그들이 원하는 것을 존중해 주는 사람을 가지게 한다. 단체가 공동의 목적을 위해 함께 힘을 모을 수 있는 것처럼 개인도 힘을 가질 수 있다. 사회적 인정은 자신이 원하는 것을 말할 수 있게 해 주며, 그들의 삶에 대해 결정을 할 수 있게 해 준다. 하지만 부당한 통제를 받게 되면 자신에게 일어난 일에 대해 개인적 힘을 가지지 못하며 강제적으로 명령을 받아들여야 하는 것이다. 이렇게 통제가 외부에 의해 이루어지면 자신에게 일어나는 일들을 지배할 능력이 거의 없어져 버리는 것이다.

발달지체인들에게 경제력, 세력화, 사회적 인정 등의 공평한 몫을 찾는 것은 시민으로서의 권리 주장, 수용시설의 거부, 직업과 임금 요구, 동등한 기회 요구, 평등한 교육, 차별의 금지 요구, 두려움과 무지의 제거, 수용시설이나 기관이 아닌 사회에서의 생활하기 위해 필요한 지원과 서비스를 요구하는 것이다. 이것을 얻기 위해 발달지체인의 자기권리주장자들은 권리 주장 운동을 벌여야 한다. 이 운동을 통해 발달지체인들은 그들이 완전한 국민으로 대우되기를 주장하며, 이것을 모두에게 알리고 지원을 요청해야 하는 것이다.

과거 분리 교육 시대에서는 장애인을 병리적으로 보았으며, 그래서 그들은 "환자"로 취급당하고, 전문인들의 진단과 처방을 받아야 했다. 70년대 메인스트림 시대에서는 장애인을 행동문제로서 보았으며 그들을 "내담자"로서 취급하고 전문가들이 팀을 구성하여 문제를 해결했다. 그러나 지금 완전 통합 시대에서는 그들을 "국민"으로 보아야 한다. 그리고 그들의 문제는 그들 스스로가 결정하고 해결하며, 그들이 원하는 것을 할 수 있어야 하는 것이다. 이런 변화는 패러다임적이며 산업 사회에서 계속 진행된 패러다임의 이동의 결과이다. 이런 패러다임 이동은 발달지체인의 자기권리주장 운동의 발전에 많은 영향을 주었다(김정권, 1997).

이 시대의 이상은 모든 사람들이 평등하게 참여할 수 있는 사회완전통합이다. 하지만 우리 사회에서는 이 이상을 실현하기 위한 준비가 되어있질 않다. 인간주의자들은 현상과 실제의 심한 모순을 깨닫고, '시민 권리 운동'처럼 많은 사회운동을 일으킨다. 이 운동도 이 시대에 부응한 사회의 변화를 요구하는 것이다. 인간주의자들이 추구하는 민주주의 사회에서의 권리를 찾기 위해 발달지체인은 그들을 사회의 완전한 구성원으로 인정하기를 요구해야 한다. 그러므로 발달지체인의 자기권리주장 운동의 발생은 이 시대의 요청에 따른 자연스런 결과라고 할 수 있으며, 이 운동의 발전 역시 이 시대가 요구하는 것이라고 본다.

(3) 발달지체인 자기권리주장운동의 과제

회원 확보 및 관리: 우리나라에서는 아직 발달지체인 자기권리주장운동에 대해 잘 알지 못하고 있다. 아직 자기권리주장운동이 소개된 것이 일천하여 이 운동에 대한 확신과 인식이 부족하기 때문이다. 1998년 8월 이후 발달지체인 자기권리주장운동 추진위원회를 중심으로 캠페인의 전개와 담론회, 연수회를 통해 그 기반을 형성하고 있다. 풀뿌리 운동으로 전개되는 자기권리주장운동은 한국에서 자리잡아가게 될 것이다. 그러나 단위 단체가 활발히 설립되지 못하는 이유는 다음과 같은 이유 때문이라고 할 수 있다(김정권, 김혜경, 1999).

첫째, 발달지체인이 자기 권리를 주장할 수 있을까하는 신뢰감의 부족이다.

둘째, 발달지체인이 처해 있는 환경(수용 시설, 보호 작업장 등)이나 물리적 여건 때문에 모임에 참석할 수 없다고 생각한다.

셋째, 아직 단체에 대한 지식과 믿음이 부족하다.

이와 같은 의문을 가지는 것은 그들이 분리된 환경에서 생활하거나, 과보호를 하는 가족과 함께 살면서 단체 활동을 해 볼 기회가 없었기 때문에 일어나는 일이다. 발달지체인은 분리되고 차별되어 살았기 때문에 사회 경험이 없고, 나약하여 생활에 희망을 가지고 있지 못하므로, 모든 일에 자신감이 없고 불안한 상황에 처해 있는 것이다(Power, Singer, & Sowers, 1996).

그러므로 부모, 교사, 그리고 전문인들은 자기권리주장 단체를 알리고 발달지체인이 자기권리주장운동에 참여하고 "더불어 사는 국민"의 회원으로 교육도 받고 활동에 주요 성원이 되도록 지도해야 한다. 발달지체인이나 그 가족들에게 '더불어 사는 국민'이 왜 있어야 하는지, 무슨 일을 하는지, 어떤 방법으로 운동을 전개하는지 등과 같은 것을 자세히 소개하고 모두가 참여할 수 있도록 힘써야 할 것이다.

또한 자기권리주장자들이 단체 회원이 되고 난 후의 회원 관리를 위해서는 함께 의견을 모아 공동적인 목표를 세우고 그것을 성취하기 위해 함께 힘쓰면서,

하나씩 목표를 달성하도록 교육받아야 하고 격려되어야 한다. 함께 모여 이야기 하고 주장하며 그들이 원하는 것이 무엇인지 아는 과정에서 그들은 상호 관계의 중요성을 깨닫게 될 것이다. 더불어 사는 국민의 회집은 즐거운 모임이 되도록 여러 가지 이벤트를 만들어 모임이 그들의 질적 삶에 중요한 역할을 할 수 있도록 해야만 단체에 더욱 관심을 가지게 되고, 참석하기를 원하게 될 것이다.

발달지체인은 '더불어 사는 국민'에 참여함으로써 그들의 목표를 같이 하고 그들의 권리를 함께 주장할 수 있다. 발달지체인이 함께 그들의 권리를 찾는 것은 그들의 의무임을 알아야 한다. 자기권리주장 단체는 분리 수용되어 있는 발달지체인도 운동에 참여할 수 있도록 배려해야 하며, 그들의 사회에서 더불어 살 수 있는 토대를 마련하기 위한 계속적인 활동을 하고, 그들의 행복한 삶을 위한 중요한 역할을 수행할 수 있도록 협력해야 할 것이다.

회원의 교육 및 지도자 양성: 발달지체인의 자기권리주장 단체는 다른 단체와는 달리 회원의 교육을 우선으로 하여야 한다. 그 이유는 이제까지 발달지체인은 자신의 단체를 가져본 적이 없기 때문에 단체가 하는 일이 무엇인지, 단체의 운영은 어떻게 하는지, 그들의 권리와 의무가 무엇인지, 그리고 그들의 권리를 어떻게 주장해야 하는지 등에 대해 잘 알지 못한다.

단체가 성공을 하기 위해서는 회원들에게 이와 같은 것을 교육하는 것이 우선 과제라고 할 수 있으므로, 부모나 전문인과 같은 후원자들이 자기권리주장자들과 동반자 의식을 가지고 다음과 같은 것을 교육해야 한다.

첫째, 개인의 권리를 주장할 수 있도록 교육을 해야 한다. 이를 위해서는 자기 주장자들에게 자기 선택과 자기 결정 능력을 가르치고, 이를 통하여 스스로 문제를 해결할 수 있도록 해야 한다(김정권, 김혜경, 1999). 그리고 자신의 권리와 의무를 알게 하고 자신의 일상 생활에 대한 요구를 주장할 수 있도록 해야 한다.

둘째, 단체의 권리를 주장할 수 있도록 교육을 해야 한다. 사회에서의 자신의 권리를 알게 하고 이제껏 부당하게 대우받았던 것들을 일깨워 주며, 이것을 주장할 수 있는 방법을 교육해야 한다. 사람들과 의사 소통하는 방법, 지도자들과 면담하고 자신의 요구를 전달하며, 발달지체인에게 필요한 여러 가지 권리를 주장할 수 있도록 해야 할 것이다(Sands, & Wehmeyer, 1996).

셋째, 발달지체인의 재활을 위한 교육을 해야 한다. 청소년 단체나 다른 사회

단체의 활동을 통하여 많은 사람들과 사귈 수 있도록 해야 하며, 발달지체인의 직업 재활을 위해 주장할 수 있도록 해야 한다.

넷째, 발달지체인의 자립을 위한 교육을 해야 한다. 이를 위해서는 우선 발달지체인들이 자기 존중과 자신감을 가질 수 있도록 많은 성공 사례를 만들어 주어야 한다. 그리고 장애인이라고 명칭과 사회적 편견에 대응하기 위한 기술을 배울 수 있도록 해야 하고, 서로 도우면 생활하는 방법을 배우고 협력의 중요성을 알 수 있도록 해야 한다.

다섯째, '더불어 사는 국민'의 발전을 위한 교육을 해야 한다. 단체의 임원들을 선출하고, 임원들이 단체를 운영할 수 있도록 교육을 해야 하며, 단체의 재정적 지원을 위해 활동 할 수 있는 방법을 알 수 있도록 해야 한다. 그리고 단체의 정기적인 회의 개최와 회원 모집을 위해 활동할 수 있도록 하고, 국가 지원금을 인상시킬 수 있도록 주장하는 방법을 교육해야 한다.

위와 같은 회원 교육을 위해서는 지도자가 있어야 한다. 2000년 4월 17일과 18일 양일 간 경주 코오롱 호텔에서 '제 1차 더불어 사는 국민 지도자 워크샵'이 있었으며, 매년 열리고 있다. 연수 내용은 자기권리주장 단체인 '더불어 사는 국민'에 대한 이해, 그리고 자기권리주장 단체 설립과 그 목표, 더불어 사는 국민의 행동 지표, 자기 결정 훈련, 그리고 자기권리주장 단체의 설립과 운영, 그리고 임원의 훈련 지침에 대한 것이었다. 자기권리주장자와 후원자 30명을 우선 교육하고 지도자증을 수여했으며, 이들은 이제 현장에서 지역의 '더불어 사는 국민'을 설립하고 단체 회원들을 교육하고 지원하는데 쓰고 있다.

'더불어 사는 국민'의 발전을 위한 회원의 교육은 개인 권리, 단체의 권리, 재활, 자립, 단체의 발전의 영역에 대한 교육이 이루어져야 할 것이며, 이 교육을 위한 지도자 양성은 정기적으로 이루어져야 할 것이다. 이를 통하여 '더불어 사는 국민' 운동은 단단한 풀뿌리 조직을 이룰 수 있을 것이며, 나아가 전국 단위의 '더불어 사는 국민'을 결성하도록 준비하게 될 것이다.

후원단체의 지원: 탈현대사회는 협력 사회이다. 모든 사람들은 다른 사람들의 지원이 필요하며, 서로서로 지원하는 과정에서 각자에 대해 좋은 느낌을 가지고 서로를 알게 된다(김정권 외, 1999). 이 사회에서 발달지체인들이 완전한 인간으로 대우되며 살아 가기 위해서는 긍정적인 자기 정체성과 삶의 목표, 그리고 개

인의 성장을 위한 삶의 방법과 문제 해결 방법 등을 확립하는 것이 필요하다.

하지만 발달지체인들은 이렇게 스스로 삶의 목표를 정하고 그들의 목표를 펼칠 기회를 가지지 못했기 때문에, 자기권리주장운동을 통하여 그들의 권리를 되찾고자 노력하고 있다. 이 운동의 발전과 성취를 위해서는 부모, 전문인, 사회사업가 그리고 발달지체인의 자기권리주장운동에 관심을 가지고 참여하고자 하는 모든 사람들이 후원 회원이 되고 부모단체, NGO, 특수교육 및 재활 전문단체가 직간접으로 자기권리주장운동 단체인 '더불어 사는 국민'을 지원해야 한다.

지원 단체는 여러 가지 아이디어를 제공할 수 있으며, 협력을 통하여 단체의 발전에 많은 기여를 할 수 있다. 후원 단체에서의 중요한 역할은 다음과 같이 크게 두 가지로 볼 수 있다(김정권, 김혜경, 1999).

첫째는 단체 설립과 운영을 돕는 역할이다. 이 역할을 위해서 지원 단체는 발달지체인은 평등한 권리를 가진 국민이며, 이제까지 그들은 스스로 결정하고, 선택하고 자신의 생각을 표현할 기회를 가지지 못했고, 자신의 삶의 주인이 되지 못하고, 권리를 찾지 못하고 있다는 것을 받아들여야 한다. 이와 같은 기본 입장을 이해하고 발달지체인의 자기권리주장운동의 필요성과 중요성을 인정하는 것이 무엇보다도 중요하다. 하지만 이 지원 단체는 발달지체인의 자기권리주장 단체를 돕는 역할이며, 동반자 또는 보조자 역할이지 앞에 나서서 이끌어 가는 것은 아니다. 그리고 단체의 설립과 운영을 돕기 위해 단체에 필요한 정보를 제공해 주고, 재정적인 지원을 해 주어야 한다. 자기권리주장운동자들은 어떤 문제에 대해서 적절한 결정을 내리는데 필요한 정보가 부족하다. 그러나 후원자들은 사회에서의 경험이 많기 때문에 단체의 소개, 사업체의 소개, 그리고 사회단체와의 연결 등에 많은 도움을 줄 수 있다.

둘째는 교육자로서의 역할이다. 발달지체인들은 스스로의 결정이나 자신의 결정에 대한 책임에 있어서 대부분 첫 경험이라고 할 수 있다. 후원자들은 자기권리주장자들이 결정 방법을 알도록 하기 위해 많은 시간을 투자해야 한다. 훌륭한 결정은 목표 설정과 목표 달성에 중요한 역할을 한다.

또한 지원 단체의 후원자들은 단체의 회의 계획, 기록, 투표, 선거 등에 대한 지식을 전달해야 한다. 이와 같은 지식은 훌륭한 자기권리주장자가 되기 위해 습득해야할 매우 중요한 것이다.

교사의 역할을 훌륭히 수행하기 위해서는 발달지체인의 입장에서 그들의 삶을 볼 수 있어야 한다. 후원자들은 신뢰를 바탕으로 해서 그들과 대화해야 하며, 서로 이해하고 상호관계를 가져야 하는 것이다. 후원자들의 믿음은 자기권리주장자들의 능력을 키우는데 중요한 역할을 한다.

이와 같이 '더불어 사는 국민'의 발전을 위해서는 지역 사회의 협력이 이루어져야 하며, '더불어 사는 국민'과 상호 관계를 가질 수 있는 후원 단체의 지원이 있어야 한다. 이 후원 단체의 중요한 역할은 단체의 설립과 운영을 돕고 '더불어 사는 국민'의 회원을 교육하여 스스로 자신의 단체를 발전시킬 수 있도록 도와주는 것이다.

2) 자기주장과 자기결정과의 관계

자기주장은 때때로 자기결정과 거의 호환적으로 사용된다(Field 1996). 실제로는 자기주장이 자기결정이라는 더 큰 개념 아래 구성되어 있는 지식과 기술의 부분이다. 자기주장은 다음과 같이 정의되어 왔다.

자기 자신의 관심, 욕구, 필요, 권리를 효과적으로 의사소통하거나 전달하거나 조정하거나 주장하는 한 개인의 능력으로 이에는 비공식적 의사 결정과 그런 결정에 책임을 지는 것이 포함된다(Van Reusen 등 1994).

자기주장은 필요한 것이 무엇인지 말하고 원하는 것을 얻는 능력으로 요약될 수도 있다. 자기주장 기술들은 자기결정 과정의 하나로 장래계획과 직업 목표 확립에 기본이 된다.

Valenti(1989)는 고등학생들에게 중등과정 후의 성공을 위한 자기주장 기술을 준비시키는 데 대한 실제적 지침과 워크북을 개발했다. 이 시침과 워크북의 주제들은 특정 장애 이해하기, 진단 검사, 이해하기, 법률 아래에서 권리와 책임을 알기, 중등과정 후 교육으로의 전환 과정 이해하기, 그리고 스스로의 학습을 위한 기술 개발하기가 포함되어 있었다. Field 등(1998a)은 자기주장에 관한 교수가 어떻게 주장할 것인가와 무엇을 주장할 것인가에 초점을 맞춘다고 제안한다. 발달장애인을 대상으로 자기주장에 대해 교육하기 위해서는, 학생의 지식수준과 기술수준을 먼저 측정해야 한다.

자기주장을 구성하는 지식(무엇을 주장해야 하는지)과 기술(어떻게 주장해야 하는지)은 자기결정에 필수불가결 요소가 된다. 하지만, 상황을 통제하거나 상황에 영향을 미치는 자신의 힘에 대한 강한 신념이 없으면, 그는 자기결정을 할 수 없다. 학생들은 자기주장 기술들을 사용할 능력이 없거나 기꺼이 사용할 마음이 없더라도 자기주장의 기술을 소유할 수는 있으며, 자기결정을 할 수 있다.

Field 등(1998a)에 따르면, 자기결정 사정 과정에서 학생들은 "무엇이 사정되어야 하는지, 어떻게 사정되어야 하는지, 그리고 사정 결과가 어떻게 활용될 것인지를 결정하는 데" 적극적인 참여자들이 되어야 한다. Field 등(1998b)은 자기결정 사정에서 학생들은 ①사정이 필요한 내용에 대한 결정을 도와주고 ②자료를 모으는 데 참여할 것이며 ③ 검토를 위한 포트폴리오 정보를 모을 것이며 ④자료에 근거한 교육 목표를 결정하는데 사정 결과들을 활용할 것이다 라고 했다. 학생들로 하여금 전환사정과 전환계획 정보를 구성하는 것을 돕도록 설계된 개인 학생 전환 포트폴리오(Individual Student Transition Portfolio)들이 있다.

Wood 등(2004)은 자기결정의 지식과 기술을 사정하는 방법들로는 활용 가능한 자기결정 검사들(기준지향과 규준지향검사)이 많이 있다. Field 등(1998a)은 자기결정 사정방법들로 ①기록들과 학생 배경 정보 검토하기 ②그 학생과 주변 친구들 인터뷰하기 ③학생 관찰하기 ④교과과정-기반 사정하기를 위한 포트폴리오 제작이 포함될 수도 있다고 제안한다. Wood 등(2004)은 출판된 자기결정 도구 이외에, 교사들이 학생 자신의 자기결정 체크리스트나 설문지를 개발할 수도 있다고 말한다.

Wehmeyer와 Kelchner(1996)는 실패의 경험들이 완화되는 경우에 올바른 학습경험이 됨을 지적하면서 학생들은 성공을 위한 시도나 다른 전략을 경험을 해볼 기회를 가지는 경우에만 실패로부터 학습을 할 수 있게 된다고 언급했다. 실제 세계를 경험하는 것과 자기 긍지를 잃는 것 간에는 약간의 구분이 있다(Bremer, Kachgal 과 Schoeller 2003). 따라서 장애를 가진 학생들에게 자기결정의 중요한 요소는 자기 인식과 자기 기술의 결합적인 지각이다. 학생들이 직업 목표에 도달하기 위해 기술을 보유하고 있으며 개발할 수 있다고 믿는가? 그 학생은 직업현장을 경험하기 위한 요건들을 이해하는가? 그 학생은 그들의 현재 학업 기술에 기초한 현실적 비전을 갖고 있는가? 학습 장애를 가진 청소년들의 학업성추도 자기평가와 관련된 한 연구에서 Stone과 May(2002)는 낮은 학업적 자기인식을 가진 장애학생들이 다른 학생들의 평정과 자기들의 실제 검사 성적을 비교할 때 자기들의 학업 기술을 과대평가한다는 것을 발견했다. 이러한 과대평가는 학습 장애가 없는 학생들 간에서 작게 나타났다. Stone과 May(2002)는 학업 기술의 과대 평가가 자부심을 보호하는 역할을 하지만 동시에 학업 성취와 자기주장 기술의 개발에는 방해가 될 수도 있다고 주장했다.

<표 6.2> 자기-결정에서 지식, 기술, 신념의 관계

지식

자신의 장애에 근거하여, 학습 환경에 수용될 것을 요구하는 법률 하에서 보호를 받는 지식을 습득한다.

기술

자신의 권리를 진술하고 학습 환경에서 지원을 요구하는 능력을 개발한다. 즉 자기주장의 기술을 배운다.

태도와 신념

모든 해당 학습 상황들에서 자신이 소유한 지식과 기술을 적용하고 선택 한다.

3. 자기결정을 위한 사정도구

자기결정 사정 방법으로는 학생/학부모와의 인터뷰, 기술 능력에 대한 기록들, 관찰 등은 장애학생들의 교육을 결정하는데 도움을 줄 수 있다(Renzaglia 등 2003). 지난 몇 년 동안, 자기결정에 있어서 학생들의 지식, 기술, 신념과 관련되는 해당 정보를 수집하여 IEP 팀에게 도움을 줄 수 있는 여러 가지 도구들이 출간되어 왔다. 이들 도구들이 전환사정 과정에 이용될 수 있는지와 다양한 관점에서 자기결성과 자기주장을 어떻게 측정할 수 있는지 살펴볼 필요가 있다. 여러가지 도구들의 사용은 해당 학생과 IEP 팀에게 자기결정의 지식, 기술, 신념에 대한 더 깊은 통찰력을 제공할 수 있다. 전환사정의 한 부분으로서 자기결정에 대한 최초 사정은 해당 학생이 16세 이전에 완료되어야 한다.

1) 자기결정 사정 도구

(1) The Arc's Self-Determination Scale

The Arc's Self-Determination Scale(Wehmeyer & Kelchner 1995)은 the Arc of the United States에 의해 개발되었고, 현재 the Beach Center on Disability at the University of Kansas를 통해 온라인으로 이용할 수 있다. 이 척도는 학생들에게, 경도 인지 장애나 학습 장애를 가진 청소년들이 사용하도록 개발된 문항을 완성하는 것이다. 이 자기-보고 도구(self-report instrument)는 해부학, 자기-조절, 심리적 역량, 그리고 자기-실현(self-realization) 영역에서의 성적 뿐만 아니라 자기결정의 전체적인 측정을 제공한다. 이 도구는 the Beach Center of Disabilities의 웹사이트 www.beachcenter.org에서 찾아볼 수 있다.

(2) ChoiceMaker Self-Determination Assessment(선택자 자기결정 사정)

ChoiceMaker Self-Determination Assessment(Martin & Marshall 1994)는 Choice Maker Instructional Series(Martin 등 1997) 교과과정과 연결해서 사용하도록 설계된 교과과정-기반 사정 도구이다. 콜로라도 주 Longmont의 Sopris West Publisher에 의해 간행된 이 도구는 목표를 선택하고, 표현하고 행동을 취하는 데 있어서 학생 기술(student skill)을 측정한다. 이 도구는 경도에서 중도 학습 문제나 정서/행동 장애를 가진 중학생에서 고등학생까지 사용을 권장한다. Sopris West Publishing은 웹사이트 http://www.sopriswest.com으로 접촉할 수 있다.

(3) The Self-Determination Knowledge Scale(자기결정 척도)

The Self-Determination Knowledge Scale(Hoffman, Field & Sawilowsky 1995)은 버지니아의 Council for Exceptional Children(CEC)와 텍사스 오스틴의 PRO-ED Publishing 양자에 의해 출간되었다. 이 사정 도구는 선다형과 참/거짓형 지필검사이다. 또 학급교사들의 사용을 위한 자기-결정 관찰 체크리스트를 포함하고 있다.

이 사전-사후검사 (pretest-posttest) 도구는 Steps to Self-Determination: A Curriculum to Help Adolescents Learn to Achieve Their Goals, Second Edition(Field & Hoffman 2005)은 자기결정 기술에 대한 학생들의 지식을 사정하도록 개발되었다. 이 도구는 자기결정의 정서적, 인지적, 행동적 요인들을 측정한다. 이 사정 도구를 포함

하여, 교과과정은 http://proedinc.com의 온라인 출판물 목록과 웹사이트 http://www.cec.sped.org/bk/catalog2/self.html 에서 찾아볼 수 있다.

(4) The Self-Determination and Self-Advocacy Skills 질문지

The Self-Determination and Self-Advocacy Skills 도구는 원래, 1995년 8월에 개최된 미네소타의 Self-Advocacy Institute에 참석했던 중등과정 장애 학생들을 대상으로 개발되었다. 이 도구는 학생들로 하여금 중등과정 졸업후 교육에 참가할 계획을 세울 수 있게 하는 것 뿐만 아니라 고등학교 이후 삶에 대해 계획할 수 있도록 개발된 전환연구소 시리즈 중 두 번째 도구다(Miler & Corbey 1994, Miller, Corbey & Asher 1994). 1995년 최초 현장 적용검사 이후 학생들과 전문가들로부터의 피드백에 기초하여 여러 차례 개정을 거쳤다. 교사와 학생 면접 성취수준조사지는 2004년에 이 사정 도구에 첨가되었다. 이 도구는 경도 장애를 가진 중등과정 연령 학생들과 그 가족들에게 사용되도록 개발되었다. SD/SA Skills 질문지의 목적은 ①중등과정/중등과정 후 학업 환경에서 자기결정과 자기주장에 관련된 지식과 기술들 ②취업 환경에서 자기결정과 자기주장에 관련된 지식과 기술들 두 영역에서 학생의 자기결정과 자기주장 기술들을 측정하는 것이다.

16세 이상의 학생들에게 사용되도록 설계된 학생, 부모, 교사용 네 가지 개별적 SD/SA Skills 질문지가 있다. 학생, 부모, 교사들 간에 지식과 기술의 평가에서 차이가 발견되면, 네 번째 도구로 학생과 교사 간의 인터뷰 형식이 있다. 이 네 번째 도구의 목적은 자기결정과 자기주장에서의 학생의 지식과 기술을 좀 더 구체적으로 확인하는 것이다. 이 네번째 도구는 수행능력 척도(performance battery) 역할을 한다. 이런 식으로 학생이 지식과 기술을 기록할 수 있거나, 아니면 해당 팀이 자기결정과 자기주장에 대한 학생의 과대평가나 과소평가를 기록할 수 있다. 학생, 부모, 교육자가 독립적으로, 그리고 IEP · 전환 회의 전에 설문을 완성한다. FPS(Future Planning System)의 경우와 마찬가지로, 학생, 부모, 교육자 모두가 IEP · 전환 회의에서 청취되어야 할 강점과 한계에 대한 중요한 지각을 갖고 있어야 한다. 또한 강점과 교육적 요구에 대한 각기 다른 입장에 대한 논의라도 IEP 목표들과 목적들을 강화한다.

이 도구는 규준지향형검사로 세 가지 목적으로 개발되었다. 첫째, SD/SA Skills 질문지는 학업 분야와 취업 분야의 자기결정 지식과 기술에 있어서의 강점과 한계에 대한 학생·가족의 자기-인식을 촉진하도록 설계된다. 둘째, 자기결정과 자기주장 분야에서 학생과 IEP 팀이 교육 목표와 필요한 교과과정 중재(intervention)를 확인하는 것을 돕도록 설계된다. 셋째, 이 설문지는 학생과 IEP 팀에 자기결정 지식과 기술에 의한 전체 IEP의 효과성을 평가할 기회를 제공한다. 이 도구의 사용으로 확인되는 지식과 기술은 그 다음 환경이 취업이든 중등과정 후 교육이든, 그 환경에서의 성공에 기초한다.

전환사정 영역에서의 강점과 한계의 사정은 매우 중요하다.

경우에 따라, 학생, 부모, 혹은 교사가 이 도구들에 있어서 취업 환경에서의 자기결정과 자기주장과 관련된 질문들을 포함하는 것의 중요성에 의문을 던질 수도 있다. 첫째, 교육 환경에서 자기결정과 자기주장 기술을 사용하는 능력은 필연적으로 직업 환경으로 전이되지는 않는다. 둘째, 학생은 교육 환경에서 자기주장에 중대한 강점을 가질 수도 있지만 취업 환경에서는 자기주장의 경험이나 기술이 거의 없거나 전혀 없을 수 있다. 마지막으로, 전환계획의 목적이 학생들에게 고등학교 이후 삶을 준비시키는 것이라면, 각 학생이 취업 상황에서 자기주장을 하도록 준비시키는 것은 중요한 기술이다.

2) 자기결정에 대한 사정 정보 활용

(1) 철수의 사례

철수는 학습 장애를 가졌다. 고등학교에서 그의 교육목표는 종합 대학교에 진학하여 경영학을 전공하는 것이다. 철수는 쓰기와 읽기 기술에 학습장애가 있다. 졸업할 때에, 철수는 종합대학교에 입학할 성적이나 ACT 점수를 갖지 못했다. 철수는 대학교에 들어가 경영학을 전공하기로 했다. 철수의 강점은 강한 직업 윤리(근면), 높은 동기, 그리고 명백하고 구체적인 직업 계획이었다. 철수는 전문대학 2년 과정 경영학 프로그램을 수료하는 데 3년이 걸렸다. 그는 자기 학업 기술을 개발하고 그 과정을 수료함에 있어서 자기에게 필요한 보완 전략을 활용하기 위하여 아주 열심히 공부했다. 그는 또한 중등과정 후 환경에서 자기결정과 자기주장 기술을 이용하는데 익숙하게 되었다. 철수는 자신의 경영학 프로그램을 완료하자마자 4년제 공립 대학교로 편입했다. 철수는 그 다음 3년에 걸쳐 경영학사 학위를 수료하는 데 자신의 자기주장 기술을 이용했다. 철수는 자신의 장애를 "극복하기" 위해 대학교의 전면 장학금을 받고 졸업을 했다. 철수는 중등과정 후 환경에서 자신의 장애를 드러내고, 그 장애에 대한 보상을 찾고, 중등과정 후 환경에서 조정을 활용하고, 자기주장을 한 전형적인 예이다. 철수는 고등학교를 졸업할 때 자신에게 거의 불가능할 것 같았던 것을 성취했다. 6년의 기간에 걸친 주요 고등 교육 기관으로부터의 경영학사 학위를 받을 수 있었다.

졸업 후에, 철수는 사업 공동체의 일자리에 지원해서 부동산 경영의 일자리에 취직했다. 철수는 고용 시에 자신을 장애인으로 여기지 않았다. 그는 자신의 장애가 자기 일에 방해가 될 거라고 생각하지 않았다. 그러나 철수는 6개월 안에 일자리를 잃었다. 퇴직자 면접에서 고용주는 이전에 철수의 장애상태를 알았더라면 더 좋았을 것이라고 말했다.

우리가 학업 상황에서 자기결정과 자기주장 기술을 성공적으로 가르친다 해도 이 기술들이 자동적으로 취업 환경으로 전이되지는 않는다. 학습장애나 경도장애라도 학생들이 학교를 떠나 삶의 모든 부분에서 장애에 대한 영향을 받게 된다.

(2) 철호의 사례

철호는 학습 장애를 가진 17세의 2학년 학생이다. 철호의 직업 목표는 주립 대학교에 들어가 호흡 치료(respiratory therapy)를 전공하여 호흡치료사가 되는 것이다. 2학년 때 IEP 회의를 준비함에 있어서 사정 과정의 일부로서, 철수, 그의 부모, 그리고 특수교육교사는 모두 독립적으로 SD/SA Skills 질문지를 완성했다. 그 결과는 철호가 확인한 기술과 그의 부모와 특수교육교사가 확인한 기술 점수간의 의미심장한 불일치를 보였다. 철호는 자기가 자기결정과 자기주장 영역에서 뛰어난 기술을 가졌다고 생각하는 반면, 그의 부모와 교사는 교과과정 영역에서 철호의 기술점수가 아주 부족하다고 생각했다. 그래서 철호의 능력과 관련된 추가 정보에 대한 자료가 요구되기에 철호와 특수교육교사는 SD/SA Skills Questionnaire-학생/교사 면접 사정 수행능력 척도를 완성했다. 그 결과 철호가 학업 환경에서 자기주장을 하는 자신의 능력을 실질적으로 과대평가하고 있었음을 기록하고 있다. 이 사정 도구에 기초하여, 철수가 ①자신이 현재 사용하고 있는 학습 지원들을 어떤 것도 확인할 수 없고 ②적절한 요청을 역할-연기할 수 없으며 ③ IDEA, 504절이나 ADA: Americans with Disabilities Act 하에 자신에게 부여된 어떤 특정한 권리도 확인할 수 없다. 이 사정의 결과로, IEP 목표와 전환 활동들이 자기주장 영역에서의 철호의 요구를 다루기 위해 아래와 같이 작성되었다.

<중등과정 후 교육>

장래 목표. 졸업 후에 나(철호)는 주립대학교에 들어가 호흡 치료를 전공할 계획이다.
전환 요구 사항들. 철호와 IEP · 전환 팀은 철호가 고등학교 과정에서 자신의 자기주장 기술을 개선할 필요가 있다는 데 동의한다. 특히, 철호는 ①자신이 현재 고등학교에서 사용하고 있는 학습적 지원을 확인할 필요가 있으며 ②자신의 IEP에 대한 학습적 동의가 적절한지 혹은 다른 학습적 선택이 자신에게 좀 더 유용할 수도 있을 것인지를 결정할 필요가 있고 ③IDEA, 504절과 ADA 하에 학업 수용 권리를 진술할 수 있어야 한다.

전환 서비스 · 활동

1) 부모의 지원으로 철호는 대학교의 장애지원센터를 방문한다. 철호는 그 대학교의 장애를 가진 학생들이 가장 많이 이용하는 지원을 확인한다.
2) 철호는 그 대학교에서 호흡 치료를 전공하는 장애를 가진 학생 중 최소 1명과 함께 동행 한다. 철호는 ①장애지원센터로부터 이용하는 서비스의 유형들 ②학업 환경에서 사용되는 수용의 유형들 ③각 학업 과정에서 수용을 얻기 위해 그 대학생이 밟았던 과정 확인한다.
3) 사회, 과학, 영어 수업에서 리포트를 작성할 기회를 얻으면 철수는 다음의 주제들 중 한 가지에 대한 리포트를 쓴다. ①아동과 성인을 위한 호흡 건강 문제들, 혹은 ② 다음 10년간의 전망과 이 직업 영역의 임금을 비롯한, 호흡 건강 분야에서의 직업 기회들.

IEP 목표

학업 상황들에서 자기주장을 하는 능력은 고등학교와 그 이후 매우 중요하다. 철호는 특정 학업 수용이나 법률 하에서의 자신의 권리와 관련된 지식이 거의 없는 수준에서, 연방 법률 하에 자신의 권리를 독립적으로 확인하고, 학업 상황들에서 자신을 위해 작동하는 학업 수용을 열거/논의하고, 교실에서 수용을 독립적으로 요청할 수 있는 수준까지 자신의 학업적 요구와 수용에 대해 자기주장을 하는 능력을 증대시킨다.

교육 목표

1) 지필 검사에서 철호는 IDEA 하에서 자신이 가지는 5개의 법적 권리를 확인한다.
2) 지필 검사에서 철호는 504절이나 ADA 하에서 자신이 가지는 5개의 법적 권리를 확인한다.
3) 자신의 IEP를 검토한 후, 철호는 고등학교 교실에서 자신이 현재 사용하고 있는 모든 학업 수용을 확인한다.
4) 철호는 자신의 현재 학업 수용을 검토할 수 있고, 사용하는 모든 수용을 ①아주 유용하다 ②다소 유용하다 ③전혀 유용하지 않다로 평정할 수 있다.

---

5) 철호는 고등학교 2학년 기간 동안 각 학업 과정에서 자기 자신의 학업 수용을 요청한다.

이 과정 동안, 철호는 자신이 장애를 가진 사람으로 확인하고, 각 교육자에게 자기 자신이 필요로 한 수용내용을 열거할 수 있다. 교사는 평정 척도(예를 들어, 5=뛰어난 기술과 의사소통, 4=아주 좋은 기술과 의사소통, 3=적절한 기술과 의사소통, 2=주변적 기술과 의사소통, 1=빈약한 기술과 의사소통)를 수업에서 적절하게 활용할 수 있다. 모든 교사들의 평균 점수는 평점 3.75였다.

효과적인 전환사정의 일부분으로 자기결정과 자기주장도 매우 중요하다.

첫째, 장래계획 사정과 자기결정 사정은 서로 효과적인 전환계획과 전환사정의 기본을 포함한다.

둘째, 자기주장은 자기결정 과정의 큰 개념 아래 한 부분으로 지식과 기술을 의미한다.

셋째, 효과적인 자기결정 사정은 자기인식을 증진하고, 교육 목표들과 필요한 교과과정 중재들을 확인하는 것을 돕고, 전체 교육 프로그램의 효과성을 평가할 기회를 제공한다.

넷째, 자기결정을 하기 위해 해당 개인은 자기결정의 지식과 기술, 그리고 자기주장 책략을 가져야만 한다. 하지만 신념과, 자기결정 기술을 사용할 개인적 능력이 없으면 학생은 자기결정을 할 수 없다.

다섯째, 학생은 자기결정 사정 과정에 활발하게 적극적으로 참여해야 한다.

자기 결정과 자기주장 기술 조사지(학생용)

<학생 양식>

이름 : ________________　　　오늘 날짜 : ____________

학년 : ________________

나이 : ________________　　　졸업 예정일 : ____________

장애 : ______________________________

아래의 질문은 자기결정과 자기옹호 관련 지식과 기술의 단계를 규정하기 위해 만들어졌다. 16가지의 각 문항을 읽은 후 당신이 해당하는 기술 단계에 ○표 하세요

1. 나는 성공적인 고등학교 생활에 필요한 기초학습 편의와 조정사항을 기록하고 대화할 수 있다.

1)　2)　3)　4)　5)　6)
전혀 못함　　　모두 가능

2. 나는 성공적으로 직업을 얻기에 필요한 지원 서비스를 기록하고 대화 할 수 있다.

1)　2)　3)　4)　5)　6)
전혀 못함　　　모두 가능

3. 나는 나의 고용목표를 이루기 위하여 필요한 성인 서비스 제공자들과 독립적으로 연결할 수 있다.

1)　2)　3)　4)　5)　6)
전혀 못함　　　모두 가능

4. 나는 모든 수업에서 기초학습 편의를 독립적으로 요청할 수 있고 효과적으로 활용할 수 있다.

1)　2)　3)　4)　5)　6)
전혀 못함　　　모두 가능

5. 나는 나의 직업에서 유용하게 사용할 편의시설에 대하여 기록하고 대화 할 수 있다

1)　2)　3)　4)　5)　6)
전혀 못함　　　모두 가능

6. 나는 법의 범위에서 근거 있는 기초학습 편의를 위한 권리를 기록하고 대화 할 수 있다.

1)　2)　3)　4)　5)　6)
전혀 못함　　　모두 가능

7. 나는 고등학교 이후 교육에서 가치 있는 지원서비스를 받기 위하여 장애인으로 정체성을 가지고 있다.

1)　2)　3)　4)　5)　6)
전혀 못함　　　모두 가능

8. 나는 성공을 위하여 고등학교 이후 필요한 지원서비스를 기록하고 대화 할 수 있다.

1) 2) 3) 4) 5) 6)

전혀 못함 모두 가능

9. 나는 작업환경에서 법으로 보장된 편의시설을 주장할 수 있다.

1) 2) 3) 4) 5) 6)

전혀 못함 모두 가능

10. 나는 고용주로부터 당연히 받아야 하는 지원 서비스를 얻기 위하여 장애인으로 자신에 대한 정체성이 있다.

1) 2) 3) 4) 5) 6)

전혀 못함 모두 가능

11. 나는 고등학교 이후 교육목표를 이루기에 도움이 되는 성인서비스 제공자와 독립적으로 연결할 수 있다.

1) 2) 3) 4) 5) 6)

전혀 못함 모두 가능

12. 나는 자신의 IEP 회의를 이끌어 갈 수 있다.

1) 2) 3) 4) 5) 6)

전혀 못함 모두 가능

13. 나는 매년 그 학년도 IEP 회의에 참여하여 나의 목표와 희망을 분명하게 표현할 수 있다.

1) 2) 3) 4) 5) 6)

전혀 못함 모두 가능

14. 나는 직장에서 편의시설을 효과적으로 사용하고 독립적으로 요청할 수 있다.

1) 2) 3) 4) 5) 6)

전혀 못함 모두 가능

15. 나는 고등학교 이후 장기 고용목표가 확실하게 정해져 있고 이러한 장기 목표에 대하여 설명하고 대화 할 수 있다.

1) 2) 3) 4) 5) 6)

전혀 못함 모두 가능

16. 나는 장기 고용목표를 이루기 위하여 고등학교 이후 교육과 훈련의 형태 및 시간과 기간에 대하여 정리되어 있고 대화 할 수 있다.

1) 2) 3) 4) 5) 6)

전혀 못함 모두 가능

자기결정과 자기주장 기술 조사지(부모용)

부모 성명 : ____________________ 오늘 날짜 : ________________________

학생 성명 : ____________________ 학년 : ______________________________

학생 연령 : ____________________ 예상 졸업 날짜 : ____________________

학생 장애(구체적으로) : ____

아래 설문은 당신의 청소년 자녀의 자기결정과 자기주장에 관련된 이슈들에 있어서 지식과 기능의 수준을 확인하기 위해 개발되었습니다. 다음 기능 진술들 각각을 읽은 후 자녀의 기능 수준을 가장 잘 기술하는 숫자 하나에 ○표 해 주십시오.

1. 나의 자녀는 자신이 고등학교에서 성공하는 데 필요한 학업 지원사항들을 열거하고 논의할 수 있다.

1 2 3 4 5 6

전혀 못함 항상 가능

_____ 나는 이 영역에서 내 자녀의 능력을 알지 못한다.(해당되면 체크해 주십시오)

2. 나의 자녀는 자신이 성공하기 위해 근무 중에 필요한 지원 서비스들을 열거하고 논의할 수 있다.

1 2 3 4 5 6

전혀 못함 항상 가능

_____ 나는 이 영역에서 내 자녀의 능력을 알지 못한다.(해당되면 체크해 주십시오)

3. 나의 자녀는 자신이 취업 목표에 도달하는 것을 돕는 데 필요할 성인 서비스 공급자들을 독립적으로 접촉할 수 있다.

1 2 3 4 5 6

전혀 못함 항상 가능

_____ 나는 이 영역에서 내 자녀의 능력을 알지 못한다.(해당되면 체크해 주십시오)

4. 나의 자녀는 자기 수업 모두에서 학업 지원사항들을 자립적으로 요청하고 효과적으로 이용할 수 있다.

1 2 3 4 5 6

전혀 못함 항상 가능

_____ 나는 이 영역에서 내 자녀의 능력을 알지 못한다.(해당되면 체크해 주십시오)

5. 나의 자녀는 일에서 성공하는 데 이용할 지원사항들을 열거하고 논의할 수 있다.

1 2 3 4 5 6

전혀 못함 항상 가능

_____ 나는 이 영역에서 내 자녀의 능력을 알지 못한다.(해당되면 체크해 주십시오)

6. 나의 자녀는 법률에 의거한 합리적인 자신의 학업 지원사항들을 열거하고 논의할 수 있다.

1 2 3 4 5 6

전혀 못함 항상 가능

_____ 나는 이 영역에서 내 자녀의 능력을 알지 못한다.(해당되면 체크해 주십시오)

7. 나의 자녀는 학령기 이후 교육에서 자신이 받을 만한 지원 서비스들을 얻기 위해 자신을 장애인이라고 확인할 수 있다.

1 2 3 4 5 6

전혀 못함 항상 가능

_____ 나는 이 영역에서 내 자녀의 능력을 알지 못한다.(해당되면 체크해 주십시오)

8. 나의 자녀는 성공하기 위해서 학령기 이후 교육에서 자신이 필요로 할 지원 서비스들을 열거하고 논의할 수 있다.

1 2 3 4 5 6

전혀 못함 항상 가능

_____ 나는 이 영역에서 자녀의 능력을 알지 못한다.(해당되면 체크해 주십시오)

9. 나의 자녀는 법에 의해 보장되는, 작업장에서 자신이 필요로 하는 편의사항들을 진술할 수 있다.

1 2 3 4 5 6

전혀 못함 항상 가능

_____ 나는 이 영역에서 내 자녀의 능력을 알지 못한다.(해당되면 체크해 주십시오)

10. 나의 자녀는 고용주로부터 받을 만한 지원 서비스를 얻기 위해서 자신을 장애인이라고 확인할 수 있다.

1 2 3 4 5 6

전혀 못함 항상 가능

_____ 나는 이 영역에서 내 자녀의 능력을 알지 못한다.(해당되면 체크해 주십시오)

11. 나의 자녀는 자신이 학령기 이후 교육 목표에 도달하는 것을 도울 성인 서비스 관련자들을 독립적으로 접촉할 수 있다.

1	2	3	4	5	6
전혀 못함					항상 가능

______ 나는 이 영역에서 내 자녀의 능력을 알지 못한다.(해당되면 체크해 주십시오)

12. 나의 자녀는 자신의 IEP 미팅을 주도한다.

1	2	3	4	5	6
전혀 못함					항상 가능

______ 나는 이 영역에서 내 자녀의 능력을 알지 못한다.(해당되면 체크해 주십시오)

13. 나의 자녀는 매 학년마다 자신의 IEP 미팅에서 목표와 포부를 진술한다.

1	2	3	4	5	6
전혀 못함					항상 가능

______ 나는 이 영역에서 내 자녀의 능력을 알지 못한다.(해당되면 체크해 주십시오)

자기결정과 자기주장 기술 조사지(교사용 A)

교사용 A : 기초학습 기술

학생 이름: ____________________ 날짜: ____________________
교사 이름: ____________________

아래 설문을 읽고 당신의 학생에게 해당되는 지식과 기술 수준을 하나에 체크해 주세요

1. 학생은 고등학교에서 성공적인 학습에 필요한 지원 사항들을 열거하고 논의할 수 있다.

1	2	3	4	5	6
전혀 못함					항상 가능

4. 학생은 내가 가르치는 학급에서 학습 지원을 효과적으로 활용하고 독립적으로 요구할 수 있다.

1	2	3	4	5	6
전혀 못함					항상 가능

6. 학생은 법적으로 보장된 학습 지원에 대한 권리를 알고 논의 할 수 있다.

1	2	3	4	5	6
전혀 못함					항상 가능

7. 학생은 학령기 이후 교육에서 전반적인 지원서비스를 얻기 위한 자신의 장애를 정의할 수 있다.

1	2	3	4	5	6
전혀 못함					항상 가능

8. 학생은 성공적인 학령기 이후 교육에서 필요한 지원 서비스를 열거하고 논의할 수 있다.

1	2	3	4	5	6
전혀 못함					항상 가능

11. 학생은 학령기 이후 교육 목표를 달성하기 위하여 성인 서비스 제공자와 독립적으로 접촉할수 있다.

1	2	3	4	5	6
전혀 못함					항상 가능

12. 학생은 자신의 IEP 회의에 주도할 수 있다.

1	2	3	4	5	6
전혀 못함					항상 가능

13. 학생은 자신의 각 학년별 연간 IEP 회의에서 목표와 희망을 진술할 수 있다.

1	2	3	4	5	6
전혀 못함					항상 가능

자기결정과 자기주장 기술 조사지(교사용 B)

교사용 B : 고용 기술

학생 이름 : ____________________ 날짜 : ____________________
교사 이름 : ____________________

아래 설문을 읽고 당신의 학생에게 해당되는 지식과 기술 수준을 하나에 체크해 주세요

2. 학생은 성공적인 작업활동에 필요한 자신에 대한 지원에 대하여 열거하고 논의할 수 있다.

1	2	3	4	5	6
전혀 못함					항상 가능

3. 학생은 자신의 고용 목표를 달성하기 위하여 성인 서비스 제공자를 독립적으로 만날 수 있다.

1	2	3	4	5	6
전혀 못함					항상 가능

5. 학생은 성공적인 작업에 활용되는 자신의 지원에 대하여 열거하고 논의할 수 있다.

1	2	3	4	5	6
전혀 못함					항상 가능

9. 학생은 법에 명시된 작업환경에서 필요한 편의를 진술할 수 있다.

1	2	3	4	5	6
전혀 못함					항상 가능

10. 학생은 법에 명시된 지원서비스를 받기 위하여 자신의 장애에 대하여 정의 할 수 있다.

1	2	3	4	5	6
전혀 못함					항상 가능

14. 학생은 작업에서 필요한 지원을 독립적으로 요구하고 효과적으로 활용할 수 있다.

1	2	3	4	5	6
전혀 못함					항상 가능

15. 학생은 고등학교 이후 장기 고용 목표를 확인하고 자신의 장기고용 목표에 대하여 기록하고 논의할 수 있다.

1	2	3	4	5	6
전혀 못함					항상 가능

16. 학생은 자신의 고용 장기목표를 달성하기 위하여 필요한 교육과 훈련의 양과 형태를 알고 논의할 수 있다.

1	2	3	4	5	6
전혀 못함					항상 가능

자기 결정과 자기 옹호 기술 질문지

<학생과 교사 인터뷰>

1. 고등학교 학급에서 사용하는 기초학습 편의를 체크하고 얘기 해 봅시다.
   a. 학생은 그가 사용하는 어떤 기초학습 편의도 알지 못한다.______________
   b. 학생은 그가 사용하는 학습 편의시설에 대하여 전부는 아니지만 조금 알고 있다.
   ____
   c.학생은 그의 IEP에 기록된 기초학습 편의를 손쉽게 체크하여 줄 수 있다.
   ____
   d. 기초학습 편의는 학생에 의하여 다음과 같이 얘기 되었다.
   ① ______________
   ② ______________
   ③ ______________

2. 성공적인 직업생활에 필요한 지원 서비스에 대하여 기입하고 얘기해 봅시다.
   a. 학생은 자신의 직업에 필요한 어떤 지원 서비스도 알 수 없다.________
   b. 학생은 자신의 직업에 필요한 지원 서비스를 알 수 있다.________
   c. 지원 서비스는 학생에 의해 아래와 같이 얘기 되었다.
   ① ______________
   ② ______________
   ③ ______________

3. 당신의 고용목표를 이루기 위해 지난 2년 넘게 당신에게 도움을 준 성인 서비스 지원자들에 관하여 기입하고 얘기해 봅시다.
   a. 학생은 지난 2년 넘게 교류해 온 어떤 성인 서비스 제공자도 알 수 없다.
   ____
   b. 학생은 지난 2년 넘게 교류해 온 성인 서비스 제공자를 알 수 있다.
   ____
   c. 성인 서비스 제공자는 학생에 의해 다음과 같이 얘기 되었다.
   ① ______________
   ② ______________
   ③ ______________

4a. 당신은 새로운 학급에서 시작하게 된다. 내가 그 반의 교사라고 가정하고 나는 너를 알지 못한다. 그 반에서 너에게 필요한 편의와 도움이 어떤 것인지 나에게 설명해 달라.
   ① 학생은 적합한 편의를 위한 역할 놀이를 할 수 없다.______________
   ② 학생은 적합한 편의에 대한 역할 놀이를 할 수 있다.______________

4b. 인터뷰 첫 질문에서 당신은 고등학교에서 사용하는 기초학습 편의에 기입 했으면 학습에서 얼마나 효과적으로 사용하는지 설명하라.

① 학생은 편의제공을 효과적으로 사용한다고 말하지 않았다. ____________

② 학생은 모든 편의제공을 효과적으로 활용하고 있다고 말했다.____________

5. 당신의 직업에 사용하는 편의제공에 대하여 기입하고 말해 보세요.

a. 학생은 직업에서 사용하는 어떠한 편의제공도 알지 못한다.____________

b. 학생은 직업에서 사용하는 편의제공 전부는 아니지만 일부를 알고 있다.______

c. 학생은 자신의 IEP에 기록된 대로 편의제공을 쉽게 기입할 수 있다. _______

d. 직업중심의 편의제공은 학생에 의해 다음과 같이 얘기 되었다.

① ____

② ____

③ ____

6. 연방법에 근거한 편의제공에 대한 권리를 나에게 말해 보세요.

a. 학생은 IDEA, 504조항, ADA근거 어떠한 권리도 알지 못한다.____________

b. 학생은 IDEA, 504조항, ADA근거 조금의 권리를 알고 있다.______________

c. 학생은 IDEA, 504조항, ADA근거 기본적인 권리를 기입하여 줄 수 있다.______

d. 학생은 권리에 대하여 다음과 같이 기록하였다.

① ____

② ____

③ ____

7. 내가 대학의 장애학생 조정자이고 너는 대학에서 지원서비스를 위한 신청을 하고자 한다고 가정하자. 장애학생인 자신을 위하여 지원서비스를 받으려면 어떻게 말해야 하는지 나에게 설명해라.

a. 학생은 장애인으로 자신의 적절한 역할 놀이를 알지 못한다.______________

b. 학생은 장애인으로 자신의 역할 놀이를 적절하게 할 수 있다.______________

8. 성공적인 고등학교 이후를 위하여 지원서비스 활용에 대하여 기입하고 말하세요.

a. 학생은 고등학교 이후 자신에 대한 어떤 지원서비스도 알지 못한다.__________

b. 학생은 고등학교 이후 자신에 대한 약간의 지원서비스를 알고 있다.__________

c. 학생은 지원 서비스에 대하여 다음과 같이 말했다.

① ____

② ____

③ ____

9. 작업장에서 법적으로 주어지는 편의제공에 대하여 기입해 보세요.

a. 학생은 작업장에서 법적으로 주어지는 편의제공을 전혀 알지 못한다.________

b. 학생은 작업장에서 법적으로 주어지는 편의제공을 알고 있다.________________

c. 학생에 의해 기록된 편의제공은 다음과 같다.

① ____

② ____

③ ____

10. 내가 당신의 새로운 고용주이고 당신은 새로운 직업에 고용되었다고 가정하자. 장애인으로 자신에 대하여 어떻게 설명할지 나에게 말해 보아라.

a. 학생은 고용상황에서 장애인으로의 역할 놀이를 전혀 할 수 없다.__________

b. 학생은 고용상황에서 장애인으로의 역할 놀이를 적절히 할 수 있다.________

11. (사적인 장소에서 학생에게 폰을 주어라) 고등학교 졸업을 위해 현재 일하고 있는 성인서비스 제공자 한사람을 선택하여 전화를 걸어라.

a. 학생은 성인서비스 제공자와 독립적으로 연결할 수 없다.______________

b. 학생은 성인서비스 제공자와 독립적으로 연결할 수 있다.________________

12. 학생은 자신의 IEP 모임을 주도할 수 있다.

a. 학생은 IEP 모임에 참석하지 않는다.______________________________

b. 학생은 IEP 모임에 참석하여 관심을 가진다.______________________

c. 학생은 IEP 모임에 주도적인 역할을 하는 것처럼 보인다.____________

13. 당신은 현재 IEP 모임에 있다고 가정하자. 다음 학년도를 위한 당신의 목표와 희망사항을 설명하라.

a. 학생은 다음 학년도에 대한 목표와 희망을 알지 못하는 것 같다.__________

b. 학생은 다음 학년도에 대한 목표와 희망을 알고 있는 것 같다.____________

14a. 당신은 지역에서 새로운 직업을 시작한다. 당신은 작업장에서 필요한 편의제공에 대하여 나에게 설명해 보세요.

a. 학생은 직업에서 편의시설에 대한 역할 놀이를 할 수 없다. _______________

b. 학생은 직업에서 편의시설에 대한 역할 놀이를 적절하게 할 수 있다. ________

14b. 인터뷰 5번 질문에서 당신은 직업에서 사용하는 편의에 대하여 알고 있다. 직업에서 효과적으로 이러한 편의를 활용하려면 어떻게 설명할지 말해 보세요.

a. 학생은 편의를 효과적으로 사용하는 것에 대하여 말하지 못한다.____________

b. 학생은 편의에 대하여 모두가 아닌 조금 말할 수 있다.___________________

c. 학생은 모든 편의를 효과적으로 사용하는 것에 대하여 대화할 수 있다._______

15. 당신의 고등학교 이후 장기 고용목표에 대하여 이야기 하라.
   a. 학생은 장기 고용목표에 대하여 알지 못하고 이야기 하지 못한다.___________
   b. 학생은 장기 고용목표를 인식하고 있으며 그것에 대하여 대화 할 수 있다._____

16. 당신의 장기 고용목표를 이루기 위하여 중등교육 이후 필요한 교육과 훈련의 형태와 분량에 대하여 알고 대화 해 보세요.
   a. 학생은 장기 고용목표를 이루기 위하여 중등교육 이후에 필요한 교육과 훈련의 기간에 대하여 현실적으로 대화 할 수 없다.
   b. 학생은 장기 고용목표를 이루기 위하여 중등교육 이후 필요한 교육과 훈련의 기간에 대하여 현실적으로 대화 할 수 있다.

점수 요약지

자기결정과(SD) 자기옹호(SA) 기술 질문지

학생이름 : ____________________ 검사일 : ____________________

기초학습 기술

질 문	1	4	6	7	8	11	12	13	평균
부모(평정점수)									
학생(평정점수)									
교사(평정점수)									
필요한 영역									╳
SD/SA기술질문지 :수행능력									

고용 기술

질 문	2	3	5	9	10	14	15	16	평균
부모(평정점수)									
학생(평정점수)									
교사(평정점수)									
요구되는 영역									╳
SD/SA기술질문지: 수행능력									

주요 점수

요구되는 영역 :

K- 영역(부모, 학생, 교사 3개 평가에서 2)에서 4점 이하로 기술과 지식이 필요함

O - 팀 구성원의 점수가 비슷하지 않다.(2개 그이상의 점수가 어긋남)

KO - 둘다 모두

SD/SA 기술 질문지 : 결합된 수행능력

A- 학생은 지식과 기술을 적절하게 표현한다.

L- 학생은 지식과 기술에 한계를 나타내고 있다.

N- 학생은 지식과 기술에서 중요한 불일치를 보인다.

7
학습과 행동의 사정

장애학생을 비롯하여 모든 학생들에게 있어서 학습 능력은 고등학교 이후의 진로선택과 삶에 영향을 미친다. 학습 능력의 결핍이 필연적으로 고등학교 이후 학생의 직업 선택을 제한하지는 않지만 학습에 대한 한계들은 고등학교와 그 이후 장래계획에서 충분히 다루어져야 한다. 학습 능력의 중요성은 NCLB(No Child Left Behind) 연방법을 통해 더욱 강조되고 있으며 이 법안으로 모든 학생들은 고등학교 졸업 이전에 학습 기술들이 능숙하게 향상되리라 기대된다. 장애학생들에 대한 학습적 한계를 다루는 것은 학습 기술의 교정을 의미할 수도 있고, 보상 기술을 개발함을 의미할 수도 있다. 또한, 학습의 우려사항에 영향을 줄 수 있는 전략적인 훈련의 필요성을 의미할 수도 있다. 전환사정 정보에 기초하여, 앞서 언급된 중재들이 학생들의 학습 한계성을 다루기에 적절할 수도 있다.

행동에 대한 우려 즉 문제행동은 모든 학생들의 일반교육과정의 참여에 영향을 미친다. 특히, 정서행동장애와 학습장애학생들은 고등학교를 졸업하지 못하는 경우도 많다. Blackory 와 Wagner(1996)에 따르면, 고등학교를 수료하지 않은 학생들 중에서 약 36%가 학습 장애를 가진 학생들이며, 56%의 정서행동 장애학생들이 잠재적인 가능성을 가진다. 고등학교를 그만두는 것은 낙제와 등교 거부 같은 유형이 나타난 다음 오랜 기간 동안의 소외와 방황의 결과이다(Finn, 1993). 학생들이 고등학교를 졸업하지 않았을 경우, 임금이 높고 좋은 일자리를 구하기가 힘든다. 사회성 사정 정보와 행동 사정 정보는, 장애를 가진 학생을 비롯한 모든 학생들에게 고등학교와 그 이후 삶의 질적 변화와 성공에 크게 영향을 미친다.

1. 학습과 행동의 사정

이 장의 초점은 교육 성취 검사와 사회·행동 검사의 정보를 전환사정 과정에서 통합하여 의미를 해석하는 데 있다. 어떤 효과적인 전환사정이 완전해지려면 ①학생의 교육적 성취(공식/비공식) ②학생들의 사회적·행동적 요구와 관련된 사정 정보를 포함해야 한다. 전환사정은 학업·행동 사정 정보를 포함하는 전체적인 평가 과정이다. 학교는 교육프로그램이 학생에게 무상의 적절한 공교육(FAPE; free appropriate public education)을 제공하는 것을 보장할 책임이 있다. 이와 같이, IEP는 학생의 관심, 선호, 그리고 확인된 요구를 다루어야 한다.

학생에 대한 교육 평가나 재평가의 시기는 전환사정 과정에서 학업 진단 검사나 기타 진단 검사를 고려할 시기이다. 미국의 경우, IDEA(2004)의 통과로, 지방교육청(LEA; Local Education Agencies)은 여전히, 특수 교육과 그 관련 서비스가 학생에게 제공되기 이전에, 완전하고 개인적인 기초 사정을 수행해야 한다. 하지만 IDEA(2004)는 학생 재평가를 위한 요건을 수정했다. 재평가는 아동의 교사나 부모가 요청을 할 때, 혹은 지방 교육청에서 학생의 교육적 요구와 서비스 요구가 재평가(학업 성취나 기능적 성과)를 정당하다고 결정할 때 할 수 있다<614절 (a)(2)>. 지방 교육청과 부모들이 재평가가 필요 없다는 데 동의하면 IDEA(2004)는 이 요구를 허용한다. IDEA(2004)는 또한 부모와 지방 교육청의 찬성 없이는 1년에 1회를 초과해 재평가를 하지 못하게 한다(Apling & Jones 2005).

IDEA 2004에서 전환계획은, 해당 청소년의 나이가 16세가 되어 첫 번째 IEP가 효력을 발휘할 때는 반드시 시작되어야 하고, 그 후 매년 새롭게 구성되어야 한다고 명령한다. 그 결과 전환사정은 해당 학생이 15세 이하 부터 시작되어야 한다. 전환계획은 하나의 개발 과정이며, 학생 목표, 관심, 선호 사항은 수집된 정보, 생활 경험, 그리고 학생의 직업 성숙도로 인하여 변할 수 있다. 전환사정은 고등학교 동안의 삶과 고등학교 이후 성인의 삶 양자를 위한 의사 결정과 계획에 대해 학생, 가족, IEP 팀을 돕기 위해 정보를 수집하는 과정이다. 사정 정보가 ①학생 강점과 한계를 확인하는 것 ②학생과 가족이 정보에 근거한 교육/직업 결정을 하는 것을 돕는 것 ③학생 진보를 감시하는 것 ④학생을 동기화하는 것 ⑤교육 요구에 대해 진단하고 처방하는 것 ⑥교육과정 평가와 조정 하는 것 ⑦학생 성적을 결정하는 것 ⑧학교의 책무성의 결정(Dietel, Herman & Knuth 1991) 등 매우 다양한 요구들을 다룬다는 것을 기억해야 한다.

학생들의 평가 결과를 검토할 때, 학생에게 주어진 검사가 표준화 검사(standardized test)인지, 규준 지향 검사인지를 고려하는 것이 중요하다. Dietel 등(1991)은 표준화 검사는 학생의 성과를 규준 표본에 비교하는 측정의 형식으로 정의했다. 표준화는 해당 검사에 규준 표본을 주고 방법, 표준 편차, 표준 점수, 백분율 순위를 계산함으로써 획득된다. 개인의 점수는 규준 표본을 형성하는 개체군에 비교된다. 대부분의 표준화 검사들은 평가자에게 표준 점수들(standard scores)을 제공한다. 따라서 이 표준 점수들은 백분율 순위로 변환될 수 있다(McLoughlin & Lewis 2001). 개별화된 특수교육 검사(individualized special education testing)에 사용된 표준화 검사 도구들의 몇몇 예들에는, WISC-III(Wechsler Intelligence Scale for Children, Third Edition), WJ-III ACH(Woodcock Johnson Tests of Achievement, Third Edition), 그리고 BASC(Behavior Assessment System for Children)이 포함된다. 규준 지향 검사는 검사 상의 성과를 검사를 받은 다른 이들에 대해 비교하는 기준과 대립되도록, 특정 기술이나 기준들의 숙달에 대하여 개인의 성과에 초점을 맞추면서 그 기술이나 기준들의 성취를 측정한 것이다. 규준 지향 검사에는 규준 표본이 없다(Dietel 등 1991). 규준 지향 검사는 한 개인의 성과를 타인들의 성과에 비교하기보다는 예정된 수준(preestablished level)의 성과(예를 들어, 85%)에 비교한다(Sitlington & Clark 2006). Brigance의 CIBS-R(Diagnostic Comprehensive Inventory of Basic Skills--Revised)는 규준 지향 사정을 핵심 학업 기술에 대한 표준화 검사 선택사항과 결합시키는 사정의 한 예이다.

1) 기초기능에 대한 포괄적 사정 목록

CIBS-R(Diagnostic Comprehensive Inventory of Basic Skills, 1999)에는 준비성(readiness), 발화, 듣기, 읽기, 철자, 쓰기, 조사, 학습 기술, 수학의 154개 사정이 목록이 포함되어 있다. 이 도구는 규준 지향 검사로 되어 있으므로 그 결과는 개별화 교육계획에 직접 적용할 수 있다. 이 사정 목록 중 14개는 두 개의 형식(A와 B)을 갖고 있다. 한 형식은 사전검사로 사용될 수 있으며, 다른 형식은 사후검사로 사용될 수 있다. CIBS-R은 어떤 기능을 해당 학생이 익혔는지, 유무를 확인하여 교육목표를 제공한다.

화폐와 시간 사정은 특히 기능적 생활 기술 사정에 특히 중요하다. 시간은 기초 기술과 추가적인 관련 기술들이 연계되어 사정된다. 기초 기술에는 ①시간 말하기 ②시간의 단위 알기 ③시간 단위 변환하기 ④달력 단위 알기 ⑤달력 단위 변환하기 ⑥달력 사용하기 ⑦날짜 쓰기 등이 포함된다. 추가적으로 연계된 관련 기술에는 ①시계와 관련된 시간 어휘 ②시계와 관련된 시간 개념들 ③달력과 관련된 시간 어휘 ④달력과 관련된 시간 개념들 ⑤화폐 인식하기 ⑥동전과 달러 지폐의 등가 가치 알기 ⑦총액 ⑧동전 군의 가치들 ⑨동전 변환하기 ⑩거스름돈 받기 등이 포함된다.

이 사정들은 모두 "화폐 인식하기"를 제외하고는 개인이나 집단에게 쓰기 반응으로 작성할 수 있다. 물건을 구입하고 거스름돈을 받는 것과 같은 기능 수행들을 관찰함으로 학생들은 매일 매일, 사정을 수행하지 않고도 학생기록부에 기록함으로써 그 기술에 대한 점수를 받는다. 학생기록부는 개별 학생의 진보를 추적하고, 학부모 회의에서 정보를 나누며, 다른 교직원들에게 학생 자료를 소통하는 수단 역할을 한다.

<사례 연구: 이 민 영 고1학년>

민영이는 원래 낮은 성적, 교사를 향한 무례한 행동, 산발적인 충동 행동과 관련한 부모와 교사의 걱정을 근거로 3학년 때 특수교육을 받도록 지명되었다. 민영이는 높은 수준의 과제 이탈 행동과 문제 행동을 갖고 있다. 3학년 때, 민영이는 의학적으로 반항 장애(ODD; Oppositional Defiant Disorder)와 주의력결핍과잉행동장애(ADHD; Attention Deficit with Hyperactivity Disorder) 진단을 받았다. 이 학생의 교육 이력과 현재의 재평가 결과에 기초하여, 다학문적팀(multidisciplinary team)은 두 가지 장애 범주를 선택했고, 이에 따라 민영이는 특수교육 서비스를 받을 수 있었다. 이 팀은 정서 · 행동 장애(Emotional/Behavior Disorder)와 기타 건강 장애(Other Health Disability)라는 범주를 선택했다. 다학문적팀은, 기타 건강 장애라는 범주 하에 민영이를 특수교육 서비스를 받도록 했다. IDEA에 의거해 13개 장애 범주들 중 하나의 장애를 가진 학생으로 일단 확인되면, 모든 필요한 특수교육과 지원 서비스가 뒤따른다. 따라서 한 학생의 장애 범주는, 그 학생의 요구를 충족하도록 IEP를 설계할 때 IEP 팀이 선택할 수 있는 서비스 유형은 결코 제한되지 않는다.

재평가 검사 결과: 고 1

WISC-III(Wechsler Intelligence Scale for Children, Third Edition)

언어성IQ　90　　동작성IQ 103　　전체 IQ　96

WJ-III ACH(Woodcock Johnson Tests of Achievement, Third Edition)
표준 도구 연령 규준(Standard Battery Age Norms)

	표준 점수	백분율
전반적 읽기(broad reading)	96	40
전반적 수학(broad math)	98	44
전반적 문어(broad written language)	90	26
수학 계산 기술(math calculation skill)	100	50
쓰기 표현(written expression)	90	26

학습 수행능력: 민영이는 중3학년 때 가능 학점 4.0에 1.45의 평점을 받았다. 8학년 때 민영이는 일반 교육 수업에 참여했고 읽기, 과학, 사회 과목을 낙제했다. 민영이는 수학, 미술, 체육 과목에서 비교적 우수하나 사회와 과학과목에서 중대한 문제를 가지고 있었다. 9학년의 첫 세 분기 동안 민영이는 가능 학점 4.0에 1.55의 평점을 받았다.

의사소통 기술: 교사 보고서에 따르면, 민영이는 연령에 어울리는 표현/수용 의사소통 기술을 가지고 있다.

정보 처리: 검사에 기초하면, 기억 저장, 조직화, 그리고 정보 습득, 검색, 표현, 정보 조작에 문제가 없다.

정서, 사회, 행동 사정 결과: 민영이는 반항, 공격성, 분노, 여러 번의 정학 등의 문제를 거치면서 8학년 1월에 병원에 입원했다. 민영이는 ODD와 ADHD 진단을 받아 약을 섭취하고 있다. 부모들은 민영이의 현재 학교에서 문제는 "반항과 무례한 행동"이라고 지적한다. 교사들은 민영이가 자신이 좋아하지 않는 활동을 접하면 "반항적이고, 공격적이며, 분노에 휩싸이고 입을 다물어 버린다"고 보고한다. 교사들은 언어적 공격, 폭력적 행동, 기분의 급변, 그리고 위협적 행동에 심각한 문제가 있다고 지적한다. 민영이는 지난 3년 동안 14일 간의 교내 정학을 받았다. 장기 결석은 상승 추세에 있다(중2학년-12일, 중3학년-18일, 고등1학년-26일(4월30일 현재)). 민영이는 학교가 "지겹다"고 말한다. 부모는 민영이가 체육 활동을 좋아하고 "손으로 하는 활동"을 선호한다고 했다. 교사들은 문제행동으로 인한 사고가 이론 수업에서 자주 일어났지만 손으로 하는 활동 수업과 이동이 선호하는(예를 들어, 미술, 체육 교육) 수업에는 문제행동이 적게 일어났다고 보고한다.

행동사정 시스템(Behavior Assessment System for Children:BASC)
(굵은 서체 = 임상적으로 중대함 ★ = 위험)

<임상 척도>	부모	교사1	교사2
과잉행동	66	56	51
공격성	71	63	50
행동이상 문제	84	51	56
외적행동 종합	**78**	**57**	**53**
불안	54	48	52
우울	77	50	49
외상형장애	64*	55	43
내적행동 종합	68*	51	48
주의집중 문제	62*	59	64*
학습 문제		53	55
학교 문제 종합		56	60*
불규칙 행동	44	43	47
위축	52	51	47
행동 징후 지수	67*	54	53
<적응 기술 척도>			
사회적 기술	35*	32*	39*
리더십	40*	42	33*
학습기술		39*	40*
종합적 적응기술	36*	37*	35*

학생 행동에 대한 교사 평정은 임상적으로 중대한 범위에 들지는 않았다. 임상적으로 중대한 점수와 위험 수준의 영역은 모두 부모 평정으로 나타났다.

적응기술 척도

모든 평정자(교사와 부모 모두)는 학생의 사회적 기술에서 위험수준으로 평정하였다. 두 교사 모두 학업기술과 적응기술을 위험 수준으로 평정하였다. 사회적 기술, 학습기술, 그리고 적응 기술 종합의 점수들은 성인 및 또래들과 성공적으로 상호작용하는 기술이 결여되어 있음을 말한다. 이 척도는 타인들과 협동하여 작업하는 능력을 비롯한 학습목표, 사회 목표, 공동체 목표를 성취하는 것과 결부된 기술들에 대해 측정된다.

인성 자기 보고(BASC Self-Report of Personality)

이 자기-보고는 학생 자신이 지각하는 것을 기초로 자신의 기술과 행동을 검토하여 학생에 의해 완성된다. 타당성 지수(validity index)들은 수용 가능한 한계 내에 있다.

임상 척도(학생 자기-보고)	T-점수
학교에 대한 태도	**75**
교사에 대한 태도	**73**
감흥적 추구	66*
학교 부적응 종합	**77**
자유분방	44
통제소재	63*
외상형장애	49
사회적 스트레스	48
불안	40
종합적인 부적응	47
우울	62*
무능감	51
정서적 증후군 지수	48
적응 척도	
부모와의 관계	55
대인 관계	41
자긍심	50
자기 의존	42
개인 적응 종합	49

교사에 대한 태도

학교에 대한 태도, 그리고 학교 부적응에 대한 학생의 평정은 임상적으로 심각한 범위 내에 있다. 이는, 때때로 혼란스럽고 교실에서 공격적인 행동을 한다. 학생은 때때로 언어적 위협을 "농담"으로 사용한다. 학생이 따로 자리에 앉아서 공부를 하거나 수업 시간 동안 자습을 하라는 지시를 받을 때, "나 너 옆에 앉아서 네 머리를 깎아 버릴 거야." 교사들은 때때로 이런 말을 듣거나 유사한 반응을 듣는다. 교사들은 이런 행동을 "주의 끌기"와 학습 환경에서 개인에 대한 표현이라고 생각한다.

학생들의 학교에서 자신의 가장 큰 문제가 "교사들에게 대꾸하여 문제를 일으키는 것"이다.

교실 관찰들

수학 수업 - 수학 수업에서 특수교육 교사는 수업 시간 동안 30초 간격으로 행해진 50번의 체계적 관찰들 중에서, 또래학생과 비교해서 55%의 시간 동안 "과제에 집중"한 것으로 밝혀졌다. 학생은 수업 중 불쑥불쑥 응답을 했고 공부를 하라는 지시를 받자 반항적이었다. 또한 25%의 시간 동안 자리를 벗어났다.

미술 수업 - 30초 간격으로 행해진 50번의 체계적 관찰들 중에서, 또래의 85%와 비교할 때 100%의 시간 동안 "과제에 집중"했다. 학생은 자리 이탈이나 불쑥불쑥 반응하는 일 없이 자습을 했다.

읽기 수업 - 30초 간격으로 행해진 50번의 체계적 관찰들 중에서, 또래의 85%와 비교할 때 75%의 시간 동안 "과제에 집중"했다. 학생은 읽기 과제에서 단어 뜻을 몰라 힘들 때나 읽는 것을 이해하지 못할 때 불쑥불쑥 질문을 하거나 말을 뱉어냈다. 20%의 시간 동안 자리를 이탈했다.

기능적 행동 사정(Functional Behavioral Assessment; FBA)

FBA는 부모, 학생, 교사 면접 그리고 교실 관찰로부터 기록이 완성된다.

목표 행동(Target Behavior): 학생의 수업 거부

사정 자료에 기초하여, 팀은 학생이 자기가 하고 싶지 않은 과제를 피하는 방법으로 수업을 거부하는 행동을 한다는 가설을 세운다. 동시에, 그는 정서적 요구를 위해 교사와 교직원으로부터 주의를 끈다.

행동 감소 전략

① 학생에게 교실에서 이동할 기회를 제공하기(학생에게 두 개의 책상을 제공하여 하나는 집중할 수 있는 교실 앞자리에, 다른 하나는 교실에서의 이동의 행선지를 제공하기 위해 교실 뒤쪽에).

② 학생으로 하여금 수용 가능한 대안적 과제를 고르도록 허용하기.

③ "손으로 하는" 과제를 제공하기. 가능하다면 조작 활동과 도구의 사용을 포함시키기.

④ 수업에서 교육 목표달성을 위한 계획에 학생을 참여시키기. 특히 그가 성공하기 위해 해야 할 것을 확인시키기.

⑤ 행동 선택의 결과를 명확히 확인하기.

적극적 강화

- 모형 만들기
- 자전거 타기
- 자전거 위에서 활동하기
- 농구하기/골 넣기
- 칭찬하기
- 긍정적 평가/좋은 성적

2) 검사결과에 대한 해석

지능 및 학업 성취 결과: 민영이는 현재 평균 범위의 지적 능력을 가지고 있다. 민영이의 언어적 IQ와 행동적 IQ 간의 점수 차이는 문제 해결에서 언어적 전략보다는 비언어적 전략을 사용하는 능력이 더 많다는 것을 시사한다. 이것은 직업 선택에 영향을 미칠 수도 있어, 직업 선택을 결정할 때 고려되어야 한다. 하지만 평균 수준의 IQ를 고려할 때, 전환계획을 위한 직업 결정에서 민영이의 선택사항에 영향을 미칠 명백한 한계는 없다. 민영이의 경우, 고등학교와 그 이후 삶에서 그의 성공을 제한할 수도 있는 것은 행동 문제이다.

교육 성취 검사는 그의 IQ 검사와 일치한다. 대체적 읽기, 수학, 그리고 쓰기 기술은 모두 평균 범위 내에 있으며, IQ 검사에서 보여준 인지적 능력과 일치한다. 민영이의 강점은 수학 계산, 공통 수학, 그리고 전반적인 읽기 기술에 있다. 그에게 가장 낮은 학업 점수는 문어와 쓰기 표현에 있다. 이 검사에 기초해 보면, 학업 기술 개발의 영역에서 IEP 목표에 대한 명백한 요구 사항은 없다. 10학년 때 민영이를 위해 IEP 목표가 개발되려면, 그의 문어 기술을 개선하는 문제를 다루도록 개발되어야 할 것이다.

IEP팀은 문어 기술을 교정하려는 학업 목표의 개발 이전에 민영이의 수용과 의욕을 현명하고 신중하게 고려해야할 것이다. 민영이가 자신의 쓰기 기술을 개선하기를 원한다면, IEP팀은 이 영역에서 목표를 개발 할 수도 있다. 다른 한편으로, 민영이가 쓰기에 저항감을 느끼고 자기 문어 기술을 개선하는 데서 가치를 느끼지 못한다면, 팀은 다른 문제들에 초점을 맞추는 것을 선택할 수도 있다. 이것은 전적으로 IEP팀의 결정사항이다.

둘째, 민영이를 포함하여 IEP팀은 민영이의 직업 목표나 관심 영역을 고려해야 한다. 개선된 문어 기술이 민영이가 관심을 가지는 직업 분야에서 중요하거나 필수적인가를 고려하고 민영이가 신문사에서 기자로 일하기를 원한다면 문어 기술은 중요하다. 민영이가 배관공이 되고 싶어 한다면 다른 기술들이 더 중요하다. IEP팀이 어떤 특정 학습 기술을 개발하기로 선택하거나 선택하지 않는 것의 여러 가지 선택사항과 결과를 늘어놓는 것은 중요하다.

8학년과 9학년에서의 민영이의 학업 성과는 그의 인지적 능력이나 교육 성취와 일치하지 않는다. 학업적으로 민영이는 분명히 자신이 8학년과 9학년에 성취한 것보다 더 우월한 성적을 성취할 능력이 있다. 정서·사회·행동 영역의 사정 결과를 면밀히 들여다보면 민영이는 학업 성취수준이 낮은 것이 명백하다.

2. 학습 양식에 대한 사정

포괄적인 전환사정을 수행하기 위해 수집되어야 하는 사정 정보 가운데 하나는 학습과 행동 영역의 사정이며 이를 위할 것이 학습 양식 사정(Learning Style Assessment)이다. 학습 양식은 모든 사람들이 정보를 수용하고, 처리하고, 조직화하고 표현하는 고도로 개인화된 방법을 가리킨다. 한 개인의 학습 양식은 가장 효율적으로 학습하는 데 사용되는 자연스러운 방법이다. 어떤 개인들은 분명한 학습 양식을 가지고 있는 반면 어떤 사람들은 뚜렷한 학습 양식이 없을 수도 있다. 그러나 정보 처리(정보 습득, 정보 처리, 정보 조직화와 표현) 능력이 장애 학생들의 주요 장애 요소이기에 학습 양식 사정은 학습 장애를 가진 학생들에게 특히 중요하다. 학생들이 가장 잘 학습하는 방법을 스스로 확인하도록 도와주고 그런 선호하는 학습 방법을 사용할 기회를 제공하는 것은 성공적인 학습자가 될 수 있도록 하는 것이다.

1) 학습 양식

Dunn과 Dunn(1978)은 ①시각적 학습자(visual learner) ②청각적 학습자(auditory learner) ③촉각 및 운동감각적(tactile&kinesthetic) 학습자 ④다중감각적 학습자(multisensory learner) 네 가지 유형의 학습자들을 확인했다. 어떤 학습 환경에서, 시각적 학습자는 읽기와 보기 같은 시각적 의사소통 방법을 통하여 가장 효과적으로 학습하는 사람을 가리킨다. 시각적 학습자를 위하여 오버헤드(overhead), 그래프, 유인물, 영상물, 교과서의 중요 정보를 강조하는 데 색 사용하기, 학생이 교사의 몸짓 언어(body language)와 얼굴 표정을 잘 볼 수 있는 선호하는 자리 배치가 포함된다. 청각적 학습자들은 듣기와 말하기를 통하여 가장 효과적으로 학습하는 사람이다. 청각적 학습자들은 대개 좋은 언어 기술을 갖고 있으며 강의,

오디오 테이프, 구두검사 같은 청각적 의사소통 방법으로부터 도움을 받는다. 청각적 학습자에게 유용한 다른 전략에는 기억을 돕기 위한 리듬화된 언어나 암기술(mnemonics)의 사용, 혹은 서면 책자들에 대체되는 연설과 프리젠테이션의 사용이 포함될 수도 있다. 촉각적 및 운동감각적 학습자는 활동을 선호하는 학습 양식이다. 이 학습자는 학습을 최대화하기 위해 학습 자료와 대상물을 만지고 조작해야 한다. 어떤 촉각 및 운동감각적 학습자는 공부하면서 음악을 듣도록, 혹은 아마도 선 자세로 공부를 하도록 허용된다면 더 잘 학습할 수도 있을 것이다. 다중감각적 학습자는 두 가지 이상의 학습 양식을 조합하였을 때 가장 효과적인 학습이 이루어진다.

학습 양식 사정의 중요성을 과소평가하면 안 된다. 그 중요성은 경수의 이야기를 통해 예시될 수 있다. 읽기와 쓰기 학습 장애를 가진 학생인 경수는 자신의 전환계획의 일부로서 배관공 도제 프로그램(apprenticeship program)에 참여하게 되었다. 경수는 성실한 청년이었고 자신의 배관공 도제수업에서 성공하려고 매우 열성적이었다. 경수가 졸업을 준비하면서, 읽고 쓰기 능력이 도제 수료 배관공(journeyman plumber) 자격 필답 고사에 미칠 영향을 생각하니 많은 걱정이 되었다. 경수는 촉각 및 운동감각적 학습자였기에 손을 사용하는 방법을 통해 가장 효과적인 학습을 수행했다. 도제 프로그램에서 경수의 학습 양식과 배관공이 되려는 그의 직업 목표 간의 연계를 위한 과업들을 제공했다. 도제로 일하면서 경수는 배관공이 되는 데 필수적인 지식과 기술을 발전시키는 데 아주 성공적이었다. 경수는 일을 하면서 자기 직업에서 사용하는 도구와 어휘를 학습했고, 배관 직업과 관련된 어휘를 읽는 경수의 능력은 급속히 성장했다. 그의 배관 도제 자격에 관련된 필답 고사를 통과하였고 그의 고등학교 시절 읽기와 쓰기 기술을 알고 있던 많은 이들을 놀라게 했다. 10년도 채 안 되어서, 경수는 "도제 배관공"에서 "도제 수료 배관공"이 되었으며, 현재는 "숙련 배관공(master plumber)"이다. 그는 대도시에 살면서, 최근에는 감독자로 전환했으며, 자기 감독 하에 도제와 도제수료 배관공을 두고 있다. 이렇게 될 수 있었던 것은 그가 배관공 자격증을 통과하였기 때문이다.

경수는 근면하고 직업 계획에 열성을 보였으며 높은 직업 성숙 요소들을 보여줬다. 하지만 경수는 자기가 선호하는 방식으로 학습하는 직업을 찾았다. 경수는 촉각 및 운동감각적 학습자로서 구체적 대상물들을 만지고 조작함으로써 배관 지식과 기술을 학습했다. 그의 읽기능력은 경험과 직업기술을 적용하면서 더욱 쉬워졌다. 종종 중학교와 고등학교 교과과정은 촉각 및 운동감각적, 다중감각적 학습 양식을 도외시한 채, 시각 및 청각적인 프리젠테이션에 치중한다. 장애를 가진 많은 학생들이 활동적인 학습을 가장 선호하는 반면 많은 학교들에서 활용되지 않는 교수방법이다. 모든 학습자들에게 보유된 정보 처리 능력은 수동적인 정보 수령자에서 활동적이고 적극적으로 참여하는 학습자가 되면서 더욱 확대된다. 학습 파지율은 학생들이 학습 활동에 참여 할 때 혹은 학습 실제 상황에 바로 적용할 때 최고점이 된다고 한다. 그러나 한 학생의 학습 양식을 확인하는 것이 교육 방법의 변화와 학생 요구 사항을 고려하는 교육과정과 학습 환경의 변화를 야기하지 않는다면 아무런 소용이 없다.

이장의 앞부분의 민영이에 대한 사례 연구는 교육과정의 전개에서 학습 양식의 중요성을 말한 또 다른 예이다. IEP팀은 촉각 및 운동감각적 학습 기회의 이용을 증대하는 것이 교육 프로그램에 대한 민영이의 참여를 개선할 수 있다고 가정할 수 있다.

2) 학습 양식에 대한 사정 정보 활용

경철이는 학습 장애를 가진 16세 3학년생이다. 경철이의 직업 목표는 고등학교 졸업 후에 전문대학 또는 대학을 다녀 작업 치료 보조사가 되는 것이다. 전환사정의 한 부분으로 4학년 IEP 회의를 준비하면서, 경철이는 C.I.T.E. 학습 양식 도구(Babich 등 1976)를 완성하여 자신의 학습 양식과 학습 선호사항들을 확인하고 수정했다. C.I.T.E. 학습 양식 도구는 공식적 도구이며, 웹 http://wvabe.org/cite.htm 에서 다운로드 할 수 있다. 이 정보를 사용하여, IEP 팀은 경철이가 고등학교와 그 이후 교육의 수업에서 학습을 가장 잘 하도록 도울 방법들과 자료 확인등을 더 잘 준비할 수 있다. C.I.T.E.의 결과들은 다음을 시사한다.

① 경철이의 학습 양식 선호 사항에는 구두 표현(oral expressive)/청각 학습, 시각 학습, 그리고 운동감각적 학습에 대한 강한 선호가 포함되어 있다.

② 경철이는 집단으로 공부하는 것과 대조 되는 개별적으로 공부하는 방법이 효과적이다.

③ 경철이는 쓰기 과제를 즐기지 않는다. 쓰기 과제를 완수하고 쓰기 표현을 이용하여 학업 재료들을 이해하는 수준을 보여주는 것은 어렵다. 그는 활동이나 과제를(구두 의사소통) 토론하면서 자신의 진짜 기술 수준을 보여줄 가능성이 훨씬 더 크다.

④ 청각적 학습 방법들(말하기와 듣기)을 통해 제시된 정보는 시각적 학습 양식(자료읽기와 보기)을 통한 자료 제시보다 선호된다.

⑤ 운동감각적 및 촉각적 학습자로서, 경철이에게 구두로 제시되는 정보를 손을 사용하는 활동들에 곧바로 적용할 기회를 주는 것은 경철이가 수업에서 제시된 정보를 학습하고 기억할 가능성을 증가시킬 것이다.

학업의 성공은 고등학교 이후 작업 치료 보조 프로그램을 전공하기 위해 전문대학 또는 4년제 대학에 다니려는 경철이의 장래목표에 매우 중요하다. 경철이는 어떻게 하면 자신이 학습을 가장 잘 습득할 수 있는지 이해해야 하고 분명히 밝힐 수 있어야 한다. 첫째, 경철이는 자신의 능력을 개발하는데 선호하는 학습 양식을 사용하는 연습을 해야 할 것이다. 둘째, 경철이는 전문대학 및 4년제 대학에서 정당하게 입학할 기회를 위해 자신의 선호 학습을 분명히 밝힐 수 있어야 한다. 고등학교 이후 어떤 지원을 필요로 하는지 분명히 밝히고 요청할 수 없다면 지원을 받지 못할 것이다. 셋째, 경철이가 수업에 필요한 선택결정 학습양식의 확인은 IEP팀에 매우 중요하다. 수업을 촉진하는 노력을 유지하면서 학습자의 능력을 극대화하기 위해 고등학교를 다니는 동안 학업 환경에 관한 조사는 IEP팀의 중요한 고려사항이며, 고등학교 이후 삶으로의 전환을 계획하는 데 아주 중요하다.

다음은 경철이에 대한 주요 학습 양식, 다소 부족한 학습 양식, 소홀한 학습 양식에 대한 C.I.T.E. 검사 결과의 요약이다.

경철이의 C.I.T.E. 학습 양식 사정 결과요약

주요 학습 양식	원점수
표현적 구두 학습	40
청각적-시각적-운동감각적 학습	38
사회적-개인적 학습	34
다소 부족한 학습 양식	
청각적 언어 학습	30
청각적 수 학습	28
사회적-집단 학습	22
소홀한 학습 방법	
시각적 수 학습	20
시각적 언어 학습	18
표현적 쓰기 학습	10

점수: 34-40 = 주요 학습 양식
20-32 = 다소 부족한 학습 양식
10-18 = 소홀한 학습 방법

요약컨대, 학습 및 행동 사정 정보와 전환계획 간의 관계를 주로 탐색한 결과,

첫째, 학습 및 행동 사정 정보는 포괄적 전환사정에 중요함을 알 수 있다.

둘째, 지속적인 사정 정보 수집은 IEP팀이 계속해서 학생 요구, 관심, 선호사항에 초점을 맞추는 것을 돕는 중요한 새로운 사정 자료를 제공한다.

셋째, 학습 및 행동에 관련된 목표들이 필요하다면, 사정 결과에 기초해서 포함되어야 한다.

넷째, 학습 양식과 선호에 대한 사정은 고등학교와 그 이후의 계획을 위한 전환사정의 중요한 부분이다.

다섯째, 학생은 학습 양식 사정 과정에 적극적으로 참여해야 한다.

(1) C.I.T.E. 학습 양식 자료

C.I.T.E. 자료(Babich, Burdine, Albright, Randol, 1976)는 교사가 학생들이 좋아하는 학습 양식을 결정하고 도움을 주기 위하여 켄사스 위치타의 머독 교사 센터에서 공식적으로 만들어졌다. 그것은 3개의 주요 영역으로 나누어진다.

· 정보 수집은 청각 언어, 시각 언어, 청각적 계산능력, 시각적 계산능력, 시청각 언어, 청각 계산력, 시각 계산력, 시각-청각-운동감각의 결합

· 학습 조건은 학생이 혼자서 또는 집단 어디에서 공부를 더 잘하는지에 초점

· 표현력은 학생이 구두 또는 작문 중 의사소통을 더 잘하는 것을 고려함

학습 양식 조사는 3종류의 분류(중요한, 다소 부족한, 소홀한)로 점수화 된다. 이 분류는 다음과 같다.

중요한 : 학생은 이 학습 양식을 좋아하고 편안한 느낌을 가지고 중요한 학습을 할 때 이런 양식을 만든다. 학생은 오직 한가지 양식을 좋아하고 다른 양식은 필요하지 않다.

다소 부족한 : 학생은 이런 양식을 활용하지만 때때로 다른 선택 또는 다른 학습 양식과 연결한다.

소홀한 : 학생은 다른 선택이 유용하다면 이런 양식을 사용하지 않는 것을 선호하고 이런 양식에 편안함을 느끼지 않는다.

(Frank B. Mann, Ⅲ, Wyoming, lbmiller@access.k12.wv.us)

1 주요 학습양식 정의와 교수 기술

학습 양식과 관련하여 교수기술에 대한 내용을 간단히 언급하였다.

학습 양식	교수기술
청각-언어: 타인의 말을 듣는 것으로써 학습하는 학생이다. 학생이 특히 새로운 자료를 이해하려고 노력할 때, 말을 하는 것을 보거나, 아니면 학생이 읽으면서 입술이나 목구멍을 움직이는 것을 볼 수 있다. 학생은 들음으로써 배운 말이나 사실을 더 잘 이해하고 기억할 수 있다.	학생은 오디오 테이프, 기계적 구두 연습, 강의, 혹은 학급 토의로부터 수혜를 받는다. 학생은 또 다른 학생을 가르치거나 교사와 대화함으로써 테이프 레코더를 이용해서 나중에 들을 테이프를 만드는 것으로부터 수혜를 받는다. 2개 이상의 집단, 게임, 혹은 상호작용 활동이 학생에게 너무나 중요한, 발설되고 있는 말의 소리를 제공한다.
청각-숫자: 학생은 숫자를 듣고 구두 설명을 들음으로써 학습한다. 학생은 전화번호	학생은 수학 테이프나, 타인들과 작업하고 어떤 문제에 대해 이야기하는 것으로부터

와 라커 번호를 쉽게 기억할 수 있고, 구두 숫자, 경기, 퍼즐을 잘 할 수 있다. 이 학생은 문서 자료들이 그리 중요하지 않기 때문에 수학책 없이도 비슷하게 잘 해낼 수 있다. 학생은 아마도 머리에 작업 문제가 있을 수 있다. 당신은 이 학생이 숫자를 크게 말하는 것을 듣고 어떤 문제가 읽혀질 때 입술을 움직이는 것을 볼 수 있다.	수혜를 받는다. 서면 설명을 크게 읽는 것까지도 도움이 될 것이며, 숫자 문제가 발설되는 게임이나 활동도 도움이 될 것이다. 학생은 다른 학생을 가르치거나 자신의 학습 집단에게 혹은 교사에게 설명을 하는 것으로부터 수혜를 받는다. 확실하게, 중요한 사실들을 말하라.
청각-시각-운동감각: A/V/K 학생은 경험과 자기관여로써 가장 잘 학습한다. 학생은 자극의 조합을 확실히 필요로 한다. 수반되는 시각 자료들·소리들(보여지고 발설되는 말과 숫자)과 함께 자료를 다루면 학생은 많이 달라질 것이다. 학생은 완전히 몰두하지 않으면 작업을 이해하거나 정신을 집중할 수 있는 것 같지 않을 수도 있다. 학생은 학습되고 있는 것에 손대고 만지고 작업하려고 노력한다. 때로는 쓰거나 손가락을 상징적으로 꼼지락거리는 것 정도도 A/V/K의 증상일 수 있다.	학생에게는 읽기나 수학 숙제 하는 것 정도보다 더 많은 것이 주어져야 한다. 학생이 최소한 다른 학생 한 명에게 간여시키고 해당 과제에 관련될 활동을 주라. 그림, 물건, 그리고 그리기, 쓰기, 물리적 관여에 대한 지침 따르기와 함께 오디오 테이프를 쓰라.
사회적-개인적: 학생은 혼자서 더 많은 일을 한다. 혼자서 학습했을 때 생각을 가장 잘 하고 더 많은 것을 기억한다. 학생은 타인들의 생각보다 자신의 의견에 더 신경을 쓴다. 당신은 이 학생이 수업 중 과도한 사교를 하지 못하도록 하는 데 큰 힘이 들지 않을 것이다.	중요한 학습을 혼자서 하도록 허용될 필요가 있다. 학생이 사회화를 필요로 한다고 느끼더라도 비학습 상황에만 적용하라. 도서관에 가게 내버려두거나 돌아와 방 한 구석에 혼자 있게 내버려두라. 집단 작업이 타인들에게 방해를 받거나 혼란스러워져서 이 학생을 짜증나게 만들 경우 강요하지 말라. 몇몇 위대한 사상가들은 고독한 사람들이다.
사회적-집단: 학생은 최소한 한 명이라도 다른 학생과 함께 공부하려고 하며, 혼자서는 그리 잘 하지 못할 것이다. 이 학생은 타인들의 생각과 선호사항들을 소중히 여	다른 누군가와 함께 중요한 학습을 할 필요가 있다. 다른 시간들보다 학습과정에서의 일정한 시간들에 집단의 자극이 중요할 수 있으며, 당신은 이 학생을 위한 시기를

긴다. 집단 상호작용은 이 학생의 학습, 그리고 이후의 사실 인식을 증대시킨다. 사회화가 이 학생에게는 중요하다.	촉진시킬 수 있다.
구두 표현: 자신이 알고 있는 바를 말하기를 좋아한다. 학생은 유창하게, 편안하게, 명확하게 말한다. 교사는 이 학습자가 서면 시험이 보여주는 것보다 더 많이 알고 있다는 것을 발견할 수도 있다. 학생은 아마도 교사나 급우들에게 보고서를 제출하거나 이야기하는 것에 대해 타인들보다 덜 부끄러워할 것이다. 이 학습자에게는 쓰기에 간여하는 근육 조절이 어려울 수도 있다. 조직화하기와 종이 위에 생각 적기는 이 학생에게 너무 느리고 지루한 과제일 수 있다.	학생으로 하여금 서면 보고서 대신 구두 보고를 하게 허용하라. 회의에서든, 대/소집단에서든 적는 것보다는 말하는 것에 의하여 이 학생을 평가하라. 수업시간 절약을 위해 보고는 테이프로 할 수도 있다. 서면 작업은 최소한으로 요구하지만, 학생이 작문과 가독성의 기초에 무지하게 되지 않도록 좋은 질을 요구하라. 문법은 구두로 교정될 수 있으나 바로 그 시간이 아닌 다른 시간에 하는 것이 가장 좋다.
쓰기 표현: 학생은 자신이 알고 있는 바를 보여 주기 위해 유창한 에세이를 쓰고 시험에서 좋은 대답을 쓸 수 있다. 이 학생은 구두 대답이 요구될 경우 덜 편안해하고 아마도 바보처럼 느낄 수도 있을 것이다. 이 학생의 사고는 구두로 표현하는 것보다 종이 위에 조직화하는 것이 더 좋다.	학생은 보고서를 작성하고 성적을 위해 공책과 일지를 정리하고, 평가를 위해 서면 시험을 보도록 허용할 필요가 있다. 구두 의사교환은 1대1 회합에서조차도 강압적이지 않은 분위기로 해야 한다.

C.I.T.E. 학습 양식 도구

성명: 날짜:

지침: 각 진술을 신중하게 읽고, 4개 응답 중 어느 것이 해당 진술에 대해 당신이 느끼는 바와 일치하는지를 결정하라. 당신의 응답에 해당하는 숫자에 X표를 하라.

질 문	나와 같음			나와 다름
1. 내 공부를 위해 무언가를 할 때 내가 가장 더 잘 학습한 것을 기억한다.	4	3	2	1
2. 나는 쓰는 숙제가 쉽다	4	3	2	1
3. 혼자서 묵독할 때보다 누군가가 나에게 책을 읽어 주면 학습을 더 잘 한다.	4	3	2	1
4. 혼자 공부할 때 가장 잘 학습한다.	4	3	2	1
5. 숙제 지시사항들을 칠판에 적는 것이 이해하기가 더 쉽다.	4	3	2	1
6. 나는 구두 숙제보다 서면 숙제를 하는 것이 더 힘들다.	4	3	2	1
7. 머리 속으로 수학 문제를 풀 때 숫자를 혼잣말로 한다.	4	3	2	1
8. 해당 주제에서 도움이 필요하면 나는 급우에게 도움을 청할 것이다.	4	3	2	1
9. 나는 수학 문제를 들을 때보다 작성되어 있는 것을 볼 때 더 잘 이해한다.	4	3	2	1
10. 나는 서면 숙제를 하는 걸 꺼리지 않는다.	4	3	2	1
11. 나는 읽을 때보다 들을 때 더 잘 기억한다.	4	3	2	1
12. 나는 혼자서 학습하면 학습한 것을 더 잘 기억한다.	4	3	2	1
13. 나는 누가 어떤 이야기를 읽어주는 것보다 내가 읽을 때 더 많은 것을 기억한다.	4	3	2	1
14. 나는 내가 쓸 때보다 말할 때 더 똑똑하다고 느낀다.	4	3	2	1
15. 누군가가 세 숫자를 더 하라고 하면 나는 대개 적지 않고 올바른 답을 얻을 수 있다.	4	3	2	1
16. 나는 집단에서 타인들에게 배우기 때문에 집단으로 공부하는 것이 좋다.	4	3	2	1
17. 나는 서면 수학 문제들이 구두 수학 문제들보다 하기가 더 쉽다.	4	3	2	1
18. 단어 철자를 여러 번 쓰는 것이 기억하는 데 더 도움이 된다.	4	3	2	1
19. 나는 내가 읽은 것보다 들은 것을 기억하는 것이 더 쉽다.	4	3	2	1

질　　　문	나와 같음			나와 다름
20. 처음에는 급우들과 함께 학습하는 것이 더 재미있지만 그들과 함께 공부하는 것은 어렵다.	4	3	2	1
21. 나는 구두 지침보다 서면 지침이 더 좋다.	4	3	2	1
22. 숙제가 구두로 하는 것이라면 나는 그것을 다 할 테다.	4	3	2	1
23. 나는 전화번호를 들으면 적어두지 않아도 기억할 수 있다.	4	3	2	1
24. 나는 누군가와 함께 공부하면 공부를 더 많이 한다.	4	3	2	1
25. 나는 숫자를 보는 것이 듣는 것보다 이해가 더 잘 된다.	4	3	2	1
26. 나는 손으로 단순한 수리나 공작 같은 것들을 하는 것이 좋다.	4	3	2	1
27. 내가 종이 위에 작성하는 것들이 말하는 것보다 더 훌륭하다.	4	3	2	1
28. 나는 이야기하거나 들을 사람이 주위에 없을 때 공부를 가장 잘 한다.	4	3	2	1
29. 나는 선생님이 책 속의 것들을 나에게 말해주는 것보다 내가 읽는 것이 더 낫다.	4	3	2	1
30. 당신이 누군가가 어떤 것을 더 잘 이해하기를 원한다면 쓰는 것보다 말하는 것이 더 나은 방법이다.	4	3	2	1
31. 서면 수학 시험을 칠 때 나는 그것을 더 잘 이해하려고 속으로 그것을 말한다.	4	3	2	1
32. 나는 작은 학생집단과 함께 있을 때 어떤 주제에 대해 더 많은 것을 배울 수 있다.	4	3	2	1
33. 나는 무언가의 가격을 적어둔 것을 보는 것이 누군가가 그 가격을 나에게 말해주는 것보다 이해하기가 더 쉽다.	4	3	2	1
34. 나는 손으로 물건을 만드는 것이 좋다.	4	3	2	1
35. 나는 문장 완성이나 해답 적기를 요구하는 시험이 좋다.	4	3	2	1
36. 나는 한 주제에 대해 독서하는 것보다 학급 토의에서 더 많은 것을 이해한다.	4	3	2	1
37. 나는 한 단어의 철자를 적어둔 것을 볼 경우, 누군가가 그것을 큰소리로 밝혀줄 경우보다 그것을 더 잘 기억한다.	4	3	2	1
38. 철자법과 문법 규칙들은 글을 쓸 때 내가 말하려는 바를 발설하는 것을 더 어렵게 만든다.	4	3	2	1
39. 나는 문제를 풀 때 그 문제의 숫자들을 속으로 말할 때 문제가 더 쉽다.	4	3	2	1

질　　　　문	나와 같음			나와 다름
40. 나는 다른 사람들과 공부하는 것이 좋다.	4	3	2	1
41. 교사들이 숫자를 말할 때, 나는 그것을 적을 때까지는 정말로 이해하지 못한다.	4	3	2	1
42. 나는 해당 주제에 대해 무언가를 만드는 일에 참여할 때, 배운 것을 더 잘 이해한다.	4	3	2	1
43. 때때로 나는 바보 같은 것들을 말하지만 쓰는 일은 나에게 스스로 교정할 시간을 준다.	4	3	2	1
44. 시험이 내가 수업 시간에 듣는 것들에 관한 것이라면 나는 그 시험을 잘 친다.	4	3	2	1
45. 다른 누군가와 함께 공부하면 나는 혼자서 공부할 때만큼 잘 생각할 수가 없다.	4	3	2	1

C.I.T.E. 학습 양식 도구 조사지

이름 : ______________________________ 날짜 : ___________________________

아래 조사지에 각 문항 번호를 보고 조사지에서 선택한 학습 양식 숫자(1-4)를 줄 그은 부분에 쓰세요. 각 학습양식 제목아래 숫자를 모두 합하여 곱하기 2를 하여 나온 점수로 어떤 양식으로 분류되는지 확인 하세요.

시각-언어

5 _______
13 _______
21 _______
29 _______
37 _______
합계 ______×2 =______(점수)

시각-계산

9 _______
17 _______
25 _______
33 _______
41 _______
합계 ______×2 =_____(점수)

청각-언어

3 _______
11 _______
19 _______
36 _______
44 _______
합계 _____× 2=_____(점수)

청각-계산

7 _______
15 _______
23 _______
31 _______
39 _______
합계 ____ ×2 = _____(점수)

청각-시각-운동감각

1 _______
18 _______
26 _______
34 _______
42 _______
합계 ____ × 2 = ____(점수)

사회적-개인적

4 _______
12 _______
20 _______
28 _______
45 _______
합계 ____ ×2= _____(점수)

사회적-집단적

8 _______
16 _______
24 _______
31 _______
40 _______
합계 ____ ×2 = ____(점수)

구두-표현

6 _______
14 _______
22 _______
30 _______
38 _______
합계 ____ × 2 = _____(점수)

쓰기-표현

2 _______
10 _______
27 _______
35 _______
43 _______
합계 ____ × 2 = ____(점수)

점수 : 30 - 40 = 주요 학습양식
20 - 32 = 보통의 학습양식
10 - 18 = 소홀한 학습양식

8
기능적 생활기술 사정

기능적 생활 기술에 대한 사정 역시 포괄적인 전환사정에 긴요한 부분이다. 조사연구와 추적 연구들은 생활 기술의 광범위한 목록들이 경도 장애 학생들의 성공적인 성인 생활을 이끄는데 매우 중요하다. 기능적 생활기술이란 무엇이며 학생들이 이런 기술들을 개발하기 위해 어떤 지도와 훈련을 필요로 하는지를 알 수 있어야 한다. 효과적인 전환계획을 위한 포괄적인 전환사정 모형에서 생활 기술 사정(life skills assessment)은 매우 중요한 요소인 만큼 기능적 생활 기술 사정으로부터 수집된 자료가 어떻게 전환계획에 의미 있게 활용될 수 있는지 살펴본다.

1. 기능적 생활기술 영역과 내용

1) 기능적 생활 기술의 구성

Knowles(1990)는 생활 기술을 ①가정과 가족생활 ②여가 생활 ③개인적 책임과 대인관계 ④신체와 정서적 건강 ⑤지역사회 참여 ⑥고용과 교육 여섯 가지 영역으로 조직화했다. 성인 생활의 모든 면에서 이런 영역의 기술들이 여러 환경적 맥락에서 광범위하게 실행된다. 장애를 가진 학생들에게 생활 기술들이 필수적으로 습득되어야 하지만 이런 기술들은 학생들에게 직접 교수되지 않을 때가 많다.

경도 장애 학생들에게 주로 필요한 기술은 학습과 직업 영역이다. Haring, Lovett와 Smith(1990)는 학생 추적 연구에서 학습 장애를 가진 청년들의 79%가 고등학교 졸업 후 집에서 살고 있음을 밝히고 이 연구의 57% 부모가 자기 자녀가 독립해서 사는 것을 원했다.

경도 장애 학생들이 지역사회에서 단기적인 지원이 필요한 경우 그들의 독립생활에 대한 결과물들이 있어야 한다. 구체적 지원 요구는 기능적 생활 기술의 전환사정으로부터 도출된다. IEP 팀은 다음의 사항들에 대한 지원과 연관하여 계획을 세우고 학생들을 준비시켜야 한다. 즉, 주거 선택, 쇼핑, 교통, 재정, 사회 및 여가 활동, 그리고 건강과 안전 더 구체적으로는, 교통 영역에서 다양한 수준의 지원을 요구할 수도 있는 대중교통, 자전거, 부모와 동행, 친구의 도움, 택시, 도보 등의 선택사항들을 포함할 수 있다.

많은 연구에서 중등 특수교육 교육과정을 주로 학업 기술, 직업 기술, 사회적 기술, 그리고 독립생활 기술 등 네 가지 영역을 포함하고 있다. 학령기에서 성인생활로의 성공적 전환은 모든 영역에서의 숙달된 기술에 달려 있다(Michaels 1994). 경도 장애학생들에게 No Child Left Behind 입법과 표준화에 기초한 교육(standards-based education) 법안들은 교육에서 학습 기능을 최우선 과제로 삼도록 하였다. 하지만 IDEA 2004는 계속해서, IEP와 함께 학생들을 위한 전환계획이 장래 목표 달성에 초점을 둘 것을 명령한다. 기능적 생활 기술들이 없으면 취업과 중등교육 후의 희망과 목표가 위험에 빠질 수 있기 때문에 기능적 생활 기술들은 성공적 목표달성에 중요하다.

생활기술은 광범위한 영역의 일상생활과 사회적 적응을 포괄한다. Mary Cronin(1996)은 생활 기술에 관련된 문헌을 기초로 생활 기술은 성인기에 있는 한 개인의 성공적인 독립 기능에 기여하는 기술이나 과제라고 정의하였다.

Cronin(1996)은 여러 문헌을 통해 다음 사항들을 발견하였다.

첫째, 생활 기술은 모든 학생들에게 적절하다.

둘째, 생활 기술은 현재 교육과정의 일부여야 한다.

셋째, 직업 훈련도 중요한 생활 기술이다.

넷째, 생활 기술은 자연적 환경에서 가장 잘 교수된다.

다섯째, 생활 기술은 매일 다루어져야 한다.

여섯째, 생활 기술 교육에 부모의 이해가 도움이 된다.

일곱째, 생활 기술을 가르치는 것에 대한 도전들이 존재한다.

여덟째, 전환계획은 전체적인 삶의 질에 중요하다.

1990년에 미네소타 주 교육부는 "Teaching the Possibilities: Home Living"이라는 제목의 전환계획을 위한 안내서를 개발했다. 이 안내서에서 전환교육의 가정생활 영역에 대한 독립생활 기술 영역들을 ①주거 선택(housing alternatives) ②돈과 재정(money and finances) ③소비자 인식(consumer awareness) ④음식 준비(food preparation) ⑤ 개인 개발(personal development) ⑥안전(safety) ⑦의류 관리(clothing care) ⑧개인 관리(personal care) ⑨가정생활(housekeeping) ⑩의료와 치과 서비스(medical and dental services) 등 10가지를 제시했다.

이들 독립생활 기술 각 영역들은 학습자 결과물들로 더 세분화되었다. 예를 들어, '돈과 재정'의 독립생활 기술 영역에서 아래의 학습자 결과물들(learner outcomes)이 독립생활에 필수적인 것으로 확인되었다.

---

① 수입 소득과 재정적 지원 구분하기
② 재정 지원 서비스를 받기 위해 필요한 정보 유형 확인하기
③ 나에게 적용 가능한 다양한 재정 지원 프로그램 목록
④ 고정 수입과 유동 수입의 차이 기술하기
⑤ 월별 기본적인 예산 계획하기
⑥ 수표사용과 예금의 장점과 단점 기술하기
⑦ 신용, 신용카드, 은행카드, 대출에 대한 정의와 각각의 예를 제시하기
⑧ 개별적으로 필요한 다른 결과물

위의 학습자 결과물에서 개별적으로 고려사항들을 다루었다. 이것은 수입원, 계산 기술, 그리고 은행, 취업과 임금, 신용 자격(credit eligibility), 교통 이용, 생활비, 재정적 요구사항 등이 포함된다. 이와 같이 생활 기술은 고등학교 이후 독립적인 생활에 필요한 기능들로 다방면에 걸친 독립적이고 복잡한 기술들의 집합으로 나타난다. 기능적 기술 사정은 개별 학생의 특정 요구들을 충족하기 위해 목표들을 확인하고 프로그램을 개발하는 데 필요하다.

Zetlin, Turner와 Wenik(1987)은 독립적인 생활 기술 프로그램에 적응하는 경도 장애 학생들은 자기 자신감(self-confidence)이 높고 부모가 협조적임을 발견했다. 부모들은 학생들이 도전하고 책임을 지도록 허용했다. 반면 독립적인 생활기술이 부족한 경도 장애 학생은 의존과 순종을 강화하는 가정환경을 가졌다. 경도 장애 학생들의 생활 기술 영역에서의 직접적 교육이 부재한 것은 교육 프로그램 초기에 요구 사정의 부재와 관련이 있다. 개인의 요구에 기초한다면 생활 기술 교육은 모든 학생들에게 적절하다.

부모들은 또한 학생들의 전환교육 계획 시기 동안 다양한 조언들을 청취한다. 교사들은 부모들에게 자녀들의 전환계획에 "관여하라"는 말을 한다. 또한 "내버려두라"는 말과 학생자신이 선택 하도록 허용하라는 말을 듣는다. 이 말들은 다 옳지만, 중학교, 고등학교, 그리고 그 이후의 전환계획 시기 동안 부모들의 마음을 혼란스럽게 할 수 있다. 부모나 보호자가 자녀의 일상생활을 위해 언제나 대기하고 있지는 않다. 생활 기술의 책임을 본인에게 위임하는 속도는 생활 기술 사정 정보에 기초하여 IEP팀이 신중하게 고려해야 한다. Gajar, goodman와 McAfee (1993)는 과잉보호와, 비효율적이거나 소홀한 교육과정과 방법이 많은 문제의 원인이며 이 문제는 생활 기술의 체계적 사정과 필요한 생활 기술의 직접적 교육으로 완화될 수 있다고 주장하였다.

2) 사회적 기술

사회적 기술들은 기능적 생활 기술의 습득에 기본 요소로 Michaels(1994)는 사회적 기술을 사정하는 네 가지 접근법을 제시했다.

(1) 행동 목록표: 관찰자는 한 개인이 특정한 상황에서 과제를 수행할 수 있는지 없는지를 점검한다.

(2) 행동 관찰 코드: 한 개인에게 상호작용적 과제를 완성할 것을 요청하는 것을 포함한다.

(3) 사회성 척도: 반에서 가장 선호하고 가장 선호하지 않는 학생들을 식별하는 방법이다.

(4) 행동 평정 척도: 주어진 문항에 가장 적합한 수행정도와 행동수준을 응답

자가 5점 평정 척도로 체크하는 기술 항목들의 리스트.

Elksnin과 Elksnin(1998)은 한 개인이 직업에서 성공하는 필수적인 사회적 기술의 중요성을 논의했다. 누가 특정 직업 환경에서 직업 연수를 받을 것인지와 직장에 필요한 사회적 기술들을 확인하는데 여러 가지 사정 자료들이 활용된다. Elksnin 이 사용한 다양한 접근법들은 평정 척도, 면접, 관찰, 역할 연기, 교육과정 기반 직업 사정 등이 있다.

3) 사회적 능력

Garjar, Goodman 과 McAfee(1993)는 경도 장애인들에게 결부되는 사회적 기술 결핍 요소들을 ①친구 사귀기 ②가족 관계의 불만족 ③제한된 범위의 사회적 접촉 ④다양한 정서적이고 심리적인 문제들 등을 열거 하였다.

전환계획을 위한 사회적 기술을 사정하는 목적은 학생이 사회적인 능력이 있는지, 즉 해당 개인이 일, 가정, 학교, 공동체 등 여러 환경들에 걸쳐 사회적 기술을 효과적으로 사용하는지를 결정하려는 것이다. Hazel 등(1985)은 사회적 능력을 ①사회적 행동을 하는 적절한 상황 구별 능력 ②적절한 언어적 또는 비언어적 행동의 결정 능력 ③사회적 규준에 따라 적절하고 행동하고 조합하는 능력 ④피드백에 유연하게 적응하는 능력으로 정의하였다.

예를 들어, Gardner, Beatty와 Gardner(1984)는 경도 장애 학생들이 보여주는 직업과 관련된 사회적 문제들이 불만족과 일자리 상실을 자주 초래한다는 것을 발견했다. 이들 직업관련 사회적 문제들에는 ①동료나 상사와 잘 어울리지 못함 ②자신의 삶과 진로를 위한 책임감 결여 ③자신의 실패에 대해 다른 사람 탓을 하는 경향 ④자신과 관련된 작업 문제에 대한 이해 결여 ⑤부적절한 근무 태도 등이 포함된다.

사람들의 행동에는 보이지 않는 규칙들이 있으며 이 규칙들은 장애인이나 비장애인 모두 분간하기 어렵다(Brown, 2000). 이러한 사회적 기술들은 올바르게 사정되어야 하며, 특히 경도 장애 학생들은 학습뿐만 아니라 사회적 상호작용을 방해하는 행동 때문에 특수교육 서비스를 받는 정서 장애 학생들에게 직접 교수되어야 한다. 사회적 능력을 비롯한 생활 기술들을 사정하는 여러 평정 척도와 사정 도구들이 있다. 사정 자료들은 가정, 학교, 지역사회에서 직접 교수가 필요한 특정 생활 기술들을 명확히 끄집어내어 학생, 교사, 가족, 그리고 기타 전환 관련 인력에게 도움을 줄 수 있다.

2. 기능적 생활기술의 사정

다음은 포괄적 전환사정 도구들로 전환계획에 폭넓은 정보를 제공하기 때문에 전환사정 과정에서 특별히 고려해야 한다. 이 도구들에는 Enderle-Severson 전환 평정 척도, 생활 중심 진로 교육 사정(Life Centered Career Education Assessments), 전환계획 목록(Transition Planning Inventory)이 포함된다.

1) Enderle-Severson 전환 평정 척도

장애 학생들의 기능적 생활 기술을 사정하는 데 적합한 도구는 Enderle-Severson 전환 평정 척도(ESTR)이다. 이 척도는 1991년에 처음 개발되었고, 1996년에 수정되어 2003년에 보완되었다. 경도 장애를 가진 학습자들에게 좀 더 적절한 수정 버전(ESTR-J)은 1996년에 소개되었다. 이 버전은 화장실 이용, 식사, 그리고 옷 입기 같은 낮은 수준 항목들로 각 하위 영역 내의 항목들은 난이도를 반영하기 위해 재배열되었다.

ESTR-J는 취업, 레크리에이션과 여가, 가정생활, 지역사회 참여, 학령기 이후 교육을 비롯한 다섯 개의 전환계획 영역을 사정한다. 가정생활과 지역사회 참여 두 영역 모두 생활 기술을 포함한다. 2003년 버전은 전화사용, 가정 유지·관리, 성의 인식(sexual awareness), 의료 문제, 식사 계획, 재정, 양육 기술 등과 같은 가정생활 영역에서 15개 문항을 가지고 있다. 지역사회 참여 영역에는 지역사회 자원, 지역사회에서의 사회적 행동, 절약 기술의 이해, 지역사회에서 생활하기, 주거 계획과 확보하기, 큰 물품들을 구입하기, 보험 가입과 적용범위 이해 등 7개의 문항이 포함된다.

각 항목은"예" "아니요" 로 응답하게 하여 점수화한다. "예"(예 =1)는 해당 학습자가 독립적으로 그리고 일관 되게 기술을 행하고 있음을 의미한다. “아니요” 응답(아니요 = 0)은 해당 학습자가 기술을 행하고 있지 못하거나 독립 수준이나 일관된 수준에서 기술을 갖고 있지 못하다는 것을 의미한다. 개정 ESTR-J 부모용 양식은 부모에게 완성하라고 주어질 수 있거나 혹은 특수교사, 진로상담자 혹은 사회봉사자와 함께 완성될 수도 있다. 부모용 양식을 부모나 보호자에게 완성하라고 보내려면 어떻게 완성하는지에 관한 정보를 함께 알려 주어야 한다.

영희는 학습장애와 주의력결핍과잉행동장애(ADHD; attention deficit hyperactivity disorder)를 가진 16세 여학생이다. 영희에 대한 ESTR-J의 완성된 가정생활 영역의 사정과 영희의 부모와 더불어 교사에 의해 완성된 평정척도결과들이 포함된다. Enderle-Severson 사정에 근거하면, 영희는 다음 항목을 독립적으로 할 수 있다.

· 서면 통신	· 가벼운 의료 문제 처리
· 특정 상황에 맞는 옷 입기	· 전화사용
· 집안 청소와 세탁	

그리고 Enderle-Severson의 결과들은 영희가 현재 일관되게 다음 항목들은 할 수 없음을 말한다.

· 수표사용과 예금	· 훌륭한 시민의 품격
· 예방차원의 건강관리	· 가정의 비상상황 처리
· 균형 식사를 계획	· 돈에 대한 책임성 있는 관리
· 양육 기술의 이해	· 성에 대한 이해
· 단순한 가정 유지관리	· 다양한 절차의 음식 준비와 상차림

Enderle-Severson 사정 결과에 기초하면, 영희는 현재 가정생활 영역의 몇 가지 부분에서 독립적 수행에 어려움이 있다. IEP 팀은 목표와 목적을 개발하고 일반교육 과정들을 통해 자신의 필요사항들을 다루는 수업 과정을 설계하고 부모나 지역사회 서비스기관들은 학교 외 환경에서 다루는 활동들을 확인함으로써 영희의 요구를 둘러싼 전환 서비스를 설계할 수 있다.

Enderle-Severson 전환 평정 척도(ESTR-J-개정판)

영희의 사정 결과	
가정생활	
1. 학습자는 전화를 사용하는 능력을 보여준다.	예
2. 학습자는 특정 상황들에 걸맞게 옷을 입는다	예
· 기후 조건	
· 다양한 활동들	
3. 학습자는 집안 청소와 세탁을 한다	예
4. 학습자는 단순한 가정 유지관리를 안전하게 행할 수 있다.	예
· 기본적 전자제품과 도구를 사용한다.	
· 기본적 집안 관리 임무를 수행한다.	
5. 학습자는 좋은 시민의 품격을 보여준다	아니오
· 규칙과 법률을 준수한다.	
· 타인에 대한 배려를 보여준다.	
· 환경을 존중한다.	
· 투표하는 법을 안다.	
· 주 정부와 연방 정부에 관해 안다.	
6. 학습자는 다음에 관련된 개념들에 대해 수용할 만한 이해를 갖고 있다.	아니오
· 성의 인식	
· 신체적 자아 인식	
· 임신과 출산의 이해	
· 데이트, 서로의 관계성, 결혼의 이해	
7. 학습자는 주변적 의료 문제를 처리하고, 기초적인 응급처치를 하며 언제 어떻게 의료적 도움을 구해야 하는지를 안다.	아니오
8. 학습자는 당좌 예금계좌와 일반 예금계좌를 이해한다.	아니오
· 당좌 및 일반 예금계좌 개설	
· 수표 쓰기, 예금하기, 그리고 수표 교환위한 기록	
· 예금하기, 인출하기, 그리고 일반예금 거래 기록하기	
· 관심 이해하기	
· ATM 기기 사용	
9. 학습자는 서면 통신을 행하는데 필수적인 기술을 갖고 있다.	예
· 필기	
· 편지	
· 문자 메시지	
· E-메일	

10. 학습자는 예방적 건강관리를 행한다. 아니오
- 체중을 관리한다.
- 충분한 잠을 잔다.
- 알코올과 약물을 남용하지 않는다.
- 일상적 진료/치과진료 예약을 하고 지킨다.

11. 학습자는 집안 비상 상황들에 대응하는 법을 안다. 아니오
- 배관 문제 · 난방 문제 · 화재 · 사고 · 중독

12. 학습자는 영양섭취를 이해하고 균형있는 식사를 계획할 수 있다. 아니오
- 기본 음식군(food group)을 이해한다.
- 예산 내에서 음식을 계획한다.

13. 학습자는 자신의 돈을 책임감 있게 관리한다. 아니오
- 예산을 어떻게 세워야 하는지 안다.
- 재정 기록의 중요성을 이해한다.
- 제 때에 요금을 낸다.
- 세금을 이해한다.

14. 학습자는 기본 양육 기술을 이해한다. 아니오

15. 학습자는 다양한 요리 절차를 요구하는 음식을 준비하고 차려낼 수 있다. 아니오
- 적정한 음식 보관
- 개인위생
- 주방 안전 절차
- 음식 준비

Enderle-Severson Transition Rating Scale. ESTR Publication. 2003.

2) 생활중심 진로교육 사정 도구

생활중심 진로교육(LCCE; Life Centered Career Education) 사정 시스템은 LCCE 지식 목록과 LCCE 기능 목록으로 이루어져 있다. 지식 목록(Brolin 1996)은 특수교육 요구를 가진 학생들, 특히 경도 인지 장애와 학습 장애를 가진 학생들의 직업교육 지식을 사정하도록 설계되어 있다. 이 도구는 기준지향 사정도구이며, LCCE의 첫 200개 선다형 질문을 담고 있다(Brolin & Lloyd 2004). LCCE 기능목록은 비표준화 기준-지향 도구로 중요한 생활 기술을 사정하며, 22개의 주요수행능력 영역에 5개의 성과-기반 측정을 포함한다. 다음은 Brolin이 제시한 세 개의 교과과정 영역에서 다시 22개 하위영역으로 되어있다.

LCCE 수행능력 목록은 역할 연기 시나리오, 해답 미정 질문, 전화번호부 사용과 신용 대출 신청서 작성 같은 손으로 하는 활동들이 포함되어 있다(Brolin & Lloyd 2004). LCCE 교육과정은 세 가지 영역의 전환을 위한 기능적 교과과정을 제시하는 틀이다. 일상생활 기술, 직업 안내와 준비, 그리고 개인-사회적 기술, 수행능력 기술들은 세 영역의 22개 하위영역에 97개 하위 요소들로 구성되어 있다.

생활 중심 진로 교육 능력(LCCE)

일상생활 기술	1. 개인 재정 관리하기
	2. 주거 선택하고 관리하기
	3. 개인 필요사항 관리하기
	4. 자녀 양육과 결혼 책임 충족하기
	5. 음식 구입, 준비, 소비하기
	6. 의류 구입, 관리하기
	7. 책임 있는 시민의식 보이기
	8. 레크리에이션 활용과 여가 생활하기
	9. 공동체와 잘 지내기
개인-사회적 기술	10. 자기-인식 성취하기
	11. 자부심 획득하기
	12. 사회적으로 책임 있는 행동 성취하기
	13. 좋은 대인관계 기술 유지하기
	14. 독립 성취하기
	15. 타당한 의사 결정하기
	16. 타인과 의사소통하기
직업 안내와 준비	17. 직업 가능성을 알고 탐구하기
	18. 직업 선택을 하고 계획하기
	19. 적절한 작업 습관과 행동 보여주기
	20. 일자리 찾고, 확보하고 유지하기
	21. 충분한 신체적 조작적 기술 보유
	22. 특정 직업 기술 획득하기

일상생활 기술 영역에서 하위 요소들은 다음과 같다:

- 개인 재정 관리하기
- 주택 선택하고 관리하기
- 개인 필요사항 관리하기

- 자녀 양육과 결혼 책임 수행하기
- 음식 구입, 준비, 소비하기
- 의류 구입, 관리하기
- 책임 있는 시민의식 보이기
- 레크리에이션 시설 활용하고 여가 생활하기
- 지역사회 참여하기

기술 영역과 하위 요소들은 사정과 사정결과에 근거한 IEP/전환 목표 개발에 대해 잘 정렬되어 있다. 예를 들어, 개인 재정 관리하기는 하위 능력들과 사정 결과들에 기초하여 다음의 IEP/전환 목표로 제시할 수 있다

학생이 할 수 있는 것

- 돈을 세고 거스름돈을 정확하게 받기
- 책임감 있는 지출하기
- 기본 수입과 지출 기록 유지하기
- 세금 계산하고 내기
- 책임감 있게 신용카드 사용하기
- 은행 서비스 사용하기

일상생활 기술 수행능력 평정 척도의 점수는 0 = 능력 없음, 1 = 부분적인 능력 있음, 2 = 능력 있음, NR = 등급 없음을 이용하여 각 하위-능력의 숙달도에 따라 학생을 평정하게 된다. '예' '아니오' 체크 표시는 지역사회로부터 도움을 받아 하위능력에 대한 학생 수행을 평가하는데 사용된다.

이 도구를 이용한 16세의 영희에 대한 일상생활 기술 영역의 사정 결과를 요약하여 정리하면, 영희는 거스름돈을 확인하고 받으며 독립적으로 옷과 음식을 살 수 있다. 그녀는 또한 적당한 외모 관리와 위생을 보여주고 적절하게 옷을 입는다. 그녀는 책임감 있는 지출을 하고 은행 서비스를 이용하고 재정 기록을 유지하고 신용카드를 책임감 있게 사용하고, 세금을 계산하고 내는 데서 부분적인 능력이 있다. 그녀는 가전제품과 도구를 이용하고, 적절한 주택을 고르고, 가사를 수행하기와 가정생활 유지하기 능력은 더욱 길러야 한다. 영희가 지식을 필요로

하는 다른 분야들에는 신체적 건강, 영양과 체중

영희의 LCCE 일상생활 기술 영역 사정 요약

개인 재정 관리하기: 사정 결과에 의거하면, 영희는 화폐를 독립적으로 확인할 수 있고(2점 = 능력 있음), 거스름돈을 정확하게 받을 수 있다. 영희는 책임감 있는 지출하기, 재정 기록 유지하기, 신용카드 책임감 있게 사용하기, 그리고 은행 서비스를 사용하기에서 지식을 갖고 있지만 독립적이지는 않다(1점 = 부분적인 능력 있음). 개인 재정 관리하기 영역에서 영희는 세금을 계산하고 내는 데 능력이 없다(점수 = 0).

가정 관리하기: 다음의 기술 영역 각각에서의 사정 결과들(1점 = 부분적으로 능력 있음)로 기록된 바와 같이 영희는 이 생활 기술 영역에서 완전히 능력이 있지는 않다(기본 가전제품과 도구의 사용, 타당한 주택 선택, 가사 수행, 그리고 가정생활 유지하기).

개인 관리하기: 사정 결과는 영희가 외모 가꾸기, 위생, 그리고 적절히 옷 입기에서 독립적임을 시사한다. 하지만 그녀는 신체적 건강, 영양과 체중에 대한 지식, 일반 질병에 대한 지식, 예방과 치료, 그리고 개인 안전 실행에서 독립적이지 못하거나 완전히 능력이 있지는 않다(1점 = 부분적으로 능력 있음).

의류 구입하고 관리하기: 검사 결과 영희가 의류를 구입하는 데서 독립적(2점 = 능력 있음)임을 시사하지만, 그녀는 여전히, 의류 세탁/청결, 다림질, 수선, 그리고 의류 보관에서 추가적인 능력(1점 = 부분적으로 능력 있음)을 필요로 한다.

음식 구입하고 준비하고 소비하기: 영희는 음식 구매하기(2점 = 능력 있음)에서 독립적이지만, 음식 보관하기, 식사 준비하기, 적절한 식습관 보여주기, 그리고 균형 식사 계획하고 먹기(1점 = 부분적인 능력 있음)에서 추가적인 기술을 필요로 한다.

그리고 일반적인 질병, 예방, 치료의 지식 습득, 그리고 개인 안전의 실제들이다. 그녀는 옷을 세탁하고 다림질하고 수선하고 보관하는 데서 부분적인 능력이 있을 뿐이다. 음식 준비 영역에서 영희는 음식을 보관하고 식사를 준비하고 적절한 식습관을 보여주고 균형 식사를 계획하고 먹는 능력에는 추가적인 기술을 필요로 한다.

3) 전환계획 조사지

전환계획 조사지(TPI: Transition Planning Inventory, Clark & Patton 1997)은 취업, 계속적인 교육과 훈련, 일상생활, 여가 활동들, 지역사회 참여, 건강, 자기결정, 의사소통, 대인 관계 등에 대한 64개의 전환계획들로 이루어져 있고 영역에 따라 구조화되어 있다.

TPI는 ①학생 양식(student from) ②가정 양식(home form) ③학교 양식(school form) ④프로파일과 추가 사정 권고 형식(profile and further assessment recommendation form)의 네 형식들로 구성되어 있다. 학생, 부모나 보호자, 그리고 1명 이상의 교직원이 사정에 참여한다. 이 사정에 참여하는 각 개인은 리커트 평정척도를 사용하여 46개의 전환 문항에 따라 학생을 평가한다. 등급은 각 진술에 대해 "매우 불일치함"에 해당하는 0에서 "매우 일치함"을 나타내는 5까지로 기술된 항목과의 일치 수준에 기초를 둔다. 평정자는 또한 한 항목을 잘 모름(DK; don't know)이나 적절치 않음(NA; not appropriate)로 등급을 매길 수도 있다. 이 사정은 14세 이상의 장애 학생들을 위해 설계되었고 각 참여자(학생, 가정, 학교)가 검사를 시행하는데 15-30분 정도 소요된다. 각 TPI 항목은 각 평정자에 의해 검토된 바대로 9개 전환계획 영역 각각에서 학생의 현재 성과 수준을 반영하는 일치도로 평가된다. 학생 형식은 가능한 학교 졸업 후 환경들(취업, 계속적인 교육과 훈련, 생활 관리)에 대한 학생의 선호사항과 관심사에 관한 정보를 요청한다.

프로파일과 추가 사정 권고 양식

TPI는 3종류의 사정 도구로 학교 양식, 가정 양식, 학생 양식의 응답은 프로파일 형식으로 관리된다. 46개 전환 능력 기술 중에 한 항목이 불일치 등급을 받으면 좀 더 심층적으로 검토되어야 한다. 추가 사정에 대한 요구에 기초하여, TPI는 전환계획의 공식 사정(Informal Assessments for Transition Planning : Clark, Patton & Moulton 2000)으로 명명된 두 번째 단계의 사정을 하게 된다. 이 사정 도구는 46개의 일반 항목 각각에 대해 7-29개의 추가 심층 전환 항목을 제공한다. TPI는 추가 사정 정보에 대한 요구에 기초하여 46개의 추가 정보 사정 도구들을 사용한다.

4) 생활 기술 사정목록

(1) Brigance 사정 시스템: 필수적인 기술 조사지

필수적 기술조사(Inventory of Essential Skills)는 특수교육 대상 학생들이나 성인들의 학습 기술과 생활 기술을 사정한다. Brigance 사정 도구 뿐만 아니라 필수적인 기술의 목록도 IEP 개발을 위해 그래픽과 컬러-코딩(color-coding) 시스템을 이용한다.

사정 학습 기술들은 언어 기술(단어 인식, 구두 읽기, 독해, 단어 분석, 쓰기, 철자), 수학(숫자, 생활수학, 계산, 분수, 소수, 백분율, 측정, 그래프, 수학 용어), 그리고 공부 기술(문헌참고 기술, 계획하기, 그래픽)이 포함된다.

생활 기술 사정에는 음식과 의류, 돈과 재정, 여행과 교통, 의사소통과 전화 기술, 응용 기술은 건강과 태도, 책임감과 자기향상, 취업 면접 준비, 의사소통, 그리고 자기 안전 등에 대한 평정 척도로 측정 된다.

다른 Brigance 시스템 사정들에서처럼, 능력 수준을 기록하고 교육 목표들을 정의하도록 돕는 학생기록부가 있다. 학생기록부는 또한 교사와 부모에게 학생의 진전에 대한 시각적 정보를 제공한다.

(2) Brigance 사정 시스템: 취업을 위한 기술 조사

취업을 위한 기술 조사(Employability Skills Inventory)는 일자리를 구하기나 취업 상황들의 맥락에서 기본 기술과 취업 가능성 기술을 사정하는 규준지향 검사도구이다. 사정 내용은 읽기 성적 배치, 평정 척도, 직업 인식과 자기이해, 읽기 기술, 말하기와 듣기, 구직 기술과 지식, 이력서 쓰기, 그리고 수학 기술과 개념들이 포함된다.

(3) Brigance 사정 시스템: 생활 기술 조사(The Life Skills Inventory)

이것은 취업을 위한 기술 목록(1995)과 연계된 사정이다. 이 목록은 고등학교 연령의 장애 학생들과 읽기가 가능한 경도 장애 학생들에게 사용하기 적당하다. 이것은 규준지향 사정으로 말하기와 듣기, 기능적 쓰기, 일반 신호와 경고판의 단어들, 전화 기술, 돈과 재정, 음식, 의류, 건강, 그리고 여행과 교통 등의 하위척도들로 구성되어 있다. 이것은 개인별로 혹은 집단, 그리고 구두 형식이나 서면 형식으로 실시할 수 있다. 학생기록부는 컬러-코딩 되어 있으며, 사정결과들로부터 교육 목표를 제공한다.

퀵-스크린 피처(QSF : quick-screen feature)는 각 기술 영역 항목들의 표준을 포함하여 좀 더 상세한 사정이 필요한 영역들을 확인한다. QSF는 또한 다른 사정들의 결과를 검증하고 학습자의 기능 수준을 결정한다. 평정 척도는 적성이나 태도 같은 주관적 항목들을 평가하는 것을 돕는다. 사정 결과들은 학생기록부에 기록되어 진행하는 사정에 대한 기록, 교육목표, 교육성과에 대한 학생, 교직원, 가족과의 의사소통 도구로 이용된다.

5) 평가 보고서: 영희의 기능적 생활 기술

영희에게 행해진 모든 사정 도구의 평가보고서는 포괄적 전환사정에서 영희의 전환 필요사항들 중 기능적 생활 기술 부분만을 다루었다. 이 사례 연구에서, IEP 팀은 영희의 생활 기술에 관한 정보를 모으기 위해 ①전환계획 목록(TPI) ② 생활 중심 진로 교육(LCCE)지식 도구 ③Enderle-Severson 전환 평정 척도(ESTR-J-Revised) ④장래계획 시스템(FPS) 등 네 가지의 전환사정 도구를 선택했다.

위의 여러 사정 도구들로부터 수집된 자료를 통합하여 IEP/전환계획의 기초 역할을 할 강점과 필요사항을 요약하면 다음과 같다.

현재의 성취수준: 전환을 위한 기능적 생활기술

영희는 일생생활 영역에서 커다란 강점을 갖고 있다. 그녀는 돈을 인식하며, 거스름돈을 받을 수 있고 자기 옷과 음식을 독립적으로 구입할 수 있다. 그녀는 외모 가꾸기와 위생상태가 좋으며, 적절한 옷을 입는다. 그녀는 지출하기, 은행 서비스 이용하기, 수입과지출 기록과 유지하기, 신용카드 책임 있게 사용하기, 그리고 세금을 계산하고 내기 등에서 부분적인 능력이 있다. 그녀는 전화를 사용하며, 집안 청소와 세탁을 행하고, 단순한 의료 문제를 처리하고 통신을 이용할 수 있다.

비록 이러한 기술들을 가졌다 하더라도, 영희는 여전히, 일생생활 영역에서 성공적인 전환에 충분한 기술은 부족하다. 영희는 다음의 기능적 생활 기술을 개발할 필요가 있다:

음식 준비: 다양한 요리 절차의 음식 준비와 상차리기, 균형 있는 식사 계획하기, 음식 보관하기, 좋은 식습관 보여주기

예산 짜기: 당좌예금 계좌와 일반예금 계좌 이용하기

개인 건강관리: 신체적 건강과 영양과 체중, 예방적 건강관리 실행하기, 성의 인식과 개념 이해하기, 개인 안전 실행하기

가정관리: 가정 비상사태 처리하기, 의류 다림질, 수선, 보관하기, 가벼운 가사 유지 행하기, 가전제품과 도구 이용하기, 주거 선택과 가사 배치 , 가정생활 유지하기
취업과 연수: 중등과정 후 재정 지원 찾기, 취업 지원 찾기, 재활 서비스 접촉하기
개인적 개발: 양육 기술 보여주기, 좋은 시민 품격 보여주기

IEP/전환계획

가정생활

장래계획: 졸업 후, 나(영희)는 도시 아파트에서 룸메이트와 함께 살 계획이다. (영희와 그녀의 IEP 팀은 그녀의 장래 목표가 획득 가능한 것이라는 데 동의하지만, 그녀는 자기 공동체에서 독립생활로 전환하기 위해 4학년 때 기능적 생활 기술에서 추가적인 교육과 훈련이 필요할 것이다.)

전환 요구 사항: 영희는 음식 준비, 예산 짜기, 개인 건강관리, 가정 관리, 그리고 개인적 개발 부분에서 생활기술을 개발할 필요가 있다(세부사항은 현재 성과 수준에서 기술된다). 그녀는 아파트를 찾고 임대하는 방법을 알아야 한다.

전환 서비스/활동

① 영희는 임대아파트를 방문하여 아파트 임대에 대한 정보를 알기 위하여 비공식적 인터뷰를 행할 것이다.

② 영희는 어떤 자원과 서비스가 장래 목표를 지원하는 데 필요한지를 찾기 위해 독립생활을 위한 지역 기관(성인 서비스 제공자)과 접촉을 해야 할 것이다.

③ 영희는 4학년 때 한 학기의 선택 과목으로 가족과 생활 과목에 등록해야 할 것이다. (강의계획서는 양육과, 개인 건강관리의 일부 영역을 포함 한다.)

IEP 연간 목표

영희는 생활기술 영역에 중 가정생활 기술의 부분적 능력 있음으로 평정된 항목을 능력 있음으로 향상시킬 것이다. 세부적인 교육목표는 다음이 포함된다.

① 영희는 특수교육 교사에 의해 기록대로, 최소의 도움으로 그리고 실수 없이 두 달 연속 자기 수표장을 관리할 수 있다.

② 영희는 다음 연간 IEP 회의 때까지 도움 없이 균형 있는 점심을 계획하고 준비할 수 있다고 관찰자가 평가 할 것이다.

③ 6개의 일반 가전제품이 주어지면, 영희는 그 제품의 이름을 말하고, 다음 IEP 회의 때까지 담임교사에 의해 측정하여 5회 중 4회를 정확히 사용하는 것을 보여줄 것이다.

④ 영희는 다음 IEP 회의 때까지, 담임 교사에 의해 평가된 바대로 6개월짜리 아파트

임대 예산을 짤 것이다.
⑤ 5건의 가정 비상사태의 목록이 주어지면, 영희는 특수교육 교사에 의해 측정된 바와 같이 5개 상황들 각각에서 비상 상황에 대응하기 위해 취해야 할 단계를 확인할 것이다.
⑥ 영희는 신체적 건강 활동, 다이어트, 체중, 건강관리, 그리고 안전 인식을 포함하는 주간 개인 건강 기록을 하고, 학교 사회 봉사자에 의해 측정된 바대로 주별 친구모임에서 또래들과 새로운 시간을 공유할 것이다.

요약컨대, IEP 과정에서 전환계획을 위한 자료 수집에서 기능적 생활 기술 사정은 다음과 같은 역할을 한다.

첫째, 기능적 생활 기술은 경도 장애를 가진 학생들에 대해 포괄적 전환사정을 행하는데 필수적이다.

둘째, 학생, 부모, 교직원들로부터 생활 기술 사정 자료를 모으는 것은 IEP 계획을 위한 질적 정보자료가 된다.

셋째, 경도 장애 학생들은 때때로 기능적 생활 기술 영역에서 부분적인 기술만을 가지기도 한다.

넷째, 기준-지향 생활 기술 사정은 전환계획과 IEP 개발을 위한 좋은 근거 자료가 된다.

다섯째, 사회적 기술들은 기능적 생활 기술 습득에 기초가 된다.

9
직업 사정

직업 사정에 대한 자료는 전환사정 모형(Transition Assessment Model)에서 가장 핵심적인 부분으로 전환계획에 중요한 역할을 하고 있다. 장애 학생들의 직업 훈련이나 취업을 대비한 직업 프로그램 과정에 배치하는 것은 직업 사정 과정의 기본적인 기능이다

이 장에서는 직업평가에 관한 전반적인 내용을 파악하고자 직업평가의 의의와 목적, 직업평가의 요소, 직업평가의 과정, 장애인 교육에서 직업평가 시행, 직업평가 종류와 도구 등을 구체적으로 서술하였고 교육과정 기반 직업사정 단계별 내용을 구체적으로 살펴본다.

1. 직업평가의 의의와 목적

1) 직업평가의 의의

직업평가는 개인의 적성, 신체적 기능, 흥미, 기질 등의 직업능력을 객관적으로 평가하고, 각종 직업의 내용과 현장에 관한 폭넓은 정보를 제공함으로써 적합한 직업의 방향을 결정하고 효과적으로 적응할 수 있도록 하는 서비스 과정이다.

Mcgowan은 직업평가를 "한 개인에 대해 수집되어진 고용의 필요조건과 취업기회에 관계되는 직업상의 중요한 모든 자료 즉, 의학적, 사회적, 심리적인 자료

를 수집하여 해석 및 분석하고 종합한 것"이라고 하였다. 또한 Pruitt는 "직업평가란 직업적 가능성과 직업적 행동을 예측하는 수단으로 일을 이용하고 시스템화하는 과정"이라고 정의 내렸다.

이와 같이 직업평가는 장애인이 앞으로 직업훈련을 마치고 산업사회에 적응하여 성공적인 자립생활을 영위하도록 하기 위해 어떤 분야의 직종에 대해 직업적 능력 혹은 가능성이 어느 정도인가를 측정하는 것이다.

직업지도 내용은 평가, 상담, 작업준비, 작업배치, 사후지도 등과 같은 종합서비스 활동으로 나누어진다. 이러한 과정의 궁극적 목표는 프로그램 참가자들에게 직업생활 영역의 적응력을 높여 주려는데 있다. 이러한 목표가 성공적으로 달성되려면 이들 과정들이 각 영역에서 효과적으로 기능해야 할 뿐만 아니라 전체적으로 잘 통합되고 상호간의 긴밀한 협조 기능이 잘 발달되어야 할 것이다.

이러한 관점에서 직업평가활동이 전체적인 직업재활 서비스의 전달과정에서 갖는 의미는 다음과 같다.

첫째, 재활목표 설정이다. 가장 기본적인 목적으로 재활 서비스를 제공하여 얻을 수 있는 긍정적인 결과를 예측하는 과정이며 가장 적절한 삶의 대안을 밝혀내고 탐색하는 것이다. 그러나 한 가지 주지해야 할 사실은 직능평가의 결과는 그것이 직업적인 것에만 한정되어 있지는 않다는 것이다. 즉, 삶의 제 영역에서 생산적일 수 있는 결과를 예상할 수 있는 것은 모두 대안으로 제시될 수 있다.

둘째, 서비스 과정의 설정이다. 이것은 설정된 목표를 성취해 가는 데 있어 장애가 되는 점을 극복하기 위해 요구되어지는 서비스의 내용과 그 과정을 계획하는 것이다. 효과적일 수 있는 서비스 전달계획은 모든 생활영역에서 활용되어질 수 있는 기존의 서비스와 프로그램이 빠짐없이 고려되어질 것과 필요에 따라서는 특별한 대상자를 위한 새로운 과정이 고안되어져야 함을 전제로 한다. 이를 위해 재활상담가는 활용할 수 있는 모든 자원에 대한 명확한 이해와 활용지식을 가지고 있어야 한다.

셋째, 상담자료로서의 의미이다. 전문직의 발달은 재활상담가로 하여금 인간관계에 있어 민주적인 과정에 보다 많은 배려를 하도록 요구하여 왔다. 상담을 지칭하는 용어속에서도 이러한 변천은 충고(advice)-지도(guidance)-상담(counseling)으로 나타나고 있다. 1970년대에 이르러 전문직은 대상자를 대등한 파트너로 간주하게 되었으며, 오늘날의 대상자는 자신의 문제에 관한 한 스스로의 결정권을 가진다. 따라서 상담자의 역할은 대상자의 합리적인 결정을 도울 수 있는 자료를 해석하여 전달해 주는 전문가이다. 이와 같이 대상자의 역할 수행은 사전 포괄적인 평가활동이 있어야 함을 의미하기 때문에 평가는 효과적인 상담을 진행시키기 위한 기본활동이 된다.

넷째, 치료적 의미이다. 누구나 새로운 상황에 처하면 그러한 환경에 적응하려는 변화를 시도한다는 사실은 평가활동의 치료적 의미를 잘 설명해 준다. 실제로도 이러한 긍정적인 변화를 시사하는 자료들이 제시되고 있다. Gwillian은 직업평가는 그것 자체만으로도 대상자로 하여금 목표에 대한 분명한 인식, 자신의 능력과 잠재력에 대한 분명한 이해 및 현실적인 동기유발을 촉진시켜 주는 이익을 준다고 하였다. 아울러 재활상담가들이 직업평가를 의뢰하는 우선적인 이유 중에 하나가 그들 대상자로 하여금 자신의 능력과 관심을 깨닫게 하고 자신에 대한 현실적인 인식을 갖도록 하는 데 있다고 밝히고 있다. 이렇게 볼 때, 직업평가는 그들이 갖는 기능적인 장애의 일부를 축소시키거나 제거하여 긍정적인 변화를 유도하는 기능을 갖는다. 다시 말하자면 직업평가는 대상자의 긍정적일 수 있는 결과를 예측하기 위해 정보를 수집하는 과정이며, 또한 대상자의 자기인식을 촉진시켜 개인의 긍정적인 변화를 유도하는 과정이다.

2) 직업평가의 원리와 특성

정신지체인 직업지도에 있어 평가는 필수적인 요소이다. 정신지체인 교육이나 직업지도에 있어 직업평가는 첫째, 계속되는 과정이다. 직업평가는 초등학교 수준에서부터 중·고등학교를 거쳐 직무배치에 이르는 지도의 과정을 통하여 행해진다(Peterson, 1985; Brolin, Clark & Vacant, 1985). 직업평가는 주변적이고, 독립적인 서비스라기보다 진로교육, 직업프로그램 작성 및 전환계획 수립의 통합요소이다(Stodden & Ianacon, 1981).

둘째, 직업평가는 발전적 과정이다. 직업평가는 지도의 과정 중 초기에 학생의 능력과 흥미를 인식할 수 있도록 함과 동시에 사람들이 일을 하는 이유를 이해할 수 있도록 한다. 학생들은 근로자로서 자신의 잠재력에 대한 이해가 증진됨에 따라 자신의 기술과 능력을 여러 가지의 작업상황과 요구에 어떻게 적용하고 그들과 어떻게 상호작용하여야 할지를 탐색하기 시작한다. 직업평가는 개인이 직업에 친숙됨에 따라 진로를 선택하고 잠정적인 직업목표를 설정하는데 도움을 준다.

셋째, 분리되어 있는 특성을 측정하는 정적인 과정이 아니라 개인을 다양한 과제와 상황의 요구에 노출시키는 역동적인 과정이다. 그 과정은 성공적인 작업의 수행이 학생과 그의 기술 및 한계, 그리고 작업환경의 요구와 지원간의 상호작용 과정이라는 것을 인정한다.

넷째, 직업평가는 경험에 기초를 두고 있다. 개인을 여러 가지 직업의 요구에 노출시켜 그 요구를 탐색할 수 있도록 교육과정과 내용, 모의작업 및 현직평가 상황을 비롯한 다양한 과제 및 상황을 활용한다.

다섯째, 다양하고 융통성 있는 평가를 하도록 한다. 모의작업 경험과 많은 도구, 과제 및 검사를 활용하므로 평가자는 여러 가지의 조항과 상황으로부터 학생들의 강점과 제한점을 판별할 수 있다. 나아가 평가자는 여러 가지 작업상황에서 성취 가능성을 평가하기 위하여 어떤 과제에 대한 지원과 요구를 체계적으로 변화시켜갈 수 있다.

여섯째, 직업평가는 학습의 과정이 되어야 한다. 개인은 비경쟁적인 환경에서 실제적인 작업과제에 참여함으로써 직업세계에 관련하여 자기 자신을 배운다. 평가는 개인적 및 직업적 성장 뿐만 아니라 자기인식과 자기이해를 촉진하는 도구적 과정이다.

일곱째, 직업평가는 결정의 과정이다. 개인은 직업적, 의학적, 사회적, 문화적, 심리적 및 실용 학문적 정보를 조직하여 어떤 작업을 택할 것인가를 평가하고, 요구되는 프로그램 노력을 판별하고 실제적인 직업계획을 수립할 수 있다.

여덟째, 직업평가는 대상자 중심의 개별화 평가과정이다. 평가활동은 모든 대상자에게 실시되는 표준화된 평가도구보다 대상자의 평가계획을 수립하는데 참여하는 의무와 직업 프로그램 작성에 관한 결정을 하는 의무를 가진다.

아홉째, 직업평가는 성과지향 과정이다. 평가자는 직업평가가 대상자 중심적이며 동시에 프로그램 중심적이라는 점을 인식해야 한다. 그 과정은 대상자의 직업적 성장을 촉진하고 프로그램을 계획하는 학생의 독특한 특성에 관한 구체적인 정보를 제공한다.

열째, 직업평가는 작업 및 지역사회 환경에서 독립적인 기능을 할 수 있도록 이를 촉진하는 훈련 및 프로그램 활동을 하도록 한다.

3) 직업평가의 목적

공적 재활 프로그램에 있어 직업평가의 일차적 목적은 직업재활 서비스에 대한 신청자의 적격판정, 대상자들에게 제공할 서비스 프로그램 확정, 작업자의 정보와 자기이해를 도움으로써 작업자가 실질적인 직업결정을 내리도록 하는 것 등이다. 미국의 재활 서비스 연구소에서는 "직업평가는 사정 및 직업탐색에 초점을 맞춘 실제작업 내지 모의작업을 체계적으로 사용하는 종합적인 과정으로서 개인의 직업적 발달을 도모하는데 그 목적이 있고, 평가과정의 목표를 달성함에 있어 의료적, 심리적, 사회적, 직업적, 교육적, 문화적, 경제적 제반자료들을 통합하는 것이다." 라고 정의하였다.

직업평가를 실시하는 일반적인 목적은 크게 네 가지로 나누어 볼 수 있다.

첫째, 직업에 대한 적합성을 측정하기 위하여 신체적, 정신적 장애와 직업에 대한 실질적인 제한을 의료적으로 진단·판별.

둘째, 현재의 일반적 건강상태를 증진시키고 파악되지 아니한 직업적 능력의 한계를 발견하고 그 가능성을 측정

셋째, 신체적 장애에 대한 개선의 정도와 범위를 어떠한 방법으로 제거, 수정 또는 최소화 할 수 있는 가를 측정.

넷째, 정신지체인의 능력과 한계에 맞는 직업대상을 선택하기 위한 사실적 근거를 제공.

또한 Couch는 직업평가의 목적을 다섯 가지로 나누어 설명하고 있다.

첫째, 재활 가능성의 결정: 현재의 능력을 파악하고 가능한 서비스를 통하여 장애의 상태가 어느 정도로 개선될 수 있는지를 예측한다.

둘째, 개인의 장점을 확인: 직업재활에 도움이 될 수 있는 가능한 모든 인적·물적자원을 확인한다.

셋째, 재활을 저해하는 요인의 발견: 직업재활을 저해하는 요인들을 찾아낸다.

넷째, 직업적 방향성의 발견: 상기의 자료를 근거로 적합한 직업방향을 선정한다.

다섯째, 바람직한 행동계획의 작성: 직업방향이 선정되면 그것이 현실적으로 실현될 수 있도록 실행계획을 작성한다.

직업평가는 기본적으로 하는 기술적, 진단적, 적임 또는 배치결정 서비스의 제공 외에도 여러 가지 기능을 한다. 첫째, 직업지도 대상자에게 그의 독특한 기술, 능력, 한계, 흥미 및 작업가치가 직업세계의 요구 및 기회와 어떻게 상호작용하는지에 대한 이해를 증진시킨다.

둘째, 진로지도와 교육, 직업전환 프로그램 개발요구에 관한 정보를 제공한다. 예를 들면 현재의 직무기술과 요구되는 직무기술의 판별, 가장 적절한 프로그램 활동(지원 작업, 노작활동, 직무추적활동, 직무분석활동, 직무클럽활동)의 판별, 훈련목표의 설정과 전환 순위 결정방법의 판별, 보다 독립적으로 일을 할 수 있도록 하는 편의시설, 변형 또는 보장구의 판별 등이다.

셋째, 계획진에게 결정을 용이하게 하는 정보를 제공하는 기능을 가진다. 작업자가 작업현장에 배치될 수 있는 준비가 되어 있는가? 어떤 종류의 직무에 배치해야 하는가? 특정거처에 배치해야 하며 어떤 종류의 부가적인 평가가 요구되는가? 등이다.

넷째, 전환기술 개발과정을 감시하는 기능이다. 직업평가는 프로그램 평가와 과정평가에 사용할 수 있는 정보를 제공한다. 예를 들면, 훈련목표들이 특정훈련장에서 때에 맞추어 성취도가 있는가? 전환프로그램이 기대했던 만큼 효과적인가? 등의 문제에 관한 정보를 제공한다.

다섯째, 작업 및 전환 프로그램의 성과를 평가하는 기능을 갖는다. 전환 프로그램이 대상자의 직무, 배치의 질, 지역사회에서의 독립적인 기능 등을 향상시키고 있는가? 등의 문제에 관한 정보를 제공할 수 있다.

2. 직업평가의 요소

1) 직업평가의 대상

직업평가에 있어서 평가대상자가 가진 직업적 활동을 수행하는데 필요한 능력인 직업적 잠재력과 직업적 과제를 달성하는 가운데 관찰되는 개인의 성격 및 활동으로서의 직업적 행동이 직업평가의 대상, 즉 객체가 된다.

직업평가의 객체는 다른 사람의 직업적 잠재력과 직업적 행동이다. 판정은 평가의 대상이 그 시점에서의 능력에 한정되어 있는데 비해 직업평가는 이와 같은 판정을 포괄하는 넓은 개념으로 생육에서 퇴직하기까지를 범위로 한다.

개인과 직업과의 관련성을 검토하기 위하여 실시되는 직업평가에서는 다음과 같은 자료를 근거로 하여 판정을 내리게 된다. ①직업과 관계있는 개인의 제특성, 제조건 ②인간의 특성, 조건과 이와 관계있는 직업 제조건의 양면에 있어서 자료수집, 판단이 고려되어야 한다. 그리고 개인적 측면에 관해서는 ①직업생활을 위한 준비성 ②직업생활을 지속할 능력(가정생활, 사회와의 접촉) ③직장에서의 직무수행능력(훈련효과, 유지능력을 포함한) ④구직활동능력 등에 관심을 두어야 한다.

효율적인 직업평가 실시에 따른 제조건은 일반적으로 노동시장 직무분석, 직장의 근로조건 조사 등에 대한 조사이다. 그러나 장애를 가진 개인과의 관계에 있어서는 일반적 조건 파악이 어려우므로 특정한 개인이 문제가 될 경우에는 재검토할 필요성이 있다. 직업선택에 있어서는 개인의 직업적합성, 즉 각 개인의 지능, 적성, 흥미 등의 요인을 합리적으로 객관적인 준거 위에서 직업적 잠재능력을 평가하여 직종을 탐색하여야 한다.

2) 직업평가의 영역

직업재활의 대상자는 심신의 결손으로 직업적 장애가 있어야 하고, 이 장애가 재활 서비스를 통하여 해결될 수 있는 전망이 있는 자이어야 한다. 직업평가는 심신의 결함이 어떻게 직업적 장애가 되고, 이러한 장애를 제거시킴으로써 직업인화 될 수 있는 전망을 알아보는 데 있다.

평가의 영역에는 ①진로를 감당할 심신의 내구성 ②일에 대한 마음가짐이나 성취동기 ③준비성 ④진로 생활 연습 ⑤속도와 교치성의 정도 ⑥흥미와 적성이 있는 직업영역 ⑦직장 내에서의 인간관계 및 적응도 등이 고려되어야 한다.

직업능력평가는 다음과 같은 결과를 가져다준다.

① 직업생활에 맞서서 재활대상자의 심신의 기능을 포함한 전체상의 종합적인 특성 파악을 가능하게 한다.

② 직업재활이 곤란한 영역의 발견과 그 후의 지도방침이나 목표를 예견하게 한다.

③ 취업과 진로에 필요한, 공구, 작업용 보장구 및 필요한 시설설비 등을 각 개인으로 하여금 개발하게 함에 있어 구체적 지시를 탐색할 수 있게 한다.

직업평가의 영역은 재활영역별로 평가되어야 함은 당연하다. 다섯 가지 영역의 평가중심 내용과 방향을 살펴보면 다음과 같다.

의료적 평가정보는 주장애 즉, 일차적 장애와 이차적 장애, 장애로 인한 기능적 한계성, 대상자의 전반적인 건강상태 등을 파악하는데 도움이 될 수 있다. 의료적 평가는 일반적으로 일반 의료검사로만 구성되기도 하지만 특별 의료검사, 의료상담가의 조언 및 종합의료 센터에서의 평가 등을 포함할 수도 있다.

심리학적 평가는 대상자의 현재 지능수준, 장애에 관련된 자아인식과 행동, 장애적응도 등을 판정하는데 도움이 된다. 심리평가는 대상자가 개인의 장단점을 이해함으로써 직업계획을 수립할 수 있도록 원조할 수 있다. 이러한 정보는 주로 면접, 행동관찰, 표준화 검사, 대상자에 대한 사전자료 검토, 때로는 정신과 의사에 의한 임상평가 등을 통하여 얻어진다.

사회문화적 평가란 개인의 사회적 기능 및 문화적 배경에서의 개인적·비개인적 요소를 파악하는 것을 의미한다. 여기에는 자신, 가족, 지역사회의 특수한 관계도 포함된다. 대상자의 사회적 기능에 관한 정보는 주로 대상자 면담, 대상자 관찰, 외부자원 등을 통하여 입수된다.

직업평가 정보는 대상자의 직업기술과 태도에 초점을 맞춘다. 이러한 정보는 주로 정신지체인의 직업 인력을 조사하고 몇 가지 표준화검사 특히 직업흥미 및 적성에 관한 검사를 실시하고 직능평가를 위한 작업표본과 작업 장면을 사용함으로써 얻을 수 있다. 미래 직업행동에 대한 최선의 척도는 과거의 직업경험과 수행성과이다.

교육적 평가는 대상자의 교육, 학습능력, 학습태도 및 흥미나 성취도 같은 특수영역의 수준을 파악하는 것으로 구성된다. 대부분의 교육정보는 학적부에서 얻을 수 있지만, 때로는 성취도 검사와 적성검사를 통해 보완할 수도 있다.

직능평가는 직업재활 대상자가 고용에 본질적인 장애를 가졌는지 그리고 재활 서비스가 취업을 가능하게 할 것인지 아니면 이러한 결정을 내리기 위하여 확대 직능평가가 필요한지를 알아낼 수 있는 예비진단연구가 필요하다. 그리고 정신지체인이 재활 서비스 적격 판정을 받으면 세부진단연구가 실시된다. 세부진단연구의 일차적 목적은 개인에게 필요한 서비스의 종류를 결정하는데 있다. 세부진단연구는 개인의 잠재적 능력과 지능수준, 교육성취도와 직업경험, 그의 개인적·직업적·사회적 적응도, 취업전반에 관한 기회, 그리고 어떤 서비스가 유익할 것인가를 결정하는 데 도움이 될 기타 보충정보 등의 평가를 포함한다. 세부진단연구로부터 얻은 정보는 대상자를 위한 서비스 프로그램에 십분 활용되어 최절정에 달하도록 하여야 한다.

대상자 평가 실시에 있어 가장 중요시해야 할 점은 어떠한 목적으로 평가정보가 수집되어야 하는가를 파악하는 것이다. 예비진단연구나 스크린 단계에서는 다만 일반적 정보만 필요하다. 세부진단이나 종합평가단계에서는 구체적인 평가목적이 결정되어야 한다. 만약 이러한 정보가 타기관으로부터 입수될 경우에는 해답을 용이하게 얻을 수 있도록 구체적으로 질문하여야 한다. 평가의 일차적 목적은 판정을 용이하게 하고 개인의 생활과 직업에 대한 계획을 세우는데 있다.

세부진단을 위한 직업전 평가는 의료적 재활의 단계가 끝날 즈음에 장래의 취로에 적응하는 평가와 진로준비를 위한 과정을 말하는 것으로 이는 여러 종류의 작업을 통하여 취업의 가능성이 있는 직종에 대해서 장애인의 직업적 잠재능력을 평가하는 것이다. 직업전 평가에는 다음과 같은 내용이 포함된다.

① 신체적 능력: 지지성, 협조성, 기민성, 가동범위, 지구력, 감각, 지식, 인지력

② 손기능: 손기능 협응동작, 도달범위, 양수협조, 작업속도, 정확성, 기계기구의 조작 일의 끝손질

③ 일반적 능력: 지시의 이해력, 표현력, 기억력, 주의집중력, 작업지속성, 학습속도, 솔선력, 요구수준, 창의·고안력, 계획능력, 판단력

④ 일에 관한 일상생활 동작: 신변처리동작의 자립도, 교통기관의 이용, 계단·엘리베이터의 이용, 커뮤니케이션 능력(공중전화의 이용) 등

⑤ 작업내성: 입 위, 좌위내성, 눈의 내성, 심리적 내성

⑥ 작업습관: 출석률, 시간·규칙의 준수, 몸가짐, 감독자와의 관계, 동료 간 인

간관계. 작업 의욕

⑦ 태도: 장애의 수용, 신중도, 책임성, 자신감

⑧ 기타

3) 직업평가의 요소

직업평가는 세 가지 기본적인 평가요소, 즉 심리검사, 작업표본, 장면(상황)평가로 구성된다.

(1) 심리검사

심리검사는 특히 기능학문, 직업흥미 및 특수한 적성영역에서 작업 모의를 보충 보완하는데 효과적으로 사용할 수 있는(Botterbusch, 1978) 평가절차이다.

심리검사는 대상자의 장애정도가 심할수록 직업에 적용하기가 더욱 어렵다. 직업평가를 목적으로 사용하는 심리측정검사나 지필검사에는 장단점이 있다. 심리검사의 장점으로는 다음과 같다.

첫째, 대부분의 작업표본과 직무모의에 요구되는 시간에 비해 검사의 실시가 아주 신속하게 이루어진다.

둘째, 검사자는 표준화된 지시사항을 준수하기만 하면 되므로 검사의 실시는 복잡하지 않으며 일정하다.

셋째, 작업표본에 비해 값이 싸다.

넷째, 작업표본 경가에 비해 비교적 적은 수의 변인을 통제하면 되고, 그 통제가 용이하기 때문에 높은 객관성을 지닌다.

다섯째, 일반적으로 내적 신뢰도가 높고 타당도가 만족스럽다.

정신지체인을 비롯한 중증장애 학생을 대상으로 검사도구를 사용하는데 있어 제한점으로는 다음과 같은 것을 들 수 있다.

① 대부분의 지필검사는 특수한 요구를 가진 많은 학생들이 가질 수 있는 것보다 높은 수준의 언어유창성, 읽기나 학문능력, 지적잠재력을 요구한다. 쓰여진

지시나 구두지시와 다단계지시를 사용하는 표준화된 검사실시방법은 중증장애 학생에게 부적절하여 대표성이 없는 검사점수를 받게 할 수 있다.

② 현재 학교에서 사용되는 검사내용 중 많은 내용은 작업이나 작업계획 수립 관련정보보다 학교나 가정상황에 맞춰져 있다.

③ 대부분 일회시행검사이다.

④ 검사상황의 성격 및 요건은 일반적으로 작업상황의 성격 및 요건과 크게 다르다(Neff, 1985).

⑤ 피검자는 비교적 짧은 시간 동안 검사상황에 놓이게 되기 때문에 흔히 통제되지 않는 불안수준, 동기, 주의집중, 감각 및 지각능력 같은 내적요인이 피검자가 모의작업평가 상황에 장시간 놓이게 될 때보다 검사상황에 더 크게 영향을 미친다.

⑥ 심리측정검사는 작업과정이나 프로그램 계획의 목표를 설정하는데 잘 맞지 않는 규준 집단해석에 기초를 두고 있다.

심리검사로서 적성검사(공간, 기계, 사무적성, 언어적 기타)와 성취검사, 직업흥미검사 등이 있다. 직업흥미검사는 직업선택의 초기탐색을 자주하고, 개인의 기술과 능력을 특정흥미영역의 요구와 비교하며, 직무선택의 폭을 좁혀간다. 흥미검사는 특정직무의 선택을 판별하거나 특정직업의 선택을 판별하거나 특정직업의 목표를 설정하는데 사용해서는 안된다. 이 검사는 직업 및 전환계획을 수립하는 과정에서 검사되는 흥미와 표현된 흥미를 비교하는 첫단계이다. 표현 및 검사된 흥미는 학생의 외부활동, 취미 및 흥미와 비교해 볼 수 있다.

Holland(1970)는 직업흥미검사의 기초가 되는 직업 및 작업 선호 모형을 개발하였는데 작업척도의 6각모형에서 제시된 작업환경 판별요인을 ①실제적(realistic) ②연구적(investigate) ③사회적(social) ④예술적(artistic) ⑤기업적(enterprising) ⑥관습적(conventional)등 여섯 가지로 구분하였다.

이는 직업흥미와 작업환경에 관한 정보를 조직하는데 유용하다. 또한 정신지체인에게 적용되는 심리검사는 동작성검사가 좋다. 동작성검사는 정교성, 협응 및 공구의 사용을 측정하는데 사용되는 편리한 평가도구이다. 동작성검사는 비교적 시간이 오래 걸리지 않는, 특수하며 구체적인 활동으로 평가자는 개개인이 가장 잘 학습하는 어떤 조건하에서 탐색할 수 있게 검사조건을 변화시킬 수 있다. 평가는 학습반응양식, 시각운동능력, 손가락의 정교성, 협응, 단기계열기억, 큰 운동능력, 기본 공구의 사용, 개별화능력 등 부수적인 정보도 얻을 수 있다.

(2) 작업표본검사

작업표본은 실제적인 직무에서 발견되는 도구, 자료, 장비 및 비품을 사용하는 표준화되고 잘 정의된 작업활동이다.

작업표본은 실제적인 직무표본, 모의작업표본, 단일특성표본, 군 특성표본 등 크게 네가지 유목으로 나뉘어진다.

실제 직무표본에서는 산업현장에서 발견되는 장비, 과제, 원료, 절차 및 엄한 규범 등 산업체에 있는 특정직무가 그대로 반복된다.

단일특성 작업표본은 고립특성 작업표본이라고 불리워지기도 한다. 손가락의 정교성 같은 특정 특성을 평가하거나, 직무에 공통되는 능력특성을 가려낼 경우 동작성 검사와 유사하다고 할 수 있다. 실체의 정도나 요소가 심리측정검사가 가지는 것보다는 더 크다(Robert, 1970).

군 특성표본은 단일특성 작업표본과는 달리 근로자 특성군을 평가할 수 있게 되어 있다. 다양한 직무를 수행할 수 있는 학생의 잠재력을 평가하게 되어 있다.

본질적으로 작업표본은 피평가자가 수행하고, 평가자가 그러한 수행을 관찰 및 측정할 때, 평가자에게 수행을 관찰 및 측정할 수 있게 하는 직무나 그 일부의 모의이다. 피평가자의 근로자 특성과 작업요인의 측정은 표준화된 지시사항이 주어지고, 지침자료가 평가측정에 활용될 때, 보다 편리하게 이루어진다.

직업표본검사의 장점은 다음과 같다

① 경제적인 작업세계에서 사용되는 공구, 재료, 장비 및 비품을 사용하므로 실제 생활 활동에 더 가깝다.

② 작업표본구조는 표준화된 실시, 시범 및 생산에 의해서 비교적 통제된 환경에서 하는 행동을 관찰할 수 있게 한다.

③ 작업표본과 과제는 개개인으로 하여금 자연스럽게 검사활동에 반응하게 한다.

④ 심리운동 능력 및 기술을 강조한다.

⑤ 시간 제한 과정이다.

⑥ 평가자에게 직접적·즉각적 정보를 제공하고 개개인에게 자신의 수행에 관한 것이 즉각적으로 회귀 되도록 한다.

작업표본 사용 시 유의할 점은 다음과 같다.

① 평가자는 작업표본에서 하는 수행이 경쟁적인 환경에서 하는 수행을 반영하거나 예언하지는 못한다는 것을 알아야 한다.

② 시간의 제한성에서 오는 문제이다.

③ 급속한 변화와 과학기술 때문에 쓸모없는 작업표본이 될 수 있는 점이다.

④ 비용이 너무 많이 드는 점 등이다.

한편, 작업표본 성과를 위해서는 과제, 공구, 재료 및 작업장에 적응시키고, 공구, 절차 및 성과를 시범으로 설명하며, 연습할 시간적 여유를 많이 주어야 한다.

작업표본은 다음과 같은 것을 제공하는 기능도 가져야 한다.

첫째, 적성, 능력 및 공구 사용 능력면에서 직무관련 성과를 올려야 한다.

둘째, 짧은 기간에 다양한 직업경험 노출, 흥미탐색 촉진을 하여야 한다.

셋째, 학습양식의 평가를 하여야 한다.

넷째, 실제적 수공직 상황에서 문제를 해결하고 의사를 결정하는 능력의 평가를 하여야 한다.

다섯째, 특정작업 표본과 관련 있는 직업으로서 지역사회에 있는 직업의 직무, 요구, 고용전망 및 훈련기회에 관한 작업정보의 조직을 하여야 한다.

여섯째, 독립적인 생산을 지원하는 수정, 편의시설 및 보상의 평가를 하여야 한다.

작업표본 개발단계를 구체적으로 제시하면 다음과 같다.

○ 제1단계: 작업표본의 논리적 근거를 마련한다.
- 평가의 필요성을 확인.
- 서비스를 받게 될 인구를 확인

○ 제2단계: 직무를 분석한다.
- 근로자 기능 정보를 확인
- 근로자 특성을 확인

○ 제3단계: 학생의 특성과 평가의 필요성을 확인한다.
- 지시 및 수행을 좀 더 잘 할 수 있게 하기 위한 수정
- 학생의 수행을 극대화하는 편의시설과 작업보장구

○ 제4단계: 작업표본 활동을 표준화 한다.
- 사용되는 장비, 공구, 재료
- 지시 및 실시 포맷
- 측정, 채점 및 해석절차

○ 제5단계: 규준작성 절차를 개발한다.
- 규준표본의 특성

○ 제6단계: 규준 자료를 수집한다.
- 현장 검사 도구

○ 제7단계: 신뢰도 및 타당도 절차를 확정한다.

○ 제8단계: 작업표본 요강을 개발하여 보급한다.

요약컨대, 작업표본검사는 특수한 요구를 가진 학생에게 자신의 직업적성, 근로자의 특성 및 직업흥미를 직접 통찰할 수 있는 기회를 준다. 작업표본은 실제적인 직무기술 활동을 평가하고 직업탐색에 도움이 되며 장애인들의 여러 가지 정보를 얻을 수 있다.

(3) 상황평가

상황평가(situational assesment)는 대상자를 실제적인 직무와 가능한 한 같게 만든 모의 직무상황에 배치하는 평가과정이다.

Pruitt(1986)는 상황 즉 장면평가를 “작업행동을 관찰, 기록하고 해석하는 체계적인 방법”으로 정의하고 있다. 이 평가는 관찰이 체계적으로 이루어질 수 있을 때에는 작업표본, 실험실, 직업훈련실을 비롯한 어떤 작업상황에서나 적용된다.

상황평가의 목표는 작업과제를 수행하는 기술적인 능력 뿐 아니라 작업행동에 미치는 작업환경의 대인관계 및 심리사회 측면의 영향을 평가하는데 있다. 이때 대상자는 일주일 또는 이주일 이상 실제적인 직무상황에 배치한다.

상황평가에서 관찰은 학생과 같이 일하는 사람간의 상호작용 그리고 학생, 작업환경 및 작업생산 요구간의 상호작용에 초점을 맞춘다.

상황평가는 작업적응행동, 대인관계기술, 생산성행동, 작업직무기술 등 네 가지

유목이 평가된다. 만약 대상자가 작업과제를 정확히 수행하지 못하면 기술획득이나 수행결함을 보이는지 과제획득 결함을 보이는지 여러 각도에서 분석해야 한다. 만약 수행결함을 보인다면 상황평가는 단서의 사용, 직무수정, 편의시설개발, 작업을 보다 독립적이고 지속적으로 유지시키는 기타의 지원을 활용하도록 건의할 수 있다. 또한 상황평가는 직업흥미의 탐색을 자극하기도 하고 직업발달을 증진하는데 필요한 프로그램을 판별하여 건의하기도 한다. 프로그램 건의사항의 포함요소로는 직업과 관련 있는 기능학문, 발전적 진로교육, 직접적 직업기술훈련, 지역사회에서 선택할 수 있는 것, 즉 노작, 현직훈련, 지원 작업, 고립지역 대상자들이 경영사업 등이다. 또한 프로그램 건의는 대상자의 진로발달단계와 기술수준에 맞아야 한다. 또한 상황평가에 있어 직무현장평가는 ①직무준비 ②직무수정과 작업환경 편의시설 ③고용지원사항의 평가 등이 반드시 포함되어야 한다. 장면평가에는 행동분석, 주요기능분석(CFA: critical function analysis)등 두 가지가 중심이 된다. 이는 뒷면에서 구체적으로 설명된다.

3. 직업평가의 과정

1) 직업평가의 일반적 과정

장애인의 직업능력을 평가하는 경우 평가사가 가장 먼저 고려해야 할 점은 무엇을 어떻게 평가하는 것인가 하는 문제일 것이다. 이러한 문제는 대상자의 의뢰된 목적 및 장애의 유형과 정도 등에 따라 달라진다.

Nadolsky(1974)는 재활현장전문가들이 사용하고 있는 다양한 직업평가 방법들을 종합하여 직업평가 모델인 삼각형 모형을 고안하였다. 이 모델은 여러 종류의 평가방법들의 장점을 활용하고 단점을 보안해서 직업선택의 범위를 서서히 논리적으로 좁혀가는 방법으로 직업평가 실시 과정을 익히는데 많이 활용되고 있다.

이 모델에 따르면 직업평가는 ①정보의 수집 ②면접 ③심리검사 ④직업정보·탐색 ⑤작업표본 ⑥비공식회의 ⑦장면조건재현법 ⑧회의 ⑨직장시행 ⑩카운슬링의 순서로 실시된다. 또한 미국의 직업평가 및 직업적응협회(Vocational Evaluation

& Work Adjustment Association)는 직업평가에 있어 평가계획 수립과정을 다음과 같이 설명한다.

① 평가의뢰에 관련된 정보수집
② 평가의뢰 정보에 대한 조사
③ 평가의뢰 사유 파악
④ 적절한 평가기술의 선택
⑤ 평가자 및 피평가자의 역할 명시
⑥ 초기면접·조사
⑦ 계획수정
⑧ 평가실시 및 평가계획 재검토
⑨ 보고서 작성

평가과정에 대한 시각을 넓히기 위해서는 어떤 특정 모델을 논하는 것도 필요하리라 생각된다. 20년이 넘도록 Wisconsin-Stout대학교에서는 직업평가 프로그램을 고도의 체계적이고 효과적인 과정으로 발전시켜 왔다. 의뢰기관들 또는 상담가들이 평가자의 추천사항들을 잘 따르고 평가대상자가 그 경험에 만족한다면 대부분의 평가대상자들은 성공적으로 재활된다는 것이 여러 연구조사에 나타났다(Tharbes, 1971; Rentz, 1983). UW-Stout 모델을 소개하면 다음과 같다.

① 의뢰와 접수 (referral and intake)
② 서비스 안내(orientation)
③ 초기면접(initial interview)
④ 예비검사(preliminary testing)
⑤ 평가계획(evaluation planning)
⑥ 직업평가(vocational assessment)
⑦ 직업탐색 및 경험(exploration experience)
⑧ 평가대상자의 피드백 활동(feed-back sessions)
⑨ 평가팀 구성(staffing)
⑩ 최종보고(final report)

⑪ 사후지도(follow up)

의뢰하는 기관마다 다소 차이가 있지만 일반적으로 평가대상자에 관한 배경정보를 제공하는, 문서를 통한 의뢰는 집약될 수 있다.

만약 평가대상자의 장애, 교육과 직업경험, 인구 통계적 자료, 의뢰사항 등을 정상적으로 다루지 않는다면, 많은 정보들이 경우에 따라 변한다. 의뢰사항은 애매모호한 것일 수도 있고 때에 따라 구체적일 수도 있다.

UW-Stout 대학의 직업개발센터가 Wisconsin 주 정부의 직업재활과로부터 대부분의 의뢰를 받은 이후 표준화된 직업평가 의뢰양식이 사용되었다. 평가는 5일안에 정상적으로 완결되어져야 했으므로 양식이 매우 구체적인 정보를 기록하도록 만들어졌다. 의뢰를 한 상담가는 인구 통계적인 자료, 학력과 직업경력, 평가대상자와의 초기면접을 통한 개별기록, 그리고 만약 활동 가능하고 꼭 밝힐 필요가 있으면 의학적 기록까지도 같이 의뢰한다.

접수(intake) 중에 의뢰 자료는 면밀히 재조사되어진다. 만약 부가적인 자료가 필요하다면 의뢰한 상담가는 전화를 통해 접촉하는 것이 보통이다. 평가대상자에게는 접수 2주일 전에, 평가 대상자는 평가일시, 평가프로그램에 관한 정보, 준비물, 약도 등의 내용이 담긴 서신을 받게 된다. 어떤 서신은 매일 통근하는 평가대상자를 위한 것이 아니라 기숙사 생활을 할 평가대상자들을 위한 것이다. 전화번호가 기재되어 있어서, 평가대상자가 만약 스케줄이 있어 올 수 없다면 전화로 문의할 수 있다. 기숙사 생활을 할 평가대상자들은 일요일 오후 3시에서 오후 6시 사이에는 반드시 입소하도록 해야 한다.

서비스 안내: 서비스 안내는 주로 월요일 오전 8시30분에 시작한다. 이때 평가대상자에게 참가자용 안내책자가 배부된다. 안내 및 소개책자는 주로 문답식 방법을 이용하는 것이 보통이다.

① 직업개발센터는 무엇을 하는 곳인가?
② 나는 왜 여기에 왔는가?
③ 누가 나와 같이 평가 프로그램에 참여하는가?
④ 직업개발센터의 직업평가과정은 어떠한가?

⑤ 평가 기간 중에 어떤 일들이 행해지는가?

⑥ 직업개발센터에서 제공되는 평가 이외의 서비스에는 어떤 것들이 있는가? (심리검사, 직업배치, 직업준비훈련, 경험훈련, 독립생활훈련프로그램, 주거환경개선 서비스)

⑦ 나의 우편물은 어디로 보내야 하는가?

⑧ 비용은 얼마나 드는가?

⑨ 약물치료란 무엇인가?

⑩ 어떤 옷을 입어야 하는가?

⑪ 센터에 몇 시까지 와야 하는가?

⑫ 전화로 문의할 곳은 어디인가?

⑬ 식당은 어디인가?

⑭ 병이 생겨 아플 때는 어떻게 해야 하는가?

⑮ 휴식 장소는 어디인가?

⑯ 주차는 어떻게 하는가?

⑰ 비상시에는 누구에게 도움을 청해야 하는가?

⑱ 센터에 있는 동안 아프거나 다친다면 어떻게 해야 할 것인가?

⑲ 불만처리절차는 어떠한가?

⑳ 불이 났을 경우 어떻게 해야 하는가?

㉑ 권리와 책임은 무엇인가?

서비스 안내 후에 평가대상자는 그들의 독해 수준을 결정하는 광역성취검사(The wide range achievement test)를 받는다. 이것은 직업평가자와의 초기 면접을 통해 수행된다. 기숙사에 머물러 있는 평가대상자들에게는 그날 밤 기숙사와 캠퍼스에서 오락프로그램이 실시된다.

초기면접: 초기 면접의 목적은 평가에 참여하는 평가자와 평가대상자에 따라 다소 다르지만, 일반적으로 평가계획 수립을 위한 친밀감 형성, 정보제공, 정보수집 또는 정보확인 등의 목표를 가지고 있는 것이 보통이다. 면접에서는 다음과 같은 정보들을 알아내어야 한다.

① 평가대상자는 평가 서비스에 적격하고, 또한 준비는 되어 있는가?

② 평가대상자의 욕구는 무엇인가?
③ 평가대상자의 구체적인 직업적 문제들은 무엇인가?
④ 평가대상자의 자산은 무엇인가?
⑤ 장단기 목표성취를 위해 필요한 서비스는 무엇인가?
⑥ 평가대상자의 태도, 가치 그리고 동기는 어떠한가?

초기면접에는 여러 가지 분야가 있다. 평가자는 평가대상자의 가능성을 판정하며 필요하다면, 평가대상자가 평가에서 실제적으로 기대할 수 있는 것에 관한 정보를 평가대상자에게 알려줄 수 있다. 면접과정에서, 평가자와 평가대상자 사이에 협력관계가 형성되어지는데, 의미있는 평가가 되려면 평가대상자는 부과될 의무에 관해 잘 알고 있어야 한다. 따라서 평가자는 평가과정을 잘 설명해 주고, 일상에서 일어나는 것에 관해 평가대상자와 의논한다. 또한 예비검사 및 제공될 정보의 형태에 대하여도 이야기하게 된다. 평가자는 평가대상자가 장애를 어떻게 판단하는지, 그리고 장애를 수용하는지 그렇지 않은지를 결정하려고 시도하는 동시에 기능장애에 관련된 직업문제에 관한 평가대상자의 생각을 파악한다. 마지막으로 평가 기간 동안 평가대상자가 최적의 수행도를 보이도록 동기를 부여하는 것도 면접과정에서 이루어진다.

직업평가계획: 초기 계획은 평가의 시험적인 방향을 모색하기 위하여 수립된다. 직업평가자는 어떤 가설 또는 의뢰 및 면접 자료로부터 얻은 정보에 기초하여 평가대상자의 잠재능력에 관한 가설이나 문제들을 가려내고, 이들 문제들에 답하기 위해 필요한 요인과 정보자원들이 무엇인지를 결정한 후, 정보를 얻기 위해 사용할 평가기법 및 관련 전문가들을 결정하게 된다.

의뢰하여 얻은 정보를 분석할 때, 평가자는 의뢰이유 및 구체적인 문제들을 요약해야한다. 평가자는 규명된 장애, 실제로 증명된 직업적 한계 및 평가대상자의 일차적인 직업문제들이 무엇인지를 파악해야 한다. 의뢰서류, 초기면접 및 예비검사 결과는 필요한 정보를 제공한다.

대상자에 관한 배경 정보는 계획과정에서 사용된다. 교육과 훈련에 관련하여, 평가자는 평가대상자가 성취한 교육수준, 구체적인 직업훈련의 이수, 기술의 전 이력 등을 결정한다. 정보의 출처는 의뢰서류, 초기면접, 직업목록사전 등이다.

평가대상자의 경험에 관련하여, 평가자는 평가대상자를 위한 구체적인 직업과 직업에 대한 평가대상자의 의견 및 기술의 잠재적인 전이능력 등을 고찰한다. 직업사전, 의뢰서류 및 초기 면접은 필요한 자료를 제공한다. 평가대상자와의 초기 면접 및 비공식적 토론은 직업적 의미와 정보를 제공할 것이다. 취미 및 다른 여가 시간활동들도 계획의 방향을 설정하는데 도움이 된다.

표현된 흥미, 명시된 흥미, 검사된 흥미 및 흥미의 일관성은 예비 검사와 초기 면접을 통해 결정된다. 평가자는 여러 자료들을 비교하여 유사점과 불일치점들을 파악한다. 독해 및 수리능력에 있어서 평가대상자의 성취 수준은 예비검사의 결과로부터 얻어진다. 평가자는 검사결과들이 평가대상자의 현재 성취도를 정확하게 반영하고 있는지를 판정하기 위하여 그 결과들을 분석해야 한다.

평가대상자의 운동 기능과 능력에 관한 정보도 필요하다. 수작업능력 및 신체능력도 고려해야 한다. 필요하다면, 예비검사 및 손재능검사를 실시하여 이러한 자료들을 수집해야 한다. 평가대상자의 기능적 능력에 관한 자료, 사회적 기술에 관한 자료, 독립생활을 위한 능력 등은 초기면접, 의뢰자료로 부터 얻어지고, 필요하다면 부모 또는 보호자와의 면접을 통해 얻어낼 수 있다.

정보가 수집되면, 평가자의 다음 직무는 자료분석 및 여러 가지 시험적인 가설들을 공식화하는 것이다. 평가자는 평가대상자의 직능수준을 작업특성군과 대조해 보아야 한다. 성취검사 결과와 관찰은 직능수준에 관계된 자료들을 제공해 준다. 평가대상자의 수준은 관찰을 통해 접근할 수 있고, 흥미검사 정보를 통해 대략적으로 파악할 수 있다. 관찰과 교치성 검사 결과 자료는 작업 수준에 관한 정보를 제공한다. 평가자는 보다 나은 직업탐색을 위하여 여태까지 얻어진 모든 정보를 사용하여 취업 가능한 직업 영역을 파악해 나간다. 이들 직업영역에 관련된 중요한 작업특성은 직업관련 정보로부터 수집된다.

직업영역 탐색을 위한 평가기법의 선택에 있어, 평가자는 주요 작업자 특성들을 측정하는데 사용할 심리검사, 표본작업, 모의작업 등을 정해야 한다. 계획은 평가자가 일반적인 탐색과정에서부터 구체적인 최종 결정까지 가능하도록 일정을 짜야한다. 계획과 평가기법의 선택으로 임시 평가계획의 윤곽이 잡히게 되는데, 만약 선정된 평가자 이외의 전문가들이 평가과정에 관여되어 있다면, 그들의 이름과 지정된 임무가 계획에 나와 있어야 한다. 이러한 계획입안 과정에는 평가대상자의 참여 또한 평가과정의 방향을 설정하는데 큰 몫을 한다. 최종 계획은 2

일 내에 수립되어져야 한다. 평가과정의 구성요소들은 ①직업정보 ②표본작업 ③상황평가 ④지역사회 중심의 평가 ⑤심리검사 ⑥특별계획 ⑦관찰 ⑧시청각 자료 ⑨작업자의 정보 ⑩피드백 제공 ⑪면접 등 다양한 내용들을 포함한다.

평가팀의 구성: 평가가 끝난 후 판정회의가 계획되고, 평가자는 회의용 보고서를 작성하는데, 여기에 기록될 정보 중 첫 번째 부분은 성취검사, GATB, 지능검사 등의 결과가 해당된다. 두 번째 부분에서는 평가대상자의 표현흥미와 검사흥미 및 목표들이 기입된다. 세 번째 부분에는 직업영역 중에서 높은 수준의 수행도를 보인 직업을 기록하는 동시에 평가대상자의 직업적 자산과 직업적 제한점들도 열거되어야 한다. 네 번째 부분에는 직접적이고 장기적인 추천사항들을 열거한다. 보고서의 마지막 부분에는 계획에 대한 평가대상자의 반응을 제시한다.

평가팀의 구성의 목적

평가팀 구성의 기본목적은 평가기간 중에 수집된 정보를 공유하는 것이라 할 수 있다. 그러나 평가팀을 구성함에 있어 충족되어야 할 몇 가지 구체적인 목적들이 있다.

첫째, 평가대상자에게 서비스를 능률적이고 효과적으로 전달하고, 이들 서비스의 촉진에 기여해야 한다.

둘째, 의뢰된 문제에 대하여 평가결과에 기초한 해결책을 제시할 수 있어야 한다.

셋째, 평가대상자의 직업적 문제에 관련되는 부가적인 정보와 의뢰한 상담가가 알지 못하는 다른 배경정보를 제공해야 한다.

넷째, 평가대상자가 추천된 직업목적에 도달하기 위해 필요한 단기 및 장기 서비스들을 제시해 주어야 한다.

다섯째, 좀 더 나은 서비스에 대한 평가대상자의 욕구와 관련하여 문제들을 분석하고 해결하는데 도움을 주어야 한다.

여섯째, 다른 전문가들로부터 받아야 할 도움을 정확하게 밝혀야 한다.

일곱째, 평가 결과에 기초한 구체적인 추천사항을 언급해 주어야 한다.

여덟째, 모든 관련분야들로부터 동의와 위임을 구해야 한다.

아홉째, 행동의 구체적인 진로와 일정을 결정할 수 있어야 한다.

직업평가 보고서 작성: 판정회의 후에, 평가 기간은 연장되지 않는다고 가정하고, 평가자는 평가 보고서를 기록한다. Wisconsion-Stout 대학교의 모델은 이야기식의 보고형식이다. 보다 긴 이야기식 보고형식은 다음과 같다.

제1장: 의뢰이유

제2장: 일반적 서술(general description)
- (1)첫인상
- (2)신체적 외향
- (3)인성적 특성
- (4)직업력

제3장: 추천
- (1)단기목표
- (2)장기목표

제4장: 수행도(performance)
- (1)표본작업 수행기술
- (2)특별한 능력
- (3)심리검사 수행도
- (4)신체적 능력
- (5)주요 수행도에 대한 논의

제5장: 행동
- (1)기질
- (2)흥미/욕구
- (3)인성/사회성
- (4)주요 행동에 대한 논의

사후지도: 사후지도의 목적은 프로그램 개선을 위한 평가 서비스의 확인에 있다. 사후지도는 평가자가 평가대상자에게 지속적인 관심을 쏟고 있다는 점을 평가대상자에게 전달하는 과정이다. 그러므로 사후지도는 프로그램 평가도구인 동시에 평가자와 평가대상자간의 관계를 위한 어떤 매개체로서의 역할을 한다.

UW-Stout 모델에서 사후지도는 방문면접으로 시작된다. 평가자는 이 때에 평가과정과 결과에 대한 평가대상자의 만족도를 확인하고, 평가 결과에 기초한 추천에 대해 재검토 한다. 직업목적을 달성하는데 있어 상담가와 평가대상자간의 지속적인 협력이 중요하다. 장래의 사후지도과정에 평가대상자의 협력을 보장받기 위해서는 지속적이고 충분한 라포형성이 이루어져 있어야 한다.

사후지도의 둘째 단계는 평가 결과의 인식과 평가 서비스에 대한 만족도를 파악하기 위한 조사과정이다. 또한 평가자는 평가대상자의 진보에 대한 피드백을 주어야 한다. 항상 실행할 수는 없지만, 평가자는 평가대상자에 관해 6~12개월 동안의 조사를 실시한다. 평가자의 사후지도 노력에 덧붙여 학생들이 평가 프로그램에 참가한 평가대상자에 관한 조사를 정기적으로 실시할 수도 있다. 조사연구에 있어서 평가대상자가 조사 이전에 다년간 평가 프로그램에 참여해 왔을 수도 있는데, 이것은 직업평가의 장기효과측면에 의미있는 정보를 제공해 줄 수 있다.

모델 프로그램에 대한 서술만으로는 질적인 모든 측면을 효과적으로 표현할 수 없다. 앞서 언급한 Wisconsin-Stout대학의 평가 프로그램은 평가의 윤곽과 평가의 과정의 개요만을 보여줄 따름이다. 즉 평가자의 고도의 기능이나 평가과정에서 평가대상자를 원조하는데 사용되는 복합적인 자원의 활용 측면은 더 구체적으로 제시되어야 한다.

2) 평가전문가의 역할과 기능

직업평가 전문가들의 역할과 기능을 결정하는 데는 교육과 공식적 훈련, 근무경력과 기간, 근무하고 있는 시설이나 기관의 유형과 규모, 서비스를 받는 장애인들의 장애유형, 그리고 사용하는 직업평가 방법 등과 같은 요소들이 관련되어 있다.

역할과 기능이라는 용어는 상호관련이 있다. 기능은 표본작업이나 다른 검사들이 실시, 상황평가 실시 그리고 평가대상자들의 직무수행능력과 직무요구를 연결시키는 것 등과 관련된 많은 직무들로 이루어져 있다. 이러한 직무들은 평가라는 기능 아래 모아질 수 있을 것이다.

역할이란 집단 내에서 맡은 직위에 있어서 기대되어지거나 특징적인 직무행위이다. 역할은 개개인의 성격과 다른 사람들의 기대에 따라 좌우된다. 그러므로 직업평가 전문가들이 수행하는 기능은 조직 내에서 맡은 역할에 의존한다.

직업평가 전문가들의 기능을 결정짓기 위해 직무분석을 실시한(Pruitt, 1972) 결과에 따라 67가지의 직무를 ①평가 즉 표본작업평가, 심리측정검사 그리고 상황

평가 등 ②상담과 면접 ③훈련 ④행정관리 ⑤직무분석 ⑥의사전달과 설명 ⑦연구조사 등 일곱 가지의 뚜렷한 기능군으로 분류했다.

직업적응 및 직업평가 전문가자격위원회(CCWAVES: The Commission for Certification of Work Adjustment and Vocational Evaluation Specialists)에서는 직업평가 전문가들의 수행영역을 11가지로 구분했다. 자격증을 받기 위해서는 실무자는 11영역 중 일곱 개 영역에서 교육, 훈련, 또는 근무경력을 제시해야만 한다. 다음 그 수행 영역 목록과 정의이다.

직무분석: 직무분석이란 근로자들이 직업을 수행하는 데 있어서 실제로 행하는 일에 대한 정보를 모으는 체계적 절차이다. 이 절차에는 관련 직무와 신체적 요구사항, 환경조건, 적성, 훈련 등과 같은 여러 가지 정보를 파악하는 일과, 성공적으로 직무를 수행하는데 필요한 기술을 결정하고 잠재적 훈련 적응을 파악하기 위해 직업훈련 영역을 분석하는 일 등이 포함된다. 일차적 기술은 관찰, 면접, 그리고 기록하는 것 등이다.

장애의 기능적 제한: 장애의 기능적 제한이란 장애에 대한 일련의 지식과 이러한 장애가 직무와 관련된 기능에 미치는 영향 등에 대해 아는 것을 일컫는다.

직업정보: 일반적으로 표준 정보자원이 되는 직업사전을 통해 할 수 있는 직업번호, 정의, 산업분류, 근로자 기능, 특성 신체적 요구사항, 그리고 근로조건 등에 관한 정보를 포함한다. 직업정보에 관련된 다른 사항으로는 근로자 공급, 추세, 훈련, 승진제도, 직업이 분포되어 있는 지리적 및 산업 지역, 그리고 일반적 임금수준 등이다.

표본작업: 이 영역은 표본작업에 대한 이론이나 직업평가시 실제 응용에 대한 지식을 포함한다. 관련 기술에는 선택, 정확한 사용과 해석, 규준을 개발하고 이미 설정된 규준자료를 이용하며 새로운 표본작업을 집약하는 능력 등이 있다.

심리측정검사: 표준화된 도구(자필검사지와 수행능력검사)를 사용하여 각 개인의 인지적, 정신운동, 정서적 특성에 대한 수량화된 평가를 제공하는 검사에 대

한 일반적 지식이 요구된다. 이러한 기술에는 선택, 시험 실시 그리고 해석이 포함된다.

개별화된 직업계획: 이것은 평가과정을 구성하기 위해 계획을 개발하고 작성하는 과정이다. 이는 전체적인 직업평가과정에 대한 지식을 요한다. 필요한 기술로는 계획, 작성능력, 내담자와 의뢰처, 그리고 다른 관련된 자료들에서 얻은 정보를 종합하는 능력 등이다.

상황평가: 직무수행 능력 및 관련행위를 체계적으로 관찰하고 기록하며 해석하는 절차이다. 여러 가지 관찰/기록, 직무수행상의 요구사항이나 수행 기준, 그리고 자료해석에 영향을 미칠 수 있는 오차 발생원 등에 대한 지식이 필요하다. 직무수행 및 관련 행위들을 관찰, 기록, 해석하며 이들을 시간계획하는 기술이 포함된다.

학습유형: 학습이론에 대한 지식, 개인의 학습유형을 측정하는데 사용되는 기술과 가장 효과적으로 학습하는 방법에 대한 지식 등이 필요하다.

보고서 작성: 직업평가 보고서 작성 과정에 대한 지식(형식이나 서술)이 포함된다. 평가나 다른 관련 자료들을 종합 분석하고, 내담자나 의뢰기관에 유용한 충고나 추천을 해 줄 수 있는 능력이 포함된다.

기능적 생활 기술: 다양한 생활상황에서 자립할 수 있는 개인의 능력을 평가하는데 필요한 지식이 요구된다. 기능적 기술이란 일상생활, 활동, 금전관리 지역사회에서의 이동력, 그리고 지역사회의 자원을 이용하는 능력인데 물론 그것에만 한정된 것은 아니다.

면접: 면접은 직업평가 계획과 직업탐색을 위해 우선적으로 개인의 직업적, 교육적, 사회적 경력에 대한 정보를 습득하고, 제공하는 방법이다. 태도, 가치, 그리고 흥미 등이 관련된 정보들이다. 면접과정과 기술, 인간발달 및 성격에 대한 기본적 이해 등이 필요한 지식이다.

4. 직업평가 시행

직업평가는 기본적으로 기술적 또는 진단적 과정이라기보다 ①기능상의 장점과 한계 ②교육과정, 지도내용, 서비스 및 프로그램의 요구 ③적절한 진로, 직업전환 성과활동에 관련 있는 정보를 제공하는 기능이다.

직업평가가 특수교육을 받는 학생에게 미치는 영향의 범위는 재활기관에서 해왔던 전통적인 직업평가 활동이 미쳐온 영향의 범위가 보다 더 광범위 하다.

첫째로 직업평가는 오랜 기간 학생과 같이 있으면서 시간이 경과함에 따라 평가와 프로그램에 관한 추천사항을 감시, 평가 및 조절할 수 있다. 더 나아가 특수교육에서는 평가자가 성인보다는 젊은이를 대상으로 하며, 성인에게 없는 학생의 발달단계를 고려하게 된다. 직업평가자는 부모 및 교사로부터 성인 서비스 기관 및 여러 옹호단체에 이르는 상당히 많은 개인 및 기관과 더불어 일을 하기도 한다. 또한 특수교육 조직체계는 규칙, 의무 및 명칭에 있어서 직업재활체계와 상당히 다른점이 많다. 여기서는 특수교육에서 하는 직업평가 활동의 계획, 절차 및 성과를 기술하고자 한다.

1) 직업평가 성과

특수교육에서 하는 직업평가의 목표는 학생의 직업적 잠재력을 극대화하는 교육의 과정에 도움이 되는 정보를 제공하는 데 있다. 직업평가 활동은 학생의 성과, 직업 프로그램의 성과, 전환계획의 성과에 관한 정보를 제공할 수 있도록 조직된다.

직업평가는 단순히 학생에게 최적한 직업 프로그램 활동을 판별해내는 기능만을 하는 것이 아니다. 평가의 과정은 진로인식, 자기이해, 그리고 개인적 및 직업적 성장을 촉진할 수도 있다. 이것은 프로그램과 훈련의 개발에 기여하고 성인서비스 기관과 사업의 유대를 강화하기도 한다. 체계적인 직업평가 활동의 결과로 나타나는 전형적인 성과는 표 9.1과 같다.

평가자가 이용할 수 있는 검사, 과제, 절차 및 자원의 범위는 넓다. 그러므로 다양한 결과가 나올 수 있다. 직업평가는 표 9.1에서 볼 수 있는 바와 같은 다양한 성과를 제공할 수 있다.

① 직업세계에 대한 학생의 적응.
② 학생의 특정기술·장점 및 한계의 판별.
③ 직업프로그램 작성 요구의 판별.
④ 사회 및 대인관계 기술의 판별.
⑤ 독립생활 및 지역사회 통합기술의 판별.
⑥ 학습양식 및 효과적인 교수기법의 판별.
⑦ 보상전략 및 수정요구의 판별.
⑧ 특수한 작업환경에서 수행하는 데 요구되는 편의시설의 판별.
⑨ 지역사회 지원계획과 성인 서비스 기관의 판별 및 참여.
⑩ 직무배치 전략의 판별.
⑪ 동기의 강화.

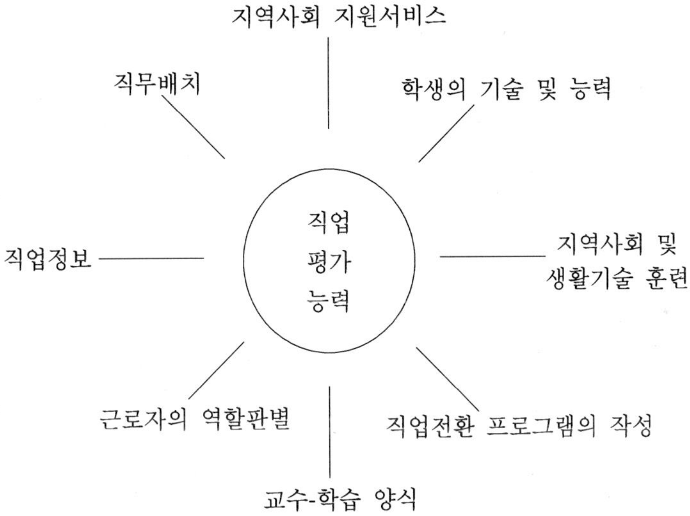

[그림 9-1] 직업능력평가

<표 9.1> 평가활동 성과 내용

구 분	평가활동 성과 내용
학생에 있어서의 성과	①직업세계에 대한 적응 ②근로자의 역할에 대한 인식계발 ③다음 영역에서의 장점, 기술 및 능력의 판별(실용학문 능력, 작업적응 행동 작업태도, 대인관계 및 사회적 기술, 특정 직무관련기술, 직업을 구하는 기술, 지역사회 자원 활용) ④직업세계에서 선택 가능한 직업과 그 기회에의 노출 ⑤단기훈련목표와 장기전환목표에 필요한 추천사항 ⑥흥미, 기술, 능력 및 한계가 직무의 요구 및 작업환경과 어떻게 짝지어지는지에 대한 인식 ⑦고용 가능성과 직업준비 상태의 결정 ⑧훈련 및 전환 프로그램에 참여하고자 하는 강화된 동기
직업훈련상의 성과	①직업 및 전환 개별화교육 프로그램의 목표설정에 필요한 정보와 추천사항 ②특정프로그램의 내용과 교육과정 활동을 통해서 개별화교육 프로그램의 목표를 성취하도록 하는 추천사항 ③학습유형과 교수기법을 직업훈련의 교육과정 활동에 통합하도록 하는 추천사항 ④직업적 발달을 고려하여 배치 가능한 것 중에서 하나를 자유롭게 선택하도록하는 추천사항 ⑤최소제한환경에서 생산적인 기능을 할 수 있게 하는 편의시설과 작업보조용구의 활용에 필요한 판별과 추천사항 ⑥지역사회나 산업환경에 관한 직무분석에서 얻은 정보를 활용하는 직업프로 그램 개발에 필요한 추천사항, 훈련목표는 과제분석 및 직업자의 특성에 맞추어 진다. ⑦특수교육의 과정 및 성과에 대한 평가
전환활동과 성과	①학생들이 학업에서 직업에로 전환할 때 요구하게 되는 서비스의 판별 ②학생들 훈련 초기에 늦어도 중학교 때에 직업 및 전환계획을 수립하는데 산업 및 지역사회 기관들의 참여 ③학생들이 학업에서 직업에로 전환할 때, 서비스를 판별 및 제공하는데 성인 서비스기관(직업재활분과, 기타 기관)의 참여

직업평가자가 규준집단 비교에 그치게 된다면 다양한 직업평가 활동의 잠재력을 충분히 이용하지 못하게 되고, 특수교육자에게 진로교육·전환계획 및 직무배치에 관한 프로그램 정보를 제공하지 못하게 된다.

2) 직업평가 계획 수립의 과정

직업평가가 앞에서 기술한 다양한 성과를 얻기 위해서는 진로교육·직업교육 및 전환계획 수립에 통합되는 한 요소로서 기능을 해야 한다(Stodden & Ianacone, 1981). 외부의 평가자원에만 의지해서는 학교의 자원, 유용한 직업 프로그램의 범위, 또는 학생의 직업사와 발달사를 인정하는 평가결과를 가져오지 못한다. 통합평가는 학생, 선택 가능한 프로그램 및 학생의 독특한 직업적 특성에 대응하는 특수교육력의 상호작용을 인정한다.

평가활동은 학교에서 계속해서 책임을 져야 한다. 직업평가 계획의 수립에서는 진로교육이 유치원부터 고등학교까지 이루어지는 발달과정이며, 졸업생에게 유용하다는 것도 인정한다.

직업평가는 연령에 적절하고 교육과정에 적절한 평가정보와 활동으로 발달교육의 과정을 보충하여 완전하게 한다.

직업평가가 특수교육체계 내에서 어떻게 수행되고 있는지를 상세화하여 요점만 제시한 직업평가 계획수립의 모형은 표 9.2와 같다.

<표 9.2> 직업평가 통합과정 모형

학교수준	직업적 적응		전환계획의 수립	
	초등학교	중학교	고등학교	졸업후
진로 및 직업발달단계(Brolin & Kokaska)	진로인식	진로탐색	진로준비	진로배치
직업평가의 초점	작업인성(Brolin, 1985; Gellman, 1968)	직업맞춰주기	기술개발	고용
직업평가의 활동	교육과정중심 직업평가(CBVA)	교육과정중심 직업평가: 직업평가 제1단계	교육과정중심 직업평가: 직업평가 제2단계	직업평가 제2단계
학생의 성과	실용학문, 독립생활, 자아인식, 작업습관, 근로자역할판별, 작업적응, 작업태도, 동기화	학습양식, 직업정보, 흥미 및 기술인식, 기술평가, 학생과 작업특성을 맞추어 주기	기술발달의 판별, 편의시설과 보조장구, 성인서비스의 참여, 직업맞춰주기, 직업을 구하는 기술	작업적응, 생산성, 편의시설, 성인서비스 요구
체계의 성과	개별화교육 프로그램 개발, 훈련목표, 교과과정 개발	직업프로그램 개발, 선택가능한 훈련장, 지역사회의 참여, 가족의 협조	선택 가능한 지원작업(고립지역, 산업중심), 직업프로그램개발, 산업 및 지역사회 연계	성인서비스 기관과의 합의

발달과정으로서 직업평가는 학생의 진로 및 직업의 발달단계와 프로그램의 발전 활동에 직접 관계가 있는 정보를 제공한다. 직업평가 계획의 수립은 특수교육과정, 직업 프로그램 활동, 교사 및 생활지도원, 그리고 과학기술의 혁신적인 발달과 깊은 관계를 가진다.

직업평가는 진로교육과 마찬가지로 직업적 잠재력을 개발하는데 도움을 주기 위해서 검사도구를 사용하며, 모의작업 및 실제작업과 같은 과정을 사용하는 역동적인 과정이다.

다음은 적성과 작업기술 목록 체크표를 제시하면 표 9.3과 같다. 횡축에는 많은 학교 프로그램에 보편적으로 들어 있는 전형적인 직업교육과정 영역과 몇 개의 빈 칸이 있다. 그 빈 칸에 특수한 욕구를 가진 학생들이 흔히 찾는 직업영역이나 제공하고 있는 교육과정 영역 혹은 개발계획을 가지고 있는 교육과정 영역을 적어 넣고, 다음의 준거를 사용하여 교육과정 또는 직무에서 성공적인 수행을 하는 데 필요한 적성 또는 기술수준을 평가하는 예시다.

<표 9.3> 작업기술 목록체크표

교육과정 내용 / 적성,기술 수준	사무직	식품 서비스직	건강보조원	상품 전시장	원예	건물유지	운동장유지			
G(일반)										
V(언어)										
N(수)										
B(공간)										
P(형태지각)										
Q(사무)	E									
K(운동협응)										
F(손가락의 조작)	E									
M(손의 조작)	I									
E(눈-손-발)										
C(색채변별)										
FA(실용학문)	E									
MA(측정능력)	I									
SD(크기변별)										

교육과정 내용 / 적성,기술 수준	사무직	식품 서비스직	건강보조원	상품 전시장	원예	건물유지	운동장유지			
HT(손연장)										
VI(언어교수)	I									
MI(모형교수)	I									
OA(조직능력)	I									
RA(일상적인 과제)	E									
AT(과제에 대한 주의력)	E									
QS(품질표준)	E									
MT(동력연장, 기계)	I									
PM(체력)										
QC(대조업무)	I									
교육과정에 중요한 기타사항										

E: 꼭필요, I: 중요, 공백: 무관한 적성

5. 직업평가의 종류와 도구

Neff는 직업평가의 방법으로 직무분석, 심리적 평가, 작업표본 평가, 상황 평가를 들고 있다. 직업재활대상자의 요구와 발달 가능성을 평가하기에 앞서 접수된 서류심사와 면접과정을 진행한다. 서류심사는 이력서나 신상명세서에 의한 심사가 대표적이고 기타자료들은 타기관에서 입수하여 검토자료를 활용한다.

면접은 직업평가상 필요한 정보를 얻기 위해서 실시하며, 면접의 일반적 목적은 ① 평가대상자와 평가원의 관계형성 ②획득된 정보의 확인 ③직업적 발달조사 ④대상자의 직업 희망확인 ⑤평가요구의 파악 ⑥직업평가 서비스의 설명 등이다.

1) 심리검사

심리검사는 일반적으로 비교적 추상적인 성격의 지필검사로서 흔히 인지적·

정의적 기질을 측정하는 목적으로 사용된다. 그 종류를 나열하면 다음과 같다.

(1) 지능 및 적성검사

Wechsler 성인지능검사(Wechsler Adult Intelligence Scale)는 재활분야의 지능 측정에 널리 사용되는 검사도구이다. 일반 종합적성검사(General Aptitude Test Battery)는 직업상담, 직업선택, 직업배치에 유용한 '직업상의 중요한 적성'을 평가하는 것이다. 그밖의 지능 및 일반 적성검사로는 비문자형 종합적성검사(NATB : General Aptitude Test Batlery entitled Non-Reading Aptitude Test Battery), Otis 고속지능검사(The Otis Quick-Scoring Mental Ability Tests), 개정베타검사(The Revised Beta Examination), Peabody 그림어휘검사법(The Peabody Picture Vocabulary Test) 등이 있다.

(2) 성격검사

미네소타 다면성격검사(Minnesota Multiphasic Personality Inventory), 16개 성격요소 질문지(Sixteen Personality Fators Questionnaire), Edward 개인선호도검사, Vineland 사회성숙도검사, 테네시 자아개념검사, 캘리포니아 성격검사 등이 있다.

(3) 성취도검사

광범위한 성취도검사(Wide Range Achievement Test), 성인기초학력검사(Adult Basic Learning Examination), Peabody 개인성취도검사(Peabody Individual Achievement Test), Gray 낭독검사(Gray Oral Reading Test) 등이 있다.

(4) 직업능력-흥미검사

미네소타 중요도설문지(Minnesota Importance Questionnaire), Kuder 직업흥미검사(Kuder Occupational Interest Survey), Strong-Campbell 흥미검사, 그 밖의 흥미검사로는 광범위한 흥미 의견검사(The Wide Range Interest Opinion Test), 정신지체장애인을 위해 특별히 고안된 흥미검사는 직업흥미 및 세련도 평가법(The Vocational Interest and Sophistication Assessment Survey), 오하이오 직업흥미검사 등이 있다.

(5) 직업능력-운지 교차성검사

Crawford 소형부품 교치성검사(Crawford Small Parts Dexterity Test), Purdue 목발이판검사, Bennett 손-도구 교치성검사(Bennett Hand-Tool Dexterity Test), 그밖의 운지교치성검사로는 O'Connor운지 교치성검사(O'Connor Finger Dexterity), O'Connor 족집게 교치성검사(The O'Connor Tweezer Dexterity Tests), Stromberg 교치성검사 등이 있다.

(6) 기타 직업능력평가

McCarron-Dial 작업평가법(McCarron-Dial Work Evaluation System), 다차원적 직업목표평가(Multidimensional Objective Vocational Evaluation), SRA 사무적성검사, 미네소타 사무적성검사(Minnesota Clerical Test), 개정판 미네소타 지필검사(Revised Minnesota Paper Form Board Test), Bennett 역학적 이해도검사(Bonnett Mechanical Comprehension Test), MacQuarrie 역학적 능력검사(MacQuarrie Test of Mechanical Ability) 등이 있다.

2) 작업표본검사

미국의 직업평가 및 직업적응협회(The Vocational Evaluation and Work Adjustment Association)의 직업평가 연구팀은 작업표본을 "실제 직업이나 직업군에서 사용되는 것과 유사하거나 동일한 과제, 재료, 도구를 포함한 한계가 분명한 직업활동"으로 정의하였다(1975).

작업표본이란 실제 직무 전체 또는 일부분에 대해서 현실과는 다른 장면으로서의 모방(simulation)이다. 실제의 작업에 쓰이고 있는 재료, 도구, 기계, 공정을 사용하도록 한 작업과제를 각종의 표본으로 하여 준비하고 그 과제수행을 평가의 도구로 하여 작업결과의 양적 및 질적 면에서 파악하고 관찰한다. 이 평가방법은 보다 구체성이 있기 때문에 직접적인 평가결과를 얻을 수 있다.

작업표본은 타당성이 높아야 한다(Valpar International Cooperation, 1974).

작업표본 개발을 위한 직무분석은 다음 사항으로 실시한다.

① 어느 일에 대해서 직무분석을 할 것인가를 정한다.

② 직무분석의 목적을 확실하게 한다.

③ 직무분석의 내용을 검토한다.

④ 예비조사를 한다. 문헌, 훈련, 교과서, 업계지 등을 조사, 개요를 알고 용어에 익숙해진다.

⑤ 조사장소의 선정과 연락을 한다.

⑥ 조사에 대비해서 필요한 기재를 갖춘다.

⑦ 방문, 조사를 위해 방문한다.

⑧ 담당자와 면접을 실시한다.

⑨ 현장을 관찰한다.

⑩ 관리자와 면접을 실시한다.

⑪ 재검토, 기입된 내용을 작업담당자에게 조회해서 틀린 곳이 없도록 한다.

⑫ 요인분석을 한다.

⑬ 정서한다.

⑭ 필요한 능력목록정리를 한다.

⑮ 평가해야 할 능력의 결정을 한다.

⑯ 평가기준을 설정 한다.

⑰ 타당한 방법의 결정을 한다.

⑱ 작업표본의 작성을 한다.

⑲ 표준화를 한다.

⑳ 타당화(관련기준 타당성)를 한다.

작업표본의 주 목적은 대상자의 직업적성, 노동자특성 및 흥미를 평가하는 것이다. 작업표본 평가는 대상직업이 포함하고 있는 운동, 정신기능, 작업수준, 사용되는 도구나 장비 등 모든 면에서 실제작업 수행과 같은 내용을 포함하고 있어야 하며, 표본작업을 평가에 활용하는 목적은 잠재된 작업기술과 작업과 관련된 행동을 평가하기 위함이다.

표본에는 매우 단순한 것으로부터 매우 복잡한 직업에 이르기까지의 여러 가지가 있으며 하나의 작업이나 여러 직종에 관련된 단일특성 또는 한 직종 전체의 재연과정을 평가할 수 있도록 계획할 수 있다.

작업표본의 장점으로는 실제작업과 유사한 점, 대부분의 작업이 구체적인 점,

대부분의 과업수행에 최소한의 이론이 요구되는 점, 대상자에 대한 직접적인 작업수행 피드백, 대상자의 다양한 직업 및 직업과제 탐색기회 부여 등이 있으며, 단점으로는 기술변화에 따른 작업표본개조와 표준화의 필요성, 개인의 특성평가에 주관이 개입되는 점, 현재직업에 대한 작업표본의 타당성이 거의 확립되어 있지 않은 점 등이 있다.

작업표본 평가법에는 다음과 같은 것들이 있다(W. A. Pruitt, 1977).

(1) TOWER(Testing Orientation and Work Evaluation on Rehabilitation)

TOWER법은 1937년 이래 약 40년에 걸쳐 뉴욕의 장애자 재활훈련원(I.C.D. Rehabilitation and Research Center)에서 개발되었다. TOWER 시스템은 사무, 설계, 제도, 전자제품조립, 보석가공, 피혁제품, 인쇄, 기계공장, 우편사무, 광학기계, 축도기 조작(pantograph engraving), 재봉틀 조작, 용접, 작업장의 조립 등 14개 직종의 영역에서 선별된 93가지의 표본작업으로 구성된 시스템에서 평균 3주간에 걸쳐 작업을 수행시켜 그 성적을 직무분석(job analysis)하여 일반 산업계의 질적, 양적 기준에 비춰 평가하는 방법이다. TOWER 시스템에는 모두 110개 이상의 다양한 과제가 있다. 각 과제마다 산업표준에 맞는 양적, 질적 기준이 있다. 과제의 순서는 단순한 것에서부터 복잡한 것으로 진행되며, 피평가자에게는 과제평가에 앞서 특정분야의 도구사용을 연습할 수 있는 기회가 주어진다. 선정된 직업분야의 과제를 평가대상자의 흥미와 기능수준, 자질, 한계성 등과 연관시켜야 한다.

(2) Valpar(Component Work Sample Series)검사

Valpar 시리즈는 종합적인 재활 서비스 전달법의 일환으로 개발되어 1973년 시판되었다. Valpar 시리즈에는 여러 가지 표본이 있는데(K. F. Botterbusch, 1982) 소형공구, 크기식별, 숫자분류, 상체동작 한계측정, 이해능력 · 태도, 독립적 문제해결능력 측정, 다단계 분류, 모의조립장치, 전신동장영역측정, 3단계 특정장치, 눈-손-발의 조정력 측정, 납땜질과 검사, 협력측정, 전자회로기판 읽기, 제도, 동적 근육능력(용량) 측정기, 신체능력 및 이동측정, 기계조립 · 배열과 망치질, 기계적 사고력과 기계성향, 손가락 능숙도, 독립적 인식측정기 등이다. 이 평가체제는 인간노동력의 보편적 특성을 평가하려는 시도이며, 평가자는 평가대상자의 작업행동을 관찰하게 된다.

(3) 기타의 표본작업 평가(Botterbusch, 1982)

1950년대 말에 개발된 것으로서 10개의 근로자 특성군에 직접 연관된 28개의 작업표본으로 구성되어 있는 Philadelphia JEVS 작업표본 종합검사(Philadelphia JEVS Work Sample Battery)는 근로자 특성군으로 ①취급, 선별, 검품, 개량 및 관련작업 ②관리 ③가공 ④발송, 점검 및 기록 ⑤분류, 정리 및 관련작업 ⑥검사 및 재고점검 ⑦공예 및 관련작업 ⑧의상, 양복, 양장재단 ⑨설계 및 관련작업 등이 있다.

Jastak에 의해 개발된 광역 고용 표본검사(WREST: Wide Range Empolyment Sample Test)는 교차성과 지각능력 평가를 위한 것인데, ①단식 · 복식접기 ②풀로 붙이기 ③라벨 붙이기 및 담기 ④분류 ⑤병 포장 ⑥쌀 계량 ⑦나사 조립 ⑧꼬리표달기 ⑨견본 붙이기 ⑩대조 ⑪색채와 형태 정합 및 모형 만들기의 10개 표본작업 종합검사이다.

공예, 기술 및 서비스 영역에서의 작업에 대한 기능평가 목적으로 개발된 재능평가 프로그램(Talent Assessment Program)은 ①구조적 및 역학적 심상 ②치수와 형태식별 ③색체식별 ④촉각식별 ⑤교치성(소형자재 취급) ⑥교치성(대형자재 취급) ⑦정밀교치성(소형공구 취급) ⑧교치성(대형공구 취급) ⑨회로심상 ⑩구조적 및 역학적 형태 기억의 10가지 검사로 구성된 종합검사이다.

그 외에 표본작업 평가 프로그램으로는 진로탐색과 직업평가에 사용하기 위한 목적으로 개발된 Singer 직업평가시스템과 종합직업사정 및 훈련 시스템(COATS: Comprehensive Occupational Assessment and Training System) 등이 있다. 그리고 1959년 미국 오하이오 주 클리브랜드의 직업재활기관(Vocational Guidance and Rehabilitation Service of Cleveland)에서 직업평가 프로그램으로 실제 수행되는 작업표본을 개발하였다.

작업표본 평가는 많은 장점을 갖고 있는데, 특히 실제작업과 유사하기 때문에 심리적 검사에서 부정적인 반응을 보였던 장애인이 흥미를 갖게 된다는 점이다. 또한 작업표본들은 정신지체아 학습지도의 자료로 유용하게 활용할 수 있을 것이다.

3) 상황평가와 직무현장평가

상황평가와 직무현장평가는 대상자를 실제 작업환경에 배치하여 그에게 실제

작업활동을 하게 하지만, 평가목표와 요구되는 성과에는 차이가 없다.

상황평가는 수업 및 학습, 지도목표 뿐만 아니라 프로그램 배치에 필요한 건의사항을 제공하는데 사용되는 프로그램 도구이다.

직무현장평가는 평가자와 학생이 산업 또는 상업환경에서 최적 작업환경 특성을 판별할 수 있게 설계되어 보다 배치지향적이다.

(1) 상황평가

상황평가의 목표는 재활대상자, 학생, 그의 장애, 그리고 현재의 직업단계나 전환단계에 따라 개별화된다.

상황평가는 특정직업환경에서 보이는 대상자의 기술과 능력수준을 판별하는데 행동의 네 가지 유목, 즉 ①작업적응행동 ②대인관계기술 ③생산성행동 ④작업직무기술이 평가된다. 상황평가는 성공적인 작업수행을 촉진하거나 제한하는 중요한 작업환경 특성을 판별한다. 열악한 수행이나 작업기술의 부족은 여러 관점에서 검토하게 된다. 대상자가 작업과제를 정확히 수행하지 못하는 이유를 기술획득 결함, 즉 과제획득 결함 혹은 기술수행 결함 중 어디에 있는지를 조사해야 한다.

상황평가에 의해, 부적절한 수행이 직무기술의 부족에 기인하는 것으로 밝혀진다면, 평가 건의는 그 기술을 개발하기 위한 훈련목표와 교육과정 또는 프로그램 체제에 초점을 둘 수 있다. 예를 들어 학생 중에는 액체를 측정하기, 잔돈으로 바꾸기, 재산목록이나 구매 주문용지 작성하기, 영역의 기능학문을 배워야 할 사람이 있을 수 있다.

건의사항은 특정 작업기술에 초점을 두고 학습을 촉진할 수 있는 기술훈련, 지원작업, 또는 직업훈련 등의 훈련 프로그램 판별에 초점을 둘 수도 있다. 만약에 학생이 수행결함을 보인다면, 상황평가는 직업훈련교사, 직무실기지도원 또는 직무개발원에게 특정 교수법을 활용하거나 작업활동에 강화물 또는 단서를 끌어들이거나, 직무수정, 편의시설 개발, 작업을 보다 독립적으로 지속적으로 유지시키는 기타의 지원을 활용하도록 건의할 수 있다.

상황평가는 직업흥미의 탐색을 자극하기도 하며 비교적 짧은 기간 동안에 폭넓은 직무영역을 탐색할 수 있는 기회를 준다. 또한 상황평가는 학생의 직업발달을 증진하는 데 필요한 프로그램을 판별하여 건의하기도 한다. 이러한 프로그램 건의사항에는 ①직업과 관련있는 기능학문 ②발전적 진로교육 ③직접적인 직업기술훈련 ④지역사회에서 선택할 수 있는 노작, 현직훈련, 지원작업, 고립지역, 경영하는 사업 등을 포함시킬 수 있다.

프로그램 건의는 학생의 진로발달단계와 학생의 기술수준이 고려되어진다. 진로발달 단계 중, 진로준비단계에서는 직접적인 기술수업을 활용하고 전환계획수립에서는 고립지역과 지원작업모형을 활용하고 진로배치에서는 지원직원과 노작을 한다.

(2) 직무현장평가

상황평가는 융통성 있는 직업평가과정으로 직업영역에서 학생의 시간, 그의 의무와 책임 뿐아니라 물리적 요구 및 작업환경 특성까지도 조절할 수 있다. 이와는 달리 직무현장평가는 대상자를 경쟁적인 작업환경에 배치하고 그 대상자가 특정 상업이나 산업의 생산요구를 충족시키기를 기대한다. 직무현장 평가의 목표에는 작업유형을 거의 바꾸지 않은 상태에서 학생의 수행수준과 성공적인 작업수행을 유지시키는데 활용할 수 있는 지원사항을 평가하는 것이 포함된다.

직무현장평가의 특수한 목표에는 다음과 같은 것들이 포함된다. 첫째, 직무준비의 평가이다. 학생의 직업훈련 프로그램에서 배운 직무기술들을 경쟁적인 환경에로 전환할 수 있는가? 학생은 직무에 관한 교수를 받아 이익을 보려는 태도와 기술을 보이는가? 학생은 필요한 시간동안 작업에 대한 신체적 내성을 보이는가? 학생은 작업, 사람 및 환경을 좋아하는가? 학생은 직업을 얻을 때 어떤 구직기술들을 사용할 수 있는가?(지원서를 작성하기, 고용주에게 전환하기, 면접하기, 직무에 관해서 추적하기) 등을 평가한다.

둘째, 직무수정과 작업환경 편의시설의 평가이다. 상황평가는 필요한 직무수정을 판별하지만 직무현장평가는 그 수정이 직무상황에서 어떻게 이루어질 수 있는지를 평가한다. 개인의 장애에 따른 직무수정과 편의시설은 조명을 조절하거나 조도를 높이는 것과 같은 환경조절의 형식을 취할 수도 있고 의자 또는 작업대를 올리거나 낮추고 컴퓨터 화면의 활자를 확대하고, 점검과 측정에서 지그(jig)나 가이드(guide)를 장치하거나, 다단계 과제에 유색부호의 조립고리를 장치하는 것과 같은 물리적 편의시설의 형식을 취할 수도 있다. 직무의 재구성은 가능하다. 직무의 재구성은 특히 직업이 직무분담, 시간조절, 또는 과제분담을 허용하는 경우에 가능하다.

평가자는 수정을 합리적으로 하고 생산성을 높이게 구안하며, 다른 고용인의 작업에 방해가 되지 않게 해야 한다.

직무현장평가는 경쟁적인 작업환경에 있을 수 있는 자연단서나 강화물을 판별하기도 한다. 학생은 보조를 맞추는데 필요한 작업속도를 본뜨기 위해서 다른 근로자를 활용하거나, 생산속도를 스스로 감시하기 위해 시계, 휴식, 또는 속도계를 활용하거나, 완료된 작업에 대한 강화물로서 휴식시간, 점심, 같이 일하는 사람, 감독자를 활용할 수 있다.

셋째, 고용지원사항의 평가이다. 특수한 요구를 가진 학생 모두가 작업환경에서 경재적인 수준의 기능을 하지 못하지만, 필요한 지원사항을 판별하여 대상자의 장애에 따라 편의를 제공하게 된다면 대다수의 대상자들은 경쟁적인 환경에서 생산적인 사람이 될 수 있다.

지원은 시간을 연장해서 훈련과 감독을 해주는 직무실기지도원의 활용과 같이 사람의 형식으로 이루어질 수 도 있고, 직무현장으로 가거나 그곳에서 돌아오는 것을 도와주는 교통수단, 한 장소에서 다른 장소로 걸어다니는 것을 도와주는 이동보조자, 또는 근로자가 스트레스요인을 처리할 수 없을 때 하루나 이틀 동안 이를 대리해 주는 대리근로자의 형식을 취할 수도 있다.

직무현장평가는 근로자의 생산성에 관한 정보에 한해서만 하지 않는다. 직무현장평가는 보통 경쟁적 배치계획이 수립되고 있을 때 하게 되기 때문에, 필요한 지원서비스를 제공할 수 있는 지역사회 성인 서비스 부처를 파악하여 이들을 끌어들어야 한다. 평가는 직무배치원조나 지원고용배치를 위해서 직업재활사무소를, 학생을 레크리에이션이나 여가활동집단에 통합시키기 위해서 지역사회기관을, 또는 시민 및 지역사회 기능수행을 돕기 위해서 동료지원집단을 끌어들일 수 있다.

직무상의 지원체제와 지역사회에 있는 지원체제의 판별은 직무에서 성공적으로 생산적인 기능을 수행하거나 학생의 잠재력에 비해 낮은 보호환경에 배치하는 것과는 별개의 것이다.

(3) 상황평가와 직무현장평가 기법

상황평가는 학생의 수행과 학생의 수행 요구조건 두 가지 모두를 알아보기 때문에, 평가과정에는 행동분석과 주요기능분석 두 가지 다른 평가기법이 사용된다.

행동분석은 특정상황의 작업환경특성과 관련하여 학생의 작업행동을 측정하는 구조화된 관찰절차이다. 그 목적은 작업환경 요소들이 어떻게 작용하여 성공적인 수행을 지원하고 유지시키는지, 또는 제한하거나 간섭하는지를 평가하는 데 있다.

주요기능분석은 학생의 기술 및 작업적응행동 수준과 직접적으로 관련있는 직무와 작업환경 특성들을 연구하는 직무분석을 위한 평가계획수립 방법이다.

1 행동분석

행동평정척도나 검목표(checklist)를 사용하는 행동관찰절차는 직업연구에서 직무모의 활동과 관련있는 작업기술과 적응행동을 판별하는데 유용한 절차로 입증되어 왔다(Hursh & Dellario, 1981; Watts, 1978).

특수한 요구를 가진 학생을 위한 프로그램을 계획하는 데 있어서 행동관찰기법의 주요한계는 그것들이 행동을 특수한 상황 또는 환경특성에 연관시키지 못한다는 것과 평정양식에 사용되는 판단절차(scaling procedure)가 흔히 관찰되는 행동의 특성을 모호하게 만든다는 것이다. 전형적인 행동평정척도는 표 9.4와 같다.

<표 9.4> 행동평정척도

직업기술 대상자는	행동은 그렇다 그렇지 않다
1. 시간을 엄수한다.	
2. 작업성취를 위한 노력을 계속한다.	
3. 작업을 독자적으로 계획준비한다.	
4. 작업장의 규칙을 따른다.	
5. 지시를 따른다.	
6. 여러단계의 과제를 단계에 따라 수행한다.	
7. 쓰여진 지시사항을 읽을 수 있다.	
8. 비판을 수용한다.	
9. 새로운 직무를 기꺼이 받아들인다.	
10. 늘어난 작업요구에 잘 응한다.	
11. 예의가 바르고 행실이 좋다.	
12. 자신감을 보인다.	
13. 휴식시간에 같이 일하는 사람과 상호작용한다.	
14. 같이 일하는 사람, 감독자 및 일반인에게 먼저 인사한다.	
15. 몸차림과 위생상태가 좋다	

행동평정척도는 행동평가에 여러 판단방법을 사용할 수 있다. '같이 일하는 사람과의 적절한 상호작용은 '항상 그러하다, 가끔 그러하다, 전혀 그러하지 않다'로 평가될 수도 있고, '우수하다'에서부터 '열등하다'에 이르는 5등급 척도상에 평가될 수도 있다.

그렇지만 이러한 판단절차에 의해서는, 작업수행에 중요한 행동특성이 분명하게 판별되지 않는다.

행동분석은 상황평가보다 기능적인 접근법이다. 이 접근법은 적응행동, 대인관계기술 및 생산작업시 작업환경의 사회적, 기술적 및 생산적 요구조건들과 어떻게 상호작용 하는지를 판별하는 체계적인 행동관찰법을 사용한다. 행동분석은 특정 행동을 판별할 뿐만 아니라 행동을 생산적인 작업이나 비생산적 작업에 영향을 미치고 있다고 할 수 있는 사건이나 작업환경요소들과 연관시키기도 한다.

효과적인 행동분석의 핵심요소는 다음과 같다.

첫째, 작업환경에 중요한 행동들의 위계를 정한다.

둘째, '행동의 열쇠'를 개발하거나 판별된 행동들을 조작적으로 정의한다. 예컨대 학생은 땜질기구를 사용하고 나서 스위치를 끈다. 즉, 학생은 현재의 직무기술과 직업목표를 판별한다.

셋째, 행동을 작업수행조건에 연관시킨다. 또는 행동이 언제, 어디서 나타나는지, 얼마나 자주 계속해서 나타나는지, 만약 같이 일하는 사람, 감독자 또는 일반인이 있었다면 누가 연루되어 있는지를 판별한다.

넷째, 행동이나 작업표준을 판별한다. 행동은 설정된 준거와 어떤 관련을 가지는가, 그것은 주어진 시간의 50%가 수행되었는가, 그것은 산업표준에 적절한가, 학생은 요청에 따라 기술과 행동을 보일 수 있는가를 판별한다.

2 주요기능 분석

직무분석은 직무과제와 직무 뿐만 아니라 특정 직무수행에 필요한 근로자의 조건들을 연구하는데 사용되는 체계적이고 포괄적인 과정이다. 직무분석과정은 일련의 긴 과정이며, 교육자들은 흔히 직무분석절차를 잘 이해하지 못하고 있는 경우도 있다. 보다 중요한 것은, 직무분석을 통해 밝혀진 정보들이 때로는 지나치게 일반적으로 정의되며, 특수한 요구를 가진 학생들에게 중요한 기술과 작업

조건들을 강조하지 않는다는 것이다.

주요기능 분석(CFA:critical function analysis)은 학생의 직무수행에 중요한 직무기능과 작업특성을 판별하는 직무분석을 위한 구조화된 평가계획 수립방법이다.

주요기능 분석과정의 이점은 다음과 같다.

- 주요기능 분석에는 평가자나 특수교육자의 많은 시간할애는 높은 전문지식이 필요하지 않다.
- 주요기능 분석과정은 학생의 능력, 한계 및 평가요구와 관련있는 특정기능들을 알아보는 목표 지향적 과정이다. 특수한 요구를 가진 학생의 수행수준에 맞는 기능 설명서가 지침서로 개발된다.
- 주요기능 분석과정은 직무과제나 환경 특성들 모두가 다 포함되지 않는다는 점에서 특별한 프로그램에 알맞은 것이다. 학생은 직무과제 전체를 수행하지 않아도 되고, 특정 작업영역에서 성공적으로 수행하기 위해서 모든 직무지식을 다 드러내지 않아도 된다.

주요기능 분석 작업표(work sheet)를 개발할 때에는 여러 가지 직업정보 자료들을 활용할 수 있다. 흔히 그 과정은 직무에 관한 문서들을 살펴보고, 적혀 있는 전형적인 직무를 기록하는 것으로 시작된다.

대다수의 회사나 사업체들은 고용인의 의무와 책임, 필요한 능력과 기술, 필요한 경험과 훈련, 그리고 작업시간이나 계획을 판별할 수 있게 하는 자세한 직무설명서를 가지고 있다. 더 나아가 평가자는 직명 및 근로자 특성사전, 직업탐색지침서, 직업전망편람 등과 같은 자료들을 살펴보아야 한다.

직무설명서나 직업정보자료들은 독특한 활동의 범위, 작업분위기, 또는 특정직무가 나타나는 작업환경과 건물을 특성을 기술할 수 있는 정보를 거의 제공하지 못한다. 주요기능 분석개발의 다음 단계는 그 직무에 관해서 작업감독자 및 고용인과 면접하는 것이다. 이 단계에서는 무엇이 주요직무와 기술이 될 수 있는지에 관해서 감독자와 고용인의 의견을 파악하는 것이 중요하다.

끝으로, 평가자는 잠정적인 평가현장을 방문하여, 특정 직무기능을 수행하는 근로자들을 관찰해야 한다. 관찰에는 직무활동과 직무공간분만 아니라 구내식당, 화장실, 휴게실, 주차시설 및 잠재적인 건축의 장벽을 비롯한 시설의 물리적 특성에 관한 정보를 포함시켜야 한다.

상황평가나 직무현장평가에 사용되는 정보는 직무 및 활동, 작업정치, 사회적 및 신체적 요구, 작업환경조건 등이 구체화되어야 한다. 분석활동을 통하여 얻어진 정보는 학생의 특성에 비추어 평가되고 직무현장평가 검목표에 편입된다. 사무보조 직원용의 전형적인 주요기능 분석 검목표의 예를 제시하면 표 9.5와 같다.

(4) 직무현장 개발과정

상황평가와 직무현정평가는 정신지체인을 비롯한 장애인 직업재활과 특수교육에 있어서 꼭 행해져야 한다. 많은 학생의 경우에는 그들의 장애특성 때문에 그들을 실제적인 직무 모의 활동에 배치하는 것이 직업특성과 관련있는 행동을 판별하고자 할 때 선택할 수 있는 가장 좋은 평가법이다. 보다 심한 장애학생을 대상으로 하는 경우에는 그들이 수행하게 될 것으로 기대되는 실제적인 환경에서 평가할 때 훈련 가능성과 작업에 대한 타당한 평가결과를 얻을 수 있다.

현장에는 현장직무 모의활동을 활용하는 특수교육이나 직업재활 프로그램은 거의 없으며, 산업의 직무현장을 직업평가 과정으로 활용하는 프로그램도 아직은 극소수에 불과하다.

흔히 학교들은 어떤 직무가 장차 시장성이 있는 것이 될런지를 판단하는 법을 모르거나, 지역사회에서 접해야 할 산업체, 그 회사에서 접해야 할 사람, 직무현장을 개발하는데 중요한 준거가 무엇인지 모르기 때문에 산업과의 직접적인 관계를 발전시키지 못했다. 다음의 단계들은 긍정적인 고용전망을 가지고 평가와 훈련기회를 제공하는 산업중심 현장을 선택, 개발 및 유지하는 데 중요하다 (Shrey, Mitchell, & Hursh, 1985).

1 노동시장분석

노동시장분석(labor market analysis)의 목표는 지역사회에서 특수한 요구를 가진 학생들에게 계속해서 줄 직무 및 진로영역을 판별하는데 있다. 노동시장분석의 일차 목표는 특정직무나 직무현장을 판별하는데 있는 것이 아니라, 고용 가능성에 있어서 안정성이나 성장을 보이는 작업분야를 판별하는데 있다.

<표 9.5> 주요기능분석 양식

직명: 사무보조원 D.O.T. 219-362-010
직장주소:
평가자: 홍길동
평가일: 2006. 12. 2 ~ 2006. 12. 22

직무 및 활동

E	I	
E		1. 우편물의 분류
	I	2. 우편물의 발송준비
E		3. 문서의 복사
E		4. 보고서를 분류, 대조 및 철하기
E		5. 전화로 답하고 전하는 말을 받기
	I	6. 알파벳 순으로 철하여 정리하기
		7.
		8.

작업장치
(기계, 비품, 도구, 작업보장구)

E	I	
E		1. 전화기
E		2. 복사기
	I	3. 전기 서류철 기구
E		4. 저울
	I	5. 스탬프 인주
		6.
		7.

* E= 없어서는 안됨
I = 중요함

요구되는 기능학문

기능상의 읽기-이름, 알파벳 순으로 하기
깨끗하게 쓰기
물건의 무게를 달기

사회적 · 신체적 요구

학생	활 동	시간의 퍼센트
	들어올리기-손쉽게 할 수 있다.	10
	앉기	50
	같이 일하는 사람과의 상호작용	50
	전화에 의한 일반인과 상호작용	50

작업환경조건

학생	조 건	지원 활동
	문	
	책상	책상높이 조절
	화장실	
	출입로	
	구내식당	자리를 잡을 때 필요

작업분위기: 학생은 빈번하게 요구되는 단기간의 높은 생산요구에 따라 작업을 해야한다("열광적"이라 는 말로 기술된다). 같이 일하는 사람들은 대단히 협조적이며, 사무활동에서 협력이 잘 이루어지게 한다.

이러한 절차는 지역 및 지방신문의 구직광고를 찾아보는 것 이상의 것이다. 그 자원은 노동시장분석이나 직무예측에 도움을 주기보다 오히려 부정적인 결과를 초래할수도 이다. 참고해야 할 정보자료에는 ①상업간행물실 ②주 고용부서, 직업시장연구부서 ③주 직업재활사무소 배치기록 ④직업정보 조정위원회 ⑤직업전망편람(전국의 고용전망) ⑥노동성 간행물(월간노동잡지, 지역임금조사, 산업임금조사)등이 있다.

2 산업분석

특수교육자가 고용가능성을 보이는 지역 내 작업분야에 관해서 보다 잘 알게 되면 특정고용주와 직무현장의 선택에 관한 결정이 이루어진다. Shrey, Mitchell, Hursh(1985)는 산업분석과정을 특수교육자가 산업을 보다 잘 이해하도록 하고 특수교육자와 산업간에 긍정적인 작업관계가 맺어지게 하는 과정이라고 기술하였다.

○ **고용주 선택**

접촉할 산업이나 사업을 선택할 때, 우선 고려해야 할 사항은 다음과 같다.

- 학생의 기능수준에 맞는 직무를 가장 많이 가지고 있는 고용주
- 지역사회에서 가장 큰 고용주
- 과거에 장애근로자를 고용한 고용주
- 지역사회 문제에 관심을 보이는 고용주(폐쇄자막 텔레비전에 자금 지원, 특수올림픽후원, 기타)

○ **사전조사**

교육자는 고용주를 접촉하기 전에 그 회사에 관해서 알아야 한다. 고용주의 생산품목은 무엇인가? 조직의 구조는 어떠한가? 회사는 지역규모인가, 전국규모인가, 국제규모인가? 그들의 자회사를 가지고 있는가? 이러한 정보는 회사의 연보, 주 제조업 협회, 또는 지역도서관에 있는 참고자료에서 구할 수 있다.

○ **접촉대상**

부적절한 사람과의 접촉은 시간낭비가 될 수 있지만, 회사마다 접촉해야 할 사람이 한명만 있는 것은 아니다. 대부분의 자료들은 인사과에서부터 시작하는 것이 좋다고 하지만, 소수집단 및 여성의 고용 또는 교육기회 개선담당부서(affimative action)나 평등고용 담당자가 좀 더 적절한 접촉대상이 될 수 있다.

이러한 사람들은 훈련과 경험에 의하여 장애인의 요구를 파악하고, 특수한 요구를 가진 학생을 어떻게 잘 다루는 것이 회사에 도움이 되는지를 잘 알고 있다. 만일 그 회사가 소수집단 및 여성이 고용 또는 교육기회 개선담당부서나 평등고용담당자를 가지고 있지 않다면 장애근로자의 고용책임을 지고 있는 사람에게 묻는 것이 좋다.

일반적으로 일차 접촉의 목표는 관계를 맺고 차후에 논의할 여지가 있는지 그 여부를 결정하는데 있다. 만약 고용주와 교육자가 같이 일한다는 일차적인 합의가 이루어지면 그때에 다시 만날 계획을 세우는 것이 가장 좋다.

○ **산업분석**

교육자는 계속해서 산업체를 방문하는 가운데, 회사의 전반적인 운영에 친숙하게 되고, 동시에 평가, 훈련 또는 잠정적인 직무배치 현장으로 귀착하는 특정고용에 기초가 되는 정보에 친숙하게 되는데 기초가 되는 광범위한 정보를 수집하게 될 것이다.

정보에는 다음과 같은 것들이 포함되어야 한다.

- 노동력으로서의 장애인에 대한 고용주의 경험
- 학교체제(직업교육, 특수교육등)에 대한 고용주의 경험
- 고용관례: 여기에는 모집절차(내부게시, 소수집단 및 여성의 고용 또는 교육기회 개선담당부서, 구직광고의 이용, 기타), 지원절차(지원서 사본 구하기. 고려되는 신체적·정신적 장애에 대해서 질문하기), 면접절차(다수의 면접, 고용을 결정하는 사람, 그들이 구하는 것), 선행조건으로서 필요한 검사, 만일 있다면 고용결정 등이 포함된다.
- 고용인 지원체제의 유무
- 장애근로자에 대한 관리자, 감독자 및 같이 일하는 사람의 태도
- 안정적인 직무와 보충근로자의 누계가 높은 직무
- 면접시에 찾아지는 고용주가 중시하는 특성
- 근로자가 계약만료되는 가장 보편적인 이유: 그것이 처리되는 방법
- 직무설명에 접근할 수 있는 기회

고용특성에 관한 평가가 일단 모아지면, 특별한 요구를 가지고 있는 것으로 판별된 작업분야의 직무현장분석이 고용주의 전망과 대상자의 전망(성공 가능성)에서 이루어진다.

○ **직무현장분석**

직무현장분석(job site analysis)은 상술한 주요기능분석보다 더 철저하다. 직무현장분석의 목적은 그 현장이 모든 특수한 요구를 가진 학생들의 평가와 훈련의 장이 될 수 있는가를 결정하는 데 있다. 주요기능분석은 좀 더 개별화되어 있으며, 선택된 학생의 평가요소들을 판별한다.

• 관련직무과제의 설명을 비롯해서, 고용인이 직무상 하게 되는 것
• 사용되는 방법, 비품, 도구 및 보급품을 비롯해서, 고용인 과제를 수행하는 방법
• 고용인이 과제를 수행하는 이유와 결과로서 나타나는 서비스나 생산품
• 각 과제의 수행시기와 빈도, 과제수행에 필요한 일반적이거나 기술적인 지식, 기술 및 능력
• 직무수행에 필요한 신체활동(예컨대, 기어오르기, 들어올리기, 밀기, 당기기, 나르기, 기타)
• 직무의 환경특성, 여기에는 근로자가 소음, 열, 먼지, 적절한 환기, 조명, 기타와 같은 특수한 환경에서 작업하게 되는 정도가 포함됨.

직무현장분석은 특정 직무특성과 요구조건을 중심으로 특정직무에 관한 풍부한 정보를 조직한다. 얻어진 정보는 직무배치를 준비하고 학교중심 훈련의 수행목표를 정하는데 사용할 수 있으며, 학생을 특정직무와 짝지워주는데 또는 사내작업표본이나 기타평가절차를 개발하는데 사용할 수 있다.

제시된 직무현장분석 양식은 교육과정 개발에 필요한 자료구조로서, 그리고 산업환경내에 훈련장을 설치하는 제1단계로서, 학생을 상담하고 전환 개별화 교육프로그램 목표를 개발하는데 활용할 수 있도록, 직무현장분석 정보를 조직하는데 사용할 수 있는 양식이다. 그 구체적 내용은 표 9.6과 같다.

<표 9.6> 직무현장분석 양식

회사명: ______________________________

주 소: ______________________________

직무명: ____________________ DOT부호번호: __________

감독자명: ____________________ 직 책: __________

직무개요:

직무요구 이전의 훈련: (수학, 읽기, 쓰기, 말하기 수준 포함)

직무상의 주요 업무

근로자가 하는 것:

사용되는 공구, 장비, 기계:

요구되는 지식(기계, 작업절차, 기법):

작업시간: 교대시간:

시간급/ 봉급: 봉급지급일:

받아들여진 감독을 기술하라:

받음 감독을 기술하라:

작업요건

정교성: (작업수행에 요구되는 속도와 정밀도를 기술하라)

생산요건: (완성해야 할 품목, 활동/시간)

허용되는/묵인되는 오류율:

신체요건

걷기:

들어올리기:

옮기기:

밀기:

당기기:

의사소통:

듣기:

보기:

협응:

손가락으로 만지기/느끼기:

조작하기:

작업조건

작업실의 크기: 작다__________ 작업실이 많다__________

크다__________ 바깥__________

소음수준:

온도의 범위 및 변화:

위험:

가동기계:

위험장비:
혼자서 하는 작업/ 같이하는 작업:
청각/시각 자극:
접근성:
사회환경: 다른 사람과의 관계를 기술하라
같이 일하는 근로자:
감 독:
일반인:
이용할 수 있는 교통수단:

의사결정
장비, 보급품, 재료, 안전에 대한 책임:
요구되는 독자적인 판단:
계획수립활동:
고용전망
진로 유동성 및 승진기회:
요구되는 조합원 자격:
요구되는 이전의 경험:

기타관련 정보

6. 교육과정기반 직업사정

1) 직업 사정의 개념과 특징

직업 사정 자료들은 "한 개인의 진로 계획에 기초가 되는 개인적 특성, 교육 그리고 연수 등에 대한 필요사항들을 확인할 목적으로 교사들에게 제공되는 기간과 다학문적 팀이 포함되는 포괄적인 과정"속에서 수집된다(Sarkees & Scott, 1995). 직업 사정 절차들은 학습계획 및 직업계획 선택사항에서 사정 활동의 결과들이 완전하게 활용되었을 때 최대의 영향력을 가질 수 있다(Harvey 2002). 직업 사정의 지속성과 문서화는 특별한 요구를 가진 각 학생에게 직업 사정 프로파일(VAP; Vocational Assessment Profile)을 완성함으로써 수행될 수 있다(Sitlington 등 1996).

직업 사정의 특징은 Lombard(1991)에 따르면, 직업 사정은 직업 프로그램 개발 과정의 맥락 내에서 일어날 경우 최대의 효과를 가질 수 있다고 했다. 또한 직업 사정은 전환사정의 필수적인 요소로서 사정 결과에 대한 책임은 교육 프로그램을 통하여 판단할 수 있다. 직업사정은 고립된 것이 아니라 진행 중인 지속적인 사정의 매우 중요한 한 부분이다. 직업 사정 과정의 유효성은 전환계획과 중등과정 이후 배치 결과에 따라 평가된다. 직업 사정은 학생의 강점, 관심, 선호, 장래 목표에 초점을 두어야 한다. 직업 사정 자료들은 모든 학생들의 최상의 교육 실제를 표방하는 공식적·비공식적 사정 절차를 통해 수집된다.

직업 사정 절차들은 직업재활의 공통적인 평가 모형과는 범위와 목적이 조금 달라야만 한다. 대부분의 경우 직업 재활 평가가 검사에서 잠재적 연수나 취업 기회에 대한 자신들의 관심사항, 경험, 적성들을 적합하게 조화하고 결정하는 부분에서 장애 성인들을 돕기 위해 수행된다. 작업 샘플들, 시뮬레이션 직무 적성 검사, 심리검사 도구들을 비롯한 자료 수집 절차들은 재활서비스를 받는 중도 성인 장애인들에게 전형적으로 시행된다. 비록 직업 재활에 공통적인 평가 절차들이 지속적인 훈련, 재 연수, 취업상담을 필요로 하는 성인들에게 중요한 서비스를 제공한다. 하지만 재활 모형은 아래의 이유 때문에 공교육 환경에서 언제나 유용하지는 않다.

첫째, 재활 인력에 의해 직업 관심과 직업 적성을 평가하는 데 사용되는 많은 심리검사 도구들은 학령기 학생들에 대해 표준화되지 않을 수도 있다.

둘째, 재활 전문가들에 의해 일반적으로 사용되는 많은 도구들은 장애 개인들에 대해 표준화되지 않았다.

셋째, 재활 평가 모형에 대한 시간 제약들(제한된 일수)은, 대개 학기의 길이를 가지는 고등학교 직업 프로그램 과정을 수용할 수 없다. 따라서 재활 모형은 특정 중학교나 고등학교의 직업 프로그램의 교육과정이나 훈련에 관련되는 사정 자료를 생성하기는 어렵다.

재활 평가 모형의 한계들을 고려하면, 직업 사정에 대한 통합 접근법은 장애를 가진 학생들의 다양한 전환 요구들을 수용하기 위해 필수적이다. 협력적 진로 개발 계획(collaborative career development planning)은 의미 있는 직업 사정 활동들이 실행될 수 있는 구조를 제공하도록 설계되어 있다. 직업 사정 정보가 장기적인 전환 평가 과정에서 수집된 사정 자료와 결합되면, 개인적 강점들과 한계들을 비교하여 적합한 직업을 결정할 수 있는 능력은 극적으로 강화된다.

2) 교육과정 기반 직업사정단계

이제 제시될 7단계 사정 모형은 교육과정-기반 직업 사정(CBVA; curriculum-based vocational assessment)과 공식적인 심리검사 사정들을 비롯한 포괄적 직업 사정의 중요한 요소들을 통합하는 과정으로 학생 능력, 선호사항, 필요사항에 기초한 IEP개발의 필요성을 포함한다.

7단계 직업 사정 모형(Seven-Step Vocational Assessment Model)
1단계: 직업 교육 프로그램을 시작하기 전에 검토되어야 하는 정보 확인하기
2단계: 시작 단계를 위한 자료 수집과 활용 절차 개발
3단계: 구체적 프로그램 계획을 위하여 사정 자료 활용하기
4단계: 직업 교육에서 학생 수행 능력 점검을 위한 정보 확인하기
5단계: 점검 단계를 위한 자료수집과 자료교환 절차 개발하기
6단계: 학교에서 학교 이후 환경으로 학생 전환을 계획하기 위해 검토되어야 하는 정보 확인하기
7단계; 학교졸업과 학교 이후 전환 회의 수행하기

Albright와 Cobb(1988)은 교육과정 기반 직업 사정 모형을 설계했다. 교육과정 기반 직업 사정 모형은 학생, 교육과정, 직업 훈련 환경을 조화시키려는, 그리고 현재와 후속의 직업 배치나 훈련 장소를 사정하기 위해 계속적 자료를 수집의 과정이다. 이 직업 사정 모형은 단순한 검사 이상의 것이다. CBVA접근법은 사정의 3단계 즉, 제 1단계는 한 학생이 직업 훈련 과정에 들어가기 전에 수집되어야 할 정보와 관련된다. 이 단계는 시작 단계로 알려져 있으며, 한 학생을 관심과 적성을 가진 직업 훈련 과정에 배치하기 위해 수집되고 검토되어야 할 정보 유

형들에 초점을 둔다. 제 2단계는 점검 단계로, 한 학생이 직업 훈련 과정에 입학해 있는 시간 동안 수집되고 검토되어야 할 정보 유형에 초점을 둔다. 제 3단계는 전환 단계로, 학교에서 중등과정 후 환경으로 전환계획을 하는 동안 수집되고 검토되어야 할 정보 유형에 초점을 둔다. 7단계 모형에서 위의 세 단계는 CBVA 접근법의 시작 단계에 해당한다.

(1) 1단계: 직업 프로그램 시작 전 정보 확인

CBVA의 시작 단계의 1차 목표는 직업 교육과정에 관련된 정보 뿐만 아니라 학생에 관련된 정보 모두를 확인하는 것이다. 장애 학생들이 ①가장 적절한 직업 프로그램에 배치되고 ②시작 이전에 기초수준 직업 기술을 습득할 기회가 주어지며 ③일단 배치가 일어난 다음 적합한 훈련 지원을 제공받는 것을 보장하는데 필요한 만큼의 적절한 자료를 수집하려는 것이다.

이 목표를 성취하기 위해, 사정 팀은 직업 사정 프로파일에 기록될 수 있는 학생관련 기술 목록을 확인해야만 한다. 직업 사정 프로파일의 정보는 다음의 의료와 행동 자료를 비롯한 학생 개인 정보, 가족 정보, 학습과 생활 및 작업 기술을 비롯한 학생 기술 정보의 요약, 장래 직업과 교육에 관련된 권고사항 등 네 범주 영역들을 포함한다.

위에 제시된 학생 개인 자료에 더하여, 직업 교육과정의 중요한 부분들이 또한 확인되어야 한다. CBVA의 시작 단계 동안 검토될 특징들에는 다음이 포함된다.

- 직업 교육과정이나 프로그램에서 성공하기 위해 요구되는 기초수준의 기술(예: 학습 기술, 행동과 안전 기술, 조작과 신체 기술)
- 평가 선택사항(예: 구두 검사, 필답 검사, 수업 프로젝트들)
- 성적 기준(예: 퀴즈, 검사, 프로젝트, 태도, 출석, 협동 학습, 수료수준의 기술, 노력)
- 교육과정이나 프로그램에서의 학생 성공 가능성을 최대화하기 위한 교육 지원(예: 일반교육 교실에서의 지원, 직업 교실, 특수학급, 지역사회 작업 환경)

직업 교육과정은 지역사회 기반 직업 프로그램에 관한 자료를 수집 할 수 있는 과정으로 작업 경험, 직무 적성검사, 도제 같은 지역사회 기반 직업 프로그램들은 학생들이 교실에서 습득한 직업 능력들을 실제 취업 환경에 적용할 기회를 제공하게 된다. 지역사회 작업 환경에 학생을 배치하는 것은 그 학생의 관심사항과 능력에 대한 신중한 사정 결과에 따라 실행되어야 한다.

학생의 직업적 관심사항들에 대한 사정은 여러 방법으로 평가될 수 있다. 가장 보편적인 방법들 중 한 가지는 여러 가지 직업군들에 대한 관심을 결정하는 직업 관심 목록을 관리하는 것이다. 학생 관심사항들은 또한 학생 면접, 부모 면접, 상황적 직무 적성검사, 그리고 다양한 지역사회 환경들에서 학생 성과와 관찰을 통해 결정될 수 있다.

학생을 적절한 지역사회 작업 환경에 배치하기 위해, 직업적 관심사항들에 대한 검토가 중요하다. 학생들의 적성에 적합한 직업군을 선택하고 지역사회에서 작업 선택사항과 밀접한 관련이 있는 학생의 직업 적성을 사정하는 것은 필수적이다. 직업 적성은 시중에 판매되는 직업 적성 검사들이나 목록들을 이용해서 사정될 수 있다. 작업 샘플 사정, 상황적 직무 적성검사, 학생 자기-보고서 그리고 작업장 관찰을 비롯하여, 추가적인 접근법들이 직업 적성을 결정하는데 사용될 수도 있다. 이 사정 단계 동안 공식적 및 비공식적 사정도구를 통하여 수집되어야 할 질문들에는 다음이 포함된다.

- 학생은 어느 직업군과 직업 프로그램에 가장 관심이 있는가?
- 학생의 관심과 적성에 가장 일치하는 지역사회 작업체험 선택사항은 어느 것인가?
- 학생이 지역사회 기반 일터에 성공적으로 참여할 수 있다는 것을 보장하는데는 어떤 조정이나 특별 지원이 필요한가?

학교와 지역사회 직업 프로그램들에 학생을 배치하기 전에 수집되어야 할 정보 유형을 명확히 하기 위해 교사들은 아래의 활동들을 수행하게 된다.

- 학생 심리 검사자료(예: 관심사, 능력, 학습 양식) 목록 개발
- 학생 행동 자료(예: 안전 기술) 목록 개발
- 학생 의료 및 신체 자료(예: 강점, 직업 과정 배치나 지역사회 기반 작업 경험 이전에 알아야 할 신체적 한계점)의 목록 개발

· 일반교육 교과육정 자료(예: 수학, 읽기, 의사소통, 쓰기 등의 기초적 기술)의 목록 개발
· 일반교육의 교수 자료(예: 검사 선택사항) 목록 개발

사정 인력이 CBVA의 시작 단계 동안 수집되어야 할 학생, 교육과정, 그리고 지역사회 기반 정보의 목록을 생성하면, IEP팀은 정보를 수집하고 교환하는 방법을 결정할 수 있다.

(2) 2단계: 시작단계를 위한 자료 수집과 활용 절차 개발.

효율적인 방식으로 사정 자료 수집이 진행되기 위해서는, 이미 활용한 학생 정보의 범위를 확인하는 것이 필요하다. 성취 점수, 학습능력, 의료와 행동적 문제 등에 관련된 자료는 대개, 학생의 파일에 기록되어 있으며, 추가 사정을 수행하지 않고도 사정될 수 있다. 다른 종류의 학생 자료는 공식적 사정과 비공식적 사정이 완성되자마자 직업사정 프로파일에 기록하면 된다.

1 심리검사를 통한 사정

공식적 검사나 심리검사는 이 단계 동안의 사정 자료 수집 활동의 중요한 형태이다. 심리검사 사정은 직업 관심 조사, 직업 적성 도구, 학습 양식 목록 같은 표준화된 도구들을 가리킨다. 계량심리학적 도구들 대다수가 성인 집단에서 사용할 수 있는 것도 있지만 학령기의 개인들에 대해 규준화된 도구와 또는 새롭게 개발된 도구들이 있다.

학생 선호 학습 양식을 검토하는 것은 이 단계에서 실시해야 할 사정으로 학습 양식(습관)을 알아보는 다양한 종류의 도구들이 생겨나고 있다. 가장 일반화된 도구들 중 하나는 C.I.T.E 학습양식도구로 알려져 있다. 이 목록은 정보 처리에 관련된 다양한 학습 선호사항들을 확인하도록 설계되어 있다. 학습 선호사항의 유형들에는 정보 입력, 정보 통합, 그리고 정보 출력(표현)이 포함된다. Piney Mountain Press에서 출판된, 비교적 새로운 학습 양식 도구인 학습과 작업 학습 양식 목록이다. 이것은 C.I.T.E와 같은 내용에 두 개의 영역들 즉 기후와 작업 특성들을 추가로 포함하여 검사한다. 정보 처리 자료는 교육 계획, 프로그램 배치, 일반교육 수업에서 교수 지원과 관련하여 활용할 수 있고, 기후와 작업 특성 선

호사항들은 학교에서 직장으로 전환 서비스 계획에 추가적인 도움을 줄 수 있다. 적성 및 관심사 사정처럼, 학습 양식 자료 수집은 직업 프로그램 배치 이전에, 그리고 교육 계획 절차와 함께 존재해야 한다.

기존 파일들로부터 해당 자료를 모으고, 직업 관심사, 직업 적성, 학습 양식 특성들을 확인하기 위해 공식적인 심리검사 사정 절차를 수행하는 것에 더하여, IEP팀은 개개 학생 목표들과 부모 기대치들을 결정해야 한다. 이 부분은 개개 학생들과 그 부모들과의 비공식적 면접을 수행함으로써 깊이 있게 다루어 질 수 있다.

2 학생 면접

학생 면접은 자료 수집 과정에서 중요한 연결고리로 일대일 상황에서 학생과 심층 면접을 하는 것이 가장 생산적이다. 면접의 초기에서 학생과 관계를 확립하는 것은 학생의 정확하고 바른 표현을 위해 중요하다. 정확한 자료 기록을 위해, 미리 설계된 설문지에 기록되거나 면접 내용이 녹음되어야 한다는 주장도 있다. 어떤 경우든, 학생도 기록 절차를 인식하고 있어야 한다.

학생 면접이 자유로운 의사교환이 전제되지만 특정 주제들이 포함 되도록 이끌어 가야 한다. 그 주제들은 다음과 같다.

- 장애나 특별한 요구사항에 대한 학생 태도
- 능력 및 강점에 대한 자기 인식
- 직업적 관심사와 활동
- 직업 인식과 경험
- 작업 선호사항과 교실 선호사항
- 교육적 관심과 목표
- 기능적 기술 능력과 요구사항
- 가족과 부모의 걱정거리

3 부모 면접

학생 개인의 목표와 부모의 기대 간에 종종 불일치가 있다. 이 불일치는 가족 내부의 갈등, 분노, 불신의 근원일 수 있다. 이 갈등을 이해하고 해결하도록 돕기 위해, 직업 사정 과정의 일부로서 부모와 의사소통하는 것이 필수적이다. 부모 피드백은 또한 팀이 학생을 위한 현실적인 교육 계획과 전환계획 개발에도 도움을 준다. 다른 사정 자료와 합쳐지면, 중학교 수준에서의 자료는 고등학교 교육계획 개발에 도움을 줄 수 있고, 고등학교의 교육계획은 학교졸업 후 직업훈련이나 취업을 위한 기초 기술을 습득할 수 있도록 연계성을 가진다. 고등학교 수준에서의 부모 면접은 IEP팀으로 하여금 학교졸업 후 프로그램이나 취업 선택사항들, 독립생활 조정, 성인기관 지원, 재정 지원 등과 관련된 필요한 정보를 제공할 수 있게 된다.

4 직업 프로그램 자료

직업 사정 프로파일이 완성 되면 해당 지역 내에서 제공하는 직업 프로그램이나 과정에 관련된 정보를 획득하는 것이 필수적일 것이다. 직업 프로그램들의 기능 중심 지향성 때문에, 진로 교사들이 이 과정에 참여하는 것은 중요하다. 특히 특수교사들과 직업교사들 간의 협력이 이 자료를 수집하기 위한 가장 효과적인 방법이다.

5 지역사회 직업 경험 자료

지역사회 직업 경험이 한 학생의 전체 직업 프로그램의 중요한 부분이 될 수 있기에, 지역사회 직업 선택사항들과 관련된 정보가 또한 수집되어야만 한다. 필수적인 직업준비 기술, 직무 연습 선택사항들, 취업 지원 서비스 등을 결정하기 위해 취업 조사나 고용주 면접이 수행될 수 있다.

6 직업 프로그램 목록

협동 전략의 하나로 직업 프로그램 목록을 실행한다. 이 절차는 사정 팀으로 하여금 직업 프로그램에 관련된 다양한 문제들을 확인하도록 허용한다. 한 집단의 교사에 의해 사용되고 학생에 의해 요구되는 교수 접근법들이 결정될 수 있으며, 이에는 ①교수 방법(교과서, 강좌, 토의) ②교실과 언어전달 구조(소집단, 독립 집단, 대집단) ③시험 형태 ④과제물들 ⑤필요한 학습 기술들 ⑥필요한 행동 기술들 ⑦출석 규칙 ⑧기초 기술 수준이 포함된다.

또 하나의 협동 사정 절차는 특정 직업 프로그램들과 지역사회 기반 직업 환경에 관련된 기초수준 기술의 연관성을 확인하는 것이다. 직업 프로그램 시작 및 지역사회 직업 경험 참여 이전에 시작 단계의 기술을 확인하는 것은 IEP팀으로 하여금 각 프로그램에 대한 학생 준비도를 평가할 수 있게 한다. 직업 사정 프로파일에 기초 수준의 기술들을 서로 비교함으로써, IEP팀은 학생이 아직 습득하지 못한 가장 중요한 기술을 결정할 수 있다. 그 결과, 교수 내용에서 학생들이 직업 프로그램에 배치되거나 지역사회 직업 환경에 참여하기 전에 기초 수준 기술을 습득할 기회를 보장하도록 우선순위를 매길 수 있다. 이 절차는 또한 각 학생이 학교 기반 혹은 지역사회 기반 직업 프로그램에 성공적으로 참여하는 데 필요로 하는 교수적 지원이나 작업장 지원의 유형과 강도를 결정하는데 도움을 준다.

7 수료 수준 기술

시작 단계의 기술수준이 적절한 배치를 결정 하는 것에서 도움이 될 것이지만, 수료 수준의 기술 확인과 기준들에 대한 지식은 IEP팀으로 하여금 프로그램 배치 동안 학생의 진전을 점검할 수 있게 한다.

아래의 활동들은 교사들로 하여금 직업 사정 정보를 수집하는 데 사용할 공식적 · 비공식 절차들을 결정하는 것을 돕도록 설계되어 있다:

- 필수적인 학생 정보를 생성할 공식적 사정 접근법 확인(예: 직업태도 조사와 흥미조사표(Occupational Aptitude Survey and Interest Schedule, OASIS-III), 진로의 사결정 검사(Career Decision Making System), 흥미결정(Interest Determination), 탐색과 사정 검사(Exploration and Assesement System, IDEAS))
- 필수적 학생 정보를 생성할 비공식적 사정 접근법 확인(관찰, 학생 면접)
- 일반교육과정에 관련된 사정을 위해 비공식적 전략 개발(교사 면접)
- 직업프로그램 교수 자료를 얻기 위해 비공식적 전략 개발(고용주 면접)
- 사정 정보가 각 사정 당사자들(학생, 부모, 교사)에게 공유되는 것을 보장할 절차 개발.

(3) 3단계: 직업교육 프로그램 계획에 사정 정보 활용

학업성취 검사처럼 직업 사정 자료도 교육 계획, 프로그램 배치, 그리고 전체 프로그램 개발을 위한 더 튼튼한 근거를 제공할 수 있지만 직업 사정 정보가 수집되어도 사용되지 않는 경우가 종종 있다. 학생·부모·직업 프로그램의 사정정보는 일단 수집되면 여러 방식으로 중요한 가치를 가진다. 이와 같은 자료는 다음의 활동들에 기초를 제공할 수 있다.

- IEP 계획을 위한 직업 목표의 확인
- 학교와 지역사회 프로그램 선택사항에 대한 학생 태도 결정
- 학교와 지역사회 프로그램 선택사항에 대한 학생 관심사항 결정
- 프로그램 시작 이전에 교육의 우선 사항 결정
- 학교와 지역사회 프로그램에 적절한 학생 배치
- 훈련과 작업장 지원 개발

또한 교사에 의해 학생의 진로 교육 프로그램을 계획하는 데 사용할 수 있는 활동들을 살펴보면 첫째, IEP에 필요한 전환 서비스, 현재 성과 수준, 추가적 목표 진술, 교수 목적, 그리고 기관 간 연계성을 진술함에 있어 사정 정보를 이용하라. 둘째, 필요한 관심과 능력에 일치하는 프로그램에 학생 배치하기, 관심과 능력에 일치하는 지역사회 직업 경험 제공하기, 학생들을 고등학교와 연계된 도제 기회 참여시키기 등의 내용을 포함한 프로그램에 학생 배치 활동에 사정정보 활용하라. 셋째, 일반 교육 환경 내에서 적절한 교육과정 조절이 보장되기 위하여 사정 정보를 이용하라. 넷째, 일반 교육 환경 내에서 적절한 교수적 지원이 보장되기 위하여 사정 정보를 이용하라.

(4) 4단계: 직업교육에서 학생 성과점검을 위한 정보 확인

일단 배치 결정이 이루어지고 학생이 특정 직업 프로그램 과정에 입학하면, 직업기반교육과정의 점검 단계가 시작되어야 한다(Albright & Cobb 1988). 이 단계의 1차 목표는 직업 프로그램에서 교실이나 지역사회 환경 내에서 학생 성과를 점검하는 것이다. 각 직업 환경에서 학생 성과를 점검함으로써, 실패 상황이 생기기 전에 잠재적 문제들이 확인되기도 한다. 따라서 문제들이 표면화되면, 학생, 직업교사, 고용주, 그리고 특별히 요구에 적합한 전문가는 협력하여 훈련·작업장 조정이나 프로그램 요건들을 수정할 수 있다. 하지만 학생의 학교나 작업장 조정에도 불구하고 문제의 프로그램을 성공적으로 수료할 수 없음이 결정되면,

대안 프로그램 선택사항들이 IEP팀에 의해 협력적으로 탐구되어야 한다.

이 단계 동안 수집되어야 할 학생 정보는 ①행동 정보 ②학습 정보 ③수료 기준을 향한 향상 등 세 가지 범주로 나뉜다. 이전의 사정 활동들의 결과로, 각 프로그램이나 훈련 과정은 수료 기준들의 목록을 보유해야 한다. 점검을 위한 자료를 확인하기 위해, 사정 팀은 프로그램 자료를 검토하여 참고자료로 이용한다. 예를 들어, 시작 단계의 초기 기술 사정에서 집단별로 작업하는 것이 직업 프로그램 목록에 기록 되었다면 이 기술은 프로그램 참여 전체에 걸쳐서 평가될 것이다. 작업 행동 기술의 샘플 절차는 수료 수준의 기술 기준을 충족시키기 위해 적합한 기술들이다.

지역사회 작업장에서 학생 성과를 점검하는 것 또한 사정 단계에서 수행되어야 할 부분이다. 학생이 지역사회 기반 일터에 참여하므로, 사정은 학생의 고용 과정 동안 수집된 자료에 초점을 두게 된다. 사정 과정에서 이 단계 동안 대답되어야 할 의문들은 다음을 포함한다:

- 학생은 일터에서 어떻게 일을 수행하고 있는가?
- 이 경험을 좀 더 성공적인 것으로 만들기 위해 작업 환경은 어떤 조정이나 편의가 필요한가?
- 지역사회 기반 경험이 좀 더 성공하기 위해 학생은 작업 행동에서 어떤 변화나 수정을 할 수 있는가?

학생이 학교나 지역사회 프로그램에 참여하고 있는 동안 수집되어야 할 정보를 결정하기 위하여 점검되어야 할 내용은 다음과 같다. 학생 행동 확인(안전 등), 학습 진전 영역 확인(읽기, 수학 등), 수업에서 프로그램의 수료 기준 확인(프로젝트 완수 등), 프로그램이나 교육과정의 조정과 지원의 결정(테이프에 담긴 교과서 등), 교수에 필요한 조정 결정(교실 시뮬레이션 등), 지역사회 작업 관련 기술 결정(소비자와의 관계 등), 지역사회 작업장 조정과 지원 결정(작업 코치 배치 등).

(5) 5단계: 학교와 지역사회 환경 점검을 위한 자료수집과 자료교환 절차 개발

학업과 행동 수료 수준 기술 범주들에 대해 개발된 후에는 성과 대조표에 대한 자료 수집과 교환 절차들이 확인되어야 한다. 문서와 양식들을 기록함에 있어서의 실제적으로 변화나 제한점이 없다 하더라도, 자료 수집과 교환 절차들의 효율적이고 전략적인 사용을 위하여 다음의 문제들이 해결되어야 한다.

- 성과 자료는 얼마나 자주 수집될 것인가?
- 누가 학생 성과를 평가할 책임이 있는가?
- 누가 수집된 자료를 관리할 것인가?
- 수업과 작업장 편의를 수정할 책임은 누구에게 있는가?
- 대안적 프로그램을 만들 책임은 누구에게 있는가?

IEP팀이 위의 절차적 결정을 하고 나면, 자료 수집과 교환 전략들이 이행될 수 있다. 점검 단계의 자료 수집 형태는 다음의 것들이 포함된다:

- 수행능력 체크리스트
- 과제 수행 체크리스트
- 학생 진전 차트
- 행동 평정 척도
- 학습 성취 척도

학교와 지역사회 환경에서 학생 성과를 점검하는 방법들에 도움을 주기 위한 활동으로는 일반교육에서 학생 행동 점검을 위한 자료 수집 절차 개발, 일반교육에서 학습 성과 점검을 위한 자료 수집 절차 개발, 수료 기준들을 기초로 학생 진전 점검을 위한 자료 수집 절차 개발, 일반 학급에서 교육과정 조정의 성공을 점검하기 위한 자료 수집 절차 개발, 일반 학급에서 교수적 지원 성공을 점검하기 위한 자료 수집 절차 개발, 지역사회 작업 관련 기술 점검을 위한 자료 수집 절차 개발, 지역사회에서 작업장 편의의 성공을 점검하기 위한 자료 수집 절차 개발 등의 활동들이 있다.

(6) 6단계: 장래 훈련이나 취업 환경으로의 전환을 위한 필수 정보 확인

고등학교를 떠나기 3-4개월 전에 최종 졸업 전환 회의(final exit transition

meeting)에 대한 준비를 시작하는 것이 필수적이다. 졸업 전환 회의 이전에 특정 직업기반 교육과정 수료단계에서 1차로 학생의 학교 이후 전환과 관련되는 정보를 검토하기 위해 수료 전환 회의를 수행한다. 이 수료 전환 회의에서 검토될 주제는 다음의 것들이 포함된다:

- 현재 프로그램에서 학생의 수료 수준의 기준 숙달
- 중등과정졸업 후 연수 선택사항
- 중등과정졸업 후 취업 선택사항
- 성인 지원 서비스의 활용
- 학생의 현재 직업적 관심사
- 학생의 현재 직업 적성
- 성인 생활과 지역사회 이동에 대한 선택사항
- 학생, 부모, 성인 서비스 제공자, 고용주, 교사, 그리고 기타 당사자들에 대한 전환역할과 책임의 명시

한 학생의 장래 교육이나 취업 환경들로의 전환을 준비하는 것을 돕기 위해 필요한 활동으로 중등과정 후 전환 목표들이 유효한지 확인하기 위해 최근의 IEP검토, 중등과정 졸업 후 교육 선택사항들의 목록 검토, 중등과정 졸업 후 취업 선택사항의 목록 검토, 성인 장애인 지원 서비스의 목록 검토, 지역사회에서 독립생활에 필요한 선택사항들의 범위 결정, 지역사회에서 교통 선택사항들의 범위 결정 등이 있다.

(7) 7단계: 학교졸업 이후 전환 회의 수행

최소한 고등학교를 떠나기 4개월 전에 공식적 졸업 전환 회의가 소집되어야 한다. 이 회의는 이전의 모든 직업 사정의 축적된 자료를 통하여 학생 관심사와 능력을 볼 수 있어야 한다. 졸업 전환 회의에는 교직원, 성인 서비스 대표자들, 중등과정 후 훈련이나 고용주 대표자들, 학생, 부모 등이 참석하게 된다. 이 회의의 1차 목표는 학생의 학교에서 성인 생활로 전환 과정의 핵심 당사자들의 역할과 책임에 관련된 최종 결정을 검토하고자 하는 것이다. 2004년의 IDEA 입법은 고등학교 후 성인 서비스가 필요하며, 고등학교를 떠나기 전에 책임들이 확인되

어야 함을 요구한다. 그렇게 하기 위해, IEP/전환 팀은 모든 해당 자료를 검토하여 기존 전환 정보가 여전히 관련이 있는지와 활용 가능한지를 결정해야 한다.

전환 졸업 양식은 학교에서 성인생활로 전환 할 때의 잠재적 문제들의 인식과 또한 고등학교 졸업 후 해당 학생과 함께 계속 작업할 성인 기관들을 확인한다.

성인기로의 성공적인 전환 범위를 결정하기 위해, 학업 후 추적검사 절차들의 시행이 이루어져야 한다. 상담교사와 특수교들은 졸업 후 일년이나 삼년 기반 추적검사 절차들을 권장하고 고등학교 이후 삶을 준비시키는 데 있어서 전환 서비스의 효과성과 관련한 유의미하고 수량화할 수 있는 구체적인 정보를 다른 교사들에게 제공할 수 있기에 강력히 권고된다. 이 정보가 없으면, 학교가 장애 학생들에게 고등학교 이후 삶을 준비시키는 데 있어서의 성공을 측정하거나 혹은 적합한 프로그램으로 변화를 시도하는 것은 어렵다.

하지만 지역교육청에서 장애 학생들의 학교 이후 결과들을 결정할 공식적인 절차와 제도를 갖고 있지 않다면, 추적검사에 대한 책임은 공식 전환계획에 나타나 있어야 한다. 또한 문제가 우려되는 부분에 대한 모든 역할들과 책임들이 '기관 책임 진술'과 '연계된 전환 문서'에 규정되어 있다.

교직원, 학생, 부모, 교사, 성인 서비스 제공자, 고용주 등에 대한 당사자 책임들을 명확히 밝히는 것을 도와 줄 수 있는 활동으로 학교 이후 전환 과정의 참여자들의 역할과 책임을 기록할 졸업 전환 양식 개발, 학교 이후 졸업 전환계획 과정에 참여 할 핵심 당사자들의 목록 개발, 최종적인 졸업 전환 회의에서 책임에 대한 시기 개발, 고등학교 졸업 후 최소한 1년 후에 실시될 학생용 추적검사 개발 등의 활동이 포함된다.

요약컨대, 직업 사정은 포괄적 전환 평가의 제일 중요한 부분이다. 직업 사정은 프로그램 진행 기반으로 IEP팀에 의해 다루어져야 하는 장기 과정이다. 다양한 직업 사정 접근법들이 이 장에서 기술되었다. 여러 가지 직업 사정 자료의 다양한 활용은 IEP 팀이 학교 이후 중요한 전환 주제들을 단일 직업 사정에만 의존할 수는 없기 때문이다. 심리검사를 통한 사정, 교육과정(프로그램) 기반 직업 사정, 학생과 부모 면접, 그리고 기준 축적 자료의 결과로 모아진 정보는 모두 직업 사정과 전환계획 과정에서 중대한 역할을 한다. 포괄적 직업 사정 정보는 적절한 프로그램 배치, 직업훈련과 프로그램 과정 조정의 개발, 작업장 편의 개발, 직업 환경과 지역사회 환경에서의 학생 성과 점검, 졸업생 전환을 위한 IEP

개발의 내용들이 활용될 수 있다.

그리고 직업 사정은 매년 지속적으로 수행하도록 권고하고 있으며 가능하면 사정자료를 학년별로 계속적으로 체계적으로 파일화 하기를 권장한다. 이 체계적인 과정을 통해, IEP팀은 전환계획을 위한 깊이 있고 유용한 정보를 제공받을 것이다. 학업 후 추적검사의 심층 보고서들은 포괄적 직업 사정 활동들이 학생의 학교이후 전환결과에 영향을 미친 범위를 확인할 수 있게 할 것이다(Harvey 2002).

직업사정프로파일

프로파일 완성한 날짜: ______________________________

파일을 만든 사람 : ______________________________

I. 신상 정보

1. 이름 : ______________________________
2. 생년월일 : ______________________________
3. 주민번호 : ______________________________
4. 주소 : ______________________________
5. 전화번호 : ______________________________
6. 학교 지역구 : ______________________________
7. 중요한 학교 접촉인 : ______________________________
8. 예정된 졸업 년도 : ______________________________
9. 장애(해당하는 것을 모두 체크하세요)

   (　　) 지적/인지 장애　　(　　) 행동 장애
   (　　) 경도장애　　(　　) 언어 장애
   (　　) 경계선 장애　　(　　) 신체 손상
   (　　) 뇌 손상　　(　　) 다른 건강 장애
   (　　) 자폐증　　(　　) 학습 장애
   (　　) 청각 장애　　(　　) 시각 손상
   (　　) 기타 ____________________

10. 시각/청각 장치(해당부분 체크)

   (　　) 듣기 보조
   (　　) 안경 종류
   (　　) 점자
   (　　) 그 외 다른 것____________________

11. 신체적/건강의 제한

   의료적, 알레르기, 되풀이 되는 건강문제, 신체적 한계 또는 제한점에 관한 부가적인 정보목록

   ____

12. SSDI(수입) 적용(해당부분 체크)

   (　　) 받기: 매달 액수____________________
   (　　) 완성하기, 기다리기, 결정하기
   (　　) 적용하지 못함

   다른 방법의 수입과 액수 :

   ____________________ 액수____________________ /매달
   ____________________ 액수____________________ /매달
   ____________________ 액수____________________ /매달

13. 부가적인 정보(모든 해당사항 체크)

   (　　) 신체검사 날짜 : ____________________
   (　　) 심리검사 날짜 : ____________________
   (　　) 가장 최근의 IEP/전환계획일 : ____________________
   (　　) 가장 최근의 재점검 날짜 : ____________________

Ⅱ. 주거/가사 정보

1. 가족(부모 또는 보호자) 주소(학생과 다르다면)

____

2. 전화 번호 : ______________________________

3. 이름, 나이, 가족 구성원의 관계

1) 나이: 관계:

2) 나이: 관계:

3) 나이: 관계:

4) 나이: 관계:

5) 나이: 관계:

4. 주거 형태(해당 사항 모두 체크)

( ) 친부모님과 함께 집에서 생활

( ) 보호자와 함께 생활

( ) 배우자와 생활

( ) 다른 형태(특별히) ______________________

5. 가족 지원

학생의 가족이 아래 영역과 관련하여 도움을 줄 수 있는 범위 평가

아래 영역의 (1)최소한 도움이나 없음. (2)약간의 지원 (3)전체적 지원

( ) 재정적 ( ) 가정생활 ( ) 교통

( ) 교육 ( ) 일/교육

6. 이웃과 지역사회에 대한 설명

7. 집 인근의 일반적인 고용형태

8. 교통기관 이용

9. 가족과 친구 사이의 잠재적 고용

Ⅲ. 학생 기술 요약(개요만 첨가함)

1. 능력과 관련된 일에 대한 설명

2. 직업적 흥미에 대한 설명

3. 경험과 관련한 직업에 대한 설명

4. 여가/레크레이션 관련 흥미/취미에 대한 설명

5. 질적인 고려사항 : 척도에서 학생/가족을 위한 중요도

(1)중요하지 않음 (2)다소 중요함 (3)매우 중요함

( ) 비장애 동료와 상호작용하는 기회

( ) 높은 임금 기회

( ) 건강관련 지원 기회

( ) 휴가와 병원진료비 받을 기회

( ) 장기 고용을 위한 잠재력

( ) 지원 고용을 위한 기회

( ) 이동에 대한 접근성

조언 : ____

____

6. 구직기술(해당 사항은 모두 체크)
( ) 자신의 직업 흥미와 기술에 대한 설명 ( ) 지원 필요
( ) 인터뷰 요약 활용하기 ( ) 지원 필요
( ) 직업 구하는 방법 가르치기 ( ) 지원 필요
( ) 직업 인터뷰 기술 연습과 스스로 인터뷰 하기 ( ) 지원 필요
( ) 과거 직업 경험 설명 ( ) 지원 필요
( ) 서류 양식 완성하기 ( ) 지원 필요
( ) 이력서 준비 ( ) 지원 필요
( ) 그 외 다른 것 : 특별하게 ____________________
____________________ ( ) 지원 필요

구직기술에서 학생에게 도움이 필요한 영역의 지원에 대하여 설명하라.

____

____

7. 작업-수행능력 기술(해당 부분 모두 체크)
( ) 도착, 약속 어김, 정확한 시간에 떠나기 ( ) 지원 필요
( ) 필요할 때 초과작업 달성 ( ) 지원 필요
( ) 직업적 요구에 적응 ( ) 지원 필요
( ) 할당 완수와 시간내 목표 달성 ( ) 지원 필요
( ) 직업을 위한 독립적인 이동 ( ) 지원 필요
( ) 이전에서 새로운 과제로 원만한 전환 만들기 ( ) 지원 필요
( ) 자신의 작업에 대한 체크와 수정 ( ) 지원 필요
( ) 회사의 규율/절차 따르기 ( ) 지원 필요
( ) 아플 때 도움 청하기 ( ) 지원 필요
( ) 짜여진 작업 스케쥴 따르기 ( ) 지원 필요
( ) 그 외 다른 것 : 특별히 ____________________
____________________ ( ) 지원 필요

작업 수행력 기술에서 학생에게 도움이 필요한 영역의 지원에 대하여 설명하라.

____

____

8. 다른 작업 수행력(해당부분 모두 체크)
( ) 지시 따르기 ( ) 지원 필요
( ) 도움 요청하기 ( ) 지원 필요
( ) 다른 사람과 함께 일하기 ( ) 지원 필요
( ) 고객에게 바르게 대하기 ( ) 지원 필요
( ) 그 외 다른 것 : 특별히 ____________________
____________________ ( ) 지원 필요

다른 작업 수행력에서 학생에게 도움이 필요한 영역의 지원에 대하여 설명하라.

____

____

9. 직업에 필요한 부가적인 지원/적응은 무엇인가?

____

____

10. 이동 기술(해당 부분 모두 체크)
( ) 대중교통 사용 가능 ( ) 지원 필요
( ) 택시 사용 ( ) 지원 필요
( ) 오토바이 사용 ( ) 지원 필요
( ) 노선과 버스 스케쥴 사용 ( ) 지원 필요
( ) 정확히 목적지에 도착 ( ) 지원 필요
( ) 그 외 다른 것 : 특별히 ______________________
______________________ ( ) 지원 필요
이동기술 영역중 학생에게 어떤 부분에서 도움이 필요한지 설명하라
____
____

11. 건강과 안전 기술(해당 부분 모두 체크)
( ) 안전과 경고 상징그림 인식 ( ) 지원 필요
( ) 자신에 대한 바른 약물치료/복용의 관리 ( ) 지원 필요
( ) 안전한 생활 따르기 ( ) 지원 필요
( ) 위험에 대한 반응 ( ) 지원 필요
( ) 의료적/치과적 주의와 관리 ( ) 지원 필요
( ) 그와 다른 것 : 특별히 ______________________
______________________ ( ) 지원 필요
건강과 안전 기술 영역중 학생에게 어떤 부분에서 도움이 필요한지 설명하라
____
____

12. 식생활 계획(해당 부분 모두 체크)
( ) 진열 방법 ( ) 지원 필요
( ) 준비된 음식 받기 ( ) 지원 필요
( ) 영양가 음식 준비하기 ( ) 지원 필요
( ) 식료품 구입 ( ) 지원 필요
( ) 그 외 다른 것 : 특별히 ______________________
______________________ ( ) 지원 필요
식생활 계획 영역 중 학생에게 어떤 부분에서 도움이 필요한지 설명하라
____
____

13. 돈 관리(해당 사항 모두 체크)
( ) 최상의 구매를 지속적으로 할 수 있음 ( ) 지원 필요
( ) 상품 가격을 정확히 지불함 ( ) 지원 필요
( ) 저축 서비스와 계좌 사용 ( ) 지원 필요
( ) 수표에 바르게 서명 ( ) 지원 필요
( ) 수표장의 잔고 ( ) 지원 필요
( ) ATM 기계 혼자서 사용 가능 ( ) 지원 필요
( ) 그 외 다른 것 : 특별히 ______________________
______________________ ( ) 지원 필요
돈 관리 영역 중 학생에게 어떤 부분에서 도움이 필요한지 설명하라
____
____

14. 레크레이션/여가 활동

학생이 평소에 활동하는 레크레이션과 여가생활의 목록을 적어라

____

____

학생이 참여 하기를 좋아하는 레크레이션과 여가활동 목록을 적어라

____

____

15. 기초학습 기술(읽기, 쓰기, 계산능력)(해당사항 체크)

( ) 스스로 간단한 수학계산 ( ) 지원 필요
( ) 문제 해결을 위한 수학계산 ( ) 지원 필요
( ) 컴퓨터/소프터 웨어 사용 ( ) 지원 필요
( ) 효과적으로 키보드 사용 ( ) 지원 필요
( ) 문장완성 하기 ( ) 지원 필요
( ) 스스로 전환번호부 사용 ( ) 지원 필요
( ) 스스로 학습 기술 사용 ( ) 지원 필요
( ) 신문이나 책 일기 ( ) 지원 필요
( ) 이해하면서 읽기 ( ) 지원 필요
( ) 그 외 다른 것 : 특별히 ______________________________ ( ) 지원 필요

기초학습 기술 영역 중 학생에게 어떤 부분에서 도움이 필요한지 설명하라

____

____

16. 유용한 시간(해당부분 체크)

( ) 정확하게 유용한 시간 ( ) 지원 필요
( ) 자신의 스케쥴에 따르기 ( ) 지원 필요
( ) 즉흥적인 필요에 따르기 ( ) 지원 필요
( ) 그 외 다른 것 : 특별히 ______________________________ ( ) 지원 필요

시간 관리 영역 중 학생에게 어떤 부분에서 도움이 필요한지 설명하라

____

____

17. 의사소통 기술(해당 사항 체크)

( ) 명확한 영어 말하기 ( ) 지원 필요
( ) 명확한 영어 보다는 다른 언어 말하기 ( ) 지원 필요
( ) 그 외 다른 것 : 특별히 ______________________________ ( ) 지원 필요

의사소통 기술 영역 중 학생에게 어떤 부분에서 도움이 필요한지 설명하라

____

____

18. 사회적 상호기술(해당 부분 체크)

( ) 기본적인 요구사항 의사소통 ( ) 지원 필요
( ) 듣고 지시 따르기 ( ) 지원 필요

(   ) 부정적인 또래 압력 저지하기 (   ) 지원 필요
(   ) 대화의 시작, 유지, 마무리하기 (   ) 지원 필요
(   ) 괴롭힘과 부정적인 말 효과적으로 다루기 (   ) 지원 필요
(   ) 효과적으로 전화 사용하기 (   ) 지원 필요
(   ) 예의 바르게 감정 표현하기 (   ) 지원 필요
(   ) 그룹 활동에서 협력과 책임 (   ) 지원 필요
(   ) 다른 사람의 사생활과 재산 존중 (   ) 지원 필요
(   ) 상대방 주제 인식과 대처하기 (   ) 지원 필요
(   ) 바른 결정 만들기 (   ) 지원 필요
(   ) 필요할 때 다른 사람 조력 (   ) 지원 필요
(   ) 계획과 결정 따르기 (   ) 지원 필요
(   ) 분노 관리하기 (   ) 지원 필요
(   ) 상황 변화에 적응하기 (   ) 지원 필요
(   ) 어려움에서 적절하게 역할하기 (   ) 지원 필요
(   ) 애정에 적절하게 반응하기 (   ) 지원 필요
(   ) 레크레이션과 여가활동에 참여하기 (   ) 지원 필요
(   ) 권위있는 사람과 상호작용하기 (   ) 지원 필요
(   ) 친구와 가족에게 편지 쓰기 (   ) 지원 필요
(   ) 그 외 다른 것 : 특별히 ______________________

______________________________ (   ) 지원 필요

사회적 상호작용 기술 영역 중 학생에게 어떤 부분에서 도움이 필요한지 설명하라

____

____

Ⅳ. 예견/조언

학생의 장래 학습 과정 또는 장래 고용에 관하여 잠정적인 예견내용을 제시하라.

____

____

____

졸업 전환회의 : 기관간의 책임

학생 이름 : ______________________ IEP 날짜 : __________

학교 : ______________________ 주민번호 : __________

졸업 예정일 또는 프로그램 종료일: __________ 생년월일 : __________

IEP 위원회 구성원 : __________ __________ __________ __________

교사 부모 학생 관리 책임자

__________ __________ __________

이름 기관 이름 기관 이름 기관

		책임					
		부모/보호자/학생		학교		지역기관 목록	
전환요구	배치, 서비스 다른 선택을 위한 조언	활동	날짜	활동	날짜	활동	날짜
1.재정/보장 수입							
2.직업훈련/배치/중등 이후 교육							
3. 안전한 생활보장							
4.적절한 개인관리							
5.이용하고 싶거나 좋아하는 레져/여가 활동							
6.효과적인 전환 시스템							
7.의료 서비스 조항							
8.나이와 연관된 보호/법적 서비스활용							
9.적절한 개인/가족 관계							
10.대학생활에서 교수적 지원							

프로그램 조사

조사지 기록자 : ______________________ 날짜 : ________________

프로그램 제목 : ______________________ 지도자 : ________________

교재 : __________________________ 읽기 수준 : ____________

지도자의 교수선택 기능

주로 가르치는 방법은 아래와 같다 : 1=매일 2=가끔씩 사용 3=전혀 사용안함

정보 투입(수업 방법)		**정보 출력**	
(정보 자원)		(과제)	
________	교과서	________	워크 시트
________	노트	________	간단한 용지
________	강의	________	주기적 용지사용
________	토론	________	구두 과제
________	인터넷	________	그룹 토의
________	비디오	________	서술
________	컴퓨터	________	작문 과제
________	컴퓨터 디스크	________	포트폴리오
________	오디오 테잎	________	토론 발표
________	슬라이드	________	단어문제/수학
________	시뮬레이션	________	예술적 표현
________	그 외 다른 것	________	그 외 다른 것
(교수의 구조)		(시험 형식)	
________	교사 - 직접지도	________	간단한 대답
________	독립적이인	________	수필
________	소그룹	________	다양한 선택
________	또래 학습	________	구두 시험
________	일대일 성인지도	________	맞다/틀리다
________	전체 집단	________	논술
________	그 외 다른 종류________	________	온라인
		________	단어문제/수학
		________	그 외 다른 종류

중요한 선택____

____

별도의 믿을 만한 선택____

____

가정학습의 요구사항____

____

구성 방법____

____

출석 방법____

____

행동 방법____

____

프로그램을 위한 교과과정 요구사항
이 프로그램을 참가하는 과정에서 학생에게 가장 중요한 기술을 체크하라

참가 수준 기술

____________ 직접 지도
____________ 안전 기술
____________ 친절한 배려
____________ 주의집중
____________ 과제 지구력
____________ 혼자서 일하기
____________ 구두 표현
____________ 사회적 기술
____________ 집단적으로 일하기
____________ 철자
____________ 수학/계산 기술
____________ 노트 필기
____________ 키보드
____________ 예술적/그림
____________ 측정
____________ 개인적 연구
____________ 문제 해결
____________ 그 외 다른 것 ____________

교수 지원 선택(교실내)

____________ 교과서 테이프
____________ 보조 공학
____________ 선택형 시험
____________ 노트 필기
____________ 줄긋기
____________ 시험 준비
____________ 과제 도와주기
____________ 컴퓨터 보조학습
____________ 연구지원
____________ 공부 안내
____________ 그 외 다른 것

학생중심 자료/학생 인터뷰 양식

(수정된 질문 - 능력에 관련된 질문 선택)

이름 : ______________________ 날짜 : ______________________

주소 : ______________________ 학년 : __________ 나이 : __________

Ⅰ. 특별한 요구에 대한 태도

1. 당신이 가지고 있는 장애 특성과 특별한 요구는?
2. 당신의 장애와 특별한 요구에 의해 어떤 한계를 가지게 되는가?
3. 특별히 요구되는 프로그램이 있는가? 어떤 것? 이유는?
4. 이 프로그램에 대한 당신의 느낌은 어떤가?
5. 당신의 가족과 친구는 그것에 대하여 어떻게 생각하고 있는가?

Ⅱ. 능력/장점

6. 당신이 좋아하는 일은 어떤 것인가?
7. 당신이 잘하는 일은 어떤 것인가?
8. 사람들이 어떤 것으로 당신을 칭찬하는가?

Ⅲ. 흥미와 활동

9. 당신은 여가시간에 무엇을 하는가? 스포츠, 취미생활, 교회생활?
10. 당신은 가정에서 직업을 가지고 있는가? 어떤 직업인가?
11. 당신이 좋아하고 잘할 수 있는 직업은 어떤 것인가?
12. 당신이 생각하기에 현실적으로 좋아하지 않는 직업은? 이유는?
13. 당신은 돈을 어떻게 사용하는가?

Ⅳ. 직업과 진로 인식

14. 돈을 벌기 위해 당신은 어떤 일을 하는가?
15. 당신은 5년 동안 스스로 한일은 어떤 것인가?
16. 당신이 관심있는 분야에서 3가지 유용한 직업 이름은?
17. 직업 안내를 찾는 방법은 무엇인가?
18. 고용주가 누군가를 고용했을 때 추구하는 것은 무엇인가?
19. 사람들이 직장에서 해고 당하는 이유는 무엇인가?
20. 고용주가 당신에 대하여 좋아하는 점은 무엇인가? 싫어하는 점은?

Ⅴ. 일과 학습 능력

21. 당신이 가장 잘 배우는 것은 무엇인가?
22. 당신이 가장 좋아하는 선생님은 누구인가? 이유는?
23. 당신은 혼자서 또는 집단속에서 일하는 것을 좋아하는가?
24. 직장에서 대부분 시간을 앉아 있는지 아니면 주변을 움직이는가?
25. 당신은 일할 때에 내부에서, 외부에서, 양쪽 다를 원하는가?
26. 추운곳, 더운곳, 젖은곳에서 일할 때의 느낌은 어떤가? 어느 곳이 위험하다고 생각하는가?
27. 돈 계산 같은 수학 계산의 직업에 대하여 어떻게 생각하는가?
28. 당신이 함께 일하고 싶지 않는 사람은 어떤 부류인가?

Ⅵ. 교육적 관심

29. 당신이 좋아하는 수강과정은 어떤 것인가? 싫어하는 과정은?
30. 당신은 현재나 나중에 직업훈련에 등록하기를 원하는가? 어떤 종류?
31. 어떤 반, 여기에서 ________, 훈련에 도움을 줄 것이다(관심있는 직업영역).

Ⅶ. 기능적인 기술

32. 당신이 직업을 가지고 독립적으로 살아간다면 매달 월급을 사용하는 것에 대한 생각은 어떤가?
33. 당신은 전화를 사용할 수 있는가? 비상벨은 사용할 수 있는가?
34. 당신이 직업을 가지고 있다면 일의 보수는 얼마인가? 운전은 할 수 있는가?
35. 당신은 스스로 쇼핑을 할 수 있는가? 당신은 무엇을 구입하는가?
36. 저축을 한다면 얼마를 하는가?

Ⅷ. 가족

37. 당신의 일에 대하여 부모님의 생각은 어떤가?
38. 가족은 당신을 신뢰하는가?
39. 가족이 당신에게 정해준 책임의 종류는 무엇인가?
40. 부모님이 말하고 가족이 당신에게 원하는 것은 무엇인가?

10
진로발달 사정

이 장에서는 진로교육과 지도에 관한 내용과, 진로발달과 진로사정, 직업재활의 과정에 관해서 살펴본다.

1. 진로교육과 지도

1) 진로교육의 개념

1960-1970년대 중등학교 교육 프로그램의 직업훈련이 많이 논의된 시기를 거쳐 1970년대 직업교육 프로그램의 선택권에 대한 것을 중점적으로 지적하면서 새로운 진로교육 운동이 전개되었다. 진로교육은 직업 교육의 협소한 직업 준비 접근 방법에 대한 대안으로 고려되었으며, 고등학교 교육의 일반적인 교육과정에 연관된 문제에 대한 응답이었다. 즉, 일반 교육은 기본적으로 최소한의 졸업 요구사항인 교육과정이며, 대학 준비과정이나 직업교육 이외 교육내용을 포함하고 있다. 이렇게 해서 필요성이 부각된 진로교육을 어떤 이는 직업 교육이라 하고 진로교육을 낡은 개념에 새롭게 단장 시켜 놓은 것이라고 생각하는 등 이러한 다양한 해석은 진로교육의 정확한 본질로 이끄는데 혼란을 초래했다.

진로교육(career education)의 정의를 살펴보면 Sidney Marland(1974)가 Houston에서 학교 행정가들에게 행한 한 연설에서, 최초로 제시된 것으로, 직업 교육에 관한 국가 자문 위원회의 구성원에 의해 태동되었다.

나는 진로교육(Career Education)이 그것 자체로서 매우 중요한 만큼 단지 직업 훈련이라는 생각을 가지고 말하지 않는다. 진로라는 말은 훨씬 더 넓은 함의-계속되는 성장과 전진으로-를 가진다고 말하고 싶다. 진로는 '모든' 욕구에 서비스를 제공하기 위해 만들어 질 수 있는 교육을 의미한다. -우선적으로 가르치는 것, 작업세계의 기술과 상세한 교수 … 중략 … 그러나 진로교육은 직업적 기술을 뛰어 넘어야만 한다. … 중략 … 가장 넓은 의미에서 진로교육이 뜻하는 것은 - 진로는 국가의 학교 안, 가정과 사업, 정부 사무실, 아마도 길거리를 향하여 수행되어지고 있는 학습과정이라고 예견하는 그러한 방법이다. 왜냐하면 교육적인 많은 것들이 실제로 거기에서 이루어지고 있기 때문이다(Marland, 1974, p. 1).

Marland가 '진로교육'의 개념을 도입했을 때 그것을 넓게 즉 단지 생계수단을 위한 준비뿐만 아니라, 생활 그 자체에 관해 배우는 방법이라고 규정했다. 그것은 기존의 직업훈련과는 상당히 다른 의미가 있다.

또한 Hoyt(1975)는 진로교육을 "사람의 생활 방식의 한 부분으로서 직업에 종사하는 것을 배우고 준비해 나가는 경험의 집합체"로 정의하였다(p. 4). 그는 직업을 "자기 자신과 다른 사람들을 위하여 스스로 이익 추구를 목표로 하는 의식적인 노력으로 정의하였다(p. 3). 이러한 문맥에서 진로교육은 Marland가 설명한 것처럼 생활의 전부나 삶의 근원적 이유설명에는 미흡하지만 급여를 받는 고용보다는 분명히 한차원 높은것으로 개념화되었다.

Hoyt(1977)는 '진로교육'을 '개인으로 하여금 각자 의미 있고, 생산적이고, 만족스러운 삶의 방식의 일부로서 일을 만드는데 필수적인 지식, 기술, 태도를 획득하고 활용하는 것을 도울 수 있는 방식으로 광범위한 지역사회의 교육에 맞추려는 노력이다'라고 그가 1975년에 내린 정의를 재개념화 시키면서 기존의 직업교육과는 다른 개념으로 진로교육을 규정했다(Hoyt, 1977, p. 5). 그는 일이라는 용어의 사용을 "주어진 업무의 본질이 아니라 개인에 의해 이기주의적으로 결정되는 것"으로 분명히 하였다.

진로교육 개념 규정자들은 진로교육을 개체의 생활 속에서 이루어 질 수 있을 것 같은 개인의 역할에 초점을 둔 교육으로 정의한다. 여기에는 학생과 유급노동자와 레크레이드, 가족구성원, 시민 및 연금생활인으로서의 역할이 포함되어야 하고, 따라서 진로교육은 이러한 역할들에 참여하기 위한 방법을 배우기 위해 수행하는 모든 것으로 간주해 기존의 직업교육의 개념이 확대되었다 할 수 있다.

이처럼 1960년대의 직업교육이 1970년대 진로교육으로 중등단계의 교육프로그램의 이동에 따른 선택의 폭이 넓어지고 사회 성인으로서 살아가기 위한 다양한 역할을 담당하는 생활중심훈련으로 패러다임이 옮겨왔으며 진로교육체제도 전환교육 측면에서 더욱 복잡해져 가고 있다.

2) 진로지도의 기본원리와 방법

진로란 개인의 일생에서 하는 일의 총체라고 할 수 있다. 따라서 진로교육이란 학교체제 내에서 일과 직업세계가 중심이 되는 의도적 · 계획적 · 체계적인 교육을 통하여 학생들이 장차 미래의 직업세계에 종사할 진로를 인식 · 탐색하여 이를 합리적으로 선택 · 준비 · 결정할 수 있는 적합한 능력을 길러주는 종합적인 교육활동을 말한다. 진로교육의 넓은 의미는 직업교육이며 직업적성교육이라 할 수 있다.

진로교육의 구체적인 내용은 ①직업적 역할과 자아인식 ②일의 세계에 대한 인식 ③일에 대한 적극적이고 긍정적인 태도 ④의사결정 능력의 함양 ⑤원만한 인간관계 기술 습득 ⑥일과 직업의 경제적 측면 이해 ⑦교육과 일의 세계와의 관계 인식 ⑧ 가정, 학교, 지역사회의 연계체제 수립 ⑨계속교육의 강조 등이다(김충기, 1989).

진로교육의 내용은 장애별, 수준별 특성에 따라 다양하게 구성되어야 한다. 결국 진로교육은 전인교육을 수행하는 방편으로서 장래생활의 준비를 위한 미래지향의 실천적 교육으로, 누구나 타고난 잠재능력을 최대한 개발시켜 직업인으로서 충실한 일을 수행하도록 적절한 교육과 지도를 실시하여 평생 동안 삶의 보람과 긍지를 느끼며, 참된 인생을 보내면서 자아실현을 도모하는 인간을 육성하는 데 있다.

진로지도시 고려되어야 할 점은 특히 ①개인차의 원리 ②직업적 적응성의 원리 ③직업의 변화성과 유연성 ④직업선택의 자유성 ⑤개성발휘의 지원 등 다섯 측면이다.

일반적으로 진로지도는 다음과 같은 방법에 의해 전달될 수 있다.

첫째, 인쇄매체를 통하여 학생들에게 진로정보(career information)를 제공하는 방법이다. 교육, 직업 및 개인 사회적 정보를 포함하는 진로정보는 생활지도활동의 필수적인 요소이기도 하며 가장 전통적인 방법이다.

둘째, 기타 매체를 이용하는 방법이다. 각종 시청각 매체를 통하여 직업정보를 제공하고 필요한 직업적 행동을 길러줄 수 있다. 게시판이나 전시, 교육용이나 상업용 텔레비전, VTR, 슬라이드, 줄사진, 영화, 마이크로필름을 통하여 직업에 대한 인식을 하도록 직업의 종류와 내용을 소개하는 일이다.

셋째, 강연회, 토론회, 생업의 날(career day) 또는 수업활동을 각종 직업에 대한 인식이나 태도형성에 활용하고 진로지도에 대한 내용으로 강조된다.

넷째, 면담(interview)이나 상담(counseling)을 통한 방법이다. 학생들이 궁금해하는 구체적인 내용과 이미지의 세계에 대한 탐색활동을 전문가인 상담자나 진로담당교사와의 대화를 통하여 이해한다. 이 상담에는 내담자로 하여금 선택이나 의사결정에 포함되는 요소들을 이해할 수 있도록 도와주는 데 초점을 둔다.

다섯째, 모방하기(simulation)에 의한 방법이다. 게임이나 역할극(role-playing) 등의 탐색활동을 통하여 다양한 직업에 대한 간접경험을 제공하여 직업에 대한 인식을 새롭게 하며, 자기의 능력이나 흥미, 적성에 부합되는 것인가를 깨닫게 해주는 역할이 작용된다.

여섯째, 견학(field) 방법이다. 학교현장에서 이루어질 수 없는 직업교육에 대한 내용을 실제로 보여주기 위하여 공장이나 회사, 기업체 등 산업기관을 돌아보면서 필요한 직업정보나 교육정보를 얻게 된다.

일곱째, 학교교육과정을 통한 전달방법이다. 유치원부터 고등학교 과정에 이르기까지 진로교육을 발달단계에 따라 알맞게 단계별로 직업의 세계를 이해하도록 한다.

여덟째, 현장실습의 방법이다. 학생들로 하여금 진로시간에 배운 직업군 중에서 흥미와 적성에 알맞은 직종을 택하여 직접 현장에 나가 일해 봄으로써 일에 대한 구체적인 정보를 획득할 수 있다.

아홉째, 컴퓨터의 이용에 의한 방법이다. 자료나 진로정보를 컴퓨터에 수록해 두었다가 필요한 때에 적당한 형태로 찾아쓰는 자료처리 도구로써 이용될 수 있다.

열째, 진로상담에 의한 방법이다.

3) 진로지도의 계열과 전개과정

(1) 진로교육의 계열

진로교육은 발달적 개념에 기초를 두고 있으며 진로교육의 다섯 단계, 즉 진로인식, 진로탐색, 진로지도, 진로준비, 추수지도는 적당한 학력수준과 일반적 특성에 따라 진행된다.

① 진로인식(취학 전): 자기인식, 직업적 역할, 사회에서의 일의 역할, 사회행동, 책임 있는 행동.

② 진로탐색(초등학교): 자기와 직업세계에 관계된 기초적 기술과 개념 개발, 직업에 관한 지식 결정 기술.

③ 진로지도(중학교): 보다 나은 직업지식 개발, 직업역할 평가, 직업의 심리적 관점과 사회적 지식 개발, 자아개념 정화, 수용할 수 있는 사회적 행동의 실현, 진로계획을 위한 기초적인 경제적 요구 이해.

④ 진로준비(고등학교): 직업세계에 들어가기 위한 지식의 실현, 윤리적인 직업행동, 작업과 관계된 사회적 심리 적용의 이해.

⑤ 추수지도(대학, 견습생, 직업적-기술적 학교): 흥미-태도의 깊은 탐색에 의한 직업선택의 재확인, 보다 나은 대인관계, 지식, 전문적 직업기술 개발.

(2) 진로지도의 전개과정

진로지도의 전개과정은 대체로 ①자기이해 ②직업세계의 이해와 경험 ③진로와 학습 ④의사결정 ⑤직업준비 ⑥직업의 확정 ⑦생산적인 직업인 등의 순서로 이루어진다.

4) 진로교육 모델의 전개

진로교육은 단순히 직업교육을 지칭하는 또 다른 용어가 아니라 삶의 모든 역할과 사건들에 대해 인간을 성장시키고 개발시키는 데 초점을 맞춘 교육이다. 진로교육의 단계와 진로모델의 특징 및 모델 몇 가지를 살펴본다.

(1) 진로교육의 단계

정신지체인을 비롯한 장애인 및 정상인들의 진로·직업교육에 필요한 기초자료 제공을 위해 진로교육모형을 몇가지로 살펴본다.

미국의 교육성의 진로교육모형(U.S Office of Education: USOE 모형, 장석민, 홍영란, 1985) 바람직한 진로 발달 단계에 부합하는 기본 요소들을 포함하도록 구성되어 있다. 그림 10-1에서 볼 수 있듯이 이 모형은 진로 발달 과정을 ①진로인식 ②진로 탐색 ③진로 준비 ④진로 전문화 등의 단계로 구분하여 각 단계에 맞는 진로교육 내용을 제시하고 있다(D. L. Jesser, 1976).

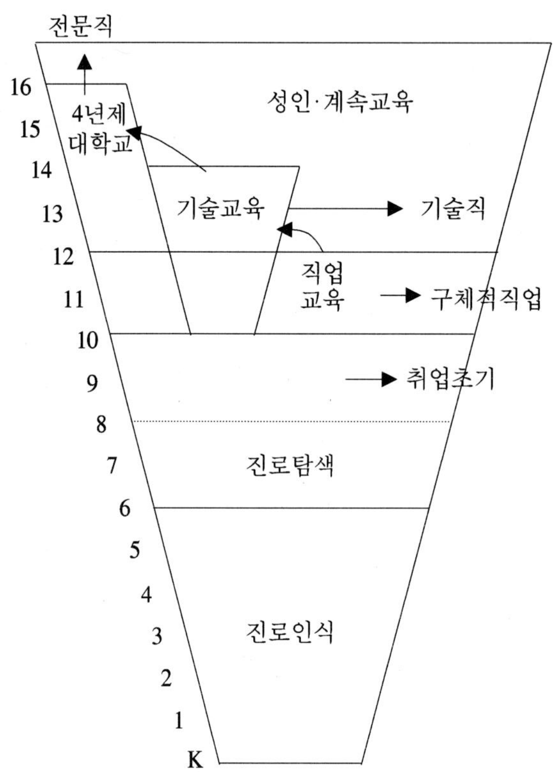

[그림 10-1] USOE 모형

출처 : 조인수, 강위영, 정대영(1993). **직업재활과 지원고용**. 서울: 도서출판 성원사.

[1] **진로 인식 단계:** 진로 인식 단계(career awareness stage)는 유치원에서부터 초등학교 6학년까지의 시기를 포함한다. 이 시기의 학생들은 일과 직업의 광범위한 세계를 인식하게 되며 자신과 일, 그리고 세계와의 연계성을 이해하게 된다. Goldhammer와 Taylor(1972)는 이 시기에 수행되어야 할 행동 영역으로써 ①학습과 사회적 발달의 기본기능 습득 ②인간으로서의 삶과 개인적, 사회적 활동에 관한 기본기능의 고찰 ③사회 속에서 이루어지는 개인적 삶의 기본 특성에 대한 고찰 ④인간이 배우고 활용하는 환경과 자연에 대한 탐구 ⑤아동의 기본적 흥미와 잠재력에 관한 탐색 등 다섯 가지를 제시하고 있다.

[2] **진로 탐색 단계:** 이 단계에 해당되는 시기는 7학년에서 9학년, 즉 중학교 1학년에서 3학년말까지이다. 이 시기의 학생들은 그들이 선택한 직업군에 대해 깊이 있게 탐구해 볼 기회를 가져야 한다. Goldhammer와 Taylor(1972)는 중학생을 대상으로 한 진로교육 프로그램에서 다루어야 할 내용으로 다음 일곱 가지를 제시하고 있다.

① 기본 기능 활용의 숙달 및 활용력 신장

② 장래 직업, 취미 생활, 가정생활, 시민 정신, 문화생활 등에 관한 광범위한 고찰.

③ 취업 기회에 관한 몇 가지 잠재적 가능성의 탐색.

④ 직업 선택 능력과 태도의 함양.

⑤ 장래 직업의 보편적 영역에 관한 잠정적 선택.

⑥ 다양한 직업에 요구되는 개인적, 교육적 요건들에 관한 광범위한 지식.

⑦ 인류의 가치와 신념 체계에 관한 고찰.

USOE 모형에 있어서 진로교육은 총체적 연계성을 가진 일련의 활동들로 구성되어 있다. 그러므로 전 과정 속의 각 요소들은 그 자체로써 중요성을 가지는 동시에 학습자의 발달 상황에 따라 계열성을 띠며 수행되도록 짜여져 있다. 특히, 진로 탐색 단계는 학습자가 진로 선택의 폭을 좁혀가면서 진로 준비에 초점을 맞추기 시작하는 핵심적 시기로써 그 중요성이 매우 크다.

[3] **진로 준비 단계:** USOE 모형에서 10~12학년, 즉 고등학교 1학년에서 3학년까지의 시기가 이 단계에 해당한다. 이 시기의 학생들은 그들이 잠정적으로 선택

한 직업군에 취업하는데 필요한 능력을 키울 수 있는 기회를 가져야 한다. 또한 중등교육 이후의 교육 프로그램에 참여할 준비를 갖추어야 한다. Goldhammer와 Taylor(1972)는 고등학교 수준에서 수행되어야 할 몇 가지 행동 내용을 제시하였다.

① 기본 기능의 계속적인 숙달, 활용, 응용력의 강조.

② 가정생활, 취미 생활, 시민 정신, 문화생활을 영위하는 데 필요한 구체적인 지식과 기술의 습득.

③ 특수한 직업군 내지 직업 영역 내에 존재하는 취미 생활의 기회에 대한 탐색.

④ 구체적 직업과 이에 수반되는 초기 준비 방안의 선정 및 상급 학교 진학 가능성의 탐색.

⑤ 적절한 기술의 개발.

4중등학교 이후의 단계: USOE 모형은 학교를 졸업하고 취업했거나 직업기술 훈련 프로그램을 이수 중인 사람, 4년제 대학에 다니거나 혹은 기타 교육 프로그램에 참여하고 있는 사람들을 위한 진로교육 내용도 포함하고 있다. 중등학교 이후의 성인 대상 프로그램은 이전 단계인 K-12 프로그램의 성공 정도와 선행 경험에 크게 의존한다. 성인 교육 프로그램은 그들의 요구에 맞추어 융통성 있게 운영되어야 하며 전생애에 걸쳐 지속되는 '평생교육(lifelong learning)'의 형태로 수행되어야 한다.

미국교육성에서는 이상의 진로 발달 단계에 맞추어 교육 내용을 선정하고 여기에 따라 지도하도록 진로교육 모형을 제시하는 동시에 15개의 직업군을 명시하고 있다(Cross, 1974). 그 직업군은 ①건설 관계 직업군 ②제조 ③교통 ④농업경영 및 자연 자원 ⑤해양 과학 ⑥환경 ⑦기업 및 사무 ⑧판매 및 분배 ⑨통신 및 방송 ⑩후생 및 오락 ⑪개인 봉사 ⑫공공 봉사 ⑬보건 ⑭소비 및 가정 ⑮예술 및 인문과학 관계 직업군 등이다.

(2) 미국 교육성의 진로교육 모형

미국 교육성은 진로교육을 위한 네 가지 개념 모형을 개발하였는데(1971~1972), 그 이는 ①학교중심 모형(school-based model) ②고용주중심 모형(employer-based model) ③가정 및 지역사회중심 모형(home · community-based model) ④지방 및 주거중심 모형(rural · residential-based model) 등이다.

위의 네 모형들은 진로교육의 목표 달성을 위해 활용되고 있으며 1972년 후반부터는 그 연구 개발 보급 업무가 국립교육연구소(National Institute of Education)로 이전되어 있다. 이 모형들의 기본적 의도는 진로교육의 보급을 위한 대안적 가설의 탐색 및 검증과 다양한 가설에 적합한 시범적 진로교육 프로그램의 구안 및 개발을 위한 것이다. 또한 프로그램 대상자들의 요구가 변화할 경우 다른 모형으로 자유롭게 이동할 수 있도록 구성되어 있다(Jesser, 1976; Venn, 1979).

[1] **학교중심 모형**: 학교 중심의 진로교육 모형(School-Based Comprehansive Career Education Model)은 미국 교육성의 연구 용역을 받아 오하이오 주립 대학교의 직업기술센터(CVTE : The Center for Vocational and Technical Education)가 개발하였다. 이 모형의 개발에는 미국 교육성이 선정한 6개 지방 학교구(Hackensack, New Jersey; Pontiac, Michigan; Jefferson County, Colorado; Atlanta, Georgia; Mesa, Arizona; Los Angeles, California)의 협력이 있었다.

국가적 차원에서 개발이 시도된 이 모형의 목적은 다양한 규모, 지리적 위치, 문화적 · 인종적 구성원을 대표하는 6개 학교 체제에서 K-12학년을 대상으로 진로교육 모형을 개발하고 검증함으로써 ①선택 가능한 진로에 대한 종합적 인식 ②직업 지향적 사회에 부합하는 자아 개념, 일 · 학교 · 사회에 대한 긍정적 태도 및 이들 영역에서의 성공적 경험을 통해 얻는 만족감 ③개인적 특성과 잠재 능력 ④유능한 사회 구성원이 될 수 있도록 직업 세계와 교육간의 관계에 대한 실제적 이해 ⑤선정된 직업 영역에 취업 할 수 있거나 계속적으로 진학할 수 있는 능력을 개발하는 것이다(Calhoun & Dinch, 1982). 결국 학습 경험을 통해 학생들이 광범위한 진로기회에 더욱 친숙해 지도록 하는 것이 이 모형의 목적이라 하겠다. 나아가 사회에 기여하는 생산적 시민이 될 수 있도록 교육적 · 직업적인 진로 인식을 계속적으로 도와주는 데 초점이 있다고 하겠다.

이 모형은 유치원에서 고등학교까지의 발달 수준에 근거를 두고 있으며, 학생들이 초보적 자아 인식 수준에서 복잡한 직업적 일체감의 수준으로 전이되도록 구안되어 있다. 학교중심 모형에서 진로교육은 자아 인식, 교육적 인식, 진로 인식, 경제적 인식, 감상 및 태도, 의사결정기술, 기술인식 및 시초능력, 취업기술 등의 요소로 구성되어 있다. 이 요소들은 각 학년별 목표로 구체화되어 교육과정 속에 포함된다. 해당 학년 수준의 학생들은 교육과정과 융합된 진로교육 내용을 통해 일과 직업, 기술에 관한 광범위한 교육을 받게 된다.

진로교육의 요소	K	1	2	3	4	5	6	7	8	9	10	11	12	결과
진로인식														진로일체감
자아인식														자아일체감
감상 및 태도														자아 및 사회적 충족
의사결정기술														진로결정
경제적 인식														경제적 이해
시초 능력														고용기술
취업 기술														진로배치
교육적 인식														교육적 입체감

[그림 10-2] 학교중심 모형 목표 메트릭스

CVTE에서는 이러한 8개 진로교육 내용을 학습한 후 획득되는 종국적 결과를 확인하였다(그림 10-2 참조).

이상에서 살펴본 학교중심 모형은 그림 10-3에서 볼 수 있는 바와 같이 진로지도 활동에 특별히 강조점을 둔다. 이는 학생들의 자아 인식, 자기 확신, 성숙한 태도 등을 개발하기 위한 것이며 흥미와 능력에 적합한 진로를 선택하도록 도와주기 위한 것이다.

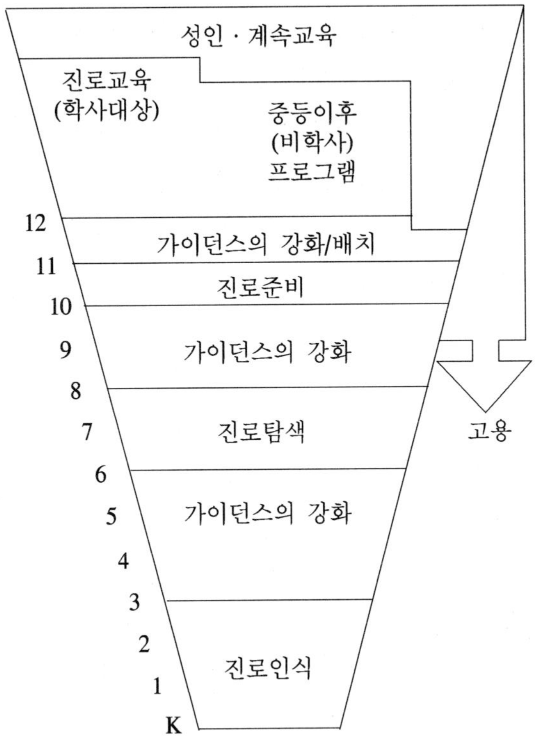

[그림 10-3] 학교중심 모형

2 **고용주중심 모형**: 고용주중심 모형(Employer-Based Model)은 국립교육연구소의 연구 용역을 받아 극서부교육연구개발원이 연구 · 개발하였다(Banathy, 1973).

고용주중심 모형에서는 진로교육을 자아의 발전을 위한 평생 지속적 교육으로 보고, 의미있는 직업적 취미와 여가 등을 위해 사회적 · 개인적으로 필요한 지식, 태도, 기술 등을 얻거나 개발하는 교육적인 활동으로 정의하고 있다. 고용주중심의 진로교육은 전통적인 학교에서 실행 가능한 개발 교육의 한 대안으로 13~18세 연령 집단을 교육 대상으로 삼고 있다. 또한, 교육 활동에 고용주들의 직접적인 참여를 강조하고 있으며 학생들에게 다양한 일과 학습 경험을 제공하는 것이 그 특징이다(한국교육개발원, 1983). 여기서 고용주라 함은 노동조합(unions), 지역사회집단, 공공기관 등을 포함한다(Venn, 1979). 경험중심 모형(experience-based model)이라고도 불리우는 고용주중심 모형의 목적을 살펴보면 다음과 같다.

첫째, 종합적인 진로교육을 받고자 희망하는 젊은이나 성인을 대상으로 현행 일반 교양교육과 직업 프로그램에 대한 대안적 프로그램을 제공한다.

둘째, 교육 체제를 통해 얻는 개인적 경험을 중심으로 직업적 능력을 신장시킴으로써 교육과 직업세계 및 생애간의 관련성을 증진시킨다.

셋째, 현행의 인문, 직업교육 프로그램을 새로운 교육적 경험으로 통합시킨다.

넷째, 지역 사회, 공공 기관, 사기업 등이 좀 더 직접적이고 의미있게 학생들의 직업준비 과정에 개입함으로써 진로교육에 참여하는 범위를 확대시킨다.

다섯째, 학생 자신들이 의사 결정에 개입함으로써 교육의 과정에 참여하는 범위를 확대시킨다(Banathy).

이상의 목적을 가진 고용주중심 모형은 연중 계속 운영되며 입학이나 중퇴, 졸업이 자유로운 개발 체제를 가진다(Calhoun and Finch, 1982).

이 모형에서는 특히, 학생들이 자기 나름대로의 직업 유형과 직무 상황을 선택하고 그에 참여함으로써 자신의 흥미와 욕구에 가장 적합한 학습 환경을 조성해 나가도록 유도하는 데 강조점을 두고 있다(Bailey and Stadt, 1973). 고용주중심 모형은 1974년도에 국립교육연구소의 최우선 중점 사항이었으며 공・사기업 및 기타 여러 기관과 협력하여 그 타당성을 검증하고 내용을 조정하려는 시도가 계속되었다(Jesser, 1976).

그림 10-4는 직업, 취미, 여가 생활의 맥락 속에서 개인의 인성적, 사회적, 지적 발달의 통합을 시도하는 이 모형의 핵심 개념을 도시해 주고 있다.

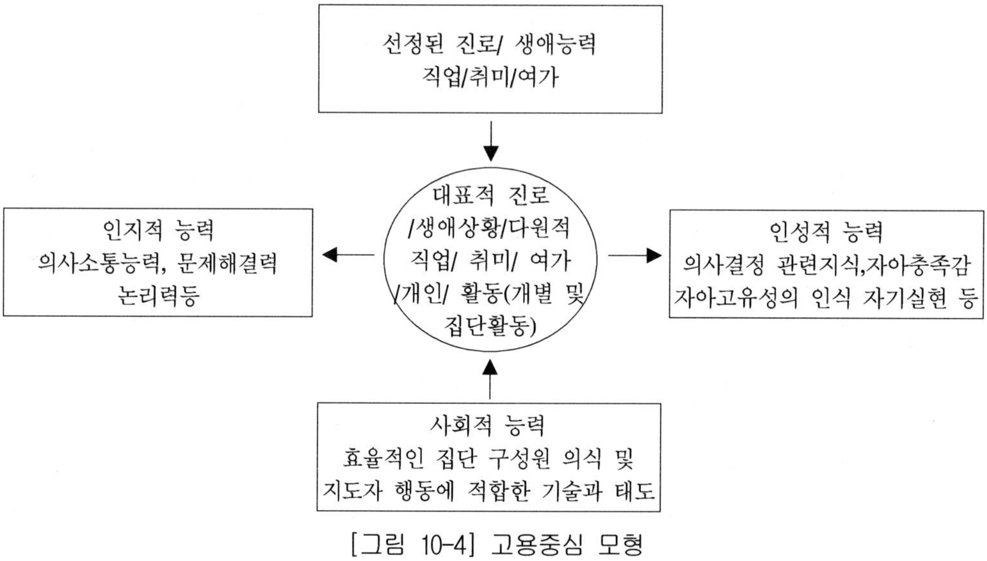

[그림 10-4] 고용중심 모형

Banathy(1973)는 고용주중심 모형에 내포되어 있는 핵심적 특성을 다음과 같이 설명하였다.

① '경험'과 '경험의 연속(experience trail)' 개념의 중시: 경험은 생활 장면에서 제공되는 학습 기회로써 잠재적인 학습 단위라 할 수 있다. 또한 계획된 상황에서 의도적으로 조직되어지는 유목적적 경험은 경험의 연속이라 할 수 있다. 이 두 개념은 고용주중심 모형을 구성하는 핵심적 측면이다.

② 개별화되고 탄력성 있는 커리큘럼 제공: 인지적, 사회적, 인성적, 직업적(취미, 여가) 영역에 관한 커리큘럼을 조직하는 데 있어서 개별 학습단위인 모듈식 접근법을 시도한다.

③ 다양한 사회 기관의 참여: 바람직한 결과를 얻기 위해 다양한 사회 기관의 참여가 요망된다. 학습자의 경험 획득을 촉진시키기 위한 방법으로써 자율학습, 회의, 집단 작업, 대・소집단 모임, 개인지도 등이 활용될 수 있다.

④ 집단식 접근법 적용: 사회적 능력을 개발하기 위해 구조화되고 의도적인 사회 참여를 유도하는데 4~8명으로 구성된 소집단을 활용한다. 집단식 접근법은 사회 구성원으로서의 소속감과 지도력 개발에 효과적이다.

⑤ 학습자 지원팀의 구성: 학습자 지원팀은 조정자, 운영자, 자원 인사 등 여러 부류의 사람들로 구성된다.

⑥ 학습 분야의 선정: 학습 분야는 직업 및 취미에 관한 탐구와 참여를 포함한 제반 경험의 기초를 마련해 준다. 또한 학습 자원에 관한 정보와 배열의 중심부로써 가정에서의 학습이 중요시 된다.

[3] **가정 및 지역사회중심 모형**: 교육개발센터(EDC: Education Development Center)에서 개발된 가정 및 지역사회중심 모형(Home・Community-Based Model)은 가정을 토대로 성인들의 취업 능력을 신장, 증진시키는데 우선적인 관심이 있다. 이 모형은 정규교육을 받지 못한 16~25세 내지 그 이상의 연령층을 대상으로 하며 가정을 학습의 센터로 활용한다.

Guilfoy와 Brudney(1973)는 가정 내의 성인들을 대상으로 대상 집단의 선별 기준을 제시한 바 있다.

① 연령: 16세 이상

② 고용 지위: 정규적으로 근무하지 않으며 적극적인 구직 활동을 하지 않는

사람

③ 교육 수준: 정규교육을 받지 않는 사람

④ 소속: 제도적 기관에 소속되어 있지 않은 사람

이 모형은 성인들의 미래 포부를 구체화하고 적절한 교육 프로그램을 통해 그들의 능력, 경험, 동기 등을 조화적으로 발전시켜 나가도록 도와주는 역할을 한다. 이 모형에서는 가정에서 사용하는 여러 가지 대중 매체, 즉 TV나 라디오, 비디오 테이프, 카세트, 기타 인쇄 매체들을 활용하여 실업 상태의 성인들에게 재훈련의 기회를 제공한다. 아울러 유관 기관, 개인 상담, 지역 사회 자원의 탐색 등을 통해서 취업 능력의 발전을 도모한다.

가정 및 지역사회중심 모형의 목적은 다음과 같다(Calhoun and Finch, 1982).

① 학습 센터로써 가정의 질을 높인다.

② 가정 및 지역사회를 위한 교육 확산 체제를 개발한다.

③ 성인을 위한 새로운 진로교육 프로그램을 제공한다.

④ 직업적 역할 수행을 도와주는 진로 지도 및 진로 배치 체제를 확립한다.

⑤ 더욱 유능한 직업인으로 양성한다.

이상의 목적을 가진 이 모형은 가정과 직장, 지역사회기관 등에서 효율적인 성인 교육의 형태로 실시되고 있다.

4 **지방 및 거주지중심 모형**: 지방 및 거주지중심 모형(Rural/Residential-Based Model)은 제도적 모형(Institutional-Based Model)이라고도 불리운다. 이 모형은 Glasgow나 Montana에 위치한 마운틴 플레인즈 교육·경제 개발 프로그램(Mountain Plains Education and Economic Development Program)의 협조하에 시행, 연구, 실험되었으며 광범위하게 적용 실시되고 있다.

이 모형은 개인적 발달과 고용 가능성을 증진시키고자 우선적으로 6개 주에서 수행되었다. 실험적 시범 적용은 다양한 개인, 기관, 유관 자원 집단 및 실업 상태 하에 있는 농촌 가정의 아동들을 대상으로 하였다. 이들은 취업 보장의 조건하에 와이오밍(Wyoming), 몬타나(Montana), 아이다호(Idaho), 북 다코다(North Dakota), 남 다코다(South Dakota), 네브라스카(Nebraska) 주에서 선정되었다(Calhoun & Finch, 1982).

이 모형은 취업 기술이 필요하나 혜택받지 못하는 농촌 가정 및 개인에게 초점을 두어 그 지역의 경제적 발전을 도모하고 생활 수준을 향상시키는 데 주력한다. 따라서 인터뷰, 가정의 흥미, 욕구, 태도 등의 개별 자료, 기타 유용한 정보들을 토대로 각 가정의 요구 사항을 파악하여 기초 자료로 삼았다(Jesser, 1976).

프로그램 실시 대상자인 저소득층 가족은 6~18개월 동안 교육을 받음으로써, 더 나은 직업을 얻고 더 효율적으로 가정 경제를 운영하며 계속 교육에 참여하도록 고무된다. 이 프로그램에 참여하는 가정은 가족 생활과 지역사회 봉사, 공공 서비스, 건강 및 보건 봉사 등을 통해 직업 인식, 탐색, 준비 등을 갖추게 된다.

이 모형의 목적은 농촌지역의 저소득층 가정에 적합한 거주지중심의 진로교육을 실시함으로써 이들의 직업적 역할을 개발 · 발전시키는 데 있다(Venn, 1979).

(3) 생활중심진로교육 모델

LCCE는 하나의 특정 교육과정으로 제시된 것이기보다는 유치원 단계에서 청소년기에 이르기까지 확대된 개념으로 일반교육과정 속으로 주입될 수 있는 수행능력 영역들을 구체화시킨 개념으로 해석할 수 있다. 따라서 개체의 차이성이나 특정성에 기초한(Board of Governors of Council for Exception Children, 1997, Brolin & D'Alonzo, 1979) '평생학습(Longtime learning)'을 중요시했다 할 수 있다.

Brolin과 Kokaska가 제시한 생활중심진로교육모델(Life-Centered Career Education Model)은 진로모델로서 특수교육 작업-연구 프로그램의 특징들을 가지고, 모든 연령을 위한 진로교육으로 확장시켜 넓힌 것이다(Brolin & Kokaska, 1979; Kokaska & Brolin, 1985). 진로교육을 진로 개발에 있어 학생을 도와주기 위해 일련의 계획성 있는 접근 방법으로 정의하였다. 또한 이 생활중심 직업진로교육과정은 전문수행능력 중심(competency-based)으로 이루어진 것이 특징인데 일상생활기능(daily living skills), 개인적 사회적 기능(personal-social skills), 직업지도 및 준비(occupational guidance & preparation) 등의 세 개 영역에서 성공적인 직업생활의 기본이 되는 22개의 주요기능(competencies)이 추출되었다(그림 10-5, 표 10.1 참조).

그 당시 Brolin은 일부분의 학생들을 위해서는 LCCE 교육과정과 같은 선택적 교육 과정이 일차적으로 중요한 학문중심의 프로그램, 즉 학생들에게 도달할 수 없는 목표들 대신에 제공되어져야 한다고 주장했다.

모든 삶의 경험들은 가정, 학교, 혹은 지역사회 어디서든지- 사람들마다 각 발전 단계에서 각자의 삶의 역할들에 어울리는 행동들을 배우도록 조정되어졌다. 의존적인 아동들의 역할들은 개인이 일자리를 확신하고 일 세계의 역할들을 맡을 때까지 학생 생활의 역할들과 상호 작용한다.

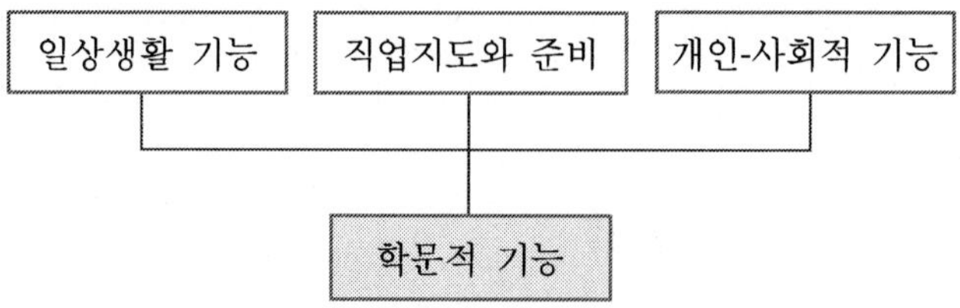

[그림 10-5] 생활중심 진로교육 영역

LCCE 수행기능영역과 내용은 특별한 지원요구를 가진 사람들에게 새로운 삶의 기술, 개인적, 사회적인 관계들 그리고 직업적인 지식, 또는 여러 가지 삶의 역할들을 위한 행동들을 배우는 것을 요구한다. 분명히 직업교육은 사회의 요구와 변화에 따라 다양화 되고 '평생학습(Longtime learning)'으로 변모했다.

<표 10.1> 생활중심 직업교육, 교육과정 영역, 주요 수행기능 및 하위기능

커리큘럼 영역	주요수행기능	하위기능						
1) 일상생활기능	(1)자기금전관리	1. 금전계산과 정확한 거스름돈 주고받기	2. 현명한 소비생활 이행	3. 기본적 금전 기록의 보존	4. 세금을 계산하고 지불한다.	5. 은행이나 신용금고 시설의 이용	6. 은행의 서비스의 활용	
	(2)가사도구의 선택과 관리, 유지	7. 가정(옥내 및 옥외)관리	8. 기본적인 설비 및 도구 이용	9. 적절한 주거환경의 선택	10. 집안의 시설설비	11. 가정관리		
	(3)자기 욕구의 충족과 관리	12. 신체적 적응, 영향 및 체중조절의 지식이해	13. 적절한 몸단장 및 위생상태 유지	14. 적절한 옷입기	15. 질병, 예방, 치료 의 지식	16. 자기안전의 실천		
	(4)자녀 양육(결혼책임 인식하기)	17. 어린이 양육 준비(신체적 보호)	18. 어린이 양육의 심리적 측면 이해	19. 결혼 적응의 준비				
	(5)식료품의 구입, 요리	20. 식료품 구매	21. 부엌 청소	22. 음식 저장	23. 음식 요리	24. 적절한 식사습관	25. 균형있는 식사 계획	
	(6)의복의 구입, 관리	26. 의복 세탁	27. 의복의 구입	28. 의복의 다림질, 수선 및 보관				
	(7)책임있는 시민적 활동 이해	29. 시민적 권리와 책임 이해	30. 중앙, 지방정부의 역할 이해	31. 법 지식 및 법 준수 능력	32. 시민으로서의 권리와 책무이행			
	(8)오락과 여가 활용	33. 유용한 지역사회 자원의 이해	34. 활동을 현명하게 계획하고 선택함	35. 오락의 가치 이해	36. 집단 및 개인 행동에 적극 참여	37. 휴가 계획 세우기		
	(9)지역에서의 이동과 주변 익히기	38. 교통법규와 안전수칙의 이해	39. 여러 가지 교통수단에 대한 지식 및 활용	40. 지역사회의 구역 알기	41. 운선			
2) 개인·사회적 기능	(10)자아 인식하기	42. 신체적·정신적 욕구와 확인	43. 흥미 및 능력의 파악	44. 정서의 파악	45. 신체 이해			
	(11)자신감 획득하기	46. 자기존중감 표현	47. 자기의 생각을 타인에게 표현	48. 칭찬하기 및 수용	49. 비판하기 및 수용	50. 자신감 증진		
	(12)사회적 책임 행동 수행 기능	51. 타인의 권리와 존중에 대한 존중	52. 권위의 인정 및 지시 이행	53. 공공장소에서의 적절한 행동하기	54. 환영받는 성격 특성의 이해	55. 개인적 역할의 이해		
	(13)좋은 인간관계 기능 유지하기	56. 듣고 반응하기	57. 친밀한 대인관계 형성 방법의 이해	58. 우정의 형성 및 유지 방법 이해				
	(14)독립심 배양하기	59. 자아실현을 위한 노력	60. 자아조직의 이해	61. 다른 사람에 미치는 행동의 영향 인식				
	(15)문제해결 기능 배양	62. 조력자원의 활용	63. 결과에 대한 예	64. 대안의 개발 및 평가	65. 문제의 본질 인식	66. 목적 지향적 행동의 개발		
	(16)타인과의 의사소통하기	67. 위급상황의 인지 및 대응	68. 알기 쉽게 말하기	69. 의사소통의 대처 방법의 이해				
3) 직업지도와 준비	(17)직업적성 인식과 탐색하기	70. 작업의 수지 측면 확인	71. 직업 및 훈련정보의 원칙 확인	72. 작업을 통해 충족되는 개인적 가치의 확인	73. 작업을 통해 얻어진 사회적 가치의 확인	74. 직무의 서로 다른 작업 체제의 분류 이해	75. 지역에서 얻을 수 있는 직업 기회의 발전	
	(18)직업선택과 직업계획 세우기	76. 실제적인 직업 선택	77. 적절하고 유용한 직무 요구 조건 확인	78. 직업 적성 확인	79. 주요한 직업적 흥미 확인	80. 주요 직업적 요구의 확인		
	(19)적절한 작업습관과 행동 표현하기	81. 지시 따르기 및 규칙 준수	82. 출근 및 시간엄수의 중요성 이해	83. 감독의 중요성 인식	84. 직업적 안전에 대한 이해	85. 타인과 함께 작업하기	86. 질적 작업의 요구의 충실함	87. 만족스런 속도로 일하기
	(20)직장을 찾고 유지하기	88. 직업 탐색	89. 취업 지원(신청)	90. 취업을 위한 면접	91. 졸업후의 직업적응 유지방법 알기	92. 경쟁적 작업기준의 이해	93. 고용변화에 적응하는 방법 알기	
	(21)적절한 신체적 및 조작 기능하기	94. 끈기와 인내심의 표현	95. 만족스런 균형과 조정의 표현	96. 정교한 수지기능 표현	97. 감각적 변별능력			
	(22)특정 직업기능 습득	그들이 배우고 있는 기능을 좌우하는 특수한 하위 기능은 없다.						

(4) Gillet의 진로발달 모델

Gillet는 초등학교에서 시작하는 서비스의 계열성을 주장하면서 장애아동의 유형과 정도에 맞게 수정된 프로그램인 발달모델을 장애아동을 위해 제시했다

(Gillet, 1981). 또한, 기본적 수준에서 시작되고 있는 계속적인 서비스를 제안한다. 직업세계의 의미를 배우고, 사회적인 능력을 개발시키는 것은 학생들이 직업 선택의 요구 사항들을 배우는 기초를 형성시켜 준다. 개인적 적절성, 작업 습관, 기능개발, 의사결정 능력과 적극적인 통제가 있는 일에 참여할 기회를 조직적으로 개발시키는데 중점을 두고 있다. 이 진로교육 프로그램은 학생, 교사, 서비스 직원, 스텝, 부모, 행정가, 지역사회 지도자, 특수교육과 진로발달 사이의 성공적인 연계를 위해서 협력 체제가 요구되었다는 데 의의가 있다.

발달은 다음의 직업 개념상의 이해 단계들을 통해 이루어진다.

1. 일상활동에서의 자기 이해
2. 개인적 특성에 대한 인식
3. 적절한 사회적 관계 개발
4. 자료를 간직하고 돌보기
5. 직업으로서 학교
6. 여러 가족 구성원의 책임성
7. 자기 자신의 행동에 대한 책임
8. 현재 직업에 대한 일과/역할들에 대한 미래의 관련성
9. 학교에서 관련된 일과 미래의 일
10. 일과 관계된 생산적인 생활 방식
11. 일을 수행하는 것에서의 최고의 능력에 대한 중요성
12. 남·여 모두 어떤 직업에서든지 일할 수 있다
13. 다양한 일에 대한 가치
14. 일에 대한 좋고 싫음을 구별하기
15. 사람마다 본인만의 개인적인 것을 가지고 있다
16. 관심 있는 것이 무엇인지?
17. 일은 서로의 의존성을 갖고 있다는 사실
18. 특정된 일에 대한 연구
19. 여가 시간의 의미와 여가활동들의 본보기
20. 직업군의 개념
21. 직업군의 친밀성
22. 각 직업군내에서의 여러 수준의 직업
23. 다양한 일에 대한 존재
24. 노동자로서의 정체성
25. 모든 사람이 다 같은 능력과 관심을 갖고 있지 않다는 것에 대한 인식
26. 모든 일이나 모든 직업들에 대한 중요성
27. 기능을 수행하는 데는 있어서 많은 일이 함께 함으로서 만들어진다는 것에 대한 인식
28. 일하는 이유
29. 일마다 다른 책임

30. 일할 장소와 시간
31. 일은 시간제 또는 계약제 일 수 있다
32. 일 설정에 있어서 개인적 역할과 그룹 역할의 특징의 인식
33. 사람마다 여러 가지 이유 때문에 일한다
34. 일의 필요성을 느낄 때의 역할
35. 자발정신의 개념
36. 자기 고용의 개념
37. 노동, 상품, 서비스의 분배의 의미
38. 경제 체제의 구조와 상호 관련성
39. 선호와 비 선호의 결정
40. 관심, 직업, 그리고 여가 시간 활동간의 관계
41. 특정한 직업을 찾아보는 것
42. 어떤 직업은 지리적 장소에 따라 다르고 년 중 계절에 따라 다르다
43. 결정을 하는 과정
44. 일은 다양한 형태의 훈련과 수준을 요한다
45. 일의 세계는 항상 변한다
46. 일과 관련하여 특별한 강점과 한계를 인식하기
47. 내가 할 수 있는 일과 할 수 없는 일에 대한 것
48. 사람이 직업을 바꾸는 이유
49. 여가 활동이나 직업을 위해 지역사회의 자원을 이용하기
50. 직업에 대한 발전
51. 일반적인 직업 선호 생각을 형성하는 것

이 프로그램의 영역과 계열성은 합당한 제안처럼 여겨지지만 고용 외의 일상생활 속의 개인적 사회적 기능 및 독립생활을 등한시한 채 작업 및 직업 역할에 초점을 맞추고 있다.

(5) Clark 포괄적 전환서비스 모델

1980년대 후반 하나의 진로교육 모델이 '전환'의 개념을 도입하기 위해 개정되어졌는데 그 의의를 찾을 수 있다. 이것은 학교중심 진로발달 및 전환교육 모델이다. 원래 신체장애학생들을 위해 개발된 진로교육 모델로 Goldhammer와 Taylor(1972)에 의해 설명되어졌고 Marland 진로교육모델을 응용한 것으로 초기 버전은 Clark(1979, 1980, 2000)에 의해 제안되었다.

그림 10-6과 그림 10-7에 제시된 모델은 학생들이 한 개의 교육단계에서 다음 단계로 이동할 때, 그리고 교육적 및 서비스 모델이 전환교육과 전환서비스를 전

하는데 필요할 때, 나이/발달 수준에 따른 학생들의 성과와 전환 출발점에 대한 견해를 반영한 것이다.

새로운 방식으로 전환교육과 서비스 전달 과정을 개념화하는데 있어서 주요한 변화는 장애를 가진 개인들이 졸업을 준비하도록 하는 교육적 내용에 대한 초점이나 공립학교로의 출발에 대한 초점에서 멀어진다는 것이다. 이전의 모델은 학교들이 K-12년 동안 제공해야 하고 심지어 중등교육 이후와 성인 이후의 계속적인 교육에서 배울 교육적 내용들로서 ①가치관, 태도 및 습관 ②인간관계 ③진로적인 정보 ④진로와 일상생활 기술들로 4가지 교과과정 내용영역을 제시했다. 현재의 모델은 학교가 제공해야 하는 특별히 지정된 교과과정과 교육영역보다는 학생들을 위한 전환계획 영역으로써 결과 지향적인 일련의 수행 영역을 반영하고 있다.

지식과 기능영역

- 의사소통, 학문적 수행 능력
- 자기결정
- 상호관계성
- 통합지역사회참여
- 위생과 건강
- 독립/상호의존 생활기술
- 레져와 레크레이션
- 고용
- 장래교육과 훈련

수료점과 결과

발달/생애국면	수료점
유아/걸음마와 가정훈련	학년기 프로그램과 통합된 지역사회 참여
학년전, 가정훈련	초등학교 프로그램과 통합된 지역사회 참여
초등학교	중등학교/쥬니어 고등학교 프로그램, 시기적절한 자기결정, 통합지역사회참여
중등학교/3년제 고등학교	고등학교 프로그램, 입학단계 고용, 시기적절한 자기결정, 통합지역사회 참여
고등학교	중등학교교육 혹은 입학단계고용, 성인, 계속적인 교육, 전임홈메이커, 자기주도적인 삶의 질, 통합지역사회 참여
중등학교 이후 교육	전문화, 기술, 전문가 혹은 관리고용, 대학원 혹은 전문과정 학교 프로그램, 성인과 계속적인 교육, 전임홈메이커, 자기주도적인 삶의 질, 통합된 지역 사회 참여

[그림 10-6] 포괄적인 전환교육 모델

지식과 기능영역	교육과 서비스 전달 체제
• 의사소통, 학문적 수행능력 • 자기결정 • 상호관계성 • 통합지역사회참여 • 위생과 건강 • 독립/상호의존 생활기술 • 레져와 레크레이션 • 고용 • 장래교육과 훈련	가정과 이웃 가족과 친구 공 · 사립 유아/걸음마 프로그램 지원서비스와 관련된 일반교육 지원서비스와 관련된 특수교육 일반적인 지역사회조직과 기관(고용, 건강, 법률, 주택, 재정) 특별한 지역사회조직과 기관(위기 서비스, 시간제한적 서비스, 계속적인 서비스) 도제기간 프로그램 학교와 지역사회 작업중심 학습 프로그램 중등학교 이후 직업 혹은 응용 기술 프로그램 지역사회 대학 4년제 대학과 종합대학 대학원 혹은 전문가과정 학교 성인과 계속적인 교육/훈련

[그림 10-7] 포괄적인 전환서비스 모델

어떤 모델이 지식과 기술 교과과정 내용보다는 지식과 기술 성과에 초점을 맞춘다면 그 모델이 프로그램과 서비스를 조직화하고 실행하는 데 이용되어 질 때 무슨 일이 일어날까 하는 데 있어서 중요한 차이점이 있다고 볼 수 있다. 포괄적인 전환 모델인 그림 10-6은 지식과 기술 영역의 목록 9개의 영역은 교육, 공동체 경험, 고용 그리고 졸업 후의 성인 생활 목표의 영역에서 누구에게 전환서비스 필요성을 충족시키기 위하여 학생이 무엇이 필요한가를 결정하기 위한 개념(IDEA)하에서 개별화 교육 프로그램(IEP)에 대한 응답의 구성으로 제시되어지고 있다.

이 모델이 초판과 다른 점은 진로 발달과 전환교육 모델이 인생에 있어서 한 번의 전환기만 있는 것이 아니라 많은 전환기가 있다는 인식이다. 중등학교 교육자들의 초점은 학교로부터 공동체에서 성인 생활에 이르기까지의 전환기간에 명확하게 맞추어져 있다. 그러나 그것은 단지 한 개의 주요한 전환일 뿐이다. 전환교육과 서비스의 포괄적인 모델은 한 개의 전환에서의 성공이 나중에 전환에서의 성공 가능성을 증가시킨다는 개념을 고려해야 한다.

진로발달 및 전환교육 분과(Division on Career Development and Transition;

DCDT)의 정의는 "삶의 전환을 위한 교육과 삶을 전환하는 데 있어서의 유지가 가능한 한 빨리 시작될 필요가 있다" 라고 진술한 다른 DCDT 입장 진술(Clark, Carlson, Fisher, Cook, & D'Alonzo, 1991; Clark, Field, Patton, Brolin, & Sitlington, 1994)에까지 확대되었다는 점을 믿고 있다. 포괄적인 전환교육 모델은 이러한 견해를 반영하고 있다.

2. 진로발달과 전환사정

1) 진로발달의 개념

장애 성인의 진로발달에 대한 종합적인 이해는 진로 상담중재와 전환 프로그램을 디자인하고 실행하기 위한 체계적이고 연속적이며 목적중심의 접근방법을 개발하는 것이 매우 중요하다(Rojewski, 1994). 또한, 진로발달의 이해는 전환사정방법, 교수 전략을 선택하기 위해서도 중요하다. 진로 발달은 직업의 세계 속에서 자신의 역할을 개별적으로 이해해 나가는 과정이다(National Occupational Information Coordinating Committee,1992).

진로에 대한 의사결정과 개인의 진로 결정에 대한 연구는 1900년에서 1950년까지 직업이론가들은 진로결정이 개인의 장점과 단점을 직업적 요구와 연계하는 일회성 사건으로 이해하였다(Trait-Fator theory of career development). 그러나 Ginsberg, Axelred, Herma는 직업선택은 자연적으로 발달하는 것이며, 일회성 결정이 아니라 여러 해를 거쳐 이루어지는 것이라고 주장했었다. Ginzberg 등은 청소년들이 직업선택을 위해 성장해 가는 과정을 ①환상적 단계(10세~12세) ②시범적 단계(12~18세) ③실제적 단계(18~24세)로 제시했다.

Super(1957,1983)는 높은 자아 존중감을 가진 사람은 직업목표와 자신에 대한 인식이 보다 명확하여 적합한 직업선택을 위한 자신의 요구, 흥미, 가치, 능력을 보다 더 잘 준비할 수 있다고 하였다. 또한 Super(1957,1983)는 동기부여로 말미암아 동인, 성공의 기대, 목표 유인의 기능을 발달할 수 있다고 주장했다. 그러나 장애학생들이 가지고 있는 낮은 자아 존중감과 위험에 대한 회피는 진로에 대한 주요 잠재영역이라 할 수 있다(Miller, 1988;Patton & Polloway, 1982; Bingham, 1980).

한편 Szymanski와 Parker(1996)는 진로발달 과정은 직업적 자아개념의 발달과 실행에서 필수적이라고 주장했다.

Osipow(1973)에 따르면, Tiedman과 O'Hara의 연구는 Ginzberg와 Super의 연구와 함께 진로발달은 일반 발달과정의 한 부분이라는 견해를 공유한다. Tiedman과 O'Hara(1959)는 직업적 자아개념의 중요한 요소로 태도, 흥미, 사회적 지위, 가치, 자신의 능력에 대한 이해를 열거했다. 진로결정은 개인 경험의 총체적인 결과로 만들어지며 이런 경험은 실제적인 환경요소와 자신의 능력, 흥미, 심리적 요구사항을 종합적으로 판단하는 능력을 포함한다.

Tiedman과 O'Hara(1963)는 직업선택이란 의사를 결정하고 그에 수반되는 과정인 중대한 결정은 일정하지 않은 간격으로 수시로 일어난다. 이런 예들은 고등학교 졸업, 대학, 결혼, 취업 등이 포함된다. 현실적인 직업과 개인적 기대는 결코 완전하게 일치할 수 없기 때문에, 개인이 직업에 적응하려는 경향이 있다. 하지만 만약 직업이 개인의 능력과 너무나 거리가 멀다면 그 개인은 새로운 직업을 찾아야 한다. 의사결정 과정은 기대, 실행, 적응을 포함한다. 진로 선택과 직업 적합성은, 개인의 특성이 반영되어야 하고 부적절한 자아평가를 가지고 있는 개인들은 부적절하고 부정확한 진로선택을 하는 경향이 있다(Tiedman & O'Hara, 1963).

Ginzberg(1972)는 20년의 연구를 기초로 직업선택의 이론을 재 진술하였다. 수정된 이론에 의하면, 직업선택이란 직업준비, 직업목표, 현실적 직업 세계에서 개인에게 가장 적합한 선택을 발견할 수 있도록 직업결정을 해 나가는 생애적인 과정이라고 주장했고, 진로발달은 생애주기 현상으로, 작업 현장과 일상적인 생활에서의 계속적인 변화에 의하여 진로발달을 형성하고 누가적인 영향을 주고 진로 결정을 만들어 간다고 인식한다.

Super(1983,1990,1994)는 자아개념과 진로 성숙도는 청소년의 진로발달에서 중요한 구성요소라고 말한다. Super와 그의 동료들은 현명한 직업선택을 하기 위한 능력으로 직업성숙도의 중요성을 처음으로 강조한 연구자였고(Super & Heyde, 1979), 진로 성숙도의 조작적 정의와 함께 신뢰도를 갖추게 되었다(Jordaan & Heyde, 1979). 진로 결정 과정에 참여하기 위한 개인의 능력과 준비도를 반영하는 신체적, 심리적, 사회적 특성의 배열을 나타내는 가설 구조를 진로 성숙도라고 불려진다(Szymanski & Parker, 1996). Gray(2000)는 중등교육 이후의 성공은 학문적 기술과, 진로 성숙도 수행에 의존한다고 지적했다.

Super(1983)는 진로성숙이란, 청소년들이 진로선택을 하고 진로 목표에 초점을 맞추기 위한 준비도를 나타내는 태도적, 인지적 요인이라고 정의했다. 진로성숙에 있어 태도적 요소는 ①가깝거나 먼 장래를 위한 계획 능력 ②자신의 인생을 스스로 책임지는 능력 ③자신의 가치를 긍정적으로 지각하기 ④목표달성의 이해와 목표달성에 필요한 시간 ⑤직업 찾기를 위한 준비와 능력 ⑥자발적인 질문과 문제 해결하기 ⑦자발적으로 자원을 찾고 활용하기 ⑧지역사회와 학교활동에 자발적인 참여 등을 포함한다.

Super(1983)는 진로성숙 인지적 요소를 ①의사 결정을 위한 정보 ②합리적인 의사 결정 기술 ③정보수집과 의사결정기술에 기초한 현실적인 방법 이라고 정의하였다. 적절한 진로결정을 하기 위해서 개인은 강점과 약점에 대한 현실적인 사명서를 가지고 있어야 한다. 이것은 일과 시민으로 자기 자신에 대한 현실적인 사명서를 포함한다. 자신에 대한 사명서는 지속적인 개인의 수행 능력 뿐 아니라 지역사회에서의 일의 경험, 가치관 안정, 흥미와 목표에 의해 만들어 진다. 흥미, 가치, 개인적 능력은 진로 선택 경로의 주요 열쇠이다.

장애로 태어난다는 것은 장애성인의 진로발달에 영향을 주는 것은 분명하다. 진로발달에서 장애의 영향은 광범위하고 매우 중대한 잠재적 영향을 미친다. 이런 영향으로 개인의 직업적 성장은 손상 또는 지연되기도(LoCasio, 1974)하고 연령에 맞게 반응(Super, 1990)하지 않을 수도 있다.

장애성인의 진로발달은 ①초기 진로탐색 경험의 제한 ②의사결정 능력을 위한 기회 제한 ③장애를 향한 사회적 태도로 인한 부정적인 자아개념(Conte,1983, Curnow,1989)에 영향을 받는다. Super(1994)는 장애아동과 성인은 자아개념이 발달된 사람들과 통합되어야 한다고 주장했다. 초기 의존적인 경험은 직업 선택에서 경쟁의 두려움과 실패의 경험을 할 수 있으며, 직업적 경험과 환경적 요인의 결핍은 고용을 더욱 어렵게 할 수 있다.

Hessen(2002)은 장애에 대한 지각과 자기효능감 사이에는 높은 상호관련성이 있고 진로탐색 행동에 강한 관련성이 있음을 발견했다. 학습장애를 가진 고등학교 졸업생의 경우 직업선택에 부정적인 영향을 준다(Rojewski, 1996). Gottfredson

(1986)은 학습장애의 진로발달 위험요소를 ①빈약한 기초학습기술 ②기능적 한계 ③빈약한 사회적 기술 ④ 낮은 자아존중감을 포함한다고 제시했다. Kortering과 Braziel(2000)은 많은 학습장애를 가진 성인들이 비현실적인 진로희망을 가지거나 진로의 야망이 없다는 것을 발견했다. 장애인의 진로발달 연구에서 Biller(1985)는 학습장애 학생들이 비 장애 또래들과 비교하여 성인생활에 전적으로 참여하는 것이 부족함을 발견했다. 특별히, 학습장애 학생에 대한 연구는 ①외적통제에 의한 활동 ②낮은 자기 존중감 ③빈약한 계획에 대한 기술 ④외부의 교육과정활동에 최소한의 참여 ⑤직업의 의무나 직업현실에 대한 낮은 양의 정보와 정보 획득의 어려움 ⑥특별한 직업결정력 빈약 ⑦예견된 특성의 결과 그들의 장점과 단점에 대한 현실성 결여 등이 있다.

장애인들에게 있어, 이러한 진로발달 특징들의 누적적인 영향으로 장애를 가진 청소년들은 장애를 가지지 않은 동료들에 비해서 진로 성숙도와 진로 결정을 위한 준비가 부족하고 성인의 책임을 수행하기 위한 준비도 부족하다(Field, et al, 1998;Sitlington, et al.,1996;Rojewski, 1993). 장애인은 매우 다양한 개인차를 나타내고 있어 장애가 직업·진로발달에 밀접한 영향을 미친다. 따라서 장애학생들의 요구와 특성에 따른 발달 가능성 탐색은 결과중심 전환교육계획에 단초가 되고 포괄적인 전환사정의 핵심 사항이다.

2) 진로발달과 전환사정

Rojewski(2002)는 직업발달과 전환사정에 대한 비장애인을 대상으로 한 연구는 풍부한 반면에 경도장애인을 위한 직업과 전환사정에 대한 관심은 비교적 제한되어 있음을 밝히고 있다. 전환사정의 첫 번째 단계는 진로발달과정(Sitlington, et al., 1996)에서 개인학생의 강점과 단점에 대한 기본적인 이해를 얻는 것이다. Sitlington(1996)등은 사정은 진로발달의 맥락 내에서, 학생들이 성인의 역할들 가운데 상호 의존하는 관계를 이해할 수 있도록 학생을 지원해 준다고 제안하였다. Donald Super의 진로발달 모형에 기초하여 작성된 표 10.2 질문 내용은 학생, 가족, 특수교육 관리자들이 학생들의 진로 성숙도를 측정하기 위한 전환사정을 처음 시작할 때 고려해야 할 질문요지들을 제시하고 있다. 학생들의 진로 발달과 관련된 전환 목표와 결과들을 도출하는데 도움을 줄 수 있을 것이다.

<표 10.2> 전환사정 : 학생의 진로 성숙도 측정 질문

1) 당신(학생)은 고등학교 이후의 진로에 관하여 보다 많은 정보를 알기 원하는 2종류 이상의 직종을 말 할수 있는가? (직업결정과 현실적 방향)

2) 위에서 고른 2개의 각 직업에 흥미를 가진 이유를 3가지 이상 말할 수 있는가? (직업흥미에 관한 정보, 선택의 성숙도)

3) 당신이 흥미를 가지고 있는 직업이 좋다고 믿고 있는 이유를 2가지 이상 말할 수 있는가?
당신은 이 분야의 직업에 종사하기 위하여 편의시설이나 장비를 필요로 하는 면에 있어 어떤 제한점(장애)을 가지고 있는가? (강점과 약점, 현실적 방향)

4) 당신은 잘 했다고 생각한 영어 과제에서 "C"학점을 받았다. 다음 과제에서 성적을 향상시키기 위해서 영어 선생님에게 할 수 있는 2가지 질문은 무엇인가? (질문하기와 문제 해결에 대한 자발성 능력)

5) 한 친구가 이번 주말에 그의 가족들과 함께 호수가에 놀러 가는데 함께 가자고 한다. 그 친구는 낚시도 하고 보트놀이도 하며 멋진 시간을 보낼 것이라고 말한다. 당신이 함께 갈 것인지의 여부를 결정하기 위해서, 당신과 부모님에게 필요한 정보를 얻기 위해 친구에게 할 수 있는 다섯 가지 질문은 무엇인가?
(가까이 또는 먼 장래를 위한 계획을 질문할 수 있는 자발적 능력)

6) 더 많은 정보를 얻기 원하는 직업을 한 가지 선택하라. (배관공, 미용사 등) 만약 이 분야에서 일하는 사람과 이야기 할 기회가 주어진다면 그 직업이 당신에게 적합한지의 여부를 알기 위하여 전문가에 문의할 5가지 질문은 무엇인가?(정보 수집, 목표 도달점 이해, 자발적인 질문과 해결책 모색)

7) 지역사회에서 전문가들이 일하는 것을 견학하고 그 직업에 대해 질문을 하는 오후 프로그램이 있다면 참여를 원하는가? 만약 그렇다면 왜? 만약 아니라면 왜 아닌가? (직업탐색을 위한 능력과 자발성, 질문하려는 자발성, 자원의 활용과 탐색에 대한 자발성, 지역사회 기반 활동에 참여하고자 하는 자발성)

IDEA(2004)에서 전환계획은 반드시 16세 이전에 시작하기를 요구하지는 않았지만, 13세에 전환사정을 실시하고 14세에 전환계획을 시작하기를 강력하게 주장하고 있다. 반면, 어떤 교사들은 장애학생의 전환사정과 계획을 14세 이전에 하는 것은 너무 이르다 고 주장한다. 이 시기의 장애학생들은 프로축구선수, 야구선수, 패션모델과 같은 비현실적인 직업목표를 가지고 있기 때문에 직업적 흥미,

장래 목표에 대한 미성숙으로 직업에 대한 생각이 명확하지 않다. 교육자들은 학생이 성숙하기 전 또는 시기에 맞지 않는 전환요구, 능력, 흥미에 관한 사정정보는 비현실적이고 환상적이기 때문에 신뢰의 가치가 없다라고 주장한다.

그러나 전환사정과 전환계획은 조기에 시작할 수 있도록 설계되는 것이 매우 중요하다. 직업발달 문헌은 자신의 강점과 단점을 현실적인 비전과 발달에 기초하여 개인에게 특별히 제공하는 것은 중요한 변인이 되는 정보이고 경험임을 강조한다. 자신의 강점과 약점에 기초한 현실적인 비젼은 현실지향적인 진로에 중요한 초석이 된다. 자신의 강점과 약점을 이해하는 것은, 개인이 가깝거나 먼 미래를 위한 현실적인 계획을 세우고, 진로 성숙도를 발달시키는데 도움을 준다. Englert, Tarrant, Mariage(1992)는 학습장애 성인을 위한 효과적인 인지적 중재로 ①목표 설정 ②자신의 말에 대한 명확한 표명과 과제에 대한 특별한 전략 ③상황에 근거한 행동과 사고의 기술을 연습할 기회 ④설명 듣고 피드백 주기 ⑤가르치는 학생의 일반화와 다양한 상황과 조건에 적응하는 지식 등을 제시했다.

Gottfredon(1986)은 사람들은 누구나 위험 요소들이 존재하는 진로 관련 문제들을 경험한다. 미국 교육성(1990)은 8학년 학생 23,000명을 대상으로 한 연구에서, 학생의 약 1/3정도가 장래의 직업과 진로 선택을 위한 학교와의 관련성에 대해서도 아는 지식이 거의 없었고, 64% 학생이 앞으로의 고등학교 프로그램에 대하여 상담자들과 토론을 해 본적이 없다고 응답했으며 8학년 학생의 50-66%가 대학 진학을 원하지만 그 가운데 25%만이 대학 준비 과정을 준비하고 있다고 보고했다.

전환사정과 전환계획 실행을 지연하는 것은, 현실적인 진로 목표들을 달성하는데 필요한 교육적 비전들을 지연시키는 결과만을 야기시킬 뿐이다. 진로선택 결정은 장애에 의하여 영향을 받을 수 도 있다. 예를들면, 시각손상이 있는 학생은 항공 조종사가 될 수 없다. 심각한 시각손상을 입은 학생은 이 직업에서 요구하는 기본적인 시각적 요구를 충족할 수 없기 때문이다. 한편, 농학생은 작곡가가 되기를 희망할 수 있다. 학생이 듣기에 손상이 있지만 음악작곡은 할 수 있다.

장애의 정도와 진로 결정의 우유부단함, 직업 세계에 대해 개인이 가지고 있는 신념들과의 관계에 대한 실험연구에서, Enright(1994)는 개인의 자아감 부재와 직업 결정에 있어서의 우유부단함 사이에는 중요한 관련성이 있음을 발견했다. 이 연구에서 자아감 부재와 장애 정도 사이에 작은 관련성을 발견했다. 진로 결정과 나이, 장애정도에 관한 관련성 연구에서 Tseng(1992)은 장애학생과 비 장애 또래 학생을 비교했을 때 진로결정에 있어서 우유부단함 정도가 높음을 발견하였다. 분명한 것은 장애학생도 진로결정을 위해서 정보와 경험을 필요로 한다는 것이다. 장애학생은 현실적인 직업목표를 달성하기 위한 중요한 구성요소로서, 가깝고 먼 미래의 장래계획을 세우는 방법을 배울 필요가 있다. 진로발달에서 초기 사정은 학생의 진로 성숙도와 진로발달을 결정하는데 매우 중요하다.

성인 장애인의 진로발달에 장애가 미치는 영향과 진로발달에 관한 선행연구를 탐색한 결과 자아개념과 진로 성숙도는 장애학생을 포함한 모든 학생의 진로발달에 중요한 구성요소이다. 진로발달은 전 생애적인 발달과정으로써 장애는 진로발달에 상당한 영향을 미치기는 하나 진로발달과 장애는 개별화된 특성이기도 하다. 학생의 진로발달 사정은 직업 성숙도와 진로발달의 결정을 위해 필요하고 성인장애인을 포함한 많은 중학생들은 학교생활의 일부분으로 진로발달 활동을 필요로 한다. 진로결정 참여정도는 장애학생의 직업성숙도에 의해 결정된다.

진로발달 과정속의 전환사정을 구체적으로 살펴보면 전환사정은 직업평가와 사정, 진로사정의 개념틀에서 정립될 수 있다(조인수, 2005).

(1) 직업평가와 사정 과정

직업평가와 사정 과정을 몇 가지로 나누어 보면 첫째, 학교에서 사용된 직업평가와 사정기술은 직업재활 영역에서 가져와 사용하였고, 프로그램들은 주로 재활편의시설에서 실시되었다. 처음에는 장애인의 분리된 작업경험과 직업훈련 프로그램에서 학교로 유입되었고, 작업-기술 교육 프로그램에서 출발하였다.

둘째, 직업재활에서 직업평가와 사정은 현재의 심리학, 산업 기술 그리고 생산관리 그리고 의학(작업치료, 치료적 사례 관리, 그리고 물리치료를 포함하는 분야)에서 시작됐다. 교육과정 중심의 직업평가가 가장 중요한 모형 가운데 하나로 직업-기술 교육 프로그램이 나타났으며, 이러한 모형은 학생이 직업-기술 교육 프로그램이나 다른 직업 훈련 프로그램에 참여하는 동안 개인에게 직접적으로 사정 자료를 수집하는 것을 목적으로 한다.

셋째, 직업평가와 작업적응 협회(Vocational Evaluation and Work Adjustment Association)의 프로젝트 평가와 평가과정에 관련된 대부분의 모든 학문은 간학문적으로 이루어졌다.

(2) 진로사정의 과정

직업 교육에서 진로교육의 광범위한 개념으로 관심이 이동함에 따라, 사정의 관심도 확대되었다. 미국의 진로발달 전환국에 의해 승인된 공립학교의 진로와 직업사정에 관한 문서들은 진로사정 개념에 초점을 맞추어 “발달과정은 초등학교 수준에서 시작하여 성인기까지 연속된다.”고 정의하였다.

이러한 진로사정은 몇 가지 원칙을 가진다. 첫째로, 진로사정은 평생 진로 개발과 관련되고 모든 생활 역할에 영향을 주기 때문에 진로사정 과정에서 사정되는 특별한 내용을 수행하는 진로교육 모형의 구성요소로 기술되어져야 하고, 둘째, 학령기 동안, 진로사정은 모든 성인생활 영역에 관련된 결정을 하기 위한 정보를 제공하며, 이 과정들은 교육적 시스템에 들어옴과 동시에 결정에 필요한 정보를 제공할 뿐만 아니라 지각, 탐색, 준비하는 진로교육 단계로 바로 이어져야 한다. 셋째, 진로평가 과정은 직업사정과 이 과정에서 수집된 직업 관련 정보를 포함해야 한다. 또한 진로평가는 가족 구성원, 시민 그리고 여가, 오락, 취미 활동의 참여자로서 개인의 다른 생활 역할에 관한 정보를 수집한다.

(3) 전환사정의 과정

진로평가 개념이 진로교육에 필요한 정보를 다루기 위해 제안된 것과 마찬가지로, 전환사정은 전환계획과 수행에 필요한 정보를 다룬다. 전환서비스는 진로교육, 직업교육과 다른 생활기능 개발을 포함한다. 진로발달 전환국은 아래와 같이 전환사정을 정의하고 있다.

전환사정(transition assessment)이란 개인의 현재와 미래의 직업, 교육, 생활 그리고 개인적 사회적 환경에 관련된 개인의 강점, 요구, 선호, 그리고 흥미에 관한 자료를 계속적으로 수집하는 과정이다. 사정 자료는 전환 과정의 일반적 맥락과 개별화교육 프로그램에 포함되는 목적과 서비스를 정의하기 위해 기초적 형식으로 제공된다.

Clark(1998)은 전환사정에 대한 광의의 정의를 제안하였다. 이것은 유아기에서 성인기에 이르기까지 개인이 직면하는 모든 전환을 의미한다.

전환사정은 모든 연령의 장애인과 그들 가족이 학생의 삶에서 가장 중요한 전환을 성공적이고 만족스럽게 접근하기 위하여 계획된 정보를 얻고, 조직하고 이용하는 연속적인 과정이다.

Clark은 좋은 전환사정이란 개인이 전환기에 개개인의 목적과 기대를 다루는 것이라고 말하였다. 또한 좋은 전환사정은 아동의 목표를 성취시키고 만족스러운 결과를 증가시키기 위하여 계획, 준비, 결정하는 영역을 제시한다.

Sitlington(1996)은 논의한 시점에 따라 전환사정, 진로사정 그리고 직업사정간의 관계 설명을 시도하였다(그림 10-8). 아래 그림에 나타난 것처럼, 전환사정은 진로사정과 직업사정을 포함하는 포괄적 용어이다. 전환사정은 모든 생활과 성인생활로 전환하기 이전에, 그 동안에, 그리고 이후에 필요한 지원과 관련된 사항이다.

이러한 사정 활동에 대한 몇 가지 원리를 가지고 진로발달의 개념을 살펴보면 다음과 같다.

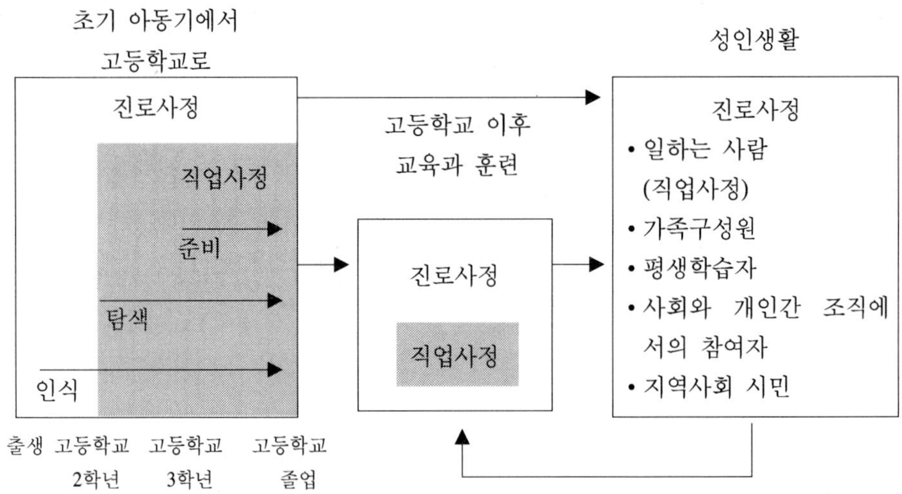

[그림10-8] 전환사정

출처: P. L. Sitlington, D. A., Neubert, W. Begun, R. C. Lombard, & P. J. Leconte. (1996). *Assess for Success: Handbook on Transition Assessment*, Reston, VA: Council for Exceptional Children.

첫째로, 진로개발, 직업훈련, 학교 이후 교육 목적, 지역사회 기능, 건강 그리고 개인적이고 사회적인 기술에 관련된 개인의 강점, 요구, 선호 그리고 흥미를 결정하기 위한 기초로 제공되어져야 한다.

둘째, 사정은 개인의 자연스러운 다양한 생활환경에서 이루어져야 한다. 특수교육과 일반교육 직원들은 수집에 필요한 사정 자료의 종류와 과정을 용이하게 하는 방법을 선택하기 위하여 장애를 가진 개인들은 가족들, 관련 학교 직원 그리고 지역사회 서비스 제공자들과 함께 협력하여 일할 준비를 해야 한다.

셋째, 지역 학교 구역이나 정책 수립은 이들 활동들을 지원하기 위해 이루어져야 한다.

이상에서 진로발달과 지도과정속에 진로사정과 전환사정의 개념과 당위성을 제시하고 있다.

3. 직업재활의 과정

신체적・정신적으로 장애가 있는 사람도 그들의 능력범위 내에서 일할 권리와 의무가 있다. 그러나 많은 사람들이 심신의 장애를 가진 자는 일을 할 수 없는 것처럼 취급함으로써 일할 권리를 포기해야만 하는 경우가 많다. 그러나 지능이 낮은 사람은 정상인들이 싫증을 느끼는 단순하고 반복적인 작업을, 시각장애인의 경우에는 고도로 발달된 촉감으로 광학기기의 렌즈검사, 암실작업, 악기조율 등의 작업과 같이 정상인들보다는 더 잘할 수 있는 조건을 구비하고 있다고 할 수 있으며, 그 외에도 심신의 결함을 굳은 의지와 피나는 노력으로 극복할 수 있는 경우가 많이 있다.

지식정보화 사회에 따른 재활의학 발달에 의하여 특수한 보조장구의 개발과 사용으로 결함을 해소시켜 기능을 발휘하게 함으로써 직업적 능력을 발휘할 수 있다. 그러나 장애인의 직업재활 대상은 심신의 장애결함이 있는 모든 장애인에게 필요한 것은 아니다.

즉 장애 정도가 경미하여 특별한 계획을 세우지 않아도 정상인과 같은 직업에 종사할 수 있는 사람이나 장애의 정도가 심해서 독립된 생활을 영위하기 어려워 직업을 갖기 불가능한 사람은 대상이 될 수 없다. 따라서 직업재활의 대상자는 심신의 결함이 직업을 갖는데 큰 지장과 방해가 있으나 일정한 의료적, 직업적, 교육적, 사회적 대책을 마련해 주면 직업을 가질 수 있는 가능성이 있는 장애인으로 제한될 수밖에 없다.

직업재활의 과정은 장애인의 직업적 잠재능력을 평가하고 평가된 과학적 자료에 의하여 훈련시킴으로써 취업에 이르게 하는 과정이다. 이러한 과정은 크게 ①직업재활 대상자의 평가 ②직업훈련 ③직업안정의 지도 ④추수지도 형태로 나눌 수 있다. 다음은 직업재활 과정을 구체적으로 진술하였다. 먼저 직업재활과정을 그림으로 요약 제시해 보면 그림 10-9와 같다.

1) 예비진단연구

예비진단연구(preliminary diagnostic study)는 개인이 재활 서비스를 받기에 적격한가의 여부를 결정하기 위하여 재활과정의 신청 단계 중에 프로그램에서 실시되고 있다. 이 예비진단연구는 개인이 고용에 본질적인 핸디캡을 야기하는 신체적 혹은 정신적 장애를 수반하고 있는가에 대한 여부와 서비스를 제공함으로써 개인을 취업시킬 수 있다는 예견을 할 수 있는가에 대한 여부를 결정하려는 데 그 목적이 있다.

만약 서비스의 혜택을 예비진단연구에 근거하여 예견할 수 없으면 그러한 판정을 하기 위하여 재활 잠재능력에 대한 확대평가를 실시할 수 있다. 모든 사례에 있어 이러한 예비진단 연구는 일반 건강상태 검사를 포함한다. 만일 대상자들에게 정신적 장애가 있으면 정신과 의사나 자격을 가진 심리학자에 의해 검사가 실행되어야만 한다.

2) 세부진단연구

공적 재활 프로그램은 개개의 대상자들을 위하여 세부진단연구(through diagnostic study)를 어떠한 서비스가 필요한 것인가에 대한 결정을 내릴 목적으로 반드시 행해져야 한다. 이러한 종합평가는 개인의 고용에 있어 핸디캡에 관계된 의료적, 심리학적, 직업적, 교육적, 기타 고려할 점들이 포함된다. 그 다음 연구 조사 결과는 대상자들과 함께 IPE를 작성할 때 고려되어진다.

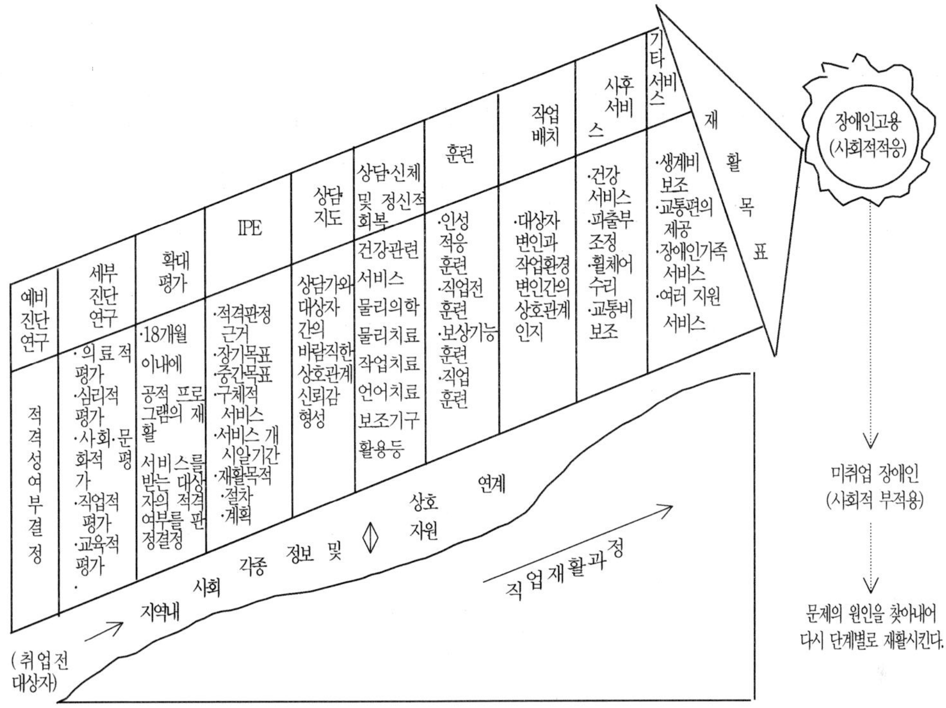

[그림 10-9] 직업재활 과정

(1) 의료적 평가

의료적 평가(medical evaluation)는 평가과정에 있어 가장 중요한 측면의 하나이다. 주요 장애나 2차적 장애를 판별하는 것 외에 특히 취업에 있어서의 기능적 한계점이나 장애를 판별하는 데 도움이 된다. 바람직한 의료적 평가는 장애조건을 해소 또는 감소시키고 서비스를 가장 적절하게 제공할 방법을 결정하는 데 일익을 담당할 것이다(McGowan & Porter, 1967).

의료적 평가의 기본 목적은 재활 대상자의 병력을 알아내는 것이다. 병력은 사회적, 직업적 문제점을 통찰할 수 있음은 물론, 진단이나 재활 절차에 가치있는 자료가 될 수 있다. 최소한 병력에는 재활 대상자에 대한 자료 판별, 그의 주된 불만, 현재 및 과거의 병력, 가족의 내력, 그 사람의 습관, 직업이력, 심리 내력 및 체계적 검토가 내포되어야 한다.

장애인의 신체검사는 개인의 능력에 대한 일반적인 해부학 및 병리학적인 자료나 정보를 포함한다. 기본적으로 신체검사는 장애의 일반 외형, 머리와 목 순환계, 호흡계, 소화기, 비뇨생식계, 근 신경계 및 운동계 등을 고려하여 행하여진다. 신체장애의 경우 검사 시행자는 근력 및 관절운동 범위에 대한 검사와 개인의 일상생활 수행능력에 대한 평가를 실시해야만 한다(Rusk, 1977).

재활 서비스 적격 판정과 후속 서비스 결정은 연방 주정부 프로그램에 있어 재활상담가의 책임이다. 그래서 주 정부 재활기관은 상담가를 도울 의료고문 전문의들을 채용하고 있다. 철저하고 규칙적인 의료 자문은 보고상 용어 설명을 해야 할 재활과정이나 의료적 가능성 및 치료결과에 대한 평가, 그리고 건강관리 문제와 전문가의 검사 필요성 등에 관한 조언을 구하는 데 있어 필수적이다.

(2) 심리적 평가

심리검사의 주 목표는 장애인의 비신체적 능력과 한계성을 규명하고 IPE의작성과 후속 서비스 결정에 영향을 주는 태도, 관심, 동기, 그리고 성격 변인을 판별하려는 데 있다. 심리검사는 특정한 목적을 위하여 관리되어져야만 하는데, 왜냐하면 개인의 능력과 성격의 모든 면이 그들의 재활에 필수적이지는 않기 때문이다(Rusk, 1977).

재활의 잠재능력과 방향을 결정하기 위하여 심리검사를 행할 때 검사 자료를 단지 평가를 위한 결정에만 이용하여야 함을 명시해야 한다. 그래서 심리자료를 이용하는 자는 자료를 교차 확인하고 사정자료에서 적정한 유형을 찾으려는 시도를 하여야 한다. 대상자에 대한 검사 자료를 이전의 경험과 행동을 포함하여 투시하는 것이 일반적으로 유용하다. 대다수 재활 대상자는 또한 그들의 장애에 직·간접적으로 관련된 정서적 문제로 인하여 핸디캡을 야기하기도 한다. 그러므로 심리 자료 이용자는 대상자들의 장애에 대한 반응, 장애에 대한 적응에의 감정, 지역사회에서의 사회적 적응에 관한 장애의 영향 등에 관계되는 자료를 구비하여야 한다(McGowan & Porter, 1967).

심리평가는 행동 양식을 규명하는 데 도움이 되는 많은 변인들을 사정하고 대상자를 성공적인 적응과 적절한 활동으로 이끌 수 있는 서비스가 필요하고 IWRP에 이러한 자료들을 통합시키는 것이 관계된다고 할 수 있다.

(3) 사회문화적 평가

재활 대상자에 대한 사회문화적 자료는 재활과정에서 뺄 수 없는 한 부분이다. 대상자들의 장애를 완벽하게 이해하려면 장애의 정도와 그 장애에 대한 반응의 본질, 그리고 그외의 생활경험을 아는 것이 필요하다.

일반적으로 사회와 문화적 평가는 사회 내력을 얻는 것에 관계된다. 이러한 사회 내력에는 대상자에 관한 자료, 조회자료, 대상자의 현재 및 과거의 병력에 관한 자료, 개인 및 가족 내력과 가정 분위기, 학력, 직업경력, 내담자의 성격, 습관, 경제사정에 관한 자료 등이 포함된다.

장애인의 전반적인 윤곽이 드러날 때 모든 평가자료를 문화 및 환경적 상황에 비추어 보는 것이 중요하다. 개인은 신체적, 사회적, 문화적 환경에서 고유한 유전인자를 지니는 집단의 일부분이며 유전적 소질과 환경간의 상호작용에 영향을 받는다. 그래서 대상자의 배경과 환경을 이해하는 것은 재활욕구를 구별하는 데 도움이 될 수 있다. 사회·문화적 자료는 일반적으로 대상자와의 면접을 통하여 수집되지만 부분적으로 활용할 수 있는 사회 서비스 보고서와 일화적 기록을 검토하여 얻을 수도 있다. 부가적 자료로는 장애인의 생애, 주위에 있는 가족, 친구, 스승, 고용주 등의 사람들이 중요하다. 대상자 자신의 사회적 통찰, 기술, 태도, 동기 등은 그의 인식과 지역사회와 더불어 가족구성원과의 상호작용을 이해하는 데 중요하다.

(4) 직업적 평가

광의의 직업적 평가는 재활 대상자의 문제점과 그의 직업적 잠재능력 개발을 규정하는 데 도움이 되는 모든 의료적, 심리적, 사회적, 문화적, 직업적, 교육적 자료를 포함하고 있다. 그러나 여기서 사용되는 직업적 평가는 직업적 태도, 능력 및 예측 등을 구체적으로 사정하기 위한 자료의 기술에 더 가깝다고 할 수 있다.

미래의 성취도에 대한 최선의 예견은 물론 과거의 성취도이다. 그래서 직업 경력이 있는 대상자에게 이전의 직업에 대한 자료, 즉 직업습관, 관심, 태도, 책임의식, 다른 고용인과 감독과의 상호관계 등은 직능평가 자료에 있어 매우 중요한 측면이 된다.

이전의 직업 경력이 없는 대상자를 위해서 재활상담가는 직업 잠재능력을 예측함에 있어 대상자의 적성과 직업적 관심과 포부에 대한 표현에 의존할 수 밖에 없다. 적성과 흥미를 사정하기 위한 지필검사와 조사기록부가 많이 있다. 또한 유용한 작업평가 절차도 있다. 작업표본(work samples)을 이용하는 것, 즉 일반 고용인 기준과 비교될 수 있는 격리된 특별작업 과제는 재활 분야에서 상용되는 방법이다. 다른 하나는 장면평가(situation assessment)이다. 이것은 재활 대상자를 모의 혹은 실제 작업환경에 배치하여 성취도와 행동적응을 사정하는 것과 관계가 있다. 직능평가의 또 다른 접근방법은 직무분석인데, 직무분석은 직업성취를 위한 작업의 요구사항과 노동자로서 가져야할 필수 자질을 확인하고 이러한 요구사항에 대상자의 자질을 연관시키는 것을 내포하고 있다.

아마 직능평가에 가장 유용하게 쓰이는 접근방법은 작업장 교대(job side rotation) 방법일 것이다. 대상자가 단기간의 평가기간 동안에 실제 작업현장에 배치되었을 때 이전의 작업자의 흥미, 적성, 감독과 다른 고용인들의 상호관계, 다양한 작업환경에의 적응 등을 검사하는 기회를 제공한다.

(5) 교육적 평가

교육적 평가(educational evaluation)과정은 장애인의 학습 경험을 확인함으로써 장애인의 태도, 지식, 기술, 동기 등을 이해하려는 시도를 말한다. 물론 교육적 평가의 일차적 목적은 직업 잠재능력과 목표에 대한 장애인 개인의 기술 목록과 관계된다. 대상자에 대한 교육적 평가는 교육 성취도의 판별, 흥미, 성취와 같은 특수 영역을 포함하는 것, 학습 능력 표시, 학습 습관에 관한 자료, 교육 환경에 대한 심리적 반응의 평가 및 학습관련 과외 활동에 관한 자료 등을 내포하고 있어야 한다.

대부분의 경우에 이전 학습 경험의 근거를 얻기 위해서는 학교를 방문하여 생활기록부를 검토하거나 학교 상담가와 교사들과 토의를 가지는 것이 필요하며, 그리고 개인의 지식과 능력의 정확한 평가를 목적으로 학력 검사를 실시하는 것도 필요한 것이다. 학과 영역보다 다른 영역에서 개인의 학력 성취를 고려하는 것 또한 직업적응과 재활 후의 완전한 삶을 위한 대상자의 잠재능력 평가에 있어 필수적이다.

3) 확대평가

직업재활 평가는 신청자의 재활 잠재능력을 즉각적으로 판정할 수 없지만, 고용에 '핸디캡'을 야기하는 신체적 또는 정신적 장애가 있을 경우에는 공적 프로그램에서 확대평가(extended evaluation)기간을 부여한다. 그러나 이 확대평가는 18개월을 초과하지 못한다. 18개월 만료까지 공적 프로그램의 재활 서비스에 대한 신청자의 적격, 또는 부적격 판정이 내려져야 한다. 만약 장애인의 욕구가 큰 변화를 나타낼 수 있다고 판별되는 경우에만 각 대상자들에게 오직 하나의 확대평가 기간만이 허용될 수 있다. 부적격 판정이 난 경우에 공적 프로그램의 서비스에 대한 개인의 권리가 보호되어야 함으로 판정은 신청자가 고용의 관점에서 이익을 얻을 수 없을 것이라는 합리적 예견하에 내려져야 한다(HEW, 1974).

4) 개별화된 고용 계획

개별화된 고용 계획(IPE: Individualized plan for Employment)은 재활상담가와 장애인 혹은 장애인이 독립적 판단 능력이 없는 경우에 그의 부모나 후견인 내지 적절한 대리인이 공동으로 작성하는 하나의 계획서이다. IPE는 재활 서비스에 적격 판정을 받은 개개인의 신청자나 확대평가 중에 있는 개인을 위하여 계속적으로 작성되는 계획서이다.

IPE개발에 있어서는 직업목표의 결정과 성취에 일반적인 비중을 두고 있다. 최소한 IPE는 ①적격 판정 혹은 확대평가에 대한 근거 ②장기고용목표 ③고용목표 달성에 관련된 중간 재활목표 ④고용목표 달성에 필요한 구체적인 직업재활 서비스의 규명 ⑤각 서비스 개시 예상일자와 이들 서비스의 예상기간 ⑥재활목적과 고용목표를 향한 진전을 평가할 절차와 계획 등 여섯 가지를 내포하고 있다.

5) 상담과 지도

상담과 지도(counseling and guidance)는 대부분의 재활 서비스 조항에 통합된 부분이지만, 구별되는 별개의 서비스가 될 수도 있다.

상담은 재활과정의 종합적 기능이다(Malikin & Rusalem, 1969). 상담은 인간 본연의 성스러운 본성에 기본을 두고 호소하는 기능이고, 또한 개인에게 서비스를 제공하는 포괄적인 접근방법으로 분리된 다양한 의견들을 통합하는 것이 상담의 기능이기도 하다. 비록 지지받고 있는 상담이론과 기술이 많지만 차이점보다는 유사성이 더 많다. 상담의 궁극적 목표는 향상된 대상자의 기능이 최절정에 달하도록 상담가와 피상담가간의 바람직한 상호관계를 이루는 데 있다.

6) 신체 및 정신적 회복

신체 및 정신적 회복(physical & mental restoration)은 재활 대상자의 최적한 기능을 방해하는 신체적, 정신적 상태를 교정하는데 주요한 건강 관련 서비스를 말한다. 예를 들면 의료적, 물리적, 치료적 요법 및 보장구 등을 들 수 있다. 여기에는 물리의학, 물리치료, 작업치료, 언어소통과 치료, 재활간호, 보조기구 활용, 기능회복 훈련과 보철술, 정신의학 등의 많은 서비스가 포함될 수 있다(Department of Health, Education, and Welfare, 1974; Rusk, 1977).

7) 훈련

재활에 있어 훈련(training)은 IWRP의 고용목표에 대한 대상자들의 진전을 도울 수 있는 폭넓은 학습 기회와 경험을 말한다. Jarrell(1972)은 재활훈련을 ①인성적응 훈련 ②직업 전 훈련 ③보상기능 훈련 ④직업 훈련 등 네 가지 영역으로 분류하였다.

인성적응 훈련(personal adjustment training)은 직업분야에서의 적응에 관련된 습관이나 태도를 개발하는 것을 말한다. 예를 들면 신뢰성, 타인에 대한 책임성, 인내력, 일관성, 시간관념 등이다(Bitter, 1968). 직업전 훈련(prevocational training)은 직업기술개발의 선택과 준비에 필요한 배경과 지식을 말하고 있다. 직업전 훈련은 기술훈련을 위한 준비단계이다. 프로그램의 예를 들자면 견학, 작업장의 교대, 독서 등을 통하여 직업에 익숙하게 하는 것이다. 그리고 취업 신청서 작성법 습득, 대중교통 이용, 소득관리 등도 포함된다. 대다수의 직업적응 프로그램은 인성적응

훈련과 직업전 훈련을 결합한 것이다. 보상기능훈련(compensatory skill training)은 장애의 보상 기능이 되면서 취업에 있어 주요한 개인의 기술을 개발하는 것을 말한다. 예를 들면 맹인을 위한 낭독, 걸음걸이 훈련, 보행훈련 등을 들 수 있다. 직업훈련(vocational training)은 구체적 직업기술을 개발하는 것과 관계된다. 이러한 기술은 다양한 방법, 즉 직업학교, 전문대학 및 종합대학, 견습 프로그램, 재활시설, 보호작업장, 현장실습 등을 통하여 획득할 수 있다.

8) 작업배치

직장중심 프로그램에 있어서의 작업배치(job placement)는 재활 전 과정상의 최절정을 이룬다. 작업배치는 장애인의 가용능력을 최고조로 끌어올리는 회복의 측면에 있어 중요하다. 그 과정이 성공적으로 수행되었다면 취업환경은 재활된 대상자의 능력, 흥미, 잠재능력에 균형을 이루게 될 것이다. 작업배치는 개인에게 적절한 직장을 찾아주는 것과 관계되는 것으로서, 매우 복잡하고 종종 과소평가되기도 한다. 그 과정에는 대상자의 변인과 작업환경 변인간의 상호관계를 인지하는 것이 필요하다. 전자에는 인성 요인과 작업기술 요인이 포함되며, 후자는 모든 고유한 작업상의 고려할 점들이다. 똑같은 작업환경이란 없다(Bitter, 1968). 그러므로 효과적인 작업배치를 위해서는 재활상담가와 알선 전문가가 지역사회와 그 기관 및 자원에 대한 세부적인 지식을 가질 필요가 있다. 그리고 전문가는 직업의 요구사항을 이해할 수 있는 직무 분석에 숙련되어 있어야 한다. 또한 직업 공학이 관여되기도 하는데, 대상자의 기술로부터 고용주와 대상자가 최대한의 이익을 얻을 수 있도록 지원하는 작은 직업 수정을 수반하게 된다. 그러나 직장배치가 재활과정 초기에 고려되는 재활상담가와 대상자간의 상호 책임이라는 점을 명심하여야 한다. 상담가와 대상자는 만약 그들이 대상자의 작업기능을 최고의 수준까지 끌어올리려는 것으로서 회복을 실제로 반영할 작업성과가 효과적이기를 바란다면 공동 노력을 아끼지 않아야 할 것이다.

9) 취업 후 서비스

사후 서비스(postemployment service)는 재활 대상자가 직업적으로 재활된 후에 그들이 취업상태를 유지하도록 지원할 목적으로 재활과정상 제공되어진다. 사후 서비스는 어떠한 재활 서비스라도 될 수 있지만, 그 활동들은 대상자가 원래의 IWRP와 관계가 있어야만 한다. 최소한 상담을 지속하는 것이 필수적이기는 하나, 또한 사후 서비스에는 복잡하거나 포괄적인 어떤 새로운 재활노력을 수반하지는 않는다. 이러한 사후 서비스는 단 한번의 수행이나 혹은 일정기간 이상의 확대종합된 것일 수도 있다. 공적 재활 프로그램의 사후 서비스 기간에는 한계가 없다. 사후 서비스의 몇 가지 예를 들면, 직업 요구사항의 변화에서 기인한 보충훈련, 건강 서비스, 공인 파출부에 대한 조정, 휠체어 수리, 교통비 보조 등을 필요한 경우에 실시한다(Department of Health, Education and Welfare, 1974; West Virginia Research and Training Center, 1974).

10) 기타 서비스

재정적 지급을 통한 생계비 보조는 대상자의 기본 생계비(의식주 및 기타 장애인의 재활목표 달성에 중요한 물질 포함) 일부를 부담하는 데 이용되어진다.

교통편의 제공(transportation support) 역시 재활 대상자가 서비스 시설 이용을 가능하게 할 목적으로 시행된다. 재배치 및 이동에 드는 비용 역시 재활목표 달성에 관계된다면 지원되어진다. 장애인의 가족에 대한 서비스가 때때로 재활 대상자의 재활목표에 대한 적응에 있어 중요하다. 서비스와 기타 여러 지원 서비스는 개별화된 재활과정에 있어 중요하다고 여겨지면 공적 재활 프로그램에 의해 제공되어질 수 있다. 지원 서비스는 소기업을 위한 관리 운영(고문, 회계, 감사 등), 취업하거나 소기업 경영에 필요한 직업 자격증, 도구, 장비, 물품, 청각 장애인을 위한 수화 통역자, 시각 장애인을 위한 낭독 및 보행훈련 서비스, 기술 원조 및 설비, 기타 장애인의 취업달성에 도움이 되는 여러 원조 등이 여기에 속한다.

11
지원고용의 실행과 사정

지원고용은 결과중심 전환교육의 매우 중요한 하나의 영역이다. 따라서 지원고용개념과 과정, 지원고용의 모델, 지원고용프로그램의 계획과 실행, 관리와 평가 순으로 제시하였다.

1. 지원고용의 개념과 과정

1) 지원고용의 개념

장애인 직업재활 분야에서 중요한 영역인 지원고용은 "지속적인 고용상태를 유지하기 위하여 발달지체인이 지원을 계속 받으면서 일반인과 더불어 고용되어 임금을 받는 상태"로 규정한다. 이를 좀 더 구체적으로 살펴보면, 경쟁적 노동, 통합된 작업환경, 지속적인 서비스의 제공 등 세 가지 요인을 내포하고 있다. 경쟁적 노동이란 주당 20시간 이상의 전일제나 시간제로 고용되어 노동법에 근거하여 임금을 받는 상태이다.

노동 표준법은 고용주로 하여금 ①동일지역에 고용된 비장애인이 수행하는 것과 동일 유형의 노동을 질적으로나 양적인 면에서 동일 수준으로 수행하며 ②개인의 생산성과 관련하여 비장애인과 동일 수준이나 ③최저임금 수준이하의 낮은 수준으로 임금을 지불할 수 있는 융통성을 부여하고 있다. 이러한 기준을 설정한 것은 작업활동 센터에서 중증 장애인이 받는 토큰임금이 아니라 지원고용프로그램에서 공정하고 경쟁적인 임금을 받을 수 있도록 보장하기 위해 규정된 것이다(Federal Register, August 14, 1987).

연방정부의 지원고용에 대한 개념 규정 이후, 많은 주 정부들은 그 지역사회의 독특한 서비스 요구를 충족시키는데 필요한 유연성을 가질 수 있도록 그들 나름대로의 독특한 정의를 개발해 왔다. Moon(1990) 등도 지원고용을 중증의 장애인이 통합되어진 지역사회 내에서 계속적인 지원서비스를 받으며, 유급노동을 제공하는 것으로, 주 정부 직업재활서비스에서 전통적으로 부적격 판정을 받아오던 사람들을 위해 마련된 직업배치 및 훈련접근이라고 정의하였다.

이처럼 지원고용의 정의가 다양하게 제시되고 있으나, 대체적으로 다음과 같은 공통점을 가지고 있다(DePoint et. al., 1990).

첫째, 중증장애인에게 우선적으로 유효한 서비스를 제공하기 위한 것이다.

둘째, 장애인이 지역사회의 일반사업체나 공장에서 유급 노동을 하는 것을 목표로 한다.

셋째, 장애인이 비장애인들과 함께 일하고 사귈 수 있는 통합의 기회를 제공하여야 한다.

넷째, 장애인의 고용이 성공되도록 고용에 필요한 계속적인 훈련과 지원서비스를 제공한다.

지원고용 체계는 통합된 작업환경을 강조하고 있다. 통합된 작업환경이란 대다수의 노동자들이 비장애인들로 구성된 작업장으로 정의할 수 있다. 지금까지는 대부분의 정신지체인이나 신체장애인들에게 주로 실시해 오던 장기 직업재활 서비스 유형인 보호작업장 수준의 직업재활을 탈피하려는 것이다.

지원고용 체계는 대규모의 분리된 보호작업장과 전일제 훈련식 프로그램을 지양하고, 장애인의 정상화라는 철학적 기저를 바탕으로 비장애인과의 통합에 중점을 두고 있는 점을 특징적으로 들 수 있다.

지원고용 체계는 경쟁적 노동, 통합된 작업환경, 지속적인 서비스의 제공 등 세 가지 요인을 충족하여야 한다. 세 가지 요건이 충족된 발달지체인은 경제활동을 할 수 있는 기회를 얻을 수 있을 것이고, 작으나마 지역사회의 복지 측면에서 일익을 담당할 수 있을 것이다. 또한 사회적 측면에서도 장애인 스스로 생활의 일부로서 미약한 책임을 지게되고 이로써 공공 프로그램에 대한 의존도를 낮추게 될 것이다.

2) 지원고용의 단계

박희찬(1994) 등은 지원고용이 이루어지는 과정을 크게 ①직업진로 계획 수립 ②직업 및 직종개발 ③적합성 분석 및 지원계획 수립 ④배치 후 현장훈련 및 지속적인 지원서비스 등의 4단계로 구분한다. 이러한 단계의 구분 속에는 직업평가 활동이 별도의 영역으로 설정되어 있지 않다. 그러나 오길승(1994)은 ①직업훈장훈련(job development) ②내담자 평가(client assessment) ③직업배치(job placement), ④직업현장훈련(job-site-training) ⑤지속적인 평가와 사후지도(on-going assessment and follow-along) 등의 5단계로 구분하고 있다. 위의 4단계에서는 직업진로 계획의 수립단계(내담자에 관한 관찰, 면담, 그리고 각종 정보 수집을 통한 평가가 포함된다)가 먼저 나오게 되며, 그 다음 단계에서 직업 및 직종개발이 이루어진다. 반면에, 5단계 모델에서는 내담자 평가가 직업개발 이후의, 두 번째 단계에서 이루어지는 것으로 전통적 직업재활 모델과 유사하다는 것을 알 수 있다. 그러나 이와 같은 순서상의 차이는 크게 중요한 것이 아니며, 실제로는 두 단계가 동시에 진행되어 지기도 한다. 위의 두 경우 외에도 학자들에 따라서 다소 구별되는 차별적 지원고용 과정과 단계를 제시하기도 하지만 지원고용을 구성하고 있는 요소들을 살펴보면, 직업개발, 내담자 평가, 적합성 분석 및 지원계획 수립, 직업배치 및 현장훈련, 지속적인 평가, 계속지원을 공통적으로 포함하고 있는 것을 알 수 있다(강위영, 조인수 외, 1993).

서비스 단계를 고려할 때 전통적 직업재활 과정에는 직업배치 이전에 직업평가 활동이 이루어지기 때문에 내담자에 대한 직업배치 가능성(placeability)이라든지 고용가능성(employablity), 혹은 직업준비도(job readiness)의 요소와 같은 것들이 중요하게 다루어진다고 볼 수 있고, 반면에 직업 배치 이후에 적극적인 직업평가 활동이 이루어지는 지원고용에서는 직업적응의 요소들이 보다 중요하게 다루어져야 한다는 것을 알 수 있다.

3) 서비스의 전달과정 및 재활상담 활동

(1) 서비스 전달과정

지원고용 서비스 전달과정은 초기평가, 계획수립, 직업배치, 훈련, 계속적 지원,

주기적 평가 등으로 나눌 수 있으며, 각 단계는 장애유형별 특징, 클라이언트의 욕구의 다양성 그리고 지원고용의 융통성으로 인하여 활동상의 중복현상이 나타날 수도 있다. 지원고용 서비스의 전달모형을 제시하면 그림 11-1과 같다.

(2) 재활상담 활동

직업재활 상담사들의 지원고용 단계와 연관된 활동은 표 11.1과 같이 제시하였다.

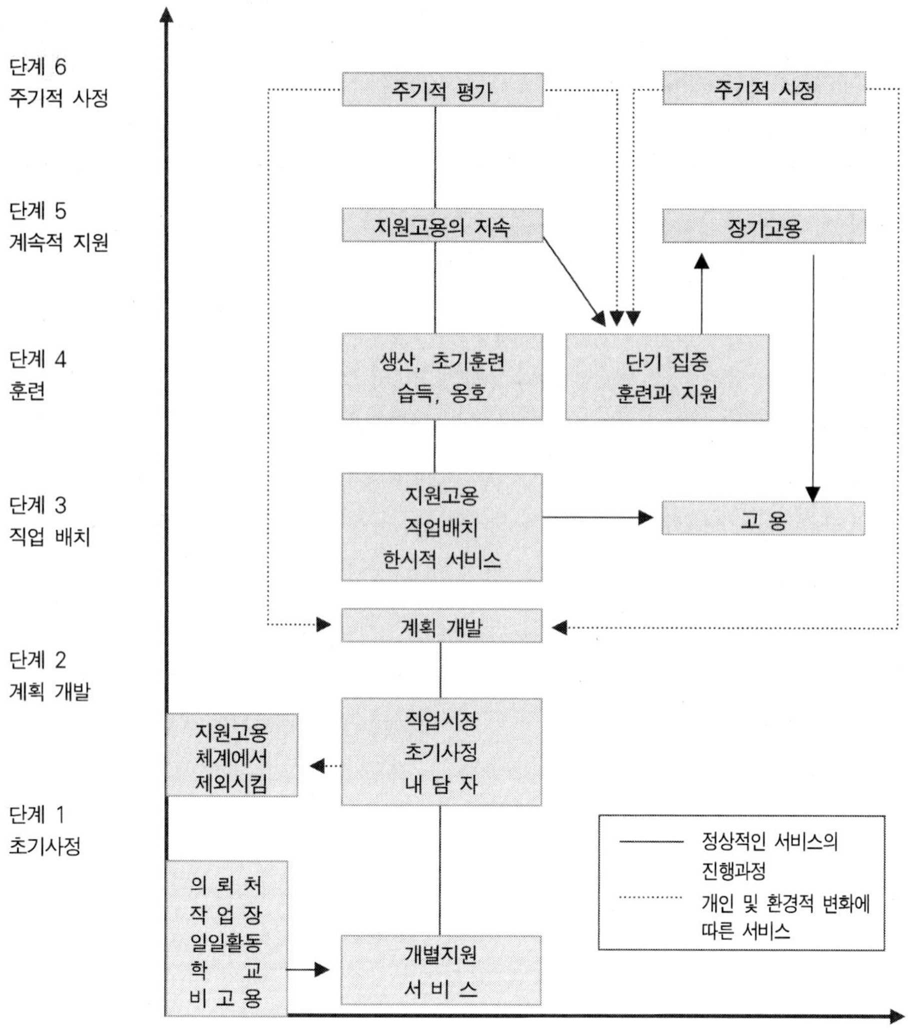

[그림 11-1] 지원고용서비스 전달모형

출처: 조인수 외3인(1993) **직업재활과 지원고용**. 서울: 성원사 P.204

<표 11.1> 직업재활상담사의 지원고용 단계와 연관된 활동

가. 초기평가단위

가) 내담자 : 확인 및 평가
- 과거의 노동경험
- 작업가능시간
- 작업 관련된 일반적인 관심과 흥미
- 운동성, 이동기능
- 기본적 사회성 능력
- 의료적 및 심리적 관련 정보
- 재정적 상태
- 일반적인 독립수준
- 장기고용에 필요한 지원수준과 지원특성
- 이전 서비스 능력
- 작업태도 및 동기유발
- 특수한 작업기능이나 결합
- 잠재적 강화인과 내담자가 지니고 있는 능력상의 강점
- 부모 및 상담자의 고용지원

나) 직업시장 : 확인, 수행 및 기록
- 지역사회 내에서의 고용기회 및 직종특성
- 지원고용에 적절한 특별한 작업과 작업환경
- 특정 산업 및 직업의 요구조건과 직종특성
- 잠재적 고용직종에 제한 직업분석
- 고용주가 원하는 지원고용 인력채용 인원수
- 고용주의 특정 고용경향과 훈련과정
- 협동 근로자 및 일반인과의 통합을 지향하는 고용철학 · 수용 가능성
- 임금, 혜택, 근무시간, 사회적 통합수준, 교통 등의 특수한 직업적 성격
- 지원과 중재에 대한 직업적 및 고용주와 관련된 특수한 제한성

나. 계획 개발 단계 : 결정, 기록 및 개발

가) 선택범위
나) 필요한 경우에는 특정 옵션의 개발
다) 내담자에게 적절한 지원고용 유형
라) 선택의 정당성
마) 특정 내담자의 특정 직종의 중개
바) 일정표, 임금, 지원특성과 개인의 책무 등을 포함한 특정 배치 계획
사) 안정화 준거 및 지원의 점진적 철회 임시 일정표
아) 작업과 관련된 독립생활 능력, 가족 및 사회적 지원
자) 기타 기관의 참여와 지속적인 지원에 필요한 자금지원

다. 직업배치 단계

가) 직업의 요구조건에 관한 재 사정
나) 내담자를 직장에 배치
다) 내담자 및 서비스 제공자에게 직업소개
라) 고용주에게 프로그램 소개
마) 조정할 사항의 확인 및 조정
바) 단계 2에서 개발된 일정표와 계획의 실행
사) 모든 직업요소 분석, 지도 및 평가의 단위
아) 작업관련행동 분석, 지도 및 평가의 단위
자) 내담자, 서비스 제공자 및 고용주의 추가요인 확인

라. 훈련단계

가) 훈련 일정표에 따른 훈련실시 여부 확인
나) 내담자의 성취수준 점검
다) 관찰지원
라) 지원 서비스의 점진적 철회 일정표와 과정의 점검
마) 내담자. 안내자. 고용주. 기타 서비스 제공자의 만족도 사정
바) 관련된 모든 부분의 지속적인 피드백, 의사소통 일정 확정
사) 통합수준의 재 사정과 통합수준 확대 예정안 제안
아) 중재의 양적 증대를 보장할 수 있는 잠재적 문제 확인

마. 지속적인 지원단계
가) 고용상태를 지속시키는데 필요한 지원수준의 재평가
나) 필요에 따라서는 케이스 관리를 장기지원 기관으로 이송
다) 안정화 평가 및 보장　　라) 전 영역에 걸쳐 만족도 재 사정
마) 임금과 통합수준의 재 사정　　바) 적절하면 직업재활 서비스의 케이스 종료
바. 주기적 사정단계: 사정, 분석 및 기록
가) 직무수행능력　　나) 사회적 통합　　다) 각 부분의 만족도
라) 지원수준　　마) 커뮤니케이션 및 피드백의 효율성　　바) 기타 적절한 배치
사) 문제점의 교정계획을 수립하거나 기타 선택조건으로 이동시킬 계획수립

요약하면, 전통적 고용 체계와는 비교적 새로운 체계인 지원고용은 지속적인 고용상태를 유지하기 위하여 발달지체인이 지원을 계속 받으면서 일반인과 더불어 고용되어 임금을 받는 상태로 규정하였다. 지원고용 서비스 전달체계는 초기평가, 계획수립, 직업배치, 훈련, 계속적 지원, 주기적 평가 등의 단계로 나눌 수 있다. 이들 각 단계에서 직업재활 상담사는 중요한 역할을 수행할 수 있고, 이런 활동의 특수성과 범위는 장애인의 고용상황에 따라 다양해질 것이다.

2. 지원고용의 모델

발달지체인에게 지원고용 프로그램을 효과적으로 제공할 수 있는 모델은 여러 가지가 있지만 관련 문헌의 탐색을 통해 여기서는 경제적 및 지역적 여건이 다른 상황에서 성공적으로 실시할 수 있는 5가지 모델을 제시하였다. 제시된 모델은 사업조건이나 경제적 여건에 따라 수정될 수도 있다.

1) 개별배치 모델

개별배치 모델은 경쟁고용 형식의 지원경쟁 접근법, 지원작업 모델, 직업코칭 등 여러 가지로 불려지고 있는데, 이 모델은 서비스 전달 모델 중 제약이 가장 적은 방법이다(Rehab & Brief, 1986). 이 모델은 이용하게 되면 고용 전문가는 근로자를 지역사회 내의 직업현장에 배치하여 훈련시키고, 배치된 근무 위치에서

업무를 수행 할 수 있을 정도로 훈련을 시켜서 고정 배치하며 추수지도를 하게 된다(Mank et al., 1986; Wehman & Kregel, 1985). 훈련사는 일대일로 근로자를 훈련시키고, 시간이 지남에 따라 훈련사의 보조력을 줄여나가 특정 영역은 계속 지원 서비스를 제공한다. 지역사회 내에 있는 모든 기업체가 개인을 배치할 잠정적인 직장이 된다. 물론 직장을 선택할 때는 근로자의 선호도, 사전 노동경험, 지역 노동시장의 특성에 따라 배치할 직장을 결정한다.

이 모형은 전통적인 직업재활 배치 방법과 흔히 비교되는데, 전통적인 모형과는 다른 점이 몇 가지 있다. 첫째, 이 모델은 직장에 배치하기 전에 직업 준비과정을 요하지 않는다. 직업현장에 배치된 다음에 작업방법, 사회성 기능, 지역사회 내에서의 이동기능 등에 대해 포괄적으로 훈련을 시킨다. 따라서, 직업 현장에 배치하기 전에 집중적인 직업훈련을 시키지 않는다. 둘째, 단기적이거나 한시적인 훈련 절차가 아니다. 셋째, 직업훈련 전문가 한 사람이 직업개발, 직업배치, 직업훈련, 추수지도 등을 모두 담당한다.

개별배치 모델은 직업 개발과 내담자 사정, 현장 직업훈련, 지속적인 사정과 사후지도 단계로 이루어진다. 각 단계별로 간단히 설명하면 다음과 같다.

직업 개발과 내담자 사정은 내담자의 흥미, 사전 훈련, 교통이용 및 신체적 요건 등에 가장 적합한 직업을 탐색하는 과정에서 동시에 이루어진다. 배치과정은 일자리가 비어 있는지, 이직율이 어느 정도인지, 내담자의 잠재능력에 부합되는지 등을 확인하는 지역사회의 노동시장을 조사하는 과정에서 이루어진다. 특정 직업을 찾게 되면 직업조사, 직무분석 등의 분석도구를 이용하여 작업환경 조건을 분석한다. 직무분석 내용으로는 작업요건, 작업환경 특성, 직업을 계속 유지하는 데 영향을 미칠 수 있는 기타 특성들을 포함시켜야 한다.

내담자의 사정은 직업을 개발하고 직무를 분석할 때 이와 동시에 실시한다. 내담자의 적응행동, 부모 및 보호자의 태도, 출퇴근 가능성, 내담자의 작업의지 및 기타 관련 요인에 관한 정보를 수집한다. 아울러, 사정을 통해서 내담자를 배치하게 될 직업현장에서 요구하는 직업적 기능을 수행할 수 있는지의 여부를 결정한다. 이러한 기능을 수행할 수 없다고 해서 지원고용 서비스를 포기하거나 중단하는 것은 아니다. 지원고용은 직업현장에 즉각 적응할 수 있는 기능을 모두 갖추지 못한 개인을 일단 직업현장에 배치한 후에 모든 훈련을 시작하기 때문이다.

직업훈련 전문가에게 도움이 되는 내담자 사정 유형으로는 면담과 내담자를 비형식적으로 관찰하거나 교육적, 직업적, 의료적 평가결과를 해석하거나 환경분석을 통해서 밝힌 기능을 관찰하여 내담자의 실제 작업능력을 평가한다.

직업의 요건과 근로자의 특성을 고려하여 직업 현장에 배치한다. 배치과정에서는 직무분석 자료와 내담자에 대한 평가정보를 검토하게 된다. 의뢰 집단에서 선정한 내담자라면 사전 선별과정을 거쳐서 특정 직업이 요구하는 필수 요건을 확인한다. 예를 들면 주말작업을 해야 하는 경우라며, 내담자가 주말에 작업을 하고자 하는지, 작업을 할 수 있는지를 알아야 한다. 더욱이 내담자가 직장까지 어떻게 출근하는가, 출근할 때 가족이 도와 줄 수 있는지 없는지 등을 알아야 한다. 이와 같은 주요 요인들을 분석하면 특정 직업에 배치할 지원고용 대상자를 찾는데 도움이 된다. 내담자의 여러 가지 요소와 직업 특성은 "직업/노동자 분석"(Moon 등, 1986) 도구를 이용하여 보다 상세하게 분석할 수 있다. 내담자가 일단 특정 직업현장에 배치되면 훈련사는 형식적인 직업면담이나 비형식적인 방법으로 직업현장을 방문하여 직업을 소개한다.

현장훈련 단계에서는 직무와 관련된 행동, 즉 의사소통 방법, 과제수행 기능, 교통수단의 이용능력, 식사시간과 휴식시간을 적절히 이용하는 방법 등을 직접 체계적으로 지도한다. 현장훈련은 고용 첫날부터 실시하게 되는데, 훈련기간은 고용전문가의 기능수준, 근로자의 기능수준, 직무의 복잡성 등에 따라 결정된다. 현장훈련은 주로 직업안내와 평가, 초기훈련과 기능습득, 안정화, 지원 등의 단계를 거치게 된다.

2) 소집단 현장통합훈련 모델

Rhodes와 Valenta(1985b)는 소집단 현장통합훈련(enclave)의 구성요소로 작업상황개발, 작업요건 토의, 근로자의 통합, 협력서비스, 지속적인 지원제공 등을 들고 있다. 소집단 현장통합훈련을 제공할 수 있는 회사를 찾는 일은 무척 힘든 일이다. Rhodes와 Valenta(1985b)는 규모가 큰 회사는 장애근로자를 통합하기 쉽고, 특별 훈련을 실시하는 생산라인에 주의를 덜 기울일 수 있으며, 초보자의 훈련기회를 조절할 수 있기 때문에 작은 회사보다 유리하다고 했다. 지역사회로부터 긍정적인 이미지를 갖고 있는 회사는 장애 근로자들에게 시설을 개방하고 있기 때문에 이들을 취업시키기가 더 쉽다.

현장통합훈련 감독자가 기능을 훈련시키고, 작업생산성을 향상시킬 수 있는 효과적인 방법으로 지도할 때 작업요건은 충족될 수 있고, 규모가 큰 회사는 자체 생산체제 내에 있는 과정을 적용하여 지도할 수 있다. 행동주의적 훈련방법은 매우 중요함으로 감독자는 근로자가 일정 수준에서 생산성을 발휘할 수 있게 작업의 질적 수준도 어느 정도 보장할 수 있어야 한다. 규모가 큰 회사라면 기능을 발달시키고 작업수행률을 높이기 위해서 숙련공 모델을 확보하여 이용할 수 있다.

소집단 현장통합훈련 감독자는 근로자를 통합시키기 위해서 적극적으로 노력해야 하나 감독량은 회사의 특성에 따라 달라질 것이다. 통합은 대중교통수단을 이용할 때나 휴식시간, 회사 내의 오락시간 등에 부분적으로 자연스럽게 참여시켜서 점진적으로 이루어 가는 것이 바람직하다.

소집단 현장통합훈련 모델에서는 개별배치 모델보다 더 장기적인 지원을 제공할 수 있으며 지역사회 내의 특정 직업에 적절히 적응하지 못하는 사람에게도 고용기회를 줄 수 있다. 소집단 현장통합훈련 모델은 감독자 한 사람이 몇 명의 장애인을 동시에 취업시킬 수 있다. 그러나 이러한 장점은 시간이 지남에 따라 감독자가 감독시간을 점진적으로 줄여나가기 때문에 감소 될 수도 있다. 아울러, 내담자가 현장통합훈련 단계를 넘어 정규사원으로 채용되어 떠나면 이어서 다른 장애인들이 충원될 수 있다. 이 모델에서는 근로자들의 협상 여하에 따라서 적절한 임금과 복지 혜택을 받을 수 있다.

3) 이동작업단 모델

이동작업단은 감독 1명이 3-8명의 근로자를 담당하는 집단 지원고용 형태이다. 이동작업원은 특별히 계약된 작업을 수행하기 위해 지역내에 있는 여러 장소를 옮겨 다닌다. 보관서비스와 운동장 및 공원관리 업무를 주로 담당한다. 이 형태는 새로운 모델이 아니라 일부 재활시설에서 오랫동안 활용해 온 방법이다. Mank(1986) 등은 수위, 눈 치우기, 농사일, 농장일, 식물관리, 페인트 칠하기 등과 같은 업무를 장, 단기 계약에 따라 수행할 수 있는, 공장이 적은 중소도시나 농촌 지역에 적합한 형태라고 하였다. 이 시스템은 여러 유형의 기관이나 소규모 사업 단체에서 운영할 수 있다. 일반적으로 이동작업단은 모든 근로자의 생산성이 총생산성의 수준에 이르지 못하기 때문에 초과비용이 들고, 많은 감독이 필요하며, 공공기금을 사용해야 하기 때문에 비영리 단체에서 설립하였다. 이동작업단은 몇 가지 계약조건에 따라 활동하며 장소를 옮겨 다니는 점이 소집단 현장 통합훈련과 다르다. 이동작업단 감독은 사업가인 동시에 중증장애인 훈련사가 되어야 한다.

이 모델의 장점은 기업체가 적은 중소도시나 농어촌에 적합한 형태로서 지역사회의 요청에 따라 융통성을 발휘할 수 있다. 작업원은 비용을 효율적으로 운영할 수 있으며, 초기에 비품을 마련하면 추가 비용이 거의 들지 않고, 수입이 생기면 임금을 지불하고서도 활동비용을 충당할 수 있다(Bourbeau, 1985).

4) 하청업 모델

하청업 모델은 일부 비장애인과 8명 미만의 장애인을 고용하여 하청업체 형식으로 운영하는 형태인데, 이 모델을 처음으로 시작한 것은 전국적으로 판매망을 갖춘 부품 판매업이었다(Boles et al., 1984; O'Bryan, 1985). 지원고용 하청업은 그 특성상 한 가지 유형의 상품과 서비스를 제공하게 된다. 이 형태는 장애가 가장 중증인 집단에 적용해야 한다. 따라서 이 집단은 행동주의적 훈련을 지속적으로 받아야 한다. 하청업 모델은 다음과 같은 점에서 보호작업장과 다르다. 첫째, 장애인 노동자의 숫자가 8명 이내로서 규모가 매우 작다. 둘째, 생산성이 낮아서 보호작업장에 갈 수 없는 중증장애인을 대상으로 한다. 셋째, 장기적인 소규모 계약은 초과비용을 줄인다(O'Bryan, 1985).

이 모델은 심리·사회적 및 행동결함을 지녔거나 자립기능이 매우 낮거나 제한된 장애인에게 적합하다. 사실, 이 모델은 중증장애인이나 최중도 장애인은 생산활동을 할 수 없다고 보는 회의적인 태도를 지닌 전문가 사회에 강한 반론을 제기할 수 있는 근거를 제시하고 있다. 하청업의 모델은 소비자를 끌어들일 수 있는 능력과 일부 경우에는 계약을 수주할 수 있는 능력에 따라 좌우 될 것이다. 사회적 통합이 이루어지기 위해서는 사업장이 가게, 음식점이나 사람이 많이 찾아오는 위락장소와 인접해 있어야 한다. 근로자는 보통 생산성에 따라 임금을 받고, 일거리를 확보하기 위해서는 도움을 충분히 받을 수 있어야 하며, 생산성을 제고하기 위해서는 훈련도 받아야 한다. 하청업 모델은 철저히 관리해야 하고 재정적 및 상업적 활동도 정확히 수행해야 한다. 사업주와 관리자들은 수준높은 훈련을 실시할 수 있어야 하고 판매, 생산, 서류작성, 품질관리, 임금의 차등화, 임금분석 등에 관한 절차와 방법을 개발해야 한다(Boles 등, 1984: O'Bryan, 1985).

5) 전환기고용 모델

전환기고용 모델은 지역사회의 다양한 사업장 안에서 시간 제한적인 작업 기회를 제공한다. 이 프로그램의 목적은 프로그램 참가자들이 작업기술을 익히고, 긍정적인 경력을 가질 수 있는 단기간의 고용 경험을 형성할 수 있도록 하는데 있다. 일자리는 실제적인 작업이며, 작업자들은 작업수행의 결과로 최저임금이나 사업체 기준에 따라 임금을 받는다.

전환기고용 모델의 직종에서는 일반적으로 시작단계에서는 낮은 수준의 과제를 수행하여 장기간의 직업훈련을 요구하지 않고, 어느 정도의 기간 동안 다양한 장애인들이 일의 경험을 가질 수 있도록 하는 것이다.

직업재활 상담사들은 작업자에게 초기의 직업훈련과 필요한 지원서비스를 제공하는 데 중요한 역할을 담당한다. 직업재활 상담사나 서비스 제공기관은 주로 작업이 완결되도록 보증해 주고 있다. 주로 지원고용 전문가는 긍정적으로 직업을 연결해 줄 수 있도록 직업배치 이전에 직업을 수행해 보고 작업환경을 평가한다.

전환기고용 경험은 자신감을 형성하고, 미래에 보다 독립적으로 영구적인 취업을 할 수 있도록 연결하는데 도움이 된다.

요약컨대, 지원고용의 요건을 갖춘 프로그램식 접근방법은 여러 가지가 있다. 그 중에서도 가장 발전적인 형태는 개별배치, 소집단 현장통합훈련, 이동작업단, 하청업 모델이다. 어느 모델이 가장 좋은가를 찾으려고 하기보다는 지역사회의 특성을 고려할 때 특정 장애인에게 어느 모델이 가장 적합한가를 탐색해야 할 것이다. 일반적으로 특정 모델에 의존하기보다는 여러 가지 모델을 종합하여 실시한다. 지원고용은 융통성 있는 개념으로서 지역 서비스의 요건, 고용기회, 서비스 자금 수준에 따라 적용할 수 있다. 대부분의 지역사회는 그 사회 나름대로 독특한 제한성이 있기 때문에 모든 서비스 요구를 충족시켜 주기 위해서는 여러 가지 모델이 동원되어야 할 것이다.

3. 지원고용 프로그램의 계획과 실행

여기서는 발달지체인의 지원고용을 위한 대책 마련으로 지원고용 프로그램의 계획과 실행부분을 중심으로 관련 문헌과 연구를 중심으로 탐색하였다. 이를 위해 첫째, 지원고용 프로그램 계획에서 정보를 수집하고 의사결정을 위한 팀 구성, 서비스의 요구수준, 고용기회 및 지역사회 내의 공공기관에 관한 정보 수집, 프로그램 계획서를 마련하는 것을 중심으로 분석하고 둘째, 프로그램 실행단계에서는 직원고용을 시작할 때의 필요한 예산 담당기관의 요구조건, 사례 관리의 절차, 직업의 전문화, 프로그램을 담당할 기관의 조직 편제 등 프로그램 특성을 결정하는 여러 가지 조건과제를 개관하여 분석하고자 한다.

1) 지원고용 프로그램의 계획

계획수립 단계에서는 정보를 수집하고 의사를 결정하기 위한 팀을 구성하고, 서비스의 요구수준, 고용기회 및 지역사회 내의 공공기관에 관한 정보를 수집하며, 프로그램 계획서를 마련하는 등 주로 세 가지 활동을 하게 된다. 여기서는 계획수립 과정에서 이루어지는 세 가지 주요 활동에 관한 문제와 활동 내용을 중심으로 논의하며, 지원고용 프로그램을 실시하기로 결정하고 계획을 수립하였거나, 프로그램을 시작할 지역사회의 운영팀이 활용할 수 있는 지침을 분석하며 기술한다(Bellamy et al., 1988). 계획수립 단계는 다음과 같은 순으로 이루어진다.

(1) 계획수립팀의 구성

계획수립팀은 지역사회 내에서 지원고용을 실시하는 데 필요한 서비스의 요구, 현재 있는 공공 자원과 장애요소, 통합 및 임금고용이 가장 용이한 직업유형 등의 문제들을 검토하게 되는 데, 팀은 프로그램의 개발 목적에 따라 여러가지 형태로 구성할 수 있다.

(2) 계획수립팀의 조직

계획수립팀은 지역사회를 폭넓게 대표할 수 있는 인사들로 구성되는 것이 가장 바람직하다. 팀의 구성원들은 지역사회를 폭넓게 대표할 수 있는 인사들로 구성되는 것이 가장 바람직하다. 팀의 구성원들은 지역사회의 사업분야에 지식이 있고 정보를 수집할 수 있으며, 지원고용과 관련된 업무경험이 있고, 장애인을 이해할 수 있는 인사들이어야 한다. 또한 지역 기관장이나 지방행정 부서의 예산 담당 인사가 참여하는 것이 바람직하다.

(3) 공동가치와 사명감의 개발

계획을 수립하는 과정에서 팀의 구성원들이 각자가 맡은 업무를 성공적으로 해내기 위해서는 발달지체인의 임금고용과 통합고용에 대한 가치 문제에 관해서 의견의 일치를 보아야 한다. 지원고용 프로그램의 성패는 팀 구성원들의 지원고용 가능성을 조사하는 능력, 특정 접근방법을 선택하는 능력, 조직의 구성능력 및 프로그램의 기초작업능력 등에 달려있다.

(4) 계획수립을 위한 정보수집

계획수립팀은 정보를 수집하고 이를 근거로 개발한 프로그램의 유형을 결정한다. 수집된 정보는 프로그램 계획서를 작성하는 기초자료가 되며, 프로그램을 효과적으로 시작할 수 있는 전략을 모색하고 결정하는 데 도움이 된다. 정보를 보다 효과적으로 수집할 수 있는 지침은 표 11.2에 제시하였다.

<표 11.2> 초기 정보 수집을 위한 계획수립 작업표

의사결정을 위한 정보	계획수립 팀의 기록사항
① 지역사회 내의 지원고용으로 혜택을 입을 수 있는 장애인이 있는가? 있으면 그 수는 얼마나 되는가? ② 장애인들이 저렴한 비용으로 기존의 서비스를 적절히 받을 수 있는가? ③ 지역사회 내에 장애인들이 할 수 있는 작업에는 어떤 것들이 있나? ④ 서비스의 요구, 작업기회 및 실시 가능성 등의 요건에 가장 적합한 프로그램 접근 방식은 무엇인가? ⑤ 기구를 가동하는 데 드는 비용은? ⑥ 지속적으로 지원하는 데 필요한 경비의 충당 계획은? ⑦ 새 계획을 시작할 때 마련한 기금을 이용할 수 있는가? ⑧ 기금을 이용할 수 없다면, 기구를 가동시킬 자원봉사자는 있는가? ⑨ 능동적인 이 사회에 지역사회의 지원이 충분히 이루어지는가?	

(5) 프로그램 계획서 작성

프로그램의 계획서는 여러 가지 형태로 작성될 수 있다. 계획서를 작성할 때는 프로그램을 어떻게 구조화할 것이며, 어떻게 운영할 것인지를 정하기 위해서 여러 정보 출처에서 수집한 각종 정보를 종합해야 한다.

(6) 계획수립 결정

계획수립팀의 의사결정을 위해서 필요한 정보를 수집할 때 서비스를 받을 대상, 작업의 전문화, 지원고용의 유형, 조직의 유형, 프로그램의 특정목표, 프로그램의 시작 예정일, 프로그램 실시 장소 등이 반드시 포함되어야 한다.

(7) 프로그램 계획서 작성

계획서에는 계획수립팀이 수집한 여러 가지 정보와 팀이 결정한 사항들을 요약하여 제시한다. 계획서를 잘 작성하게 되면 운영지침으로 활용할 수 있고, 지원고용 프로그램의 개발 내용을 평가할 수 있는 기준이 된다. 프로그램 계획서 검토사항을 제시하면 표 11.3과 같다.

<표 11.3> 프로그램 계획서 검토사항

① 개 관
*누가 프로그램을 계획했는가?
*프로그램 계획 팀은 준비작업을 어떻게 했는가?
*프로그램의 취지, 요구, 목표, 방법 등이 간단히 요약하여 제시되어 있는가?
② 문제 및 요구
*계획한 프로그램을 통해서 혜택을 입게 될 장애인 집단은 어떤 집단인가?
*그들의 현재 상태는 어떠한가?
*고용과 통합이 어떤 형태로 이루어질 것인가?
*이 프로그램은 지원고용을 어떻게 개선시킬 것인가?
*새로운 프로그램이 필요한 이유는 무엇인가?
*본 계획서에 제시된 지원고용에 대한 특수한 접근방법은 합리적인가?

③ 목　표

*프로그램을 실시하게 되면 서비스를 받는 장애인에게 어떤 결과를 가져오는가?

*지원고용 프로그램에서는 두 가지 중요한 목표가 있는데, 첫째는 서비스를 받은 장애인에게 혜택을 줄 수 있어야 하고, 둘째는 지역사회는 앞으로 다른 개인에게도 지원고용 프로그램을 제공할 수 있어야 한다.

*고용될 인원수는 얼마나 되는가?　*이용할 수 있는 지원유형은 어떠한가?

④ 평　가

*예산담당기관은 지원고용 프로그램의 성공여부를 평가하기 위해서 어떤 측정 방법을 적용할 것으로 예상하는가?

⑤ 예　산

*필요한 예산은 얼마인가?

*프로그램을 지속적으로 운영하는 데 드는 예산은 얼마인가?

*다른 곳으로부터 프로그램의 운영예산을 지원 받을 수 있는가?

2) 프로그램 계획의 실행

프로그램의 시작을 성공적으로 실시하기 위해서는 작업기회, 작업수행능력, 관리체계, 프로그램에 필요한 예산확보, 개인이 요구하는 지속적인 서비스, 통합기회 등이 동시에 제시되어야 한다. 이상에서 제시한 요소 중 어느 하나라도 준비가 되지 않으면 비용이 증가하고 프로그램의 실행이 늦어지며 프로그램의 목표를 변경해야 한다.

프로그램의 다섯 가지 실행 영역별로 주요 출발준비과제(start-up task)와 활동내용을 제시하면 표 11.4와 같다(Bellamy et. al., 1988).

<표 11.4>　지원고용의 실행과 주요 출발준비과제

실 행 영 역	주요 출발준비 과제
① 지원을 할 수 있는 조직의 능력	a. 지속적인 지원을 할 수 있는 조직을 구성한다. b. 프로그램을 준비하고 실행할 수 있는 예산을 확보한다. c. 직원 및 인사체계를 수립한다. d. 관리체계를 수립한다. * 재정정책과 절차 * 조직적인 계획수립과 평가

실 행 영 역	주요 출발준비 과제
② 장애인 노동자에게 제공할 지속적인 지원서비스를 확정.	a. 지원을 받을 개인을 선정한다. b. 장애인 노동자의 선정을 완료한다. c. 개별 서비스 계획을 완료한다. d. 고용전 전략을 완비한다.
③ 임금고용기회 확보	a. 전도가 밝은 회사를 찾는다. b. 작업계약을 한다.
④ 고용주의 요구수준에 맞는 직무능력 확보.	a. 직원기능을 개발한다. b. 장비를 구입한다. c. 직무설계와 분석을 완료한다.d. 내담자를 훈련한다.
⑤ 통합기회 확보	a. 통합기회를 확보한다. b. 물리적 사회적 통합기회를 분석한다.

(1) 조직의 관리

일반적으로 출발준비단계에서 우선적으로 완료해야 할 일은 내담자가 취업생활을 계속하는데 필요한 지원을 해 줄 수 있는 조직을 구성하는 것이다. 지원능력을 갖추기 위해서는 조직이 구성되고 예산과 직원을 확보하며 활동정책과 절차를 확정해야 한다. 조직의 지원 능력을 확보하기 위한 출발점 확인 체크리스트를 제시하면 표 11.5와 같다(Bellamy et. al., 1988).

<표 11.5> 조직의 지원능력을 확보하기 위한 출발점확인 체크리스트

출발 시 필요사항	과 제	비고
① 지속적으로 지원을 해 줄 수 있는 조직을 구성한다.	a. 계획수립 활동 완료 b. 이사회의 규모설정과 이사회 구성 c. 새로운 이사들에게 안내하기 d. 적절한 이미지를 전달할 수 있는 조직의 이름 정하기. e. 공식적인 활동절차 결정 f. 회사 신문과 지방자치 조례 수집 g. 적용할 수 있는 외부의 법적 요건을 갖춘다. * 사용자가 인정하는 신분증 확보 * 가능하면 비영리 조직임을 확인 * 지방사업체허가취득 * 근로자의 보상 및 업체의 책임 * 최저수준이하의 임금을 받을 수 있으면 임금확보	

출발 시 필요사항	과 제	비고
② 프로그램의 실행계획	a. 지방예산 담당기관 확인, 절차, 일정 및 요건제약 b. 지원고용을 실시할 수 있는 요건이나 정책 확인 c. 지원고용의 발전을 촉진시킬 수 있는 정책이나 요건에 변화가 필요하면 이를 협의 d. 프로그램의 출발 및 실행 예산 집행 e. 필요한 예산을 지속적으로 계획 f. 프로그램 계획서 제출 g. 예산 지원기관과 접촉하고 협의	
③ 직원 및 인적 체계수립	a. 직종을 상세히 기술하고 고용절차 마련 b. 인사 정책 개발 c. 직원의 보충, 선정 및 고용 d. 초기 직원훈련의 계획입안 및 실시 e. 설정한 직종에 취업시킬 수 있도록 직원에 대한 유인책 마련 f. 직원평가 및 피드백 체계 수립	
④ 관리체계 수립 : 재정정책과 절차	a. 재정정책과 통제 확립 b. 예금계좌, 도서 및 일반적인 원장 체계 개발 c. 필요하면 부기보조부 준비 d. 임금대장 체계 수립 e. 예산 집행, 재정보고 및 예산 비교 시스템 수립 f. 소액 현금 시스템 확립 g. 은행계좌 개설 h. 송장절차 마련 l. 특수한 현금 유통계획 개발	
⑤ 관리체계 수립 : 조직의 계획	a. 사업계획 개발 b. 연간 목표 및 장기목표의 검토 양식 개발 c. 조직의 정보체계, 피드백 절차 및 조직의 결과 보고양식 규정 d. 직원회의 형식 규정 e. 이사회에 보고할 양식 규정	

<표 11.6> 지원서비스 출발 체크리스트

출발 시 필요사항	과 제	비고
① 지원할 장애인의 선정과 고용 과정 수립	a. 고용방침, 고용절차, 선정절차 및 선정기준을 문서화 함 b. 지원양식 개발 c. 선정과정 및 고용과정을 위한 체크리스트 개발 d. 선별, 선정, 적절한 배치, 고용 전 과제 완수능력 등에 관한 기록요건 결정 e. 개인이 재학중일 때는 교통문제 확인	
② 장애인 노동자의 선정 완료	a. 자격 지원자의 예비선별로 확보 b. 개인을 선정하고 작업기회 부여 c. 개별 문서파일 마련, 의사결정 과정을 기록하여 보관함	
③ 개별서비스 계획수립 완료	a. 개별 계획수립 팀 선정 b. 첫번째 개별 교수 계획수립 협의회 일정 마련 c. 잠재적 요구 사정 d. 개별 계획수립 협의회 개최 및 계획 수립 e. 내담자가 재학중이면 교통이용 문제에 관하여 계획 f. 사전 결과 및 개인별 서비스 계획 보관	
④ 고용 전 논리 완성	a. 논리적 과제, 일정 및 책임결정 b. 노동자, 보호자 및 가족들에게 프로그램의 전망에 관하여 안내 c. 인사정책과 부수적인 혜택 통지 d. 필요하면, 세금 감면서 작성 e. 교통이용 문제 해결 f. 개인별 서류보관 g. 시작일자 정함	

(3) 임금 고용 확보

표 11.7는 프로그램 출발시에 작업 기회를 확보하기 위해서 완수해야 할 과제들을 요약하였다. 이 단계에서는 전망이 있는 작업 기회를 찾고, 작업을 수행할 근로자들 의견의 일치를 도출해내는 활동을 한다.

(4) 고객과 합의점 도출

지원직업과 소규모 현장 훈련에서 사용자의 역할과 책임, 배치와 직무지원을 담당한 기관을 확실히 밝혀 합의점을 도출할 필요가 있다. 지원직업 프로그램에서 사용하는 동의서 양식을 표 11.8에 제시하였다.

<표 11.7> 임금고용 기회확보를 위한 출발 체크리스트

출발 시 필요사항	과 제	비고
① 전망이 좋은 회사 찾기	a. 전망이 좋은 회사를 찾기 위한 시장 전략과 자원 계획 b. 시장 자료 개발 c. 정보 체계를 수립, 점검하고 시장 결과에 맞추어 조정 d. 마켓팅 수립 e. 사업체 망과의 관계 수립 및 유지 f. 전망이 있는 회사의 주요 인사들과 접촉	
② 안정된 작업 수행	a. 전망이 좋은 회사 평가 b. 견적요구서 확보 c. 입찰 d. 논의할 책임자 선정에 대한 협의 e. 의견 합의	

<표 11.8> 지원 직업프로그램을 위한 고용 합의서

I. 사용자는 지원 프로그램 담당 기관의 지원을 받는 개인을 고용하는데 동의합니다.

* 사용자 : _______ * 지원고용기관 및 지원 담당자 : _______

II. 프로그램의 목적과 책임

A. 목 적

지원고용기관 ( )은 노동자를 훈련시켜서 ( )사에 취업시키며 훈련, 기능유지, 재훈련, 감독 등의 장기 지원서비스를 제공한다.

B. 책 임

1. 지원고용기관의 책무
   1) 직무분석을 한다.
   2) 일자리에 맞는 노동자를 찾는다.
   3) 현장에서 필요한 과제수행능력을 포괄적으로 훈련시킨다.
   4) 노동의 질을 조절하며 기능을 숙달시킨다.
   5) 회사 직원들에게 오리엔테이션을 한다.

6) 노동자의 수행성, 생산성 및 기타 직업관련 문제에 관한 정보를 수집하고 이를 사용자에게 알려준다.
7) 사용자와 노동자에게 지속적인 지원 서비스를 제공한다.
8) 현재의 위치에서 최저임금과 기타 혜택을 받을 수 있도록 사용자와 협의한다.

2. 회사의 직무
1) 정규 작업일정을 제시한다.
2) 지원담당직원이 직무분석, 훈련 및 서비스 등의 업무를 수행할 수 있도록 작업장에 안내한다.
3) 노동자가 직무를 시작하기 전에 지원기관의 직원에게 인사정책을 포함한 회사의 제반 사항을 안내 한다.
4) 회사가 받은 책임을 다하는 데 필요한 장비와 물자를 제공한다.
5) 지원담당직원과 노동자의 수행성에 피드백을 제공한다.
6) 직무, 작업일정, 기타 직무 관련 사항을 변경시키기 전에 지원 담당 직원에게 통보한다.
7) 노동자의 임금을 지급한다.

III. 보수규정
A. 기본금(시간급, 일급, 월급)
B. 임금은 지원고용 기관과 사전에 합의한 규정에 따른다. 예를 들면 노동자가 75%의 생산성을 나타냈다고 하면, 기본급의 75%가 실제 임금이 된다.
C. 노동자는 수행성을 검토, 평가받게 되고 사내의 임금규정에 명시된 바에 따라서 기본금이 올라갈 수 있다.
D. 노동자는 사용자가 밝힌 인사방침에 따라 기본적인 혜택을 받을 권리를 갖는다.

IV. 합의 내용
A. 이 합의 내용은 서명한 날로부터 효력을 발생한다.
B. 지원고용 기관의 담당직원은 노동자가 배치된 현재의 위치에서 적절한 훈련을 받을 수 있도록 보장한다.
C. 지원고용기관의 담당직원은 년 월 일 부터 훈련을 시작한다.
D. 이상의 합의내용은 중단시킬 원인이 생긴 어느 한 쪽의 요구에 의해 즉시 파기할 수 있다.
E. 어느 한쪽에서 이유없이 계약을 중단할 때는 10일 전에 상대방에게 통지해야 한다.

대표자(사용자) :
회 사 명 : 날 짜 :
고용지원담당자 :
고용지원기관명 : 날 짜 :

(5) 사용자의 요구 수준에 맞는 작업능력

추진되고 있는 사업이나 프로그램에 관계없이 정상적인 직무요건을 갖추어야 한다. 특히 프로그램을 시작할 때 수행할 작업, 직무분석과 설계, 근로자 훈련에 관한 지식과 기능은 작업능력을 개발하는데 매우 중요하다. 특히 중소기업의 경우에는 특수한 직무에 필요한 적절한 장비를 갖추어야 한다. 표 11.9는 이러한 업무를 완수하는데 출발과제를 요약한 것이다.

<표 11.9> 사용자가 요청하는 노동자의 능력을 갖추기 위한 출발 체크리스트

출발 시 필요사항	과 제	비고
① 직원의 기능 개발	a. 직원의 기능과 훈련요구 사정 b. 직원훈련 실시	
② 장비 확보	a. 장비선정기준 설정 b. 이용할 수 있는 장비 검토 c. 출발에 필요한 장비의 선정과 구입 d. 프로그램 실시회사와 장비요청문제 협의	
③ 직무설계와 분석	a. 상세한 직무분석 실시 b. 작업효율성과 훈련비용을 고려하여 직무 설계 c. 필요에 따라 시설물을 개발하거나 개조 d. 과제 분석	
④ 근로자 훈련	a. 직무수행 능력 사정 b. 적절한 지원, 강화 및 교정방법 등을 이용하여 훈련실시 c. 훈련자료 수집 d. 자료 및 적응 훈련 절차 분석 e. 수행 능력을 유지하기 위한 절차의 설계 및 실행	

(6) 관리자의 직업 전문성

지원고용을 실시하는 기관의 직원은 여러 가지 기능을 잘 수행할 수 있어야 한다. 직원이 사용자나 고객이 요청하는 실제의 작업방법을 알지 못하면 장애근로자의 훈련 및 감독과 관련된 인적서비스 기능은 소용이 없다. 지원기관이 사업체에 대해 잘 알고 있을 때 프로그램을 실시할 회사가 소규모 현장훈련 프로그램을 설치하고 개인을 지원직업에 고용하기 위해 의사를 결정할 때 사업체에 대한 친숙도는 중요한 요소가 될 것이다.

(7) 장비확보

적절한 장비는 시간과 노력을 절약하고, 노동을 전문화하며, 사업을 성공적으로 운영하는 데 필수적으로 갖추어야 할 조건이다. 장비의 유형, 양 및 특징은 작업의 전문성에 따라 매우 다양하다. 소규모 업체일 경우에는 직원이 업무에 대한 지식과 사정결과에 근거하여 장비를 선정해야 한다. 장비를 선정할 때 구입가격, 운영비, 내구성, 유지조건, 안전성, 예상투자 회수액, 구입비와 임대비의 비교, 조작의 용이성 등을 고려해야 한다. 장애인이 활용할 장비를 훈련요건과 적응 보장구의 필요 여부 등을 고려하여 선정해야 한다.

(8) 직무설계와 직무분석

발달지체인이 소규모 회사에 고용되든지 아니면 개별지원기관을 통해서 고용되든지 간에 그들이 담당할 직무는 훈련을 촉진시키고 수행능력을 유지할 수 있도록 설계되고 분석되어야 한다. 직무설계를 시작할 때 생산성 효율과 훈련비용을 동시에 고려해야 한다. 발달지체인이 지원고용을 받으려면 직무를 수행할 대안적 방법을 습득하게 될 것이다. 지원고용이 통합환경에 관심을 더욱 기울이게 됨에 따라서 직무분석도 점차 복잡해지고 있다. 장애인 근로자가 예상할 수 있는 모든 상황에서 적절히 과제를 수행할 수 있도록 훈련시키기 위해서는 여러 가지 작업과 사회성을 사정해야 한다. 일상적으로 일어나는 직무상의 사건과 가끔 일어날 것으로 예상되는 직무상의 사건도 분석해야 한다. 모든 자극과 반응을 확인하고 나면 직무의 습득 정도를 사정할 수 있는 근거를 마련한다. 근로자는 훈련을 받는 동안 직무분석에서 밝혀진 여러 능력을 보여주어야 한다.

(9) 근로자의 훈련

발달지체인이 통합된 환경에서 직무를 정확히 수행하고 아울러 생산적으로 수행하기 위해서는 직접적이고도 체계적인 훈련이 필요하다. 고용훈련전문가들은 수행능력을 사정하고, 과제 습득을 촉진시킬 수 있도록 보조해 주고 강화를 주며, 오류를 교정해 줄 수 있어야 하고 그러면서도 작업상황을 지나치게 방해하는 일이 없도록 해야한다. 훈련 중 수집한 자료는 일관성 있게 검토하여 오류를 분석하고 직무분석과 훈련 절차상 적응하는데 필요한 조처를 해주어야 한다. 직업훈련사들은 중증 장애인들이 적절한 수준으로 수행능력을 유지할 수 있도록 훈련절차를 설계하여 실행해야 한다. 이런 책임은 훈련받은 감독관이 현장에 상주하지 못하는 개인 사업체에 장애인이 고용되었을 때는 특히 중요하다(Sailor et al., 1980; Wilcox & Bellamy, 1982).

(10) 통 합

장애인 근로자를 비장애인 근로자 중심의 작업환경에 통합시키는 문제와 관련된 출발과제를 표 11.10에 요약하여 제시하였다.

<표 11.10> 통합과 관련된 출발과제 체크리스트

출발 시 필요사항	과 제	비고
① 통합기회 확보	a. 통합기회를 고려하여 장소를 선정함 b. 정상적인 회사 인사방침과 기타 일정에 장애인 근로자를 포함시키기 위해 사용자와 협의함 c. 통합기회를 증대시킬 수 있는 작업장, 휴게실, 중식 장소에 대해 협의 함	
② 물리적 및 사회적 통합 기회분석	a. 물리적 통합기회를 파악할 수 있는 환경분석 양식마련 b. 사회적 통합요구와 통합기회를 사정할 수 있는 직무분석 체계 마련 c. 회사의 일상적인 업무, 사회적 통합요구 및 통합기회 확인 d. 환경분석 체계 실시 e. 직장통합분석 및 환경분석 자료와 결과의 보존	

요약컨대, 프로그램의 계획은 먼저 계획수립 팀의 구성과 조직으로 공동가치와 사명감의 개발, 계획수립을 위한 정보수집, 계획수립 결정, 프로그램계획서 작성 순으로 이루어져야 한다.

프로그램계획의 실행은 먼저 조직의 관리와 지속적인 지원, 임금고용확보, 고객과 합의점 도출, 사용자 요구수준에 맞는 작업능력, 관리자의 직업전문성, 장비확보, 직무설계와 직무분석, 근로자의 훈련, 작업환경에의 통합 등에 유의하여야 한다.

지원고용 프로그램을 실시할 때 지역사회의 다양한 성격이나 특성을 고려해야 하며, 예산 담당기관의 요구조건, 케이스 관리의 절차, 직업의 전문화, 프로그램을 담당할 기관의 조직편제 등 프로그램 특성을 결정하는 여러 가지 조건 등이 고려되어야 한다.

4. 지원고용 프로그램의 관리와 평가

여기서는 프로그램관리자와 운영에 관련된 현안과 문제점을 파악, 프로그램관리자들에게 아이디어를 제공하기 위한 의사결정 도구면에서 선행연구를 고찰, 그리고 지원고용 프로그램의 운영실태 평가지침을 마련하기 위한 관련 연구물들을 분석·제시하였다.

1) 지원고용 프로그램의 관리

지원고용은 공공기관이나 사설기관에 제한적으로 적용하는 것이 아니다. 지원고용은 이윤을 추구하는 기업이나 비영리 기관 및 정부 기관을 통해서 실시할 수 있다. 중증장애인에게 직업을 제공하고 지속적으로 지원해 줄 수 있는 여러 가지 방법이 개발되어야 한다.

(1) 프로그램 관리와 운영

여기서는 지원고용프로그램을 지속적으로 운영하고 관리하는 문제와 관련된 주요 현안과 제안들을 다섯 가지 주요 실행구조에 근거하여 살펴보기로 한다 (Bellamy et al., 1988).

[1] 작업기회의 개발

지원고용의 지침에 관한 계획을 세울 때는 여러 사업체에서 실시해 오던 여러 가지 전통을 따르게 되는데, 계획 입안시에 주안점을 두어야 할 요소들은 다음과 같다.

첫째, 가시적인 결과에 초점을 맞춘다.

둘째, 계획은 강점에 근거해서 천천히 세워야 한다.

셋째, 명확한 고용전략을 유지한다.

넷째, 사업과 서비스 요구간의 경쟁을 대비한다.

[2] 작업수행능력

지원고용에서 관리자들이 두 번째로 관심을 가져야 할 중요한 사항은 이용할 수 있는 작업을 고객이 만족하고 기관의 기능을 극대화시킬 수 있는 방법으로 분석하고 실시하는 것이다. 여기서는 작업수행성을 수용할 수 있는 수준으로 유지시키는 일과 관련된 것들을 고찰하기로 한다(Wehman et al., 1988).

직무상황에서 중증장애 근로자들의 수행성에 영향을 미치는 문제는 크게 두 가지 영역으로 나누어 볼 수 있다. 첫째, 비영리 기관이 운영하는 사업에서나 경쟁환경에 속한 직업배치에서 거의 모든 직무의 구성요소가 변하고 있다. 감독자의 변화, 직무의 변화 및 일상적인 일정의 변화 등은 직무를 수행하는 중증 장애인의 능력에 의미있는 영향을 미칠 수 있다. 둘째, 중증 장애 근로자들은 여러 가지 복잡한 기능을 학습할 수 있다고 하더라도 모든 조건이 변하지 않은 상태에서조차 습득된 행동이 지속되지 않는 수가 있다. 특히 경쟁직종에 종사하는 중증장애인들 사이에서 습득한 행동을 유지하는 것이 성공적인 고용의 주요한 요소가 된다(Greenspan & Schoultz, 1981).

새로 습득한 기능을 장기간 유지하는 데 영향을 미치는 변인으로 훈련변인, 전이변인 및 수행변인 등이 있다. 훈련은 근로자가 반응하는 방법을 학습하고, 반응시기를 인지하는 과정이다. 훈련기간 동안에 발달된 자극 통제력은 훈련 동안 습득된 통제기능을 오랫동안 유지할 것이다.

새로 습득한 기능을 지속시키는 데 영향을 미치는 세 번째 유형의 변인은 직무수행 상황의 특성을 들 수 있다. 지원고용에서는 훈련기간 동안에 작업행동을 통제했던 단서들이 직무수행 상황에서도 계속 나타나야 한다.

이와 같은 분석에 근거하여, 습득한 작업행동기능을 계속 지니고 있도록 하기 위해서는 첫째, 일반화된 강력한 자극 통제력을 형성할 수 있는 프로그램을 주도면밀하게 작성하여 훈련을 실시해야 하고 둘째, 근로자가 일단 능력을 보이면 훈련조건에서부터 실제 직업상황에서 경험하게 될 조건으로 점차 전이시키며 셋째, 계속 훈련한 작업단서를 접하게 하고 넷째, 작업을 수행할 수 있도록 충분히 대가를 제공하며 다섯째, 적절히 반응할 때는 효과적으로 강화를 제공한다. 개인의 수행성과 직무변화를 지속적으로 점검하고 훈련지원을 제공하면 장기적으로 직무수행능력을 제고할 수 있을 것이다. 언제든지 활용할 수 있는 전문직원을 확보한 보다 통제된 환경에 설치한 직원고용 프로그램의 경우에는 습득한 작업행동 기능을 계속 지니고 있도록 하기 위해서는 학습의 기능이 간단한 과제들이어야 한다. 이러한 과제들은 자기관리, 실제 상황에서 기능을 전이시키기, 지원고용을 점진적으로 줄이기 위한 후속 활동의 제공이다.

③ 통 합

통합의 정도를 점검할 수 있고 통합에 필요한 활동을 더욱 지원하기 위해서 지속적으로 자원을 배정해야 한다. 그러나, 통합기회를 분류하고, 개인에 대한 활동 수행능력훈련 통합 정도를 점검하는 형식적 체계가 비형식적인 체계에 대치될 것이라고 흔히 믿는 경우가 있다. 그러나 사회적 통합을 생각할 수는 없고, 사회적 통합이 자연적으로 이루어지지 않으면 이를 위해서 모든 노력을 기울여야 한다. 통합능력을 확립하는 것만으로는 충분치 못하고, 통합이 이루어지도록 주의를 기울여야 한다(Bellamy et. al., 1988; Wehman et. al., 1988).

④ 지속적인 지원

미국에서는 1970년대 이후 교육에서 재활 서비스에 이르기까지 제정된 획기적인 입법활동을 통해서 장애인에게 적합한 프로그램을 개발했는데, 입법과정에서 지침이 될 수 있는 개인별 계획을 개발하여 제공할 것을 규정하였다.

O'Brien(1987)은 "개인의 미래 계획수립"에 관한 지침을 제시했는데, 이로써 중증 장애인의 바람직한 미래를 제시할 수 있게 되었고, 미래지향의 자원을 조직하는 데 필요한 자원목록을 만들 수 있게 되었다. 이 비젼은 장애인 직업재활 종사자들이 직업재활의 장애를 극복하고 기회를 확대하며 지속적인 지원을 보장하기 위해서 계획수행 단계에서 취해야 할 조치들을 안내하고 있다. 지원고용, 특히 일반 작업환경에서 지원기관은 정상적인 작업일정을 흐트리지 않도록 해야 하고, 장애인 근로자를 일반 근로자의 평가체계에 포함시키도록 노력해야 한다.

⑤ 기관의 능력유지

지원기관은 서비스 개발자인 동시에 지원고용으로 취직한 근로자의 후원자 역할을 담당한다. 지원기관은 서비스를 원하는 사람들의 기대, 적용할 수 있는 외적규제, 소비자 등을 관리해야 한다. 아울러, 지원능력을 유지하기 위해서는 유자격 인사를 고용하고, 사업 이미지를 관리하며, 재정적 안정을 구축하며, 기타 전통적인 관리기능 유지에 힘써야 한다(Bellemy & Boles, 1984).

(2) 의사결정을 위한 도구

지원고용의 지시가 효과적이려면 고객이 받게 될 혜택과 연관된 의사결정을 이용할 다른 도구가 있다. 이러한 도구들을 효과적으로 이용하기 위해서는 도구를 계획의 일부로 포함시켜야 하고 계획에 입각하여 활동을 하며 실제로 나타날 결과로 계획시에 설정한 목표와 비교해 보아야 한다. 이와 같은 기본적인 의사결정 절차를 그림 11-2에 제시하였다.

[1] 의사결정 절차

의사결정 과정은 계획수립의 순환적 특성을 나타내고 있다. 프로그램을 시작하기 전 프로그램 개발자가 여러 가지 의무와 목표중에서 프로그램의 특성에 적합한 내용을 선정할 때 이와 같은 의사결정 과정을 거치게 된다. 프로그램을 시작할 때 이사회는 기관의 의무를 다하기 위한 방침, 전략 및 절차 등을 선택하고 개발한다. 이 과정은 흔히 목표를 설정하고, 목표를 달성할 수 있는 대안적 전략을 검토하며, 이용할 수 있는 정보를 토대로 평가하며, 대안을 설정하고, 선정한 목표와 대안을 문서로 작성하는 연간계획이라고 한다.

효과적인 체계는 프로그램을 실시하면서 전반적으로 의사를 결정할 때 근거가 될 자료를 확보할 수 있는 측정방법을 확보해야 한다. 의사결정 절차는 관리자와 이사회가 방침을 결정하거나 결정한 운영방침을 실행하거나 장애인 근로자 각자가 목표를 달성할 수 있도록 도와주기 위해서 지원기관의 직원이 개별적으로 행하는 의사결정 등 지원고용프로그램의 전 영역에서 취할 단계들을 개념화할 때 이용할 수 있다. 그러므로 의사결정 절차에서 고려되어야 될 사항은 방침결정, 프로그램 실시수준 결정, 개인별 수준 결정이다.

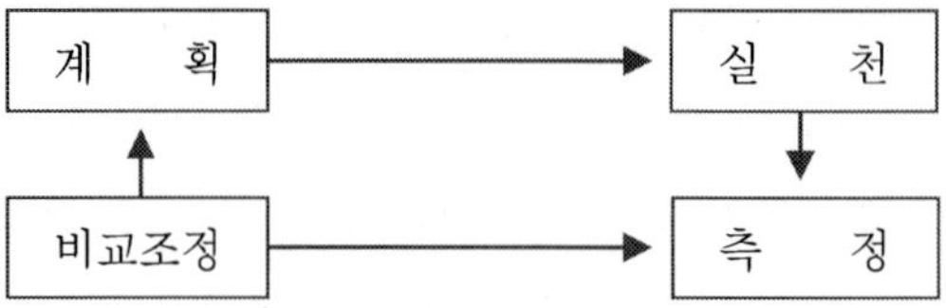

[그림 11-2] 기본적인 의사결정 절차

2 불일치의 분석

의사결정 절차의 첫 단계에서는 지원고용 상황에서 고용 담당기관이 작성한 계획서에 명시했던 예상결과가 실제로 나타나고 있는지를 비교한다. 여러 가지 프로그램을 분석하는 데 유용한 세 가지 도구를 소개하기로 한다.

프로그램의 실행과정 조정 차트: 지원고용 프로그램이 경쟁고용 프로그램이든지 아니면 소기업 형태의 프로그램이든지 간에 개인의 직무능력은 지원고용의 성패를 좌우하게 된다. 직무수행 능력은 부분적으로 과제분석과 직업훈련의 질에 따라 좌우된다. 직무수행 능력은 또한 직무수행상의 문제로 찾아낼 수 있는 감독자의 능력과 지원고용 담당직원의 능력에 크게 영향을 받는다. 파레토 다이아그램(pareto diagram)은 자료검색과정에서 유익한 정보를 얻을 수 있는 도구인데(Ishikawa, 1976),이 도구는 프로그램을 실행하는 과정에서 일어난 결함 부분을 제거)하고 프로그램을 개선시키기 위해서 우선적으로 해결해야 할 문제가 무엇인지를 지적해 준다.

분쟁조정 분기도: 기관의 성취모델 각 단계에서 확인된 성취수준이나 결과는 근로자의 행동보다는 결과의 관리에 적절히 초점을 맞추고 있다. 목표로 삼았던 성취수준에 도달하지 못하면, 기관의 모델은 절차나 행동을 고찰하기 전에 바로 관리에 초점을 맞출 관심분야를 지적하는 데 이용할 수 있다. 이러한 작업은 그림 11-3에서 제시하고 있는 바와 같이 기관의 성취모델을 분쟁조정 분기도 형식으로 재조직함으로써 능력을 파악할 수 있다.

분기도를 이용하면 수행능력을 향상시킬 수 있는 잠재력이 가장 큰 영역을 신속히 확인할 수 있다. 분쟁조정 분기도를 이용하기 위해서는 노동자의 실제 직무수행능력을 측정하고 분기도의 최고 수준으로 설정한 목표와 비교해야 한다. 직무수행능력이 개선되면 기준을 근거로 하여 개선 잠재력이 가장 큰 영역이나 기관에 경쟁적 가치를 창출할 수 있는 영역을 선정한다.

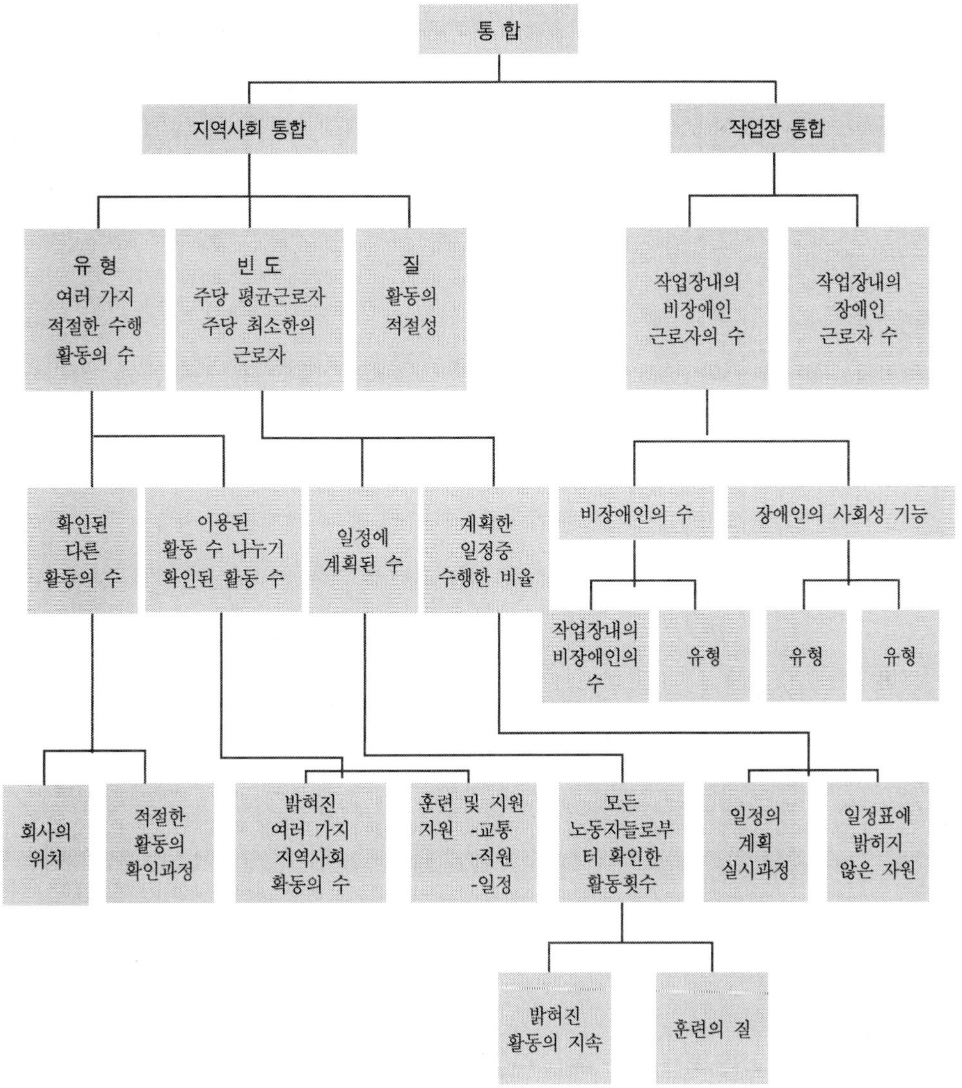

[그림 11-3] 분쟁조정 분기도

외적평가: 외적 평가는 일반적으로 이사회와 프로그램 실행에 참여하는 기타 관련인사들에게 도움이 된다. 외적 평가자료를 가지고 처음 설정한 방침 및 기준에 근거하여 프로그램의 실천여부를 검토하고 비교하게 된다.

2) 지원고용 프로그램의 운영실태와 평가지침

지원고용의 준거, 프로그램의 평가활동에 대한 관점, 여러 가지 수행능력 평가지침과 선정기준, 자료처리와 전략, 차세대 프로그램의 분석문제 등 다섯 가지 영역으로 나누어 살펴보기로 한다(Bellamy et al., 1988; Wehman & Moon, 1988).

(1) 지원고용의 준거

지원고용이란 일반적으로 지금까지 경쟁고용을 경험하지 못했음을 의미한다. 개인이 일반직장에 취업하여 임금을 받으며 필요에 따라 지원을 계속받는 고용유형이라고 정의할 수 있다. 이 정의는 고용, 통합, 지속적인 지원, 중도 장애 등 네 가지 준거를 포함하고 있다. 개인이나 프로그램이 지원고용의 정의에 적합한지를 판단할 때 활용할 수 있는 준거는 표 11.11과 같다.

<표 11.11> 지원고용의 준거

① 고용 : 지원고용은 유급고용이다. 지원고용의 준거로는 일일 평균 4시간 이상씩, 주 5일 이상 근무하거나 주당 20시간이상 근무해야 한다. 최저임금 수준이나 생산성 수준은 규정하지 않는다.

② 통합 : 비장애인 일반 근로자와 매일 사회적 상호작용을 할 수 있는 작업장에서 노동하는 것을 말한다. 통합수준은 3단계의 수준으로 간단히 평가할 수 있다.

평가점수 3 = 비장애인 근로자들과 함께 작업하면서 휴식시간과 점심시간에 통합기회를 갖는다.

평가점수 2 = 작업시에는 통합되지 않으나, 휴식시간과 점심시간에는 통합기회를 갖는다.

평가점수 1 = 작업중, 휴식시간 및 점심시간 중에도 통합기회를 갖지 않는다.

③ 지속적인 지원 : 지속적인 지원이 제공될 때만이 지원고용으로 본다. 개인은 다음과 같은 조건에 부합되어야 지속적인 지원을 받는다고 할 수 있다.

a. 고용지원을 담당한 개인과 서비스기관에 공공기금을 제공해야 한다.

b. 고용상태를 유지하기 위해서 고용과 직접 관련된 지원활동을 하는 데 이 기금을 사용해야 한다. 지원활동으로는 훈련, 보조, 감독, 지원, 교통편의 제공, 케이스관리 등이었다.

④ 중도 장애 :	지원고용 대상자는 서비스를 받는 개인이 지속적인 지원을 필요로 해야 한다. 지원고용은 한시적인 직업준비 프로그램에 등록하여 훈련을 받은 후 독자적으로 직업생활을 할 수 있는 개인에게는 부적합하다. 따라서 이전에 직업재활 서비스를 받지 않았거나 고용상태를 유지하기 위해서 지속적인 서비스를 받지 않으면 직업재활이 불가능한 개인을 대상으로 한다.

(2) 주요 수행능력 평가지침

다원적 관점에서는 참여자, 프로그램, 체제 중에서 어디에 중점을 두느냐에 따라 책임의 소재가 달라진다고 본다. 그 개념은 표 11.12에 상세히 제시하였다.
두 번째의 책무관점은 프로그램의 전개 단계를 따른다. 대부분의 교육프로그램과 재활프로그램은 표 11.13에 제시한 바와 같이 세 가지 단계를 거쳐서 진행된다.

(3) 주요 수행능력 평가지침의 선정

지원고용의 결과를 평가하기 위해서 이용하고 있는 여덟 가지 지침은 표 11.14에서 요약하여 제시하였다. 여덟 가지 지침은 참여자 특성, 배치전의 환경, 고용배치 환경, 고용자료, 직업분류, 통합수준, 직무지원시간, 직무이동형태 등이다.

주요 수행능력 지침은 표 11. 14에서 제시한 내용들을 단순히 확인하는 것만으로는 충분하지 않고 프로그램을 측정할 수 있고, 참여자 중심으로 결과를 측정할 수 있는 컴퓨터 자료처리 시스템을 개발하는 등 다각적으로 노력해야 할 것이다.
다음은 이러한 과제를 해결하기 위한 전략들을 논의하기로 한다.

<표 11.12> 관점에 따른 지원고용 목표

참여자수준

① 통합된 고용환경에 고용된다.
② 적절한 임금과 혜택을 받는다.
③ 직장생활을 계속하기 위해서 적절한 훈련과 지속적인 지원을 받는다.

프로그램수준

① 통합된 고용환경 내에서 지원고용 형태의 취업기회를 확보한다.
② 적절한 임금과 혜택을 받을 수 있도록 노력한다.
③ 개인의 능력, 흥미 및 직무요건을 위한 적절한 훈련과 지속적인 지원활동을 한다.

체제 수준

① 통합된 환경에 취업하는 장애인의 수를 늘린다.
② 임금, 서비스에 대한 의존도를 줄인다.
③ 지원고용을 위한 재정확충에 노력한다.

<표 11.13> 프로그램 책임에 대한 차원별 중요도

전개단계	차원의 중요성	
단계 1 자원단계	저 내담자 책임	저 통제 정도
단계 2 체계적 단계	| 문서작성	| 명확성
	| 프로그램의 위험성	| 통제위치
	| 내담자 의뢰 결과	| 프로그램 유인책
	| 재정 관리	|
단계 3 책임과 체계의 공동	↓ 의욕을 억제시키는	↓
영역 단계	고 경제적 혜택	고

<표 11.14> 주요 수행능력 평가지침

① 참여자 특성
  a. 생년월일 b. 성 c. 장애수준 d. 장애인기금 수혜
② 배치 전의 환경
  a. 임시고용, 고용훈련 b. 지원고용 c. 경쟁고용
  d. 보호작업장 e. 작업하지 않는 일일 프로그램 f. 실직상태
③ 고용배치환경
  a. 임시고용, 고용훈련 b. 지원고용 c. 경쟁고용
④ 고용자료
  a. 시간당 임금 b. 주당 평균 작업시간
  c. 배치된 후 작업과 주일 수 d. 납세내역
⑤ 직업분류
  a. 전문직, 기술직, 관리직 b. 서기직, 판매직 c. 서비스직
  d. 농업, 임업, 수산업 e. 가공업 f. 기계판매직
  g. 작업대 작업 h. 구조적 작업 I. 잡화상 j. 기타
⑥ 통합수준
  a. 비장애인과 작업 b. 제한된 통합 c. 분리작업(비통합)
⑦ 직무지원시간
  a. 훈련 b. 보조 c. 감독 d. 지원 e. 교통편의 f. 사례관리
⑧ 직무이동형태
  a. 현재 고용상태를 반영하여 이동시킴
  b. 각 이동시 시작시의 자료와 이동시키기 위해 중단시켰을 때의 자료를 관련 지움

(4) 자료처리와 분석전략

지금까지 제안된 지원고용 지침과 프로그램의 책임문제와의 관계를 표 11.15에 제시하였다. 표에서 특정 책임문제를 근거로 어느 지침이 가장 중요한지를 결정하고 있음을 명확히 보여 주고 있다. 책임요건과 관점이 빨리 바뀌기 때문에 표에 제시한 여덟 가지 지침을 모두 활용하여 측정하는 것이 바람직하다.

몇 가지 사례를 보면 표 11.15의 모형이 유용하다는 것을 알 수 있다. 어떤 프로그램이 지원고용의 준거를 만족시켜 주기 위해서는 평가지침 ① ③ ④ ⑥의 자료가 필요하고, 참여자 수준의 목표를 충족시켜 주는지를 알기 위해서는 평가지침 ③ ④ ⑥ ⑦의 자료가 필요하다. 또 프로그램수준의 목표를 만족시켜 주는

지를 알아보기 위해서는 평가지침 여덟 개항에 걸쳐서 평가해 보아야 할 것이다.

<표 11.15> 지원고용 지침과 프로그램의 책임문제와의 관계

평가지침	책 임 문 제			
	참여자프로그램 준거 충족	참여자수준의 목표 충족	프로그램수준의 목표 충족	체계수준의 목표 충족
① 참여자 특성	X		X	X
② 배치 전 환경			Xa	
③ 고용배치 환경	X	X	X	
④ 고용자료	X	X	X	X
⑤ 직업분류			X	Xb
⑥ 통합수준	X	X	X	
⑦ 직무지원시간		X	X	
⑧ 직무이동유형			Xa	

Xa : 과정분석과 프로그램을 기술하기 위해 필요.
Xb : 제안된 평가지침으로는 정보를 얻을 수 없는 예산상의 변동.

체제 수준의 보고서는 지금까지 해결하지 못한 여러 가지 독특한 문제를 만들어낸다. 흥미있는 것은 평가지침 ① ④ ⑤의 세 가지 지침만으로 체제 수준의 주요 목표를 충족시켜 줄 수 있다는 점이다. 체제 수준의 분석이 부족한 이유는 내담자 자료나 프로그램 참조 결과에 대한 자료가 부족하거나 적절한 지침에 관하여 합의점을 찾지 못했기 때문이라고 볼 수 있다. 그러나 가장 큰 이유는 누가, 언제, 무엇을, 어디서, 어떻게 진행시킬 것인지에 대해 충분한 협의를 거치지 못했기 때문이다. 이런 점에서, 외부 중심의 평가, 국가 중심의 자료 체계, 지속적인 표집절차 등 세 가지 대안을 제시할 수 있다. 최초 국가중심의 자료체계보다 지속적인 표집절차나 외부중심의 평가절차와 같이 프로그램 수준에서 유지되고 있는 평가지침에 대해 합리적인 합일점을 끌어냈다. 국가차원의 조사 절차는 기금유형(Braddock, 1987), 기술형태(Lakin et al., 1986)및 고용결과(Kiernan 등, 1986)에 관한 체제 수준의 분석활동에 유용한 국가차원의 자료를 제공해 줄 수 있다.

평가준비 사항은 표 11.16과 표 11.17에 제시되어 있는 데, 필요한 요건들을 측정할 수 있으며 보고가 가능한가, 또는 설명이 가능한가 들을 결정하는 데 유용하다. 이 도구는 표 11.14에서 규정하고 있는 여덟 가지 주요 수행능력 평가 지침의 각 항을 평가하는 데 도움이 된다.

<표 11.16> 자료수집분석 양식

번호	특 성			배치 전 상황	배치 후 상황	배치 일자	시간당 임금	담당 직무	통합 수준	최근 직무 지원 시간	종료일	지원 고용 환경 제공
	생년월일	성	장애정도									

① 장애정도(IQ)
- a. IQ 24
- b. IQ 25-39
- c. IQ40-54
- d. IQ55-69
- e. IQ70이상

② 배치 전 상황
- a. 전통적 훈련고용
- b. 지원고용
- c. 경쟁고용
- d. 보호작업장
- e. 무노동
- f. 미취업

③ 배치
- a. 전통적 훈련고용
- b. 지원고용
- c. 경쟁고용

④ 통합수준
- a. 비장애인과 작업
- b. 제한된 환경
- c. 분리작업

⑤ 최근 직무지원시간 현재의 직무를 담당할 때까지의 최근의 일정기간 동안 지원받은 시간을 기술함.

⑥ 지원고용환경제공
- a. 전통적 훈련고용
- b. 지원고용
- c. 경쟁고용
- d. 보호작업장
- e. 무노동(일일 프로그램)
- f. 미취업

(5) 프로그램 분석상의 문제

지원고용을 조망해 보면, 앞으로 생활의 질, 고용의 질 및 프로그램의 평가라는 세 가지 현안을 고려하지 않을 수 없다. 이상에서 제시한 세 가지 현안문제를 살펴보기로 하자.

1 생활의 질

생활의 질적 문제는 최근 교육재활 혹은 능력개발 분야에서 중요한 현안이 되고 있다. 1970년대부터 1980년대 초까지는 주로 탈시설화, 주류화, 정상화 및 지역사회에 대한 적응 등의 문제들이 관심의 대상이었고 핵심문제가 되었다. 그러나

1980년대 후로는 주로 생활의 질적 문제에 관심을 갖게 되었다. Michener(1978)는 인간생활의 질이 생활에 영향을 미치는 여러 가지 경험에 의해서 결정된다고 하였다. 직업의 유형이 점차 다양해지고 있으며, 장애인의 고용영역이 확대되면 지원고용을 통하여 이들의 생활의 질은 높아질 것이다.

<표 11.17> 자기평가지침

평가지침	하위지침	자 기 평 가 지 침				
		생각하지 않음 (0)	생 각 함 (1)	계 획 함 (2)	부분적 실시 (3)	완전실시 (4)
① 참여자 특성	· 생년월일 · 성 · 장애정도					
② 배치전 상황	· 시간당 임금					
③ 고용배치 환경	· 주당 평균작업 시간					
④ 고용일자	· 배치 후 작업한 주일 수					
⑤ 직업분류	· 과세					
⑥ 통합수준						
⑦ 직무지원 시간	· 훈련 · 보조 · 지원 · 케이스 관리 · 교통편의 제공					
⑧ 직무이동 형태	· 현재고용환경에서 시작일 및 중단일					

관련전문가들은 생활의 질에 관한 개념을 조작적으로 규정하고 이를 측정하려는 노력을 하고 있다. 현재 이루어지고 있는 접근방법은 주로 주관적 측정의 두 가지 방법으로 대별해 볼 수 있다. 이들 두 가지 측정방법을 표 11.18에서 요약하여 제시하고 측정방법별로 간단히 논의하기로 한다.

주관적 측정법: 주관적인 관점에서 개인 생활의 질을 구체적으로 개념화하고 측정하기 위해서는 자신의 경험에 대한 본인의 인식과 평가에 초점을 맞춘다. 이 접근법에서는 주로 심리적 행복과 개인적 만족도의 두 가지 측면에서 측정하게 된다.

<표 11.18> 생활의 질과 고용의 질

생활의 질
A. 주관적 측정법
① 심리적 복지
a. 신체적 및 물질적 행복 b. 타인과의 관계 c. 사회적 및 시민으로서의 활동
d. 개인적 발달과 충족도 e. 레크리에이션
② 개인적 만족도
a. 주거문제 해결 b. 대인관계(가족, 친구, 이웃) c. 시간활용
d. 레크리에이션 여가활동 e. 이용할 수 있는 서비스 f. 경제적 여건
B. 객관적 측정법
① 이동성 ② 외모 및 신체적 조건 ③ 활동수준 ④ 지역사회 참여
⑤ 사회활동과 레크리에이션 활동 ⑥ 개인의 의사결정 ⑦ 생활문제 해결
고용의 질
① 적절하고 공정한 보상 ② 안전도 ③ 행동적 능력의 활용과 개발 기회
④ 지속적인 성장기회 ⑤ 직업, 점심시간, 휴식시간 중 비장애인과의 통합
⑥ 활동조직의 합법화(사생활보장, 자유대화, 평등성 및 공정한 절차 등의 보장)
⑦ 정상적인 작업 일정표 ⑧ 여러 가지 직무
⑨ 개인의 흥미, 능력, 직무요건과의 적합성 정도

Flanagan(1978)은 생활의 질을 15개 요소로 규정하고 있는데, 이는 주로 심리적 행복감을 판단함으로서 생활의 질을 측정한다. Flanagan은 15개의 요소를 신체적 및 물질적 행복, 타인과의 관계, 지역사회 및 시민활동, 개인의 발달과 충족도 및 레크리에이션 등 다섯 가지 일반적 차원으로 묶었다. 표 11.18은 이들 다섯 가지 일반적 차원을 제시한 것이다.

Heal과 Chadsey-Rusch(1985)는 행복감이나 만족감은 상당히 피상적인 개념이기 때문에 개인생활의 질을 평가하기에는 충분하지 못하므로 개인의 주거, 지역사회 환경, 친구, 시간활용 형태 및 서비스에 관한 만족도를 함께 고려해야 한다고 하였다. 이러한 개인적인 만족도 변인은 표 11.18 하단에 제시하였다.

객관적 측정법: 생활의 질을 측정하는 두 번째 방법으로 객관적 측정법이 있다. 객관적 측정법은 주거생활의 안정, 교우관계 유형, 환경의 통제 정도 등의 사회적인 지표를 중심으로 측정한다. 예를 들면 Brown(1984) 등은 이동성, 외모, 신체적 조건, 활동수준 및 지역사회 참여도 등을 개인생활의 질을 반영하는 변인들이라고 주장했고, kieth(1986)는 환경적 통제, 사회적 상호작용의 정도, 여러 가지 지역사회 이용 정도에 초점을 맞추어야만 지역사회 생활의 질을 가장 잘 개념화할 수 있다고 하였다. 객관적 측정법에서 지역사회 생활의 질적 문제와 관련된 변인들을 개념화할 수 있다고 하였다. 객관적 측정법에서 지역사회 생활의 질적 문제와 관련된 변인들을 표 11.18에 제시하였다.

[2] 고용의 질

개인생활의 질은 직업에 의해서 영향을 받게 되고 나아가 심리적 행복감 및 개인적 만족도, 지역사회생활의 안정 등의 요인들에 의해 결정된다. 따라서, 우리는 지원고용이 생활의 질에 어떤 영향을 미치는지를 측정하기보다 고용의 질을 측정해 보아야 할 것이다. 이러한 영향은 표 11.18에 의해 제시한 지침을 통해서 측정할 수 있다. 고용의 질을 나타내는 지표 중 고용배치환경, 고용일자, 직업분류, 통합수준, 직무지원시간, 직무이동형태 등 일부는 지원고용지침에 제시한 바 있다(표 11.17 참조). 이러한 지표들 외에 관심을 가져야 할 부분은 표 11.18에 제시한 내용과 같이 개인의 직업적 흥미, 능력과 직무요건 간의 적합성 문제라고 본다. 이런 점에서 현재의 생태학적 관점은 환경이 인간에게 영향을 미칠 것인가 하는 문제에 관심을 갖도록 일깨우고 있다. 사회성, 사회심리학, 사회적 공학, 체계분석, 인간생태학 분야에서 전문가들은 인간과 환경과의 상호작용을 강조하며 사회학과 인류학을 접목시키고 있다. 이와 같은 인간과 환경, 혹은 생태학적 행동주의 관점은 몇 가지 주장을 통해서 장애인 재활과 교육에 영향을 미치고 있다. 이들이 주장한 내용은 다음과 같다.

첫째, 개인은 작업환경으로부터 분리되어서는 안된다.

둘째, 개인과 작업환경은 동시에 평가되어야 한다.

셋째, 인간과 환경간의 조화 정도를 수량화할 수 있다.

넷째, 행동기능을 발달시키고 환경을 바꾸어서 인간과 환경간의 부조화 문제를 줄일 수 있다.

다섯째, 적절히 성장하고 발달할 수 있는 기회를 제공하기 위해 인간과 환경을 맺어 줄 수 있다.

이러한 생태학적 행동주의 원리들은 인간과 그들의 작업환경간의 조화를 향상시키고자 통합 적용되고 있다(Schalock & Jensen, 1986).

그림 11-4는 인간과 환경을 맺어주는 과정을 나타낸 것이다. 이 모델의 기본전제를 보면, 어떤 환경분석을 하기 위해서는 작업환경에 관한 정보를 수집하고 연구하며 체계적으로 분석해야 한다. 이 모델을 참조해 볼 때 환경은 일련의 기능을 독자적으로 수행해야 하는가, 도움을 받아야 하는가를 기준으로 분석할 수 있다. 독자적으로 수행하든지 도움을 받으면서 하든지 간에 그런 기능들은 그 환경의 수행요건을 나타내 준다. 수행요건이 일단 도출되면 인간의 행동의 능력 대 요건으로 기능수행하기, 도움을 받으면서 기능수행하기, 아니면 기능을 전혀 수행하지 못함 등의 단계로 평가할 수 있다. 이들 두 프로 파일간의 조화 정도는 불일치 분석과 적합성 분석 등의 통계적 절차를 통해서 분석할 수 있다. 지원고용노력은 행동주의적 기능훈련, 환경의 개선 등을 통해서 인간과 작업환경과의 조화를 제고하고 나아가 고용의 질을 향상시키고자 한다.

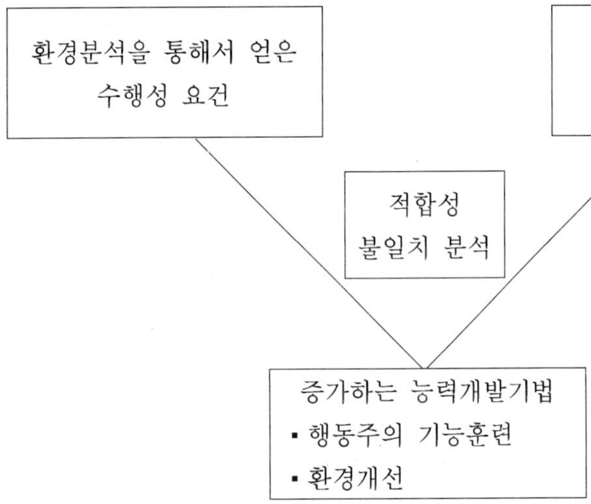

[그림 11-4] 생태학적·행동주의적 평가와 재활모델

③ 프로그램의 분석과 평가

지원고용의 수행성 지표는 프로그램을 분석하고 평가할 수 있어야 한다는 요구가 높아지고 있다. 앞으로 프로그램 분석은 정책 중심으로 이루어질 것이고 프로그램의 책임성에 대한 압력은 측정 가능성 및 보고가능성 요건과 더불어 증대될 것이다. Schalock과 Thornton(1988)은 세 가지의 프로그램 분석기법을 상세히 제시했는데, 그 기법으로는 과정분석, 영향분석, 비용효과분석 등이 있다. 프로그램을 어떤 유형으로 분석하느냐는 요구받은 질문, 이용한 자료의 복잡성, 분석적 노력의 정교성 등에 따라 좌우된다.

과정분석: 프로그램의 실행을 분석하는 것으로써 프로그램을 기술하고 어떤 환경에서, 누구에게, 무엇을, 어느 정도의 비용으로 실시하며 어떻게 프로그램을 반복할 수 있을까 하는 문제를 기술한다.

영향분석: 프로그램의 효과를 분석한다. 여기서는 생각하고 있는 활동과정간의 차이를 결정하고자 한다. 대부분의 결과 차이는 서비스나 활동의 혼합과 새로운 활동이 이루어질 때 일어나는 요인간의 차이를 말한다.

비용효과분석: 프로그램이 투자비용에 합당한 결과를 가져오는가를 분석한다. 여기서는 모든 효과를 분석한다. 또한 비교효과도 보고, 최저비용으로 주어진 목표를 달성할 수 있는 다른 방법을 모색하고자 한다.

요약컨대, 프로그램의 관리와 운영면에서는 작업기회의 개발과 관리자들은 작업을 고객이 만족하고 기관의 기능을 극대화시킬 수 있는 방법을 분석하고 실시하는 것이 중요하다. 그리고 통합활동, 지속적인 지원 기관의 능력유지를 위한 조치들이 중요한 요인으로 고려되어야 한다.

지원고용의 운영실태 평가지침은 지원고용의 준거, 프로그램의 평가활동에 대한 관점, 여러 가지 수행성 평가지침과 선정기준, 자료처리와 전략, 차세대 프로그램분석과에 관한 문제 등이 상세화되어야 한다. 지원고용의 준거는 정의에서 제시하고 있는 바와 같이 고용, 통합, 지속적인 지원, 중도 장애 등 네 가지를 제시하였으며, 지원고용 프로그램의 운영실태 평가지침은 참여자 수준, 프로그램 수준 및 체제 수준 등 세 단계로 나누어 평가관점별로 평가할 사항을 소개하였다. 평가지침과 평가활동 및 자료처리 등에 관한 사항은 실제적으로 유용하게 이용할 수 있을 것이다.

12
전환사정의 실천사항

전환교육을 실천하기 위하여 가장 중요한 요인은 학생들을 직접 지도하는 교사로, 교사의 전문능력은 전환교육의 성패에 결정적인 영향을 미친다(Schmidt et al., 1997). 전환사정 실행 역시 가장 많은 영향력을 미치는 요인은 개별화전환교육계획을 구안하고 실행하는 특수교사로 전환사정에 대한 교사의 인식과 전문적인 능력은 곧 전환사정을 실천하는 최대의 요인이 된다. 그러므로 전환교육 교사의 직무능력(조분래, 2007)과 함께 전환사정을 실행함에 있어 교사와 학교의 실천사항을 제시하고자 한다.

1. 전환교육 교사의 직무수행능력

전환교육은 특별한 준비과정을 거쳐 능력을 갖춘 사람만이 수행할 수 있는 전문직으로, 전환교육을 담당하는 교사의 직무수행능력이 실제적 성공에 결정적인 영향을 미친다. 질적인 자격을 갖춘 전환교육 교사란 효과적인 전환서비스 전달을 위해 전환 지식과 기술에 관련된 중요한 직무수행능력을 갖춘 교사라 할 수 있다. 성공적인 전환교육 프로그램 실행을 위해 교사들은 학생들의 요구를 인식하고 이해하며, 직업현장의 이해 및 관계유지와 교수영역에 대한 풍부한 지식과 전문성을 갖추고 있어야 한다(Schmidt et al., 1997).

1) 전환교육 교사의 직무수행능력

장애인의 전환교육 프로그램을 성공적으로 운영하기 위해서 전환교육 교사의 직무수행능력은 가장 핵심적인 요건이라 할 수 있다. 따라서 유능한 교사에게 요구되는 직무수행능력들을 명확히 분석해 내고, 교사교육을 통해 그 직무수행능력들을 철저히 길러줌으로서 유능한 교사를 양성·확보할 수 있으며 또한 훌륭한 교육을 기대할 수 있다.

지난 수십 년간 전환 직무수행능력에 관한 많은 연구들은 특수교육, 전환, 직업 재활 전문가 양성에 가장 효과적으로 고려되는 직무수행능력을 검증하고, 전환 직무수행능력의 교사 인식에 관한 내용들이었다(Anderson et al., 2003; deFur & Taymans, 1995; Hu, 2001). 또, 그동안의 전환 관련 연구는 공통적으로 모든 특수교육자가 장애를 가진 학생들에게 효과적으로 전환 서비스를 계획하고 실행하는데 필요한 핵심 지식과 기술을 가지는 것이 결정적이라고 주장한다. 즉, 전환 서비스 실행에 관련된 직무수행능력이 기본요소로 강조됨을 알 수 있다. 그리하여 연구자들은 효과적인 전환 직무수행능력을 검증할 뿐만 아니라 교사 양성 프로그램에 직무수행능력을 수행하기 위한 전략 개발을 시작하였다(Benitez, 2005).

효과적인 전환 서비스의 이행과 실천은 교사가 가진 전환 지식과 기술의 수준에 달려있다. 질 높은 전환 인력 준비는 장애아의 성과를 향상시키는데 결정적인 요소 중의 하나이다(Anderson et. al., 2003; Blalock et al., 2003; deFur & Taymans, 1995; Morningstar & Clark, 2003). 체계적이고 질적인 자격을 갖춘 전환교육 담당 교사는 효과적인 전환교육과 서비스 전달을 위해 중요한 수행능력을 갖춘 교사라 할 수 있다(조인수, 2002).

Gillet(1978)은 장애를 지닌 학생들을 위한 진로관리 분야의 대학이나 대학원의 특수교육과를 대상으로 설문지 조사를 한 결과 실질적으로 개발된 목표, 직업개발을 위한 단계, 직업 준비상태를 평가하기 위한 절차 및 기술, 진로교육 프로그램에 있어 사용할 수 있는 기자재, 직업 연구 프로그램의 요소들, 진로교육 프로그램에 관여한 개인들의 역할, 진로교육 프로그램에 외부 기관들의 개입 등 7개 영역에 있어 교사들이 전혀 준비가 되어있지 않았음을 발견했다.

Cook(1981)은 직업 특수교사가 청년기 장애인이 효율적으로 직업을 갖도록 교육하는데 필요한 교사 직무수행능력을 기술하기 위해 연구를 실시했다. 직무수행능력은 장애를 가진 학생을 위한 10개의 학습 기준과 직업프로그램과 서비스를 향상시키는데 필요한 10개의 훈련 영역으로 구성되어졌다. 10개의 훈련 영역은 진로 또는 직업교육을 위한 교육과정의 방법과 교육기자재 연구, 직업교육 프로그램을 어떻게 개발하고 실행할 것인가에 대한 연구, 장애 상태 파악, 직업 평가에 대한 파악, 깊이 있는 현장 경험, 학생의 신원 확인과 직업소개에 대한 법규 알기, 보조금, 진로 및 직업 교육을 위한 개별교육 모델에 대한 연구, 연구를 계획하는데 사용된 각 기관의 모델 알기, 특정한 직업분야에서 기술적 직무수행능력 등이다.

Gruenhagen(1985)은 정선된 교사 직무수행능력에 관해 직업 교육 분야(특수교육 교사, 교육 지도자, 교사 교육자, 직업 개발 전문가)에서 다양한 실천가 집단 사이의 태도를 비교하는 연구를 실시하였으며, 34개 논문 자료에서 교사 직무수행능력에 관한 도구를 개발했다. 직무수행능력은 8개 범주로 ①직업 인식 ②자기 인식 ③평가와 태도 ④의사결정 기술 ⑤경제 인식 ⑥기술 인식 ⑦고용 기술 ⑧교육적 인식으로 분류하였다. 이 연구는 직업 교육 분야에서 여러 실천가 집단 간의 의사 결정 선택의 직무수행능력 평정 척도에 1985년 이전까지는 학교로부터 일터와 학생의 전환을 두루 관리할 수 있는 실천가에게 필요한 직무수행능력의 보편적인 지침이 없었다고 한다.

deFur와 Taymans(1990)은 특수교육 및 재활서비스국(The Office of Special Education and Rehabilitative Services: OSERS)의 전환교육담당자 교육훈련 프로그램의 내용 분석을 통해서 전환 전문가의 12개 직무수행능력 영역과 116개 직무수행능력 항목을 확인했다. 전환 전문가들이 서비스 전과 서비스 중의 활동을 개발하는데 유용한 112개의 직무수행능력 목록을 제시했는데, 12개 영역은 기관과 시스템 변화의 지식, 개별화된 계획의 개발과 이용, 전환 과정에서 다른 사람과 함께 일하기, 직업 사정과 직무 개발, 전환교육에서의 전문성, 주장성과 법적 문제, 직무 훈련과 지원, 일반적 평가, 전환 행정의 기능, 전환의 철학적, 역사적 고찰, 직업 상담과 직업이론과 전환, 프로그램 평가와 연구, 일반적 교육과정, 교수, 학습 이론이다.

Montgomery 등(1991)은 특수교육 주 책임자들(State Directors of Special Education: SDSE)에게 주(state)의 특수교육 전환 프로그램 전문 인력에게 요구되는 필요한 12개의 공통 직무수행능력을 제시했다. 직무수행능력은 직업 지원 네트워크의 개발과 관리, 지역사회 계획 팀의 개발과 관리, 상담 기술, 공적인 관계 기술, 응급 치료와 건강 유지 기술, 부모 참여 기술, 기관 간의 협력 기술, 규칙과 법규의 지식, 모든 수준의 고객을 위한 고용 개발 절차의 지식, 직업 코치의 지식, 계약의 지식과 인가 절차와 자원의 취득, 직업 지식과 지역사회 사정이다.

deFur와 Taymans(1995)은 직업재활, 직업교육, 특수교육에서 전환전문가를 위한 전환직무수행능력에 관한 연구 가운데 전환전문가로서 효과적으로 일하는데 직무수행능력이 반드시 필요하다고 밝혔다. 이 연구에서 정의하는 전환전문가의 역할이란 직접 서비스를 제공하는 전통적 역할보다는 전환 과정에 참여하는 사람들 간의 조정을 제공하는 역할로 여기고 있다. 또 그들은 직업재활, 직업특수교육, 전환 서비스를 위한 특수교육의 전문가를 위한 전환 전문능력을 검증하고 확인하여 직무수행능력 목록을 만들었다. 3개 집단의 51명 대표자는 직무수행능력을 가장 중요한 것부터 중요성이 가장 낮은 것으로 분류하여 목록을 만들었다. 7개의 핵심 직무수행능력 영역 목록은 ①기관과 제도 변화에 대한 지식 ②개별화 전환계획의 개발 및 관리 ③전환과정에서 다른 전문인들과 함께 일하기 ④직업평가와 직업 개발 ⑤전문성, 권익옹호 및 법적 문제들 ⑥직업 훈련과 지원 ⑦일반적 평가방법이다. 이들 중에서 의사소통, 협력, 자문 기술에 기초한 능력들이 가장 높은 능력 순위를 차지하였고, 최고 순위를 차지한 서비스 능력들은 직접교수 훈련이라기보다는 직업 평가, 배치, 지원 서비스 제공이었다. 응답자들이 중요하다고 생각한 상위 20개의 전환 직무수행능력의 결과는 표 12.1에 요약되어 있다.

<표 12.1> 상위 20개의 직무수행능력

순위	직무수행능력
1	고객, 가족, 지역사회 구성원, 다른 전문가를 만났을 때 효과적으로 상호간의 의사소통 기술을 사용하는 것
2	학생에 대한 정확하고 현실적인 정보와 기대를 장래의 고용주에게 분명하게 표현하는 것
3	일이나 직업 배치에서 요구되는 수요와 기술을 학생들이 가진 직업기술과 흥미를 조화시키기
4	전환 서비스를 제공하는데 지역과 주(state) 프로그램, 조직을 검증하는 것
5	전환에서 문제 해결을 촉진시키기 위해 다른 조직과 협력하는 것

6	개별화 전환계획의 개발과 이행에 도움이 되는 서비스 제공자를 확인하는 것
7	고용과 지역 환경에 청년기 장애인의 수용과 통합을 촉진시키는 전략을 확인하고 이행하는 것
8	개별화 계획을 개발하는 과정에서 서비스 제공자와 학생이 협력하는 것
9	전환전문가의 역할에 관련되는 상호작용에서 전문가적 윤리와 태도를 확인하기
10	적당한 장·단기 목표를 개발하는데 기능적이고 직업적인 정보를 사용하는 것 -특별한 행동 목표 작성하기, 목표를 이루는 전략을 확인하기, 목표를 평가하기 위한 방법 세우기
11	간학문적 전환계획 수립과정에 부모, 관련 전문가, 학생의 참여 향상시키기
12	청년기 장애인의 특성에 편의를 제공하는데 필요한 일 혹은 직업적 훈련에서 변경 확인하기
13	변화하는데 조직적, 제도적 장벽을 극복하려는 전략 개발하기
14	전환서비스, 고용 요구, 직업적 훈련 가능성에 특별한 교육적 요구를 지닌 학생의 관계 파악하기
15	고용과 작업 감독을 통해 청년기 장애인과 성인이 고용을 유지할 수 있도록 기술적 도움 제공하기
16	고객, 가족, 장래의 고용주, 다른 전문가에게 직업 사정과 결과를 해석하기
17	성공적 전환 상태 운영에 결정적 기술 나타내기- 간학문 회의, 필요한 문서업무 처리, 협력, 계획과 그 뒤에 오는 고객 프로그램 등
18	청년기 장애인의 직업 이해와 작업 선호도를 사정하는데 형식적, 비형식적 방법 사용하기
19	일에서 청년기 장애인을 배치하고, 요구되는 범위 내에 감독의 지원을 제공하는 것
20	고객과 가족에게 공식적 사정 자료와 개발의 결과를 전달하기

출처: deFur, S. H., & Taymans, J. R. (1995). Competencies needed for transition specialists in vocational rehabilitation, vocational education, and special education. *Exceptional children*, 62, 38-51.

표 12.1에서 알 수 있듯이 '고객, 가족, 지역사회 구성원, 다른 전문가를 만났을 때 효과적으로 상호간의 의사소통 기술을 사용하는 것'을 가장 중요한 직무수행 능력으로 평가하였으며, '학생에 대한 정확하고 현실적인 정보와 기대를 장래의 고용주에게 분명하게 표현하는 것'을 그 다음 중요한 것으로 평가하고 있다.

1994년과 1999년에 유애란은 deFur(1990)와 Montgomery 등(1991)에 의해 개발된

전환교육 교사 수행능력 검사들을 근거로 개발한 검사도구(Yoo, 1994)를 사용하여 미국특수교육협회(Council for Exceptional Children: CEC)의 교사교육 분과위원회 소속 교수들과 특수학교와 장애인 복지관에 재직 중인 직업교육과 직업재활 담당교사들을 대상으로 전환교육을 위해 필요한 교사 수행능력에 대한 의견을 조사했다. 그 결과 12개 영역의 모든 수행능력이 중요한 것으로 평가되었으며, 수행능력의 중요도 평가에서는 '개별화 계획 개발 및 관리', '직업평가와 직무개발', '전환과정에서 다른 사람과 일하기' 영역을 중요하다고 생각하는 3개 영역으로 꼽았고, '학생에 대한 정확하고 현실적인 정보와 가능성에 대해 고용주에게 명확하게 설명하기'를 가장 중요한 수행능력으로 인식하고 있음을 밝혔다. 이것은 이론적인 수행능력보다는 좀 더 실질적이고 기능적인 수행능력들을 전환교육을 담당하는 교사와 재활전문가들이 중요한 수행능력으로 인식하고 있음을 알 수 있다.

전환교육 담당 교사의 역할과 수행능력에 관한 연구에서 Schmidt 등(1997)은 성공적인 전환교육 프로그램의 실시를 위해 교사들은 학생의 요구를 인식하고 이해하며, 작업현장의 이해 및 관계 유지와 교수 영역에 대한 풍부한 지식과 전문성이 있어야 한다고 하였다. 또한 성공적인 전환교육 프로그램을 위해 요구되는 교사들의 태도로 학생의 요구 인식과 이해, 학생 수용, 학생 유용성, 개별 학생의 발달, 학생과의 작업 관계 확립, 현장과의 관계 유지와 확립, 현장 숙지, 현장의 이해, 현장의 직접적 지식 소유, 전환교육 프로그램에 대한 효과적인 의사소통, 변화에 대한 개방과 적응, 일을 향한 적극적인 태도, 상황과 운영의 전문성, 학교와 학교 교육에 대한 전문적 인식, 교수 영역에 대한 풍부한 지식과 유능함, 창조적이고 혁신적인 교수와 교수활동에 전념할 것 등을 제시했다.

Baker와 Geiger(1998)는 전환전문가 집단으로부터 12개의 전환 직무수행능력 영역과 116개의 전환 직무수행능력 항목을 도출하였다. 12개의 영역은 철학적 역사적 배경, 기관과 제도 변화의 지식, 전환에서 전문성, 주장성과 법적 문제, 전환과정에서 다른 사람과 함께 일하기, 개별화 계획의 개발과 운영, 교육과정, 교수와 학습 이론, 일반적 사정, 직업 상담과 직업 이론, 직업 사정과 직업 개발, 직업 훈련과 지원, 전환 관리적 기능, 프로그램 평가와 조사의 영역으로 규정하였다. 12개의 영역 중에서 응답자들이 전환전문가의 일에서 결정적이라고 인식하는 7개 영역은 ①전환 직무수행능력의 결과에 대한 기관과 제도 변화의 지식 ②개별화 계획의 개발과 운영 ③전환과정에서 다른 사람과 함께 일하기 ④직업 사정과 직업 개발 ⑤전환에서 전문성, 주장성과 법적 문제 ⑥직업 훈련과 지원 ⑦일반적 사정으로 요약하였다.

Wolfe 등(1998)은 전환에 관련된 교사 직무수행능력을 확인하기 위해 일반과 특수교사 양쪽으로부터 검증된 직무수행능력의 중요성에 관해 자료를 모았다. 연구의 결과는 일반교육 교사의 47%가 특수교육 교사의 책임으로 전환계획을 보았다. 반면에 24%는 전환전문가는 전환활동에 책임을 가져야 한다고 생각했다. 특수교육 교사와 비교할 때 일반교육 교사는 전환의 목표가 독립된 사회의 구성원으로서의 학생 역할을 돕는 것, 직업 기술을 제공하는 것, 직업을 발견하는 것이라고 여겼다. 연구자들은 교사 양성 프로그램은 일반교육 교사의 전환 인식을 넓히기 위해 학습 과정 연구를 통해서 전환 훈련을 실시해야 한다고 결론지었다.

Colley와 Jamison(1998)은 효과적인 전환 서비스의 중요성을 주장했는데, 포괄적인 전환서비스에 접근하는 학생들은 적절한 전환 경험을 적게 받은 동료들에 비해서 고등학교의 중도탈락률이 낮고 높은 고용률을 보인다는 것을 발견했다. 추적연구에서 교사들은 지역사회 중심의 환경에서 확실한 직업 경험과 일반 교육 수업의 참여는 학교에 있는 학생의 상태를 예언한다고 주장했다. 그리고 장애를 가진 학생의 전환 성공과 중등교육의 필요를 포함하기 위해서 적절한 중등학교 교육과정의 개발, 계속적으로 효과적인 전환 모델 강조, 중등학교 특수교육 인력의 적절한 준비, 학교 제도로부터 나가는 특수교육 학생의 추적 연구 등이 필요하다고 했다.

Knott와 Asselin(1999)에 의한 연구는 전환 지식, 참여 등 8개 전환 영역에 걸친 특수교육 훈련의 형태와 중요성의 관계를 연구하였다. 연구자는 중등 특수교육 교사의 전환 직무수행능력에 관한 인식을 분류했는데, 특수교육 교사는 전환에 관련된 인식과 문제, 전환 정의, 역사적 법적 규정에 관해 인식수준이 높다고 보고했다. 그러나 성인 서비스와 가족 지원 서비스의 교사 이해와 지식을 낮게 평가하였다. 두 번째로 지역사회 중심 작업 프로그램의 영역에서 참여수준, 직업적 활동, 프로그램 평가와 함께 자신의 전환 활동 참여에 대한 교사의 인식을 중간보다 낮게 평가하였다. 마지막으로, 교사들은 프로그램 평가, 기관 간 서비스, 가족 서비스, 직업 훈련, 개별화된 전환계획은 높게 평가했을 뿐만 아니라 특수교육의 역사적, 법적 기초는 낮게 평가했다. 연구자들은 전환 문제에 관련된 지식

중에서 기본이 되는 교사 인식, 중요하다고 여기는 것, 학생들과 실제적으로 이행하는 활동 사이에 분명한 차이가 있다고 결론지었다.

2) 미국특수교육협회에서 제시한 전환교사 수행능력

Anderson(2001)은 미국특수교육협회(Council for Exceptional Children: CEC)의 진로발달 및 전환분과(Division on Career Development and Transition: DCDT, 1999) 연구 계획의 한 부분으로, 미국 전역에서 특수교육 교사 양성 프로그램에서 강조된 전환 직무수행능력의 영역과 전환 교사 양성에 얼마나 많은 교수적 시간이 필요한 지에 관해 연구했다. 대학의 학과장과 교수를 대상으로 전환 직무수행능력의 10개 영역, 54개 항목에 관한 조사 결과, 10개 영역 중에서 CEC 핵심 영역에 관한 직무수행능력을 가장 강조하였으며, 의사소통과 전문가 정신 영역을 가장 낮게 평정하였다. 그리고 수업에 전환 관련 내용을 가르치는 시간 수는 응답자의 49.3%가 전환 실천에 관련된 내용을 한 시간에서 세 시간 사이라고 대답했으며, 9.6%는 4시간 이상 전환을 가르친다고 했다. 또 대학 교수들의 70%가 전환 관련 내용이 현재 교과 과정에 포함되어 있다고 했으며, 40% 이상은 한 개 이상의 교과과정이 전환 내용을 포함한다고 지적했다. 그러나 응답자의 9%는 그들의 교과과정에 어떤 전환 내용도 포함되지 않는다고 보고했다.

Blanchett(2001)는 특수와 일반 교사의 전환 직무수행능력에 관한 인식을 조사하는 연구를 실행하여 7개 영역, 34개 직무수행능력 항목을 개발했다. 전환계획안을 사용하여 연구자는 4개 영역 즉 ①교사 인구통계 ②교사 직무수행능력 ③훈련 만족 ④전환계획의 목표와 특수교육 교사의 역할에 관한 응답을 분석하였다. 이 연구에서 나온 결론은 응답자의 대부분이 전환계획은 일과 관련된 것에 핵심이 있다고 여기며, 여가 · 오락과 독립생활 직무수행능력에 관심이 적음을 알 수 있었다. 그리고 응답자의 50%는 그들이 받은 전환 훈련은 서비스 제공 중의 수준이라고 했다. 한편, 응답자의 46%는 그들이 학생의 전환 요구에 효과적으로 접근하는데 덜 준비되었다고 보고했다. 한편, Blanchett(2001)는 Knott와 Asselin(1999)의 연구뿐만 아니라 특수교육 교사들이 받고 있는 훈련의 정도와 수준에 관한 통찰을 제공한다. 이 연구는 형편없는 학생 산출물의 수준을 개선시키기 위해서는 사전서비스 수준의 특수교육 교사 양성을 향상시키는 정책을 만들어내는 것이 몇 배로 중요하다고 보고했다.

Morningstar와 Clark(2003)은 중등 특수교육과 전환 인력이 충분히 자격을 갖추는데 5개 내용 영역, ①전환교육과 서비스의 기본 인식과 원리에 관한 지식 ②전환교육과 서비스의 모델에 관한 지식 ③전환교육과 서비스를 조직하고 이행, 개발하는데 전략을 사용하는 기술 ④협력적인 직무수행능력의 지식과 사용 ⑤전환 서비스와 실행의 문제에 접근하려는 지식과 기술을 추천했다.

Blalock 등(2003)은 특수교육 교사들이 모든 학생들, 특히 장애를 가진 학생들을 위한 직업 개발과 전환을 지원한다고 판명된 원칙, 모델, 전략에 관한 지식을 가져야 한다고 말했다. 따라서 전환 교사 준비 프로그램이 전환계획 분류(taxonomy for transition planning)의 5가지 범주, ①학생 중심 계획 ②학생 발달 ③가족 포함 ④기관 사이의 협력 ⑤프로그램 구조에 의거할 것을 제안했다. 그리고 교사가 장애 학생들을 위해 향상된 결과를 만들려고 한다면 일반교육, 직업교육, 특수교육, 지역책임자, 상담가, 관련 서비스 제공자를 대상으로 전환 내용을 교과과정 내용에 점차 많이 포함시켜야 한다고 제안했다. 특히 일반교육 교사들은 장애 학생들에게 전환교육을 실시하는 가장 넓은 범위의 교사들이기 때문에 그들의 일반교육 내용과 교수법 교과 과정을 통해 중요한 핵심 전환 내용을 수용해야 한다고 제안했다.

최근에 Kohler와 Greene(2004)은 특수교육 준비 프로그램 안에 전환 직무수행능력 지식을 포함하는 전략을 다루었다. 이 구성은 성공적인 전환 모델을 설계하는데 결정적으로 중요한 4개 범주, ①학생중심 계획 ②학생 발전 ③가족 포함 ④각 기관 간 협력을 설명했다.

Benitez(2005)은 전환서비스 실행을 위한 직무수행능력에 대해서 특수교육 교사의 인식을 조사하였다. 전환서비스 실행을 위한 교사의 직무수행능력을 교수계획, 교육과정과 교수, 전환계획, 평가, 부가적인 직무수행능력, 협력의 5개 영역, 46개의 하위 항목으로 구성하여 특수교육 교사들의 준비도, 만족도, 실행도를 조사하였다. 5개의 직무수행능력 영역 중에서 전환계획 영역이 가장 높은 평균 점수를 받았으며, 교육과정과 교수, 평가, 교수계획, 부가적인 직무수행능력, 협력의 순으로 나타났다. 전환계획 영역은 전환 목표, IEP의 성과와 목표 개발에 대한 이론적 지식과 학생의 흥미와 선호도를 파악하는 직무수행능력을 포함한다. 한편, 이 연구는 교사들이 양성과정에서 전환교육에 관해 적절하게 교육을 받아 효과적으로 준비되었다고 생각하면, 현장에서의 전환서비스 실행도와 만족도가 높은 것으로 나타났다.

전환에 관련된 직무수행능력을 규명하기 위해 미국특수교육협회(CEC)는 전환 전문가 직무수행능력(transition specialist competencies)을 만들었다. 그 능력들은 전문적인 실행을 안내하며, 전환 전문가들이 전환계획 과정에 있는 장애 학생들을 효과적으로 돕는데 알아야 하는 것을 포함하여 개발되었다.

CEC는 미국 최대 규모의 특수교육협회로 장애 학생 및 우수아를 포함한 모든 장애인들의 교육적인 성과를 증진하는 일에 총력을 기울이고, 교육의 질을 높이기 위해 특수교육 교사양성과 자격에 관한 국제 표준을 확립하고, 교사들을 훈련하고 장애인들에게 필요한 자원을 제공하는 일을 한다. 특수교육 교사 양성과 자격부여를 위한 미국특수교육협회 표준(2003)은 초기 단계의 전환전문가들을 위한 지식과 기술 목록을 포함하고 있는데, 이 지식과 기술 목록은 방대한 문헌연구로부터 선정한 수행능력 항목들을 전문위원회의 협의와 1,000여명의 전환전문가를 양성하는 분야의 실무자들과 현장 교사들의 검토를 거쳐 선정하여 개발된 것이다. CEC기준은 조기교육, 보조교사, 전환교육 전문가, 진단, 특수교육 행정가 등이 갖추어야 할 지식과 기술 내용을 포함하는 종합적인 기준으로 많은 교사교육 프로그램의 기초가 되고 있다.

전환교육 전문가에게 요구되는 직무수행능력 영역은 기초, 학습자의 발달과 특성, 교수 전략, 학습 환경과 사회적 상호작용, 교수 계획, 사정, 전문성과 윤리적 실천, 협력의 8가지 영역으로 지식 19문항, 기술 23문항, 전체 42문항을 전환교육 전문가에게 필요한 직무수행능력으로 제시하고 있다.

CEC의 모든 특수교사가 알아야 하는 것(What every special educator must know, 2003)에 제시된 전환 전문가 직무수행능력은 표 12.2와 같다.

<표 12.2> 전환 전문가의 직무수행능력 영역과 특징

영 역	특 징
기 초	전환의 이론과 적용 모델, 전환 법규와 정책의 역사, 전환관련 입법에 관한 지식
학습자의 발달과 특성	환경과 욕구 등에 관한 학생들의 특징, 특별한 교육적 요구가 있는 개인에게 유용하고 다양한 서비스의 내용
교수 전략	직업과 지역사회 중심 교육의 방법, 학문적 내용과 전환관련 목표를 조화시키는 방법
학습 환경과 사회적 상호작용	졸업 후 전환 과정에서 학생이 활용할 만한 지식, 전환계획 수립 시 자기주장을 촉진하기 위한 기술
수업 계획	진로·직업교육 방법, 모델, 교육과정에 관한 지식, 홍미와 기호를 전환 장·단기 목표에 반영
사 정	공식 또는 비공식 진로·직업사정, 중등 과정 후 학생들의 기술과 홍미를 확인하기 위한 접근
전문성과 윤리적 실천	전환 전문가와 다른 기관의 범위와 역할, 전환 관련 단체에 참여하는 기술
협 력	전환과정에 대한 정보를 가족에게 알리는 방법, 지역사회 기관으로의 위탁 절차, 각 기관 사이의 동의와 협력적인 자금 조달을 통해 전환을 촉진시키는 방법

표 12.2에서 알 수 있듯이 기초 영역에서는 전환교육의 역사, 전환의 이론과 적용 모델, 동향 그리고 전환과 관련된 기본 지식을 강조하고 있으며, 학습자의 발달과 특성 영역에서는 전환이 인간의 발달에 미치는 중요한 영향과 특성을 고려하며, 학습자로서 지닌 다양한 능력과 행동 반응에 관한 지식을 강조하고 있다. 여기서 전환에 대한 이론과 모델들은 교사가 수행해야 할 능력들의 범위를 설명하며, 현재 이루어지고 있는 전환교육의 대상에 대한 이해는 전환교육 담당교사가 준비해야 하는 구체적인 직무수행능력과 관계가 있다(Mongomery et al., 1991).

교수는 교수 전략과 수업 계획 영역으로 구분되어 있으며, 교수 전략 영역에서는 학생이 학교 졸업 후 전환 과정에서 완전사회통합을 이룰 수 있도록 직업과 지역사회 중심 교육의 방법과 학문적 내용과 전환관련 목표를 조화시키는 방법에 관한 지식과 기술이 제공되어 있다. 수업 계획 영역에서는 직업교육 방법, 모델, 교육과정에 관한 내용과 개별아동을 평가하고, 흥미와 기호를 전환 장·단기 목표에 반영하여 개별화 교육계획을 수립하고 평가하는 과정에서 필요한 지식과 기술들이 제공되어 있다.

전환기 학생들의 학습과 이에 대한 평가에 관한 기준들은 학습 환경과 사회적 상호작용과 사정 영역으로 나누어 제시되어 있다. 학습 환경과 사회적 상호작용 영역에서는 학생이 학교 졸업 후, 전환 과정에서 긍정적인 사회적 상호작용과 역동적인 참여를 위한 학습 환경을 개발하고, 전환계획 수립 시 자기주장을 촉진하기 위한 기술이 강조되고 있다. 사정 영역에서는 전환을 위한 다양한 유형의 공식 또는 비공식 직업사정과 중등 과정 후 학생들의 기술과 흥미를 확인하기 위한 지식과 기술이 제공되어 있다.

전문가로서의 교사의 역할을 강조하기 위한 지식과 기술들은 전문성과 윤리적 실천과 협력으로 나누어 제시하고 있다. 전환교육 교사들은 전문가로서 준수해야 할 윤리적이고 전문가적인 실천 기준을 알고 있어야 한다. 전문성과 윤리적 실천에서는 전환전문가와 다른 기관의 범위와 역할, 전환 관련 단체에 참여하는 지식과 기술이 제공되어 있으며, 협력에서는 가족, 교육자, 관련 서비스 제공자 및 지역사회 기관의 전문가들과 유기적인 관계를 갖고 총체적인 환경에서 가능한 모든 사람이 협력하는 것에 관한 지식과 기술이 강조되어 있다.

이상에서 살펴본 바와 같이 특수교육 현장에서 전환교육에 대한 필요성과 중요성에 대한 인식수준이 높아짐에 따라 장애 학생들을 현장에서 직접 지도하는 전환교육 교사는 성공적인 전환교육 프로그램을 수행하기 위해서 풍부한 지식과 기술 및 전문성을 갖추어야 함을 알 수 있다. 장애 학생들을 현장에서 직접 지도하는 교사는 전환교육을 실시하는 주체자이므로 전환교육을 실시하는데 따른 교사의 직무수행능력은 필수요건이다. 또한 직무수행능력은 장애 학생의 전환 성공 여부에 가장 큰 영향을 미치며 전환교육 프로그램을 이끄는 가장 핵심적인 요인이라 할 수 있다. 그러므로 성공적인 전환교육 프로그램을 수행하기 위해서 교사를 비롯한 지도자들이 풍부한 지식과 기술 및 전문성을 갖추어야 한다. 점점 장애가 중도·중복화 되어가고 더욱 다양해진 이들의 교육적 요구를 충족시키기 위해서 장애 학생들을 현장에서 직접 지도하는 전환교육 교사의 직무수행능력은 이론적인 것보다는 실질적이고 기능적인 것과 전환과정에 참여하는 사람들 간의 조정 역할을 중요한 수행능력으로 인식하고 있었다.

특히 장애 학생과 가족, 지역사회 구성원이나 기관 담당자들과의 상호관계와 의사소통기술 능력, 고용주에게 학생에 대한 정보전달 능력, 직업배치 능력, 전환교육에 활용될 수 있는 지역사회 프로그램 파악 능력 등이 전환교육 교사에게 요구되는 중요한 수행능력임을 알 수 있다. 그리고 전환교육 교사들은 개별적인 교육적 요구를 고려하면서 전환 관련 서비스 제공을 지원하고, 여러 전문가들과 일을 하기 위해 행정지식도 알아야 하며, 부모 상담과 함께 학생의 전환을 지원해줄 수 있는 전문가와 지역사회의 전환 관련 기관과 협력하는 역할도 원활히 수행해야 한다.

2. 강조해야 할 직무수행능력

1980년대 초부터 장애 학생의 전환교육 과정을 통해서 전환 결과에 긍정적이며, 결정적인 영향을 미치는 요인에 대한 연구들이 수행되어 왔다(박정식, 2005). 그 결과, 성공적인 전환에 기여하는 요소들은 많고 복잡하다.

전환교육이 실효를 거두기 위해 강조되어야 할 직무수행능력은 관련 기관들의 협력과 장애 학생의 개별적인 욕구와 흥미, 관심이 반영된 전환계획과 개별화 교육계획 개발과 실행에 부모들을 최대한 참여시켜야 하며(김진호, 2001; Brolin, 1993; Wehman et al., 1988), 교육의 향상과 서비스 선택사항들에 대해 학생들 스스로 의사 결정을 할 수 있도록 해야 한다(Benitez, 2005). Kohler(1993)는 '전환에서 최상의 실천(best practices in transition)'에 관한 많은 양의 출판물에 관해 경험적으로 증명될 수 있는 실천사항을 결정하려고 49개의 논문과 문헌을 메타 분석한 결과, 가장 자주 인용된 최상의 실천사항은 직업훈련, 부모참여와 기관 간 협력이었다. 여기서 강조해야 할 직무수행능력으로 협력, 가족참여와 자기결정에 관해 살펴보고자 한다.

1) 협 력

졸업 후 성인 환경을 목표로 중등수준에서 학생을 준비시키기 위해 고려해야 할 가장 중요한 사항은 관련 기관들의 협력이다. 관련 기관들의 협력이란, 정부 기관 및 학교체제, 재활서비스 기관, 성인시설, 중등이후의 교육기관 등과 같은 장애 학생 관련 기관들이 중복되지 않으면서 적절한 서비스를 제공할 수 있도록, 학교직원, 성인서비스 제공자, 지역사회지도자 및 가족이 함께 참여하여 통합된 노력을 하는 것을 말한다(국립특수교육원, 2003).

전환교육은 교육재활에서 직업재활 사이를 연결하는 가교역할을 하는 것으로 두 영역의 긴밀한 협조와 상호보완적 노력을 필요로 한다. 장애 학생들이 졸업하기 5-7년 전에 이미 전환교육계획이 수립되므로 전환교육에서는 학교관련 전문가만 참여하는 것이 아니라 졸업 후 접하게 될 성인기관의 전문가들과도 협력해야 한다(유애란, 1999). 또한 전환교육은 장애 학생이 통합된 사회에서 독립된 성인으로 살게 하자는 목표를 두었기 때문에, 성인기 삶에 관계하는 다양한 서비스와 서비스를 제공할 수 있는 여러 기관과의 협력이 필요하게 된다. 효과적인 지역사회로의 전환을 위해서는 체계적인 계획을 통해 다양한 관련 인사들, 특히 부모, 교사 및 교육행정가, 지역사회의 서비스 제공자, 지역사회 사업체 대표 등의 협력이 이루어져야 하며(Kohler et al., 1994), 장애 학생을 위한 전환교육이 포괄적인 지원서비스 체제로 지원의 흐름을 파악한다면 관련 기관들뿐만 아니라, 장애 학생의 삶에서 매우 중요한 위치를 차지하는 사람들의 역할과 유기적 협력관계는 매우 중요하게 부각된다(조인수, 2002; Hanley-Maxwell et al., 1998). 그리고 효과적인 협력을 위해서 교사가 지식과 기술, 전문성, 현장서비스 개발 능력을 지니고 헌신적일 때, 지역사회 업체와의 관계성을 촉진시킨다는 연구결과(Fullan, 1991; Huberman & Miles, 1994; Leithwood et al., 1990)가 있다. 이는 효과적인 전환교육 계획의 수립과 관련 서비스의 제공은 학교와 각종 서비스 기관의 기능적인 연계에 달려있기 때문에(Everson, 1995) 그 속성상 학교만의 노력으로 이루어질 수 없다. 이러한 전환서비스의 증가된 욕구들을 반영하기 위한 방법적인 기제로서 많은 연구자들은 관련 기관 간 협력, 기관 내 협력을 제시해 왔다(Bates, 1990; Benz & Halpern, 1986; DeStefano & Metzer, 1991; Everson, 1995; Kohler, 1993; Kohler & Chapman, 1999; Kohler et al., 1994; Patton & Dunn, 1999; Wehman, 1990). 그래서 특수교육 프로그램을 운영하는 학교는 관련 기관들과 협력하여 장애 학생들이 요구하는 전환서비스를 효율적으로 제공할 수 있는 체제를 구축하여야 한다(정동영, 1998, 1999; 정봉도, 1999; Aspel et al., 1999; Wehman, 1996).

전환교육 계획이 학교 시스템에 의해 통상 조정되지만 전문가와 기관의 개입이 개별화전환계획(ITP)팀에 의해 요구된다. 모든 전환교육 모델과 연구자들의 준비모델에서 관계 기관과의 공동연구가 중요하다고 일관되게 강조한다(Aspel, Bettis, Test, & Wood, 1999). 학교 이외에 전환교육 계획수립에 개입되는 기관은 재활기관, 부모와 옹호단체, 지역대학, 직업훈련 기관, 그리고 주거생활 제공자가 포함된다. 여기서 학교는 일자리를 찾고 있는 많은 학생들에게 기관을 연계시켜 주어야 하고 학생에게 필요한 적절한 서비스를 제공해야 하는 반면 직업훈련 기관은 지역사회에서 활용할 수 있는 많은 직종에 대한 정보를 제공해야 한다.

미국장애아교육법(IDEA, P.L. 105-17)에 기관 간 협력을 촉진시키는 내용이 포함되었다. IDEA(1997)는 학교와 학교이후 성인 서비스 제공자 간의 협력적 전환 계획수립을 통합하여 중등학교 장애 학생의 교육적 프로그램에 전환교육 서비스를 포함시킬 것을 요구한다. 그리고 일관된 방법으로 변화된 서비스를 제공하기 위해서 교육자들은 그들의 전문적인 상대를 이해하는 능력이 필요하다(Flexer, Simmons, Pamela, & Baer, 2005)고 한다. 그리고 학교와 잠재적 고용주나 직업기관 사이의 좋은 의사소통은 졸업하는 학생들에게 활용 가능한 기회를 높일 수 있다. 학교와 지역사회 기관은 상호 이익이 되는 자원과 스텝 구성원을 공유하는 협약을 만들 수 있으며(McKonnell & Ferguson, 1998), 전환교육 프로그램의 성공을 위한 자료수집과 평가를 협력적으로 처리할 수 있다(Bates, Bronkema, Ames, & Hess, 1992). 한편, 교사들이 협력에 관련된 결정적인 지식과 기술을 가지고 있지 않으면 장애아들을 지역사회에 연결시킬 수 없어서 성공적인 전환 결과를 얻을 수 없게 될지 모른다(Benitez, 2005).

장애 학생들이 학교에서 직장이나 지역 사회 생활로 성공적인 전환이 이루어지기 위해서는 학교와 고용주, 부모, 학생, 지역 사회 재활 기관의 대표를 포함하여 여러 전문가들의 혁신적이고, 효율적이며, 지속적인 협력 관계가 필요하다. 그러나 많은 연구들이(Benz & Halpern, 1986, 1987; Rusch & DeStefano, 1989; Wehman, 1990, 1992) 효과적인 전환과정에 핵심 구성요소로 협력을 강조하고 있지만 현실적으로 실행하고 유지하는데 어려움이 많다고 한다. 특히 중등 특수교육 교사들에게 협력은 준비되어있지 않고, 협력에 관련된 직무수행능력에 만족하지 않으며, 그들은 협력을 현장에서 거의 실행하지 않는다고 보고하였다(Benitez, 2005).

우리나라의 경우도 장애 학생들의 전환과정을 지원하는 기관 간 협력은 아직 제대로 시도되지 않고 있는 실정이다. 현대 사회는 산업화와 더불어 모든 분야들이 고도로 전문화·분화되고 있다. 이런 현상에 따라 장애 학생의 지원체제도 교육, 복지, 재활 등의 분야로 분화되어 독자적인 서비스를 제공하고 있다. 이러한 기관들은 서비스의 누락이나 중복을 방지하기 위하여 기관 간 협력을 통하여 장애 학생의 전환과정을 지원해야 한다. 장애 학생들의 학교생활에서 성인생활로의 전환을 지원하는 기관 간 협력은 그들의 전환과정에 핵심 당사자가 되는 학교를 중심으로 관련 기관들이 협력해야 한다(정동영, 2000).

효과적인 전환은 기관 간 상호 작용과 협력을 통해서 이루어질 수 있으므로 기관 간 합의와 조정을 통해 장애 학생에 대한 평가 자료와 확보된 프로그램을 공동으로 활용하고 나눔으로 학교에서 졸업 후의 전환서비스를 제공할 때 중복된 서비스로 인한 시간 낭비를 줄이고 가장 체계적이고 최상의 서비스만을 제공하여 장애 학생의 능력을 최대한 개발하여 성공적인 전환을 이루는데 중요한 역할을 한다. 그러나 기관 간의 협력이 중요한 것은 인식하지만, 실제 학생을 중심으로 협력을 이루어 나가는 데는 각 기관들이 지니고 있는 특징과 서비스에 대한 접근 양식과 이해의 차이로 인해 어려움을 겪곤 한다. 이러한 것을 극복하기 위하여 상호간의 노력은 물론 이러한 어려움을 최소화하기 위하여 여러 훈련 활동을 할 수 있다. 초학문적인(transdisciplinary) 요원개발 활동, 고용인을 위한 훈련 활동, 학생과 부모에게 힘을 부여할 수 있는 훈련 활동들의 인적자원개발 프로그램들을 적극 개발해야 할 것이다.

2) 가족참여

전환계획에서 가족참여의 중요성은 미국의 장애인교육법이 제정된 1975년 이래로 계속 부각되어 왔다. 전환교육을 연구하는 여러 학자들이 성공적인 성인생활로의 전환을 위해 전환교육 프로그램에 있어서 가족참여가 갖는 중요성과 효과적인 가족참여를 위한 활동을 강조해 왔으며, 장애 학생의 가장 가까운 환경 변인인 가족참여를 전환프로그램의 계획과 실시 과정에서 필수적인 요소로 제시해 왔다.

장애아동의 초기 적응행동 발달에 있어서 뿐만 아니라 계속적인 발달의 과정은 환경과의 상호작용에 크게 영향을 받는다는 점을 고려하면, 장애 학생에 있어서 가족의 역할은 무엇보다도 크다고 할 것이다. 그래서 장애 학생의 전환교육 프로그램에 관계하는 사람들 중에서 가족의 역할은 필수적이다(조인수, 2002). 가족은 장애 학생의 기술, 흥미, 교육적 요구, 바램에 대한 풍부한 정보를 보유하고(Salembier & Furney, 1997) 있으므로, 졸업 후에 학생의 주요 서비스제공자 역할을 하게 되며(Wehmeyer, 1998), 지역사회자원에 대해 많은 정보를 가지고 있기 때문에 지역사회에서 자녀가 성공적인 적응을 하는데 공헌할 수 있는 가장 중요한 역할을 한다(McNair & Rusch, 1991). 그리고 가족들은 장애 학생의 가장 중요한 대리인이자 후원자로서 생애 초기부터 장애 학생과 가장 많은 시간을 보내게 되고 학교 졸업 후에도 상당 시간을 함께 지내야 하며, 무엇보다도 장애 학생의 전환교육 결과에 가장 큰 영향을 받는 위치에 있다. 때문에 성공적인 전환교육 모델에서 항상 강조되는 것들 중 유관 기관들끼리의 협력적인 연계망 구축과 더불어 가족의 참여가 매우 중요한 요소로서 전환교육 계획 수립의 투입(input)에서 가장 중요한 위치를 차지하게 된다(박희찬, 2000). 가족 중에서 부모들은 장애를 가진 자식의 가장 강력한 옹호자로서 자식의 권리를 주장하고, 그 권리가 충족될 수 있도록 노력을 한다. 장애 학생을 위하여 받을 수 있는 서비스를 찾아내고 개발하는 역할을 하며, 장애 학생과 함께 배우는 학습자임과 동시에 아이를 직접 가르치는 교사의 역할도 하게 된다. 또한 많은 경우 장애 학생의 입장에서 중요한 의사결정을 내리게 되는 주요 의사결정자이기도 한다. 이와 같이 가족은 장애 학생의 삶에 있어서 지속적인 파트너이기 때문에 학생의 교육프로그램에 영향을 주는 모든 결정에 동등한 위치에서 참여를 해야 한다. 가족이야말로 장애 학생에 대한 지혜와 지식의 원천이다(한경근, 2004). 그리하여 장애 학생의 전환교육적 과정에서 학생과 가족의 참여 정도는 성공적인 전환 결과에 영향을 주며(Anderson, 1998; Stineman, Morningstar, Bishop, & Turnbull, 1993; Thorin, Yovanoff & Irvin, 1996; Turnbull & Turnbull, 2000), 또한 부모 참여의 필요성은 전환 과정의 중요한 요소이다(Benz & Halpern, 1986; Hardman & McDonnell, 1987; Haring, Lovertt, & Saren, 1991; Roeher Institute, 1994; Wehman, 1990). 그래서 IDEA(1997)에서도 전환계획의 개발에 가족이 참여해야 한다고 규정하고 있다.

부모 참여가 갖는 중요한 의미는 첫째, 부모들은 그들의 자녀들에 대한 기초적인 정보를 가지고 있고, 둘째, 부모들에게 자녀들을 위한 학교 졸업 후의 지원을 제공하는 능력을 향상시켜주며, 셋째, 장기간의 계획이 향상되며, 넷째, 부모 참여는 학생들의 전환 성과 향상과 관련이 있다(Furney & Salembier, 2000). 또한

Benz와 Halpern(1986)은 효과적인 전환계획을 위해 가족의 참여가 중요한 이유를 3가지로 제시하고 있다. 첫째, 가족 참여는 부모가 자녀에 대해 갖는 기대와 가치가 자녀의 미래에 엄청난 영향을 줄 수 있기 때문에 중요하고(Lowder & Zeller, 1984), 둘째, 가족이 학생과 함께 전환과정에서 유일하게 계속 참여하는 대상이기 때문에 중요하며(Everson, 1992), 셋째, 가족은 학생과 함께 전환중심교육과 서비스에서 가장 영향을 받기 때문에 중요하다(Wehman, 1996). 따라서 전환계획수립은 학생과 가족에게 맞추어져야 한다(Repetto & Correa, 1996)고 주장한다. Turnbull(1994)은 부모들의 참여가 전체 가족의 참여로 확장되도록 강조한다. 가족은 역동적인 체제이고 일원 중 한 사람의 행동이 다른 일원들에게 영향을 즉각적으로 줄 수 있으며 상호작용(Goldenberg & Goldenberg, 1980)을 하기 때문이라고 주장했다. 한편 Stineman 등(1993)은 전환 프로그램에서의 가족 참여를 저해하는 것은 전문가의 가족에 대한 개념, 전문가의 가족 불신, 성공에 대한 낮은 기대, 참여의 기회상실과 가족의 스트레스를 들었다.

가족의 적극적인 참여가 장애 학생의 전환에 있어서 중요한 성공조건이 되는 것으로, 장애 학생의 교육적 배치뿐만 아니라 학생의 교육 목표와 관련 서비스의 제공에 있어서 가족들의 요구사항을 적극 반영해야 하며 능동적인 가족참여를 조장하여야 한다. 이러한 가족 참여의 원리는 장애 학생의 교육과정을 구성하고 구체적인 교육 계획을 세우며, 심지어 교사에 의한 지도 방법에까지 가족의 참여와 협력을 필요로 하고 있다.

3) 자기결정

장애 학생들의 전환과정을 지원하는 전략 중의 하나는 자기결정 교육의 적용·확대이다. 학생들이 졸업 후 지역사회에서 의존적 존재가 아닌 주체적이고 독립적인 생활을 영위해 나가며, 성공적으로 지역사회에서 질적인 독립생활을 이루기 위해 특수교육과 전환교육, 재활 분야에서는 자기결정(self-determination)기술을 중요한 요인으로 지적하고 있다(Field, Hoffman, & Spezia, 1999; Field, Martin, Miller, Ward, & Wehmyer, 1997; Hughes et al., 1997). 장애인의 자기결정은 1960년대와 1970년대의 정상화(normalization), 독립생활, 장애권리운동(정동영, 2000; Nirje, 1972; Wolfensberger, 1972) 및 1980년대의 자기주장·자립운동(Driedger,

1989; Ward, 1998)을 토대로 하여 개발된 이론이다. 자기관리(self-governance)를 위한 권리로 언급되는 자기결정은 자신의 삶에 대한 통제를 권리로 고려하는 개념이다. Wehmeyer(1998)에 의하면 자기결정은 자기 삶에 있어서 주요한 원인자로의 역할을 하며, 외부의 과도한 영향이나 간섭을 받지 않고 자신의 삶의 질에 관련하는 선택과 결정을 하는 것이라고 정의하였다.

자기결정은 자신의 행동에 책임감을 갖도록, 무엇을 먹을지, 입을지 그리고 어디에서 살고, 어떤 일을 해야 하는 지에 대한 중요한 결정 등 일상적인 선택의 문제로부터 선택을 스스로 결정할 수 있도록 배우는 것과 관련이 있다. 하지만 어느 누구도 완전하게 자기결정을 할 수는 없으며, 모든 사람들은 법, 가족, 여론 그리고 사회경제적 지위의 제약 내에서 살고 있다. 자기 자신의 생활을 통제한다는 의미는 어쨌든 성인기에 필수적인 면이며 정신과 신체 건강에 영향을 준다(조인수, 2005). 자기결정은 자신에 대해 알고 자신을 가치 있게 여기며, 이를 기초로 목표를 판별하고 성취하기 위한 능력으로, 전환 활동들을 성취하기 위해 꼭 필요하다(Field & Hoffman, 1996).

그러나 오랫동안 장애 학생에 대한 결정은 개인이나 부모에 의해서가 아니라 전문가들과 교사들의 결정에 의해서 이루어졌다(Pierangelo & Crane, 1997). 이런 결정들이 좋은 의도에 따른 것이었지만 결국 장애 학생에게 내재된 바람과 희망, 영감 등은 간과되었다. 이러한 기회의 박탈과 경험부족으로 장애 학생들은 어떤 것을 선택하거나 의사를 결정해야 하는 과제나 상황이 주어졌을 때에도 선택이나 결정을 제대로 하지 못하고(정동영, 2000), 자기결정 능력의 부족으로 인해 졸업한 후 성인기로의 전환에 실패하고 있다(Wehmeyer, 1998). 또 Kozleski와 Sands(1992)는 자기결정 기회가 부족할수록 고용의 문제나 사회통합 및 독립생활의 기능이 부족함을 밝히며 장애인의 자기결정에 대한 중요성과 훈련을 강조하였다.

Halloran(1993)은 자기결정이 '교육의 궁극적인 목적'이라고 말했다. 만약 장애 학생들이 더욱 더 자급자족하는 사람이 되고 자신의 삶을 더욱 잘 꾸며 나갈 수 있게 되고 그들이 성인으로서 성공하길 원한다면, 자기결정 기능을 증진시키는 것이 전환교육 서비스의 핵심적인 부분이 되어야만 한다고 주장했다. 그렇기 때문에 교육자들은 자기결정 중에 어떤 내용을 가르칠지 결정할 필요가 있고, 젊은이들의 자기결정 증진을 위해서 그들이 무엇을 할 수 있는지를 파악할 필요가 있다.

장애인들이 더 많은 긍정적 성인성과를 성취하려면 자기결정이 중요한 교육목표라는 전제는 자기결정과 긍정적 성인성과가 관련성을 가지고 있다는 것이다. 비록 그런 관련성이 직관적으로는 명백한 것처럼 보이지만, 1990년대 초까지는 이런 가정을 뒷받침하는 경험적인 증거가 제한적이었다. 대신에 장애 젊은이들을 위한 자기결정과 긍정적인 성인 성과(outcomes)간의 관련성은 증대된 삶의 질과 바람직한 성인 성과에 이르게 하는 구성요소들의 공헌도를 검사함으로써 확립되었다(조인수, 2006).

Scott와 Sarkees-Wircenski(1996)은 장애 학생들에게 자기결정과 자율성, 선택과 관련된 중재들을 지속적으로 제공해줌으로써 교육활동에 대한 능동적 참여를 이끌어 낼 수 있을 뿐만 아니라 효율적인 전환에 필요한 기초 기능들을 습득시키는 데도 효과적이며, 이를 통해 학생들이 졸업 후 성인기 생활에서 긍정적인 성과를 나타내게 하는데 있어 자기결정력이 매우 큰 영향을 미칠 수 있음을 강조하였다.

Wehmeyer와 Schwartz(1998)는 자기결정행동과 자기결정의 핵심적인 특성에 대한 '아크자기결정검사(The Arc's Self-determination Scale)'를 사용해서 정신지체 혹은 학습장애를 가진 80명 젊은이들에게 자기보고식 측정을 통해서 자기결정 상태를 측정했다. 이들 학생들이 고등학교를 떠난 지 1년 후에 학생 자신들과 그들 가족들이 삶의 정리정돈, 현재와 과거의 고용상태, 중등교육 상태 및 지역사회 통합성과 등 몇 가지 영역에서 학생들의 수준을 평가하기 위해서 접촉했다. 학교 졸업 후 1년에 자기결정이 된 학생들이 그들의 또래보다 훨씬 나은 삶을 살고 있는 것으로 나타났다. 자기결정이 높은 학생집단의 80%는 졸업 후 1년 동안 돈을 벌기 위해 일을 했다. 반면에 자기결정이 낮은 집단의 경우는 단지 43%만이 일을 했다. 즉, 한 개인의 자기결정은 그 사람의 삶의 질에 대한 강력한 척도였으며, 높은 자기결정을 갖춘 사람은 더 높은 수준의 삶의 질을 경험했으나, 자기결정력이 부족했던 사람은 훨씬 부족한 삶의 질을 경험하는 것으로 나타났다. 또 Wehmeyer와 Palmer(2003)는 고등학교를 졸업하기 전에 정신지체와 학습장애 아동들의 의사결정능력을 조사한 뒤, 졸업 1년 및 3년 후에 비교한 결과에 따르면 의사결정능력이 높았던 아동들이 의사결정능력이 낮았던 아동들에 비해 고용, 독립생활 및 지역사회 통합에 있어 더 바람직한 결과를 나타냈다. 이것은 자기결정이 된 젊은이가 보다 더 많은 긍정적인 성인성과를 성취한다는 강력한 증거를 제공한다. 또한 재학 시 자기결정에 초점이 맞춰진 질적 전환프로그램과 교수방법의 실시는 장애인들의 졸업 후 결과에 긍정적인 영향을 미쳤다(Field, 1997).

Ward(1998)는 장애인들의 경우 타인에 의해 지배되는 삶이 아닌 자신이 원하는 삶을 살아가야 할 권리를 가지고 있으며, 자신의 요구와 관심, 능력에 기초하여 결정하고 선택할 수 있는 권리가 주어져야 한다고 주장함으로써 특수교육에서의 자기결정력을 보다 강조하였다.

이와 같이 자기결정은 매우 중요한 만큼, 자기결정에 대한 훈련은 장애를 가진 모든 학생들을 위한 IEP 과정에 주입되어야 하며, 자기결정 교수는 모든 학생들이 더 만족스럽고 충족한 성인생활을 영위하도록 돕는다(Patricia et al. 2000). 장애청소년들에게 자기결정력을 강조하는 것은 그들의 성인 삶에서의 성공은 물론이고 그들의 학업 프로그램에서도 더 성공적으로 도울 수 있다는 증거들이 증가하고 있다(Field, 1997).

Clark(2000)은 국립특수교육원에서 개최한 '장애 학생의 전환에 대한 국제세미나'에서 자기결정훈련에 대한 중요성을 강조하였으며, 1990년대 중반 이후에 자기결정훈련은 미국에서 실시되는 전환 서비스 제공의 인증(hallmark)절차처럼 통용되고 있다(Agran et al., 1999; Ysseldyke, Algozzine, & Thurlow, 2000).

대부분의 사람들은 선택하는 기준이 무엇이든지 간에 결정할 수 있는 자격이 부여되며, 이러한 의사결정과 자기결정을 위한 기회는 학령기 전부터 교육과정을 통하여 고취시켜야 한다. 고등학교까지 전환계획은 학생 개인의 능력과 흥미에 기초해야하며, 가능한 최대한도로 학생들은 장래목표에 대하여 그들 스스로 의사결정을 할 수 있어야 한다. 이런 자기결정 교육의 강조는 특히 전환기 아동들에게 중요한데, 왜냐하면 전환교육 서비스의 목적은 젊은이들이 성인기에 대한 준비를 하는 시기이기 때문이다.

우리나라에서는 1990년대 초 전환교육에 대한 개념이 소개되면서 장애인이 졸업 이후의 지역사회에서의 질적인 독립생활을 이루기 위해서는 기술중심의 교육과정(김진호, 2001)을 통해 자기옹호(self-advocacy) 능력을 포함한 의사결정기술을 증진시켜야 한다고 강조하고 있다(방명애, 1998; 유애란, 1999). 학생들이 졸업 후 지역사회에서 의존적 존재가 아닌 주체적이고도 독립적인 생활을 해 나가기 위해서는 자기결정력의 습득은 필수적이라 할 수 있으며, 전환교육의 내용은 자기결정기술을 기초로 하여 직업생활과 지역사회 적응훈련 등을 포함하여야 한다(박희찬, 2003; 박희찬 · 이효자, 1999; 유애란, 2003; 조인수 · 이응훈, 2006).

전환교육계획이나 성문화된 재활계획에 실제적으로 자기결정을 포함시켜 실행하는 것은 장애인의 고용, 독립생활 및 지역사회 생활을 향상시키는데 직접적인 영향을 미칠 것으로 생각된다. 장애인이 자기주장과 자기결정기술을 근거로 하여 전환교육영역의 기술과 지식을 습득하여 실천할 때 진정한 의미의 사회통합이 이루어질 것으로 생각한다.

이상에서 살펴본 바와 같이 특수교육을 받은 장애 학생들이 성인사회에서 적응하며 자립하도록 교육해야할 전환교육 교사에게 강조되어야 할 직무수행능력으로는 장애 학생의 성인기 삶에 관계하는 학교와 고용주, 부모, 학생, 지역 사회 재활 기관의 대표를 포함하여 여러 전문가들의 혁신적이고 효율적이며, 지속적인 협력 관계이다. 그리고 가족들은 장애 학생의 가장 중요한 대리인이자 큰 후원자로서 장애 학생의 전환교육 결과에 가장 큰 영향을 받는 위치에 있기 때문에 성공적인 전환교육 모델에서 항상 강조되는 것들 중 가족의 참여가 전환교육 계획 수립에서 가장 중요한 위치를 차지하게 된다. 또한 학생들이 졸업 후 지역사회에서 주체적이고 독립적인 생활을 영위해 나가며, 성공적으로 지역사회 통합을 이루기 위해서는 자기결정(self-determination)기술을 중요한 요인으로 지적하고 있다.

3. 전환사정에 대한 실천사항

교육 현장에서 전환사정을 시작하고자 할 때 어떤 기준으로 무엇을 준비하고 계획해야 하는지 막막할 수 있다. 전환사정의 실천을 위하여 교사는 어떤 수행능력이 있어야 하고, 사정의 구체적인 방법과 내용을 알고, 학교에서는 무엇을 준비해야 하는지를 알 때 보다 효율적인 전환사정 실천에 기여하게 될 것이다.

1) 전환사정을 위한 교사 수행능력

미국 CEC는 특수교육 교사양성을 위한 국제표준 수행능력을 개발한 바 있다. 모든 특수교사가 알아야 하는 것(What every special educator must know, 2003)에 제시된 정신지체교육 교사와 전환전문 교사들에게 요구되는 사정에 대한 수행능력을 알아보았다. 전환사정을 실천하기 위해서 우선적으로 교사들이 전환사정을 수행할 능력이 갖추어져야 하기 때문이다. 그래서 CEC의 '모든 특수교사들이 알아야 하는 것'에서 정신지체 교육 교사에게 요구되는 사정에 대한 지식과 기술을 모두 추출하고, 또한 전환전문 교사들에게 요구되는 사정에 대한 수행능력을 모두 추출하였다.

총 25개의 항목을 목록화하여 반복되거나 내용이 비슷한 항목을 통합하였고 국내 현실에 적당하고 전환사정과 관련이 가장 많은 내용들을 추출하여 모두 10개의 항목으로 재구성 하였다. 내용 항목과 추출항목은 다음과 같다.

<표 12.3> 전환사정의 교사수행능력

사정에 대한 교사수행능력 목록(CEC)	구성 항목
전환교육 전문가 · 교육경험과 학교이후 목표와 관련된 학생의 흥미와 선호도를 알기 위한 공식적 비공식적 접근 · 직업과 학교이후 환경에서 필요로 하는 기술과 요구사항을 학생 개인의 흥미와 기술로 연결 · 개인, 가족, 전문가를 위한 진로 및 직업사정의 결과 해석 · 진로, 전환, 직업에서 공식적이고 비공식적인 다양한 사정 절차 활용 · 지속적인 사정에 기초한 전환목표의 평가와 수정 · 학교이후 전환환경 활성화를 위한 지원시스템 개발과 사정 **정신지체교육 교사** · 사정에 사용되는 기본 용어 · 개인의 사정과 관련된 법적 조항과 도덕적 원리 · 선별, 초기진단, 위탁진단, 최종진단의 절차 · 사정도구의 활용과 한계점 · 국가, 주, 도시, 지역의 편의시실과 보완사항 · 사정에서 정신지체와 발달장애 학생을 위한 특별한 용어사용 · 행동사정 적용 · 정신지체와 발달장애 학생을 위한 진단과 배치 절차와 관련된 법률과 정책들. · 관련 배경정보 수집 · 공식적 비공식적 사정들의 편견없는 관리 · 사정 실행을 위한 공학적 활용 · 개별화된 사정 전략의 개발과 보완 · 공식적 비공식적 사정으로부터 정보 해석 · 문화적, 언어적 배경이 다른 특별한 학습이 요구되는 학생을 위한 프로그램과 배치결정, 적합성 만들기에서 사정정보 활용 · 모든 관계자의 효과적인 의사소통기술을 위한 사정결과 보고 · 특별한 학습요구학생의 수업평가와 진보상황 점검 · 개별화된 사정전략의 개발과 수정 · 기록문서의 생성과 유지 · 정신지체와 발달장애 학생의 능력과 요구에 맞는 사정도구와 방법의 선택, 적용, 활용.	· 전환사정의 개념과 중요성 인식 · 학생의 흥미, 강점, 선호도를 사정하기 위한 공식적 비공식적 사정 · 장래 환경과 학생의 능력의 적합성 사정 · 사정의 도구를 다루는 기술과 전문지식 · 사정결과에 대한 문서의 생성과 관리 · 정신지체 학생에게 적합한 사정도구 선택과 보완 · 사정결과 해석과 개별화 전환교육계획(ITP)에 활용 · 사정결과에 대한 명확한 이해와 고용주나 관련기관에 쉽게 설명 · 학교이후 전환환경 활성화를 위한 협의체 조직과 지역사회 환경개발 · 진단과 배치와 관련된 법률과 정책들에 대한 지식
25항목	10항목

문헌에 기초한 목록은 특수교사를 대상으로 설문조사를 하였고 현장 전문가들의 의견을 수렴한 델파이 조사를 통하여 우리나라 실정에 맞는 전환사정에 대한 교사 실천사항을 간단히 제시하였다.

전환사정을 위한 교사수행 능력은 첫째, 학교이후 다양한 전환환경을 발굴하여 개발하고 유지하는 기술. 둘째, 장래와 관련된 학생의 흥미·선호도·강점·적성·태도를 알기 위한 사정기술. 셋째, 환경의 요구와 학생의 능력이 적합한지 비교하는 지식과 기술. 넷째, 포괄적 사정결과에 기초한 전환목표·교육·배치·프로그램 결정의 지식과 기술. 다섯째, 사정결과에 대한 기록문서 생성과 유지, 관리 및 관계자들과의 의사소통기술. 여섯째, 전환사정의 용어, 개념, 절차에 대한 지식, 정신지체학생에게 적합한 사정도구의 선택·적용·보완·활용의 기술, 학생 장래에 필요한 편견 없는 다양한 사정도구의 활용과 결과를 통합하는 지식, 부모, 동료, 관계기관, 지역사회와 협력하고 사정정보를 공유하는 기술, 학교 이후 환경에 대한 사정과 환경에 학생을 배치하는 지식과 기술들로 제시되었다.

전환사정 실행할 때 특수교사에게 요구되는 수행능력들을 우선순위 별로 최종적으로 제시하였다. 교사들은 전환교육에서 우선적으로 실시되는 사정에 대한 수행능력을 참고하여 자신의 전문성을 제고하여야 한다.

<표 12.4> 교사수행능력(전환사정 실천사항)

영역	분 류	전환사정 실천사항
교사 수행 능력	지식과 기술 (10개항목)	1.학교이후 다양한 전환환경을 발굴하여 개발하고 유지하는 기술 2.장래와 관련된 학생의 흥미, 선호도, 강점 적성, 태도에 대한 사정 기술 3.환경의 요구와 학생의 능력이 적합한지 비교하는 지식과 기술 4.포괄적 사정결과에 의한 전환목표, 교육, 배치, 프로그램 결정의 지식과 기술 5.사정결과에 대한 기록문서 생성과 유지, 관리 및 관계자들과 의사소통기술 6.전환사정의 용어, 개념. 절차에 대한 지식 7.정신지체 학생에게 적합한 사정도구의 선택, 적용, 보완, 활용의 기술 8.학생 장래에 필요한 편견없는 사정도구 활용과 결과를 통합하는 지식 9.부모, 동료, 관계기관, 지역사회와 협력하고 사정정보를 공유하는 기술 10.학교 이후 환경에 대한 사정과 환경에 학생을 배치하는 지식과 기술

2) 전환사정을 위한 학생관련 실천사항

전환사정의 학생관련 실천사항 항목을 구성하기 위하여 전환사정에 관한 Miller 등(2007), Test 등(2006), Flexer 등(2005), Sitlington 등(1997, 2000), Clark(1998)의 문헌을 중심으로 해당 내용들을 모두 추출하였다. 추출한 항목들을 목록화 한 다음 반복되는 부분과 축약할 수 있는 부분들을 수정하여 연구자가 전환사정의 학생관련 실천사항으로 재구성하였다. 목록내용과 구성항목은 다음과 같다.

<표 12.5> 전환사정의 학생관련 실천사항

전환사정의 학생관련 실천사항 목록	구성 항목
· 학생 개인의 능력과 희망에 따른 장래계획 사정 · 자기결정과 자기옹호에 대한 사정 · 학습 양식에 대한 사정. 기능적 생활기술의 사정 · 포괄적인 직업관련 사정 · 학습과정과 교육과정 기반 사정 · 현재와 미래의 개인-사회적, 생활적, 직업적 환경의 사정 · 개인의 흥미, 가치, 관심, 태도, 기술, 신체능력, 학습 양식 사정 · 문제행동의 정의와 기록, 중재, 해결을 위한 사정 · 공식적 비공식적 사정도구 활용. 학생본인, 부모, 관련교사. 다양한 전문가, 성인관련 전문가들 포함된 사정 · 지속적이고 개별화된, 효과적인, 목적적인, 요약화된 사정 · 지능, 성취, 적응행동의 사정 · 동기와 정서적 요인 사정 · 작업샘플의 사정 · 교사, 고용주, 부모에 의한 관찰보고 · 가정, 지역사회, 작업상황에서의 상황적 사정 · 학생배치를 위한 특별한 환경에 대한 사정 · 학생, 부모, 보호자, 주변사람들의 구조화된 면담 · 학생의 배경정보 조사 · 학생의 꿈과 희망조사. · 본인과 학부모가 함께 장래를 위한 상담실시 · 적응행동, 기능적인 기술조사 및 체크리스트 · 보조공학적 또는 꼭 필요한 부분의 특별한 사정 · 일반적인 신체(건강)검사	· 학생 개인에 대한 배경정보(신상) 수집과 보관 · 학생의 장래 꿈과 희망 조사 · 전환(가까운 장래, 먼 장래)을 위하여 학부모와 상담. · 진로결정에 학생 본인 참여 및 본인의 의견과 선택을 최대한 반영 · 학생의 장래목표에 따른 가장 문제되고 고민되는 사항(행동, 능력, 환경 등)에 대한 사정 · 학생에 대한 기초적인 심리검사(지능검사사. 적응행동검사. 학업성취, 언어검사 등) 실시 · 학생의 사회적 기술(가정생활, 여가생활, 지역사회 참여, 이동)에 대한 사정 · 학생의 직업 기술(직업흥미, 직업적성, 작업기술, 직업능력)에 대한 사정 · 학생의 장래 주거와 재정 관리에 대한 사정 · 자기결정과 자기주장에 대하여 사정
24개 항목	10개 항목

문헌에 기초한 목록을 특수교사를 대상으로 설문조사를 하였고 현장 전문가들의 의견을 수렴한 델파이 조사를 통하여 학생들의 전환사정에 실행되어야 할 사정의 내용과 방법들이 제시하였다. '학생관련 실천사항은 14개 항목으로 학생관련 사정의 내용과 방법으로 분류된다. 먼저 사정의 내용은 포괄적인 직업기술(직업흥미, 직업태도, 직업적성, 작업기술, 직업능력) 사정, 개인 및 사회적 기술(가정생활, 대인관계, 여가생활, 지역사회참여) 사정, 장래를 위해 현재와 앞으로 가장 문제되고 고민되는 사항 사정, 기초적인 학습 및 심리검사(지능, 성취수준, 적응행동, 학습 양식, 언어검사), 자기결정과 자기주장에 대한 사정, 장래 꿈과 희망 조사, 학생의 장래주거와 재정관리에 대한 사정, 개인의 학습과정 및 교육프로그램의 적합성 사정들이다. 사정의 방법은 학생과 학부모가 함께 상담하며 학생의 견이 반영된 진로결정, 학생개인의 배경정보 수집, 상담·구조화된 면담·관찰보고·포트폴리오·체크리스트 등 다양한 사정방법 활용, 사정목적에 따른 공식적, 비공식적 다양한 사정병행, 지역사회 환경과 배치장소에서의 학생 사정, 학생과 관련된 다양한 전문가와 주변사람들의 포괄적인 사정 참여들로 제시하였다.

학생 개인들에게 전환사정을 실시하는 내용과 방법들이 제시되었으므로 학생에게 가장 적합하고 필요한 사정들을 실행해 가야 한다.

3) 전환사정에 대한 학교지원 사항

전환사정의 학교지원 사항을 알아보기 위하여 전환교육 문헌을 중심으로 해당 내용들을 모두 추출하였다. 전환사정이 별개로 운영되는 것이 아니라 전환교육과 함께 실천되기에 전환교육에 대한 학교환경이 곧 전환사정을 위한 학교지원으로 연계할 수 있기 때문이다. 문헌은 조인수(2006), 박승희(2006)의 전환교육관련 서적과 정동영(2000), 박정식(2005), 조분래(2006) 등의 학위논문을 참고하여, 전환관련 학교지원 내용을 목록화 하여 반복되는 부분과 축약할 수 있는 부분들을 조정하여 전환사정의 학교지원 사항 항목으로 재구성하였다. 목록내용과 재구성 내용은 다음과 같다.

문헌에 기초한 목록을 특수교사를 대상으로 설문조사를 하였고 현장 전문가들의 의견을 수렴한 델파이 조사를 통하여 우리나라 실정에 맞는 전환사정에 대한 학교지원 사항을 간단히 제시하였다. '학교지원 사항' 영역은 8개 항목으로 주로 학교의 행·재정과 인력지원으로 구성되어 있다. 첫째, 전환사정을 담당하는 협의체 구성과 인력배치 및 정보교환(ITP회의) 둘째, 계획적인 전환사정 실시와 수집된 자료의 프로파일화(또는 DB구축)지원. 셋째, 사정결과를 반영한 학교교육과정 및 훈련프로그램 수정과 조정. 넷째, 전환사정에 대한 전문적인 연수로 교사역량 강화. 다섯째, 전환사정에 필요한 재정확보. 여섯째, 연령별·과정별·목적에 적합한 다양한 사정도구 구비 및 활용. 일곱째, 지역사회 기관(복지관, 고용촉진공단 등)과 연계된 전환사정 실시 여덟째, 전환사정에 대한 교육청, 학교장, 행정가의 협력들로 제시하였다.

<표 12.6> 전환사정의 학교지원 사항

전환사정의 학교지원 사항 목록	구성 항목
·전환교육의 행·재정적 지원, 작업장 시설 및 설비 확충, 전문성 있는 교사의 확충, 전환교육 전담교사 배치 ·교사 업무의감소 ·학교장 인식과 지원 ·교육청의 지원과 마인드 ·추수지도의 지원 ·현장훈련 전담교사 배치, ·국가 수준의 전환 전문 인력확충, 전환전문 인력 양성 ·전환중심 교육과정 개발 및 운영, ·지역사회와 협력기구 설치 ·외부기관과 연계 조직 지원 ·지역사회 기관과 업체 발굴 지원 ·지역사회와 공조하는 시스템 개발 ·교사 당 학생수 감소 ·전환전문 능력 향상을 위한 지원 ·개인 학생을 위한 ITP회의 실행 여건 ·교사들의 협력·전환교육에 대한 부모 인식교육 ·전환자료의 관리와 유지 ·전환자료의 학부모 열람 ·사정도구의 확충 ·사정에 대한 전문기능 연수 ·전환중심의 교육과정 편성과 운영 등	·학교차원의 전환교육계획(ITP)을 위한 공식적 전환사정 실시 ·학교에 여러 종류의 전환사정 도구들이 구비와 손쉬운 활용 ·전환사정 실시를 위한 학교 지원체제 운영 ·전환사정 자료들의 개인별 파일화 및 관리와 편리한 열람 ·개인 학생의 장래를 위하여 동료교사와 전환사정 정보 교환(ITP회의) ·담당부서에서 학생의 전환환경(진학, 훈련, 취업, 기관, 지역사회 등)에 대한 계속적 자료 수집 ·전환사정에 대한 학교장의 마인드 형성 ·계속적인 평가에 기초한 교육과정 및 직업 훈련과정 조정 ·전환사정에 대한 교사연수 및 전문능력 함양을 위한 지원 ·학급당 학생수 감소
24개 항목	10개 항목

<표 12.7> 학교에서 전환사정 실천사항

영역	분 류	전환사정 실천사항
학교 지원 사항	행·재정 과 인력 (8개 항목)	1.전환사정을 담당하는 협의체 구성과 인력배치 및 정보교환(ITP회의)
		2.계획적인 전환사정의 실시와 수집된 자료의 프로파일화(또는 DB구축)지원
		3.사정결과를 반영한 학교교육과정 및 훈련프로그램 수정과 조정
		4.전환사정에 대한 전문적인 연수로 교사역량 강화
		5.전환사정에 필요한 예산 확보
		6.연령별, 과정별, 목적에 적합한 다양한 전환사정 도구 구비 및 활용
		7.지역사회 기관(복지관, 고용촉진공단)과 연계된 전환사정 실시
		8.전환사정에 대한 교육청, 학교장, 행정가의 협력

질 높은 전환교육을 원한다면 공식화된 전환사정을 실시해야 한다. 이를 위해 학교에서 기본적인 지원 사항 8가지를 최종적으로 제시하였다. 학교장 및 행정가들은 전환사정에 필요한 지원들은 점검해 주어야 한다.

국내에서 구체적으로 전환사정을 실행하고자 할 때 무엇을 어떻게 준비하고 지원해 나가야 하는지에 대한 자료가 미미하다. 특히 초기단계에 있는 전환사정 실행을 촉진하기 위하여 전환사정에 대한 인식과 전문적인 지식 및 기술들에 대한 실천사항을 제공할 필요가 있다. 전환사정 실천사항들은 현재 학교교육의 가장 중요한 요소인 교사, 학교를 중심으로 구성하였다. 그리고 교사와 수행능력과 학교의 지원 아래 앞장에서 계속적으로 제시한 전환사정에 대한 내용들을 학생 개인들에게 적용해 나가기를 바란다.

장애학생들의 삶의 질 향상을 위한 전환교육은 그들의 흥미, 선호, 강점에 기초한 개별화전환교육계획의 실행이다. 이를 위하여 가장 선행되어야 할 일은 학생 개인에 대한 올바른 전환사정이 전제되어야 한다. 한 학생의 올바른 사정은 곧 성공적인 전환계획과 교육 및 배치와 성인기의 결과에 중요한 영향을 줄 수 있기 때문이다.

부 록
자기결정능력검사

□ 자기결정능력검사 실시안내

1. 자기결정능력검사란

정보화 사회는 창의적이고 협력적인 인간을 필요로 하며, 삶의 질을 추구하기 위하여 자율적이고 자기주도적 학습을 강조합니다. 정보사회에서 효율적으로 생존하는데 필요한 능력이 자기결정능력입니다. 자기결정능력검사는 주어진 상황에서 스스로 판단하고 선택적 상황에서 현명하게 선택하는 능력을 알아보는 도구입니다.

자기결정능력검사는 청소년(발달지체 포함)의 자기결정능력을 자기 보고식으로 측정하는 검사도구입니다. 이 검사는 다음과 같은 두 가지 주요 목적을 가지고 있습니다.

첫째, 학생들의 자기결정에 대한 강점과 약점을 학생과 교사가 알 수 있도록 도와주는 것입니다.

둘째, 자기결정능력을 향상시키거나 방해하는 요소들의 상호관계를 연구하기 위한 것입니다.

산업사회에서는 인지기능의 측정에 역점이 있었는데 이는 기능주의 패러다임에 근거하는 것입니다. 최근 우리사회 지배 패러다임이 객관주의에서 주관주의로 이동하면서 감성지능이 강조됩니다. 그러나 교육과 삶의 질 제고가 탈현대의 중요 과제가 되면서, 자기결정능력은 교육에 매우 중요한 요소가 되었습니다.

자기결정능력은 자기검색, 목표설정, 정보수집, 결과예측, 선택하기, 문제해결능력, 자기평가, 타협과 약속하기, 자기강화, 자아존중, 자기조정, 심리적역량, 자아실현, 자아효능, 자기권리주장, 자기주도성, 자기관리 등 다양한 요소로 구성되어 있으나, 요소간의 상당한 중복도 있다고 봅니다. 자기결정능력검사는 4가지 하위검사, 즉 자율성, 자기조절, 심리적역량, 자아실현으로 구성되었습니다.

2. 자기결정능력검사의 구성

자기결정검사는 4가지 하위영역에 총 72문항으로 구성되었습니다. 그 내용은 다음과 같습니다.

하위영역	문항수	문항번호
1. 자율성	**32**	**1-32**
1A. 독립성A	6	1-6
1B. 독립성B	4	7-10
1C. 여가 · 휴식	6	11-16
1D. 사회참여	5	17-21
1E. 졸업 후 방향	6	22-27
1F. 자신의 표현	5	28-32
2. 자기규칙	**9**	**33-41**
2A. 개인간 인식	6	33-38
2B. 목표 설정	3	39-41
3. 심리적 역량	**16**	**42-57**
4. 자아실현	**15**	**58-72**

3. 검사 실시 교사·부모를 위한 정보

검사의 신뢰성을 높이고 학생이 자신의 표현을 잘 할 수 있도록 하기 위해 다음과 같은 정보들을 검사 실시자가 알고 있어야 합니다.

1) 검사 실시자는 영역별 검사 항목에 관해 친숙해져야 하고, 검사 시간은 학생들 수업에 지장이 없도록 계획되어야 합니다.

2) 학생이 읽기에 문제가 없거나, 필요한 지원을 해 줄 사람이 있으면 한번에 15명까지 집단으로 검사할 수 있으며, 이 때 개인에 따라 진행속도가 다르기 때문에 교사는 개별지원을 해 줄 수 있습니다. 또, 정신지체 학생은 집단검사가 적절하지 않을 수도 있으므로 이런 때는 교사와의 일대일 검사를 실시해야 합니다.

3) 개별검사는 한 회기에 끝내야 합니다. 만일 1 회기에 끝내기 어려우면 2회기로 나눌 수 있습니다. 검사에 필요한 시간은 30분에서 1시간이 될 것입니다.

4) 심한 장애를 가진 학생들에게는 질문을 읽어주거나 대답하는데 필요한 편의를 제공해야 합니다. 검사가 1회기에 끝나도록 시간계획을 조정해야 합니다.

5) 일반적 검사 실시방법은 구두와 쓰기로 응답할 수 있습니다. 특수교육 대상학생은 읽기 능력과 어휘력에 큰 개인차가 있습니다. 읽고 쓸 수 있는 학생은 스스로 답을 쓰도록 해야 합니다.

6) 구두로 응답하는 학생들에게는 특정항목의 질문내용을 상기하도록 해야 합니다.

7) 검사 시 학생은 편안한 자리에 앉아야 합니다. 다른 삶의 답안지를 보고 쓰는 일이 없어야 합니다.

8) 검사 시 학생은 연필 2자루를 준비해야 합니다. 모든 검사는 검사지 원본에 기록해야 합니다.

9) 학생들은 검사 실시 전에 검사를 받아야 하는 이유를 알아야 합니다. 검사

에 대한 거부나 분노의 감정을 없앨 뿐만 아니라 검사의 중요성을 알고 적극적으로 참여시키기 위한 것입니다. 학생들은 이 검사 결과가 자신에게 필요하다는 것을 느껴야하며 교사 역시 중요성을 인식해야 합니다.

10) 지시사항은 큰 소리로 읽어주어야 하며 반복이 필요한 경우를 제외하고는 한번만 읽어줍니다. 학생이 문제를 인식하고 있으면 스스로 답을 하도록 해야 합니다.

11) 학생이 검사문항을 이해하지 못하면, 문항에 사용된 어휘를 설명해 줄 수 있으며 응답에 영향을 미치면 안 됩니다.

12) "심리적 역량"에서의 응답은 둘 중 하나를 선택하는 것이고, "자아실현"에서는 '맞음', '틀림'으로 응답하는 것입니다. 그래서 자신을 잘 표현하는 쪽에 ∨표 하도록 해야 합니다.

13) 이 검사에는 정답이나 오답이 없음을 강조하고 자신의 믿음을 진솔하게 표현해야 합니다.

14) 이 검사를 수행하기 위해서 초등학교 3, 4학년 수준의 읽기 능력만 있으면 됩니다.

4. 검사결과의 채점

검사가 끝나면 총점, 영역별, 하위영역별로 원점수를 채점하고, 다음 환산표를 이용하여 환산점수를 계산한 다음 프로파일을 작성하게 되어 있습니다. 채점표는 검사지 7쪽에 제시되어 있고, 채점과 환산점수계산은 "자기결정능력검사 안내" 책자의 제5장을 참조하도록 합니다.

1) 자율성의 채점

자율성 검사로 4가지 답지 중 하나를 선택하도록 하였고, 채점은 다음과 같습니다.

① 그런 일을 해 본 적이 있다..........0점
② 몇 번 해 본 적이 있다..........1점
③ 내가 대부분 한다..........2점
④ 내가 모두 한다..........3점

2) 자기규칙

자기규칙은 (1) 개인의 인식문제 해결과 (2) 목표설정과 과제수행으로 제시되었고, (1)개인의 인식문제 해결은 0점에서 2점을 배점하고, (2) 목표설정과 과제수행은 0점에서 3점까지 배점합니다. 채점의 예시로 “자기결정능력검사 안내” 책자의 5장에 제시되어 있습니다.

3) 심리적 역량

심리적 역량은 2가지 선택문 가운데 하나를 선택하게 되어 있고, 채점은 0점과 1점으로 하고 채점표는 다음과 같습니다.

문항	42	43	44	45	46	47	48	49
문 장1	0	1	0	1	1	0	1	0
문 장2	1	0	1	0	0	1	0	1

문항	50	51	52	53	54	55	56	57
문 장1	1	0	1	0	1	0	1	0
문 장2	0	1	0	1	0	1	0	1

4) 자아실현

자아실현검사는 주어진 문자 내용에 맞음, 틀림으로 답하게 되어 있습니다. 채점은 0점과 1점으로 한다. 채점표는 다음과 같습니다.

문항	58	59	60	61	62	63	64	65
맞 음	1	1	1	1	0	1	1	1
틀 림	0	0	0	0	1	0	0	0

문항	66	68	69	70	71	72	73	
맞 음	0	0	1	0	1	1	1	
틀 림	1	1	0	1	0	0	0	

채점이 끝나면 원점수를 환산표에 의해 규준점수와 실행점수로 환산하여 채점표 3단계에 써 넣습니다. 환산표는 “자기결정능력검사 안내” 책자의 5장을 참조해야 합니다.

환산점수 기록이 끝나면 그 점수에 의한 4단계와 5단계의 그래프를 그립니다. 이 자료는 해석에 필요합니다.

자기결정능력검사

기록용지

김정권, 조인수, 문태형, 김혜경

학생 이름(성별)	(남, 여)
생 년 월 일	년 월 일
검 사 년 월 일	년 월 일
학 교 이 름	
교 사 이 름	

1장 자율성

실시방법 :
각 상황에서 당신이 어떻게 행동하는지에 대해 가장 적합한 것을 한가지씩만 표시하라. 여기에선 정답이나 오답은 없다. (당신의 장애로 인하여 그 활동을 성취하는데 제한을 가지고 있지만,(당신을 도와줄 수 있는 사람의 도움을 통해)당신의 활동을 당신의 의도대로 조정할 수 있다면 그 활동을 성취한다고 대답하라.)

1A. 독립성 : 일상생활에서의 개인 관리와 가족안에서의 역할 　　　1A. 소계 : ________

1 　나는 나의 식사와 간식을 준비한다.

☐ 그런 일을 해본 적이 없다. ☐ 몇 번 해 본 적이 있다. ☐ 대부분 내가 한다. ☐ 내가 모두 한다.

2 　내 옷은 내가 관리한다(정리, 세탁 등).

☐ 그런 일을 해본 적이 없다. ☐ 몇 번 해 본 적이 있다. ☐ 대부분 내가 한다. ☐ 내가 모두 한다.

3 　나는 집안일을 한다.

☐ 그런 일을 해본 적이 없다. ☐ 몇 번 해 본 적이 있다. ☐ 대부분 내가 한다. ☐ 내가 모두 한다.

4 　나는 내 자신의 개인적 문제를 가족과 협의해서 처리한다.

☐ 그런 일을 해본 적이 없다. ☐ 몇 번 해 본 적이 있다. ☐ 대부분 내가 한다. ☐ 내가 모두 한다.

5 　나는 나에게 필요한 간단한 응급치료나 의료 치료를 스스로 한다.

☐ 그런 일을 해본 적이 없다. ☐ 몇 번 해 본 적이 있다. ☐ 대부분 내가 한다. ☐ 내가 모두 한다.

6 　나는 훌륭한 나의 건강 관리자이며 보호자이다.

☐ 그런 일을 해본 적이 없다. ☐ 몇 번 해 본 적이 있다. ☐ 대부분 내가 한다. ☐ 내가 모두 한다.

1B. 독립성 : 환경과의 상호작용 　　　1B. 소계 : ________

7 　나는 나와 나이가 다른 아이들과도 친구가 된다.

☐ 그런 일을 해본 적이 없다. ☐ 몇 번 해 본 적이 있다. ☐ 대부분 내가 한다. ☐ 내가 모두 한다.

8 　나는 우체국을 이용할 수 있다.

☐ 그런 일을 해본 적이 없다. ☐ 몇 번 해 본 적이 있다. ☐ 대부분 내가 한다. ☐ 내가 모두 한다.

9 　나는 나의 약속과 모임을 지킨다.

☐ 그런 일을 해본 적이 없다. ☐ 몇 번 해 본 적이 있다. ☐ 대부분 내가 한다. ☐ 내가 모두 한다.

10 　나는 상점과 식당을 이용한다.

☐ 그런 일을 해본 적이 없다. ☐ 몇 번 해 본 적이 있다. ☐ 대부분 내가 한다. ☐ 내가 모두 한다.

1C. 기호, 믿음, 관심, 능력에 기초한 활동 : 여가와 휴식 시간 1C. 소계 : ________

11 나는 내가 관심이 있는 활동을 할 수 있는 여가 시간을 갖는다.

☐ 그런 일을 해본 적이 없다. ☐ 몇 번 해 본 적이 있다. ☐ 대부분 내가 한다. ☐ 내가 모두 한다.

12 내가 좋아하는 활동들을 주말 계획에 넣는다.

☐ 그런 일을 해본 적이 없다. ☐ 몇 번 해 본 적이 있다. ☐ 대부분 내가 한다. ☐ 내가 모두 한다.

13 나는 우리 학교와 관련이 있는 활동에 참여한다.

☐ 그런 일을 해본 적이 없다. ☐ 몇 번 해 본 적이 있다. ☐ 대부분 내가 한다. ☐ 내가 모두 한다.

14 친구들과 나는 우리가 원하는 활동을 선택한다.

☐ 그런 일을 해본 적이 없다. ☐ 몇 번 해 본 적이 있다. ☐ 대부분 내가 한다. ☐ 내가 모두 한다.

15 나는 친구들과 가족들에게 편지를 쓰며, 메모를 남기거나 전화를 한다.

☐ 그런 일을 해본 적이 없다. ☐ 몇 번 해 본 적이 있다. ☐ 대부분 내가 한다. ☐ 내가 모두 한다.

16 나는 내가 좋아하는 음악을 듣는다.

☐ 그런 일을 해본 적이 없다. ☐ 몇 번 해 본 적이 있다. ☐ 대부분 내가 한다. ☐ 내가 모두 한다.

1D. 기호, 믿음, 관심, 능력에 기초한 활동 : 사회참여와 상호작용 1D. 소계 : ________

17 나는 내가 관심이 있는 일에 봉사활동을 한다.

☐ 그런 일을 해본 적이 없다. ☐ 몇 번 해 본 적이 있다. ☐ 대부분 내가 한다. ☐ 내가 모두 한다.

18 나는 내가 좋아하는 식당에 간다.

☐ 그런 일을 해본 적이 없다. ☐ 몇 번 해 본 적이 있다. ☐ 대부분 내가 한다. ☐ 내가 모두 한다.

19 나는 영화, 콘서트, 그리고 무용발표를 보러간다.

☐ 그런 일을 해본 적이 없다. ☐ 몇 번 해 본 적이 있다. ☐ 대부분 내가 한다. ☐ 내가 모두 한다.

20 나는 쇼핑을 하거나 쇼핑센터나 공원등에 가서 시간을 보낸다.

☐ 그런 일을 해본 적이 없다. ☐ 몇 번 해 본 적이 있다. ☐ 대부분 내가 한다. ☐ 내가 모두 한다.

21 나는 청년 단체에 참여한다(스카우트, 교회 단체와 같은 것).

☐ 그런 일을 해본 적이 없다. ☐ 몇 번 해 본 적이 있다. ☐ 대부분 내가 한다. ☐ 내가 모두 한다.

1E. 기호, 믿음, 관심, 능력에 기초한 활동 : 학교 졸업 후 방향 1E. 소계 : ________

22 나는 내가 관심있는 직업을 중심으로 학교생활과 여가생활을 한다.

☐ 그런 일을 해본 적이 없다. ☐ 몇 번 해 본 적이 있다. ☐ 대부분 내가 한다. ☐ 내가 모두 한다.

23 나는 나의 직업 기회를 향상시킬 학교 활동에 참여한다.

☐ 그런 일을 해본 적이 없다. ☐ 몇 번 해 본 적이 있다. ☐ 대부분 내가 한다. ☐ 내가 모두 한다.

24 나는 장기간의 직업 계획을 세운다.

☐ 그런 일을 해본 적이 없다. ☐ 몇 번 해 본 적이 있다. ☐ 대부분 내가 한다. ☐ 내가 모두 한다.

25 나는 돈을 벌 수 있는 일을 하거나 일을 한 적이 있다.

☐ 그런 일을 해본 적이 없다. ☐ 몇 번 해 본 적이 있다. ☐ 대부분 내가 한다. ☐ 내가 모두 한다.

26 나는 직업반이나 작업반 또는 훈련반에 참여하고 있거나 참여 한 적이 있다.

☐ 그런 일을 해본 적이 없다. ☐ 몇 번 해 본 적이 있다. ☐ 대부분 내가 한다. ☐ 내가 모두 한다.

27 직원들과 대화하면서 관심있는 직업을 찾는다.

☐ 그런 일을 해본 적이 없다. ☐ 몇 번 해 본 적이 있다. ☐ 대부분 내가 한다. ☐ 내가 모두 한다.

1F. 기호, 믿음, 관심, 능력에 기초한 활동 : 자신의 표현 1F. 소계 : ________

28 나는 매일 입는 옷이나 사용하는 개인 생활용품을 선택한다.

☐ 그런 일을 해본 적이 없다. ☐ 몇 번 해 본 적이 있다. ☐ 대부분 내가 한다. ☐ 내가 모두 한다.

29 나는 내 헤어스타일을 선택한다.

☐ 그런 일을 해본 적이 없다. ☐ 몇 번 해 본 적이 있다. ☐ 대부분 내가 한다. ☐ 내가 모두 한다.

30 나는 가족들과 친구들에게 줄 선물을 선택한다.

☐ 그런 일을 해본 적이 없다. ☐ 몇 번 해 본 적이 있다. ☐ 대부분 내가 한다. ☐ 내가 모두 한다.

31 나는 내 방을 스스로 꾸민다.

☐ 그런 일을 해본 적이 없다. ☐ 몇 번 해 본 적이 있다. ☐ 대부분 내가 한다. ☐ 내가 모두 한다.

32 나는 내 돈을 어떻게 쓸 것인지 결정한다.

☐ 그런 일을 해본 적이 없다. ☐ 몇 번 해 본 적이 있다. ☐ 대부분 내가 한다. ☐ 내가 모두 한다.

2장 자기 규칙

실시방법 :
다음 각각의 질문의 이야기의 시작과 결론을 말하라. 당신이 해야 할 일은 이야기의 시작과 결론이 연결되도록 중간에 일어날 일들을 말하는 것이다. 각각 질문의 시작과 끝을 읽어보고, 중간에 일어날 가장 적당한 이야기를 채워 넣어라. 거기에는 정답이나 오답은 없다. 그 이야기가 완성될 수 있는 최고의 적절한 답이라고 생각되는 것을 한 가지만 적어 넣어라.

2A. 개인간의 인식적 문제 해결

33. 시작 : 당신은 지금 당신의 부모와 교사와 함께 당신의 수업 상담을 위해 앉아있다. 당신은 상점의 출납원으로 일하는데 필요한 수업을 하길 원한다. 당신의 부모는 당신이 가족과 아동 관리 수업을 받길 원한다. 당신은 이 수업 중 하나만을 선택할 수 있다.

과정 :

결론 : 이 이야기는 당신이 출납원이 되기 위해 필요한 것을 배울 수 있는 직업반에 들어가는 것으로 끝이 난다.

점수 :

34. 시작 : 당신은 동네에 새 서점이 생기며, 그 서점에서 새 종업원 모집한다는 이야기를 친구로부터 듣는다. 당신은 책읽기를 좋아해서 그 직업을 원한다. 당신은 그 서점에 일할 것을 결심한다.

과정 :

결론 : 이 이야기는 당신이 서점에서 일하는 것으로 끝을 맺는다.

점수 :

35. 시작 : 당신의 친구들이 당신에게 화난 것처럼 행동하고 있다. 당신은 이것 때문에 당황한다. 해결책을 생각해보라.

과정 :

결론 : 이 이야기는 당신이 친구들과 사이좋게 지내는 것으로 끝을 맺는다.

점수 :

36. 시작 : 당신은 아침에 영어 수업이 있는데 영어책이 가방에 없다. 당신은 과제를 하기 위해 책이 필요하기 때문에 당황한다.

과정 :

결론 : 이 이야기는 당신의 영어책을 사용하여 과제를 하고 있는 것으로 끝을 맺는다.

점수 :

37. 시작 : 당신은 학교 클럽에 있다. 그 클럽의 지도자는 다음 모임에 새로운 클럽의 임원을 선출해야 한다고 공고했다. 당신은 클럽의 회장이 되고 싶다.

과정 : ______________________________

____

결론 : 이 이야기의 결론은 당신이 클럽의 회장으로 선출되는 것이다.

점수 :

38. 시작 : 당신은 새 학교에 전학 왔다. 당신은 아는 사람이 아무도 없다. 당신은 친구를 원한다.

과정 : ______________________________

____

결론 : 이 이야기는 당신이 새 학교에서 많은 친구들을 사귀는 것으로 끝을 맺는다.

점수 :

2B. 목표 설정과 과제 수행

실시방법 :

다음 세가지 질문은 너의 계획과 장래에 관한 질문들이다. 역시 여기에는 정답과 오답은 없다. 각각의 질문에서, 당신이 그 성과에 대한 계획을 가지고 있다면 그렇다고 대답을 하고, 계획이 무엇이며 어떻게 계획을 세울 것인지 대답하라.

39. 졸업 후 어디에서 살기를 원하는가

☐ 아직 계획 없다.

☐ 나는 ______________ 에서 살기를 원한다.

이 목표를 성취하기 위해 당신이 해야할 것들을 4가지 적어 보세요.

1) ______________

2) ______________

3) ______________

4) ______________

40. 졸업 후 어떤 일을 하기를 원하는가

☐ 아직 계획 없다.

☐ 나는 ______________ 일을 하기를 원한다.

이 목표를 성취하기 위해 당신이 해야할 것들을 4가지 적어 보세요.

1) ______________

2) ______________

3) ______________

4) ______________

41. 졸업 후 어떤 교통수단을 이용할 계획인가

☐ 아직 계획 없다.

☐ 나는 ______________ 의 교통수단을 이용하길 원한다.

이 목표를 성취하기 위해 당신이 해야할 것들을 4가지 적어 보세요.

1) ______________

2) ______________

3) ______________

4) ______________

소계 : ______________

3장 심리적 역량

실시방법 :

▪당신을 나타내는 최고의 적절한 답을 체크하라. ▪각각의 질문에 한 가지만 선택하라. ▪여기에 정답이나 오답은 없다.

소계 : ______________

42 □ 나는 일반적으로 나의 친구들이 원하는 것은 한다.
□ 나는 내가 원치않는 것을 나의 친구들이 하고 있으면 그것을 친구들에게 말한다.

43. □ 내가 새로운 또는 다른 생각이나 의견을 가지고 있으면 다른 사람에게 말한다.
□ 나는 보통 다른 사람들의 생각이나 의견에 따른다.

44. □ 그들이 나에게 그것을 할 수 없다고 말할 때 보통 그것을 받아들인다.
□ 그들이 나에게 할 수 없다고 말하는 것을 내가 할 수 있을 때 나는 그들에게 할 수 있다고 말한다.

45. □ 그들이 나의 감정을 상하게 할 때 그들에게 말한다.
□ 그들이 나의 감정을 상하게 할 때 그들에게 말하는 것을 두려워한다.

46. □ 나는 내 스스로 결정을 할 수 있다.
□ 다른 사람들이 나 대신 결정을 한다.

47. □ 학교에서 열심히 공부하는 것은 나에게 별로 도움이 되지 않는다.
□ 학교에서 열심히 공부하면 좋은 직장을 얻는데 도움이 된다.

48. □ 열심히 노력하면 내가 원하는 것을 얻을 수 있다.
□ 내가 원하는 것을 얻기 위해서는 운이 따라야 한다.

49. □ 변화가 없을 것이기 때문에 노력해도 소용이 없다.
□ 나는 어떤 잘못이 생긴 후라도 계속 노력한다.

50. □ 나는 내가 원하는 직업을 가질 능력을 가지고 있다.
□ 나는 내가 원하는 직업을 가질 능력이 없다.

51. □ 나는 친구를 사귀는 방법을 모른다.
□ 나는 친구를 사귀는 방법을 안다.

52. □ 나는 다른 사람들과 함께 일할 수 있다.
□ 나는 다른 사람들과 함께 일할 수 없다.

53. □ 나는 훌륭한 선택을 하지 않는다.
□ 나는 훌륭한 선택을 할 수 있다.

54. □ 만일 내가 능력이 있다면, 내가 원하는 직업을 가질 수 있을 것이다.
□ 내가 능력을 가지고 있다하더라도 나는 내가 원하는 직업을 얻을 수 없을 것이다.

55. □ 나는 새로운 친구들을 사귀는데 어려움을 가진다.
□ 나는 새로운 상황에서 친구들을 사귈 수 있다.

56. □ 나는 내가 필요하다면 다른 사람들과 함께 일할 수 있을 것이다.
□ 나는 내가 필요하지만 다른 사람들과 일할 수 없을 것이다.

57. □ 나의 선택은 존중되지 않을 것이다.
□ 나는 나에게 중요한 선택을 할 수 있을 것이다.

4장 자아실현

실시방법 :
당신 자신에 대해 어떻게 느끼는지 각각의 질문에 당신이 생각하는 것을 체크하라. 여기에는 정답이나 오답은 없다. 당신에게 가장 적당하다고 생각하는 것을 선택하라.

58. 나는 나의 감정의 어떤 것도 부끄럽게 생각하지 않는다. ☐ 맞음 ☐ 틀림
59. 내가 좋아하는 사람에게 화를 내도 괜찮다고 생각한다. ☐ 맞음 ☐ 틀림
60. 사람들이 날 보고 있을 때에도 난 나의 생각을 나타낼 수 있다. ☐ 맞음 ☐ 틀림
61. 내가 그들과 의견을 같이 하지 않을 때에도 난 그들을 좋아할 수 있다. ☐ 맞음 ☐ 틀림
62. 나는 일을 잘못하는 것에 대해 두려워한다. ☐ 맞음 ☐ 틀림
63. 나는 인기인이 되는 것보다 나 자신에게 충실한 것이 더 좋다. ☐ 맞음 ☐ 틀림
64. 나는 다른사람에게 사랑을 주기 때문에 나도 사랑을 받는다. ☐ 맞음 ☐ 틀림
65. 내가 최선을 하는 것이 무엇인지 나는 안다. ☐ 맞음 ☐ 틀림
66. 나는 나의 장애를 인정하지 않는다. ☐ 맞음 ☐ 틀림
67. 나는 많은 것을 할 수 없다고 느낀다. ☐ 맞음 ☐ 틀림
68. 나는 나 자신을 좋아한다. ☐ 맞음 ☐ 틀림
69. 나는 중요한 사람이 아니다. ☐ 맞음 ☐ 틀림
70. 나는 나의 부족함을 어떻게 보충해야하는지 안다. ☐ 맞음 ☐ 틀림
71. 다른 사람들은 날 좋아한다. ☐ 맞음 ☐ 틀림
72. 나는 나의 능력에 만족한다. ☐ 맞음 ☐ 틀림

소계 : ______________

1단계 점수화

각 장의 원점수 기록

자율성

1A = [ ] 1B = [ ] 1C = [ ]

1D = [ ] 1E = [ ] 1F = [ ]

영역 총점 : [ ]

자기 규칙

2A = [ ] 2B = [ ]

영역 총점 : [ ]

심리적 역할

3 = [ ] 영역 총점 : [ ]

자아 실현

4 = [ ] 영역 총점 : [ ]

2단계 점수화

총점수를 위한 각 영역의 합계 : 자기 결정 총점 = [ ]

3단계 점수화

부록 A의 환산표를 이용하여 원점수를 환산 점수로 나타내시오.

	표준점수	실제점수
자율성		
1A =		
1B =		
1C =		
1D =		
1E =		
1F =		
총 점		
자기 규칙		
2A =		
2B =		
총 점		
심리적 역량		
3 =		
총 점		
자아 실현		
4 =		
총 점		
자기결정		
총점수 =		

4단계 점수화

표준 점수(norm sample)를 그래프에 그리세요.

1A	1B	1C	1D	1E	1F	1	2A	2B	2	3	4	TOTAL	(%)
													100
													90
													80
													70
													60
													50
													40
													30
													20
													10

5단계 점수화

실제 점수(positive scores)를 그래프에 그리세요.

자율성	자기 규칙	심리적 역량	자아실현	자기결정	(%)
					100
					90
					80
					70
					60
					50
					40
					30
					20
					10

참 고 문 헌

강위영, 조인수, 정대영(1993). **직업재활과 지원고용**. 서울: 성원사.

교육부(1990). **정신지체아 교육과정 기준**. 서울: 교육부.

김충기(1989). **진로상담의 이론과 실제**. 서울: 성원사.

류현주(2003). 여가활동 중심의 전환교육이 정신지체학생의 대인관계 및 사회적 기술에 미치는 효과. 박사학위논문. 대구대학교대학원.

박승희, 박현숙, 박희찬(2006). **장애청소년 전환교육**. 시그마프레스.

박정식(2005). 특수학교 전환교육 실행수준과 촉진방안. 박사학위논문. 대구대학교대학원.

박희찬(1999). 전환교육의 이론과 적용방안. **제44회 전국특수교육연수회**. 한국정신지체아교육학회. 267-286

박희찬(1999). 전환교육계획의 수립과 실천. **현장특수교육, 6(1).** 20-29

박희찬, 이효자, 장병연(1998). 중증장애학생 전환교육의 실제. 국립특수교육원. 서울: 이문기업.

유애란(1999). 전환교육에 필요한 교사수행능력에 관한 연구. **직업재활연구, 9,** 99-109, 한국직업재활학회.

이상춘, 조인수(1990). **정신지체아의 직업재활훈련과 지도**. 전주 : 신아출판사, 1990.

이상춘, 조인수(1998). **정신지체아 교육**. 전주: 신아출판사.

이응훈(2001). 전환교육 프로그램 적용이 정신지체 학생의 자율성과 자아실현에 미치는 효과. 석사학위논문, 대구대학교 특수교육대학원.

이응훈(2006). 정신지체인의 성과중심 전환교육을 위한 자기결정기술 촉진방략. 박사학위논문, 대구대학교대학원.

장석민, 홍영란(1985). 미국의 진로교육 모형에 관한 분석연구. 한국교육개발원.
정동영(2000). 장애학생 전환서비스 강화를 위한 기관간 협력방안. 박사학위 논문. 대구대학교 대학원.
조분래(2006). 정신지체 특수학교 전환교육 교사의 직무수행능력 기준 개발. 박사학위논문. 대구대학교 대학원.
조인수 외(1992). **장애인 직업적응을 위한 재활방법**. 서울: 성원사.
조인수 외 3인(1995). **정신지체인의 직업지도 이론과 실제**. 서울: 도서출판 이레.
조인수(1988). 정신박약학생 직업교육의 개선방향. **대한특수교육학회지. 제9집**.
조인수(1992). 진로선택의 발달이론적 분석연구. **직업재활연구. 제2집**. 한국직업재활학회.
조인수(1998). **발달지체인 생활 · 직업 재활훈련의 이론과 실제**. 서울: 교육과학사.
조인수(1999). **발달지체인의 직업지도**. 대구: 도서출판 명성사.
조인수(2000). 전환교육계획 수립과 과정. **특수교육연구, 23(1).** 171-192.
조인수(2002). **장애인 삶의 질 향상을 위한 전환교육과 서비스**. 대구: 대구대학교 출판부.
조인수(2002). 전환교육의 발달과정과 실천적 과제. **특수교육학 연구. 37**(2), 175-202.한국특수교육학회.
조인수(2004). **생활중심진로교육프로그램**. 대구: 대구대학교 출판부.
조인수(2005). **전환교육**. 대구대학교 출판부.
조인수(2006). **특별한 교육적 지원 요구학생을 위한 여가 · 생활지도**. 대구: 대구대학교 출판부
조인수(2006a). 장애학생의 자기결정력 강화를 위한 자기규칙 행동증진 방안. 한국정신지체아교육학회. **정신지체연구, 제 8집 2호**. 19-41.
조인수(2006b). 발달장애학생의 자기결정력 강화를 위한 자기옹호와 리더쉽 기술 증진방안 고찰. 한국정신지체아교육학회. **정신지체연구, 제 8집 3호**. 1-13.
조인수(2006c). 발달지체학생의 자아실현과 심리적 역량 강화를 위한 자아인식과 자기지식 촉진전략 탐색. 한국특수교육문제연구소. **특수교육저널: 이론과 실천. 제 7권 3호.** 249-268.
조인수, 강위영, 정대영(1993). **직업재활과 지원고용**. 서울도서출판 성원사.
조인수, 박정식(2001). 전환교육의 총체적 지원체제로서 팀 접근. **2001년도 춘계**

학술대회, 69-104. 한국특수교육학회.

조인수, 송정선(2007). 특별한 교육적 지원요구 학생을 위한 전환교육 사정방법과 사정전략 모델탐색. **정신지체연구, 9(4).** 183-206. 한국정신지체아학회.

조인수, 이상춘, 강위영(1993). **장애인 직업적응을 위한 재활방법**. 서울: 성원사.

조인수, 이응훈(2004). 성과중심 전환교육의 자기결정 구성요소와 지원전략. 두뇌한국21 특수교육 · 연구단, **특수교육저널: 이론과 실천. 제 5권 1호**. 157-187.

조인수, 이응훈(2005). 성과중심 전환교육에서의 자기결정과 동기와의 관련성 고찰. 두뇌한국 21특수교육 교육 · 연구단, **특수교육저널: 이론과 실천. 제 6권 2호**. 155-180.

조인수, 이응훈(2006). **자기결정기술**. 대구대학교출판부.

조인수, 이응훈(2008). **자기결정 교수 방략**. 대구대학교 출판부.

한국교육개발원(1983). **학습과 일의 세계**. 서울: 한국교육개발원.

Abery, B., Schoeller, K., Simunds, E., Gaylord, V., & Fahnestock, M. (February 1997). *Yes, I can: social inclusion curriculum for students with and without disabilities. Instructor's guide*. Minneapolis, MN: University of Minnesota Institute on Community Integration.

Albright, L., & Cobb, R. B. (1998b). Curriculum based vocational assessment: A concept whose time has come. *The Journal of Vocational Special Needs Education, 10,* 13-16.

Apling, R. N., & Jones, N. L. (January 5, 2005). *CRS report for congress. Individuals with disabilities education act (IDEA): Analysis of changes made by P. L. 108-446.* Washington, DC: Congressional Research Service, The Library of Congress.

Bailey, L. J., Stadt, R. W. (1973). *Career Education: New Approachs to Human development.* Boomington, IL: McNight Publishing Company.

Baker, B. C., & Geiger, W. L. (1998). *Preparing transition specialists: Competencies from thirteen program.* Arkansas Univ., Little Rock: Office of Special Education and Rehabilitative Services.

Banathy, B. H. (1973). *Employer-Based Career Education Midel.* In J.H.

Magisos(Ed.). *Career Education*. Washington: American Vocational Association.

Bates, P. (1990). *Best Practices in transition planning: Quality indicators.* Carbondale, IL: Transition Project.

Begun, W. H. (1995). *The FUTURE Strategy*. In W.H. Begun, L, Silvers, & P. Witcher (Eds.). *The TRANS_PLAN Curriculum.*(pp52-53). Desoto, KS: Desoto School District.

Bellamy, G. et al. (1984). Quality and equality in employment services for adults with severe disabilities. *Journal of the Association for Persons with Severe Handicaps, 9(4),* 270-277.

Bellamy, G. T., Rhodes, L. E., Mank, D. M., Albin, J. M. (1988). *Supported Employment: A Community Implementation Guide*. Baltimore: Paul H. Brookes. Publishing Co.

Benitez, D. T. (2005). *Transition service and delivery: a multi-state study of special education teacher's perceptions of their transition competencies.* Doctoral Dissertation, University of Kansas.

Benz, M. R. & Halpern, A. S. (1987). Transition services for secondary students with mild disabilities: A statewide perspective. *Exceptional Children, 53(6),* 507-514.

Benz, M. R., & Kochhar, C. A (1996). School-to-work opportunities for all students: A position statement of the division on career development and transition. *Career Development for Exceptional Individuals, 19(1)*, 31-38.

Bingham, G. (1980). Career maturity of learning disabled adolescents. *Psychology in the school, 17*, 135-139.

Bitter, J. A. (1968). *Toward a Concept of Job Readiness*: *Rehabilitation Literature. 29(7)*, 201-203.

Bitter, J. A. (1979). *Introduction to Rehabilitation.* St. Louis: The C. V. Mosby Company.

Blackorby, J., & Wagner, M. (1996). Longitudinal postschool outcomes of youth with disabilities: Findings from the National Longitudinal Transition Study. *Exceptional Children, 62*(5), 399-413.

Bliller, E. F. (1985). *Understanding and guiding the career development of adolescents and young adults with learning disabilities.* Springfield, IL: Charles C. Thomas.

Boles. S. M., Bellamy. G. T., Horner. R.H., & Mank. D. M. (1984). *Specialized training program: The structured employment model.* In S.C. Paine. G. T. Bellamy, & B. Wilcox (Eds.). *Human services that work: From innovation to standard practice.* Baltimore: Paul H. Brookes Publishing Co., 181-205.

Botterbusch, K. (1978). *Psychological testing in vocational evaluation.* Menomonie, WI : Materials Development Center.

Bourbeau. P. E. (1985). *Mobile work crew: An approach to achive long-term supported employment.* In P. McCarthy. J. Everson. S. Moon. & M. Barcus (Eds.). *School to work transition for youth with severe disabilities.* Richmond: Virginia Commonwealth University, Rehabilitation Research and Training Center.

Braddock, D. (1987). *Federal policy toward mental retardation and developmental disabilities.* Baltimore: Paul H. Brookes Publishing Co.

Bremer, C. D., Kachgal, M., & Schoeller, M. (April, 2003). *Self-determination: Supporting successful transition: Research to practice brief. 8,* (1). Minneapolis, MN: University of Minnesota Institute on Community Integration.

Brolin, D. (1993). *Life centered career education: A competency-based approach.* Reston, VA: Council for Exceptional Children.

Brolin, D. E. (1982). Life-centered Career Education for Exceptional Children. *Focus on Exceptional Children. 14*(7), 1-15.

Brolin, D. E. (1985). *Vocational assessment In the public schools.* In R. Fry(Ed). The issues papers: Second national forum on issues in vocational assessment. Menomonie, WI: Material, Development Center.

Brolin, D. E. (1995). *Career education: A functional life skills approach*(3rd ed). Englewood Cliffs, NJ: Prentice-Hall.

Brolin, D. E. (1996). *Life centered career education. Professional development activity book: Using LCCE assessments.* Reston, VA: Council for Exceptional Children.

Brolin, D. E., & D'Alonzo, B. J. (1979). Critical issues in career education for handicapped students. *Exceptional Children, 45,* 246-253.

Brolin, D. E., & Kokaska, C. J. (1979). *Career education for handicapped children and youth.* Columbus, OH: Charles E. Merrill.

Brolin, D. E., & Lloyd, R. J. (2004). *Career development and transition services: A functional life skills approach,*(4th ed). Upper Saddle River, NJ: Pearson, Merrill, and Prentice Hall.

Brown, D. (1984). *Trait and factor theory.* In D. Brown, L. Brown, L. *Brooks, Associates, Career choice and development.* San Francisco: Jossey-Bass, 8-31.

Brown, D. S. (2000). *Learning a living: A guide to planning your career and finding a job for people with learning disabilities, attention deficit disorder, and dyslexia.* Bethesda, MD: Woodbine House.

Calhoun, C. C., Finch, A. V. (1982). *Vocational Education Concepts and Operations.* California: Wadsworth Publishing Co.

Carl D. Perkins *Vocational and Technical Education Act of 1998, P. L.* 105-332(1998). *Congressional Information Services* 〔online〕,112, 3076. Available: Lexis-Nexis Database: P.L. 105-332〔1999, May 21〕

Clack, G. M., & Kolstoe, O. P. (1995). *Career development and transition education for adolescents with disabilities*(2rd ed). Boston: Allyn & Bacon.

Clark, G. (1998). *Assessment for transition planning.* Austin, TX: PRO-ED.

Clark, G. M. & Kolstoe, O. P (2000). T*ransition education and service for adolescents with disabilities.* Newton, MA: Allyn & Bacon.

Clark, G. M. (1979). *Career education for the handicapped children in the elementary classroom.* Denver: Love Publishing.

Clark, G. M. (1980). Career preparation for handicapped adolescenta: A matter of appropriate education. *Exceptional Education Quarterly, 1(2),* 11-17.

Clark, G. M. (1996). Transition planning assessment for secondary-level students with learning disabilities. *Journal of Learning Disabilities, 29,* 79-92.

Clark, G. M., & Patton, J. R. (1997). *Transition planning inventory: Administration and resource guide.* Austin, TX: PRO-ED

Clark, G. M., Carlson, B. C., Fisher, S., Cook, I. D., & D'Alonzo, B. J. (1991).

Career development for students with disabilities in elementary schools: A position statement of the Division on Career Development. *Career Development for Exceptional Individuals, 14,* 109-120.

Clark, G. M., Field, S., Patton, J. R., Brolin, D. E., & Sitlington, P. L. (1994). Life skills instruction: A necessary component for all students with disabilities. A position statement of the Division on Career Development and Transition. *Career Development for Exceptional Individuals, 17,* 125-134.

Conte, L. E. (1983). Vocational development theories and the disabled person: Oversight or deliberate omission? *Rehabilitation Counseling Bulletin, 27,* 316-328.

Council for Exceptional Children. (2003). *What Every Special Educator Must Know.* U.S.A: Council for Exceptional Children.

Cronin, M. (1996). Life skills curricula for students with learing disabilities: A review of the literature. In Patton, J. & Blalock, G. (Eds)., *Transition and student with learning disabilities: Facilitating the movement from school to adult life.* (pp. 85-112). Austin, Texas: PRO-ED.

Cronin, M. E., & Patton, J. R. (1993). *Life skills instruction for all students with special needs: A practical guide for integrating real-life content into the curriculum.* Austin, TX: Pro-Ed.

Cross, F. R. (1974). *Elementary School Career Education: A Humanistic Ml.* Ohio : Charles E. Merrill Publishing Co.

Cunanan, E. S., & Maddy-Bernstein, C. (1995, May). Individualized career plans: Opening the door for all students. *Office of Student Services: Brief, 7*(1), 1-7.

Curnow, T.C. (1989). Vocational developmnet of persons with disability. *Career Developmnet Quarterly, 37,* 269-278.

deFer, S, H., & Taymans, J. R. (1990). *Transition and School-Based Service: Interdisciplinary perspectives for enhancing the Transiton Process.* Austin, TX: PRO-ED.

deFur, S., & Taymans, J. (1995). Competencies needed for transition specialists in vocational rehabilitation, vocational education, and special education.

Exceptional children, 62, 38-51.

Department of Health, Education and Welfare (1974). Vocational Rehabilitation Program: Implementation Provisions, Regulations. *Federal Register, 39*(235), 42470-42507.

Department of Health, Education and Welfare (1977). Education of handicapped children. *Federal Register, 42*(163), 42, 474-42, 518.

Deshler, D.D., Ellis, E. S., & Lenz, B. K. (1996). *Teaching adolescents with learing disabilites.* Denver, CO: Love Publishing Company.

Dietel, R. J., Herman, J. L., & Knuth, R. A. (1991). What does research say about assessment? North Central Regional Education Laboratory. Retrieved February 12, 2005 from http.//www.ncrel.org/sdrs/areas/stw-esys14assesss.htm.

Dunn, K., & Dunn, R. (1978). *Teaching students through their individual learning styles: A practical approach.* Reston, VA: Reston.

Edgar, E. (1987). Secondary programs in special education: Are many of them justifiable? *Exceptional children, 53,* 555-561.

Elksnin, N., & Elksnin, L. (1998). *Teaching occupational social skills.* Austin, TX: PRO-ED.

Enderle, J., & Severson, S., (2003). *Enderle-severson transition rating scale form J-revised.* Moorhead, MN: ESTR Publications.

Englert, C. S., Tarrant, K. L., & Mariage, T.V. (1992). Defining and redefining instructional practice in special education: Perspectives on good teaching. *Teacher Eduaction and Special Education, 15*(2), 62-86

Enright, M. S. (1994). The relationship between disability status, career beliefs, and career indecision. Unpublished doctoral dissertation. University of Wisconsin-Madison.

Everson, J. M., Rachal, P, & Michael, M. G. (1992). *Interagency collaboration for young adults with deaf-blindness: Toward a common transition goal.* Sands Point, NY: Technical Assistance Center, Helen Keller National Center (ED 345-456).

Field, S., & Hoffman, A. (1996a). Increasing the ability of educators to support youth self-determination. In L. E. Powers, G. H. S. Singer, & J. Sowers (Eds.), *Promoting self-competence in children and youth with disabilities: On the road to autonomy* (pp. 171-187). Baltimore: Paul H. Brookes.

Field, S., & Hoffman, A. (1996b). *Steps to self-determination: A curriculum to help adolescents learn to achieve their goals.* Austin, TX: Pro-Ed.

Field, S., & Hoffman, A. (2005). *Steps to self-determination: A curriculum to help adolescents learn to achieve their goals.* (2nd ed.) Austin, TX: PRO-ED.

Field, S., Martin, J., Miller, R., Ward, M., & Wehmeyer, M. (1998). Self-determination for persons with disabilities: A position statement of the Division on Career Development and Transition. *Career Development for Exceptional Individuals, 21,* 113-128.

Finn, J. D. (1993). *School engagement and student at risk.* Buffalo, NY: State University. (ERIC Document Reproduction Service No. 362 322).

Flanagan, J. C. (1978). A research approach to improving our quality of life. *American Psychologist, 33.*

Flexer. R. W., Simmons. T. J., Luft. P., Baer R. M., (2005). *Transition Planning for Secondary Students with Disabilities.* Peason Education, Inc.

Forest, M., & Lusthaus, E. (1989). Promoting educational equality for all students: Circles and maps. In Stainbank, S., Stainback, W., & Forest, M. (Eds.). *Educating All Students in the Mainstream of Education.* Baltimore, MD: Paul H. Brookes, pp. 43-57.

Forest, M., & Pearpoint, J. (1992). Putting all kid on the MAP. *Educational Leadership, 50*(2), 26-31.

Friedland, B. (1999). How are students with mild intellectual disabilities involved in planning their own transitions? *Rural Special Education for the New Millennium: Conference proceedings of the American council on rural special education(ACRES)*(19th, Albuquerque, New Mexico, March 25-27, 1999).

Gajar, A., Goodman, L., & McAfee, J. (1993). *Secondary schools and beyond: Transition of individuals with mild disabilities.* New York: Macmillan.

Gardner, D. C., Beatty, G. J., & Gardner, P. L. (1984). *Career and vocational education for mild handicapped and disadvantaged youth.* Springfield, IL: Thomas.

Gillet, P. (1981). Career education for exceptional children and youth. *Of work and worth: Career education for the handicapped.* Salt Lake City: Olympus Publishing.

Ginzberg, E. (1972). Toward a theory of occupational choice: A restatement. *Vocational Guidance Quarterly, 20,* 169-176.

Ginzberg, E., Ginzburg, S.W., Axelrad, S., & Herma, J. L. (1951). *Occupational choice: An approach to a general theory.* New York: Columbia University.

Gold, M. (1972). Stimulus factors in skill training of the retarded on a complex assembly task: Acquisition, transfer, and retardation. *American Journal of Mental Deficiency, 76,* 517-526.

Goldhammer, K. A., & Taylor, R. E. (1972). Career education perspectives. In K. A. Goldhammer & R. E. Taylor (Eds.), *Career education: Perspective and promise* (pp. 1-12). Columbus, OH: Charles E. Merrill.

Gottfredson, L. S. (1986). Special groups and the beneficial use of vocational interest inventories. In W. B. Walsh & S. H. Osipow (Eds.), *Advances in vocational psychology, Volume 1: The assessment of interest*(pp.127-198). Hillsdale, NJ: Erlbaum.

Gray, K.C. (2000). *Getting real: Helping teens find their future.* Thousand Oak, CA: Corwin.

Greene, C., & Kochhar-Bryant, C. A. (2003). *Pathways to successful trasition for youth with disabilities.* Upper Saddle River, NJ: Merrill/Prentice Hall

Greenspan, S., Shoultz, B. (1981). Why mentally retarded adults lose their jobs: Social competence as a factor in work adjustment. *Applied Research in Mental Retardation. 2,* 23-38.

Guilfoy, V. M., Brudney, J. F. (1973). *The Home/Community-Based Career Education Model.* In J. H. Magises (Ed.), *Career Education.* Washington: American Vocational Association.

Halpern, A. S. (1984). The transition from youth to adult life. A position statement of the Division on Career Development and Transition. *Career Development for Exceptional Individuals, 17*, 115-124.

Halpern, A. S. (1985). Transition: A look at the foundations. *Exceptional Children, 51,* 479-486.

Halpern, A. S. (1993). Quality of life as a conceptual framework for evaluating transition outcomes. *Exceptional Individuals, 13*, 13-28.

Halpern, A. S. (1994). The transition from youth to adult life: A position statement of the Division on Career Development and Transition, the Council for Exceptional Children. *Career Development for Exceptional Individuals, 17,* 115-124.

Hanley-Maxwell, C., Rusch, F. R., Chadsey-Rusch, J. H., & Renzaglia, A. "Reported factors contributing to job terminations of individuals with severe disabilities", *Journal of the Association for Persons with Severe Handicaps. 11*(1), 1986. 45-52.

Haring, K. A., Lovett, D.L., & Smith, D. D., (1990). A Follow-up of recent special education graduates of learning disabilities programs. *Journal of Learning Disabilities, 23*(2), 108-113.

Harvey, M. W. (2002). Comparison of postsecondary transitional outcomes between students with and without disabilities by secondary vocational education participation: Findings from the national longitudinal study. *Career Development for Exceptional Individuals, 25*(2), 99-122.

Hasazi, S. B., Gordon, L. R., & Roe, C. A. (1985). Factors associated with the employment status of handicapped youth exiting high school from 1979 to 1983. *Exceptional Children, 51(6),* 455-469.

Hazel, J. S., Sherman, J. A., Schumaker, J. B., & Sheldon, J. (1985). Group social skills training with adolescent: A critical review. InD. Upper and S. Ross (Eds), *Handbook of behavioral group therapy* (pp. 203-246). New York: Plenum Publishing.

Hoffman, A., Field, S., & Sawilowsky, S. (1995). *Self-determination Knowledge scale.* Austin, TX: PRO-ED.

Holland, J. L. (1985). *Making vocational choices: A theory of vocational personalities and work environments.* Englewood Cliffs, N. J: Prentice Hall.

Hoyt, K. B. (1975). *An introduction to career education.* Policy Pater of the United States Office of Education, DHEW Publications No.(OE) 75-00504. Washington, DC: U.S. Gov-ernmnet Printing Office.

Hoyt, K. B. (1977). *A Primer for career education.* Washington, DC: U. S. G. Government Printing Office.

Hungerford, R. H. (1941). The Detroit plan for the occupational education of the mentally retarded. *American Journal of Mental Deficiency, 46,* 102-108.

Hungerford, R. H. (1943). *Occupational education.* New York: Association for New York City Teachers of Special Education.

Individuals with Disabilities Education Act Amendments of 1997, Pub. L. No. 105-17, 105th Cong., 1st sess.

Individuals with Disabilities Education Act of 1990, Public Law 101-476 (October 30, 1990). Title 20, U.S.C. 1400-1485: U.S. Statutes at large, 104, 1103-1151.

Individuals with Disabilities Education Act of 2004, P.L. 108-466(online), Retrieved March 28, 2005, from http://thomas.loc.loc /cgi-bin/query /z/c 108h.1350.enr.

Individuals with Disabilities Education Act Regulations, 34 C.F.R 300.533 et seq. (1997)

Jesser, D. L. (1976). *Career Education: A Priority of the Chief State School Officers.* Utah: Olympus Publishing Co.

Jordaan, J. P., & Heyde, M. B. (1979). *Vocational maturity during the high school years.* New York: Teachers College Press, Teachers College, Columbia University.

Keith, K, D., Schalock, R. L., & Hoffman, K. (1986). *Quality of life: Measurement and program implicators. Lincon*, NE: Region V Mental Retardation Service.

Kieman, W. E., McGaughey. M. J., & Schalock, R. L. (1986). *Employment survey for adults with developmental disabilities.* Boston: Developmental Evaluation Clinic. Children's Hospital.

Knott, L., & Asselin, S. B. (1999). Transiton competencies: Perception of secondary education teachers. *Teacher Education and Special Education, 22*(1), 55-65

Knowles, M. (1990). *The adult learner: The neglected species.* Houston, TX: Gulf Publishing.

Kohler, P. D., & Greene, G. (2004). Strategies for intergrating transition-related competencies into teacher education. *Teacher Education and Special Education, 27*(2), 146-162.

Kokaska, C. J., & Brolin, D. E. (1985). *Career education for handicapped individuals*(2nd ed.). Columbus, OH: Merrill.

Kortering, L.,& Braziel, P. (2000). A look at the expressed career ambitions of youth with disabilities. *Journal for Vocational Special Needs Education, 23*(1), 24-33.

Lakin, K. C., Hill, B. K., Bruininks, R. H., & White, C. C. (1986). *Residential options and future implications.* In: W. E. Kieman & J. A. Stark (Eds.), *Pathways to employment for adults with developmental disabilities.* Baltimore: Paul H. Brookes Publishing Co., 207-228.

Levinson, E. M. (1993). *Transdisciplinary vocational assessment: Issues in school-based programs.* Brandon, VT: Clinical Psychology Publishing.

LoCascio, R. (1974). The vocational maturity of diverse Groups: Theory and measurement. In D. E. Super (Ed.), *Measuring vocational maturity for counseling and evaluation*(pp. 122-133). Washington, DC: Division of American Personnel and Guidance Association.

Lombard, R. C., Hazelkorn, M. N., & Neubert, D. A. (1992). A Servey of accessibility to secondary vocational education programs and transition services for students with disabilities in Wisconsin. *Career Development for Exceptional Individuals, 15,* 179-188.

Lombard, R.C., Larson, K.A., & Westphal, S.E. (1993). Validational assessment services for special populations in tech-prep. A model for translating the Perkins assurances into practice. *The Journal for Vocational and Special Needs Education, 16*(1), 14-22.

Loombard, R.C., Hazelkorn, M.N., & Miller, R.J.(1995) Special populations and tech-prep: Anational study of state policies and practices. *Career Developmnet of Exceptional Individuals, 18*(2), 145-156.

Loombard, R.C., Miller, R.J., & Hazelkorn, M.N.(1998). School-to-work and technical preparation: Teacher attitudes and practices regarding th inclusion of students with disabilities. *Career Developement of Exceptional Individuals, 21*(2), 161-172

Louis Harris and Associates. (2000). *Closing the gaps.* Washington, DC: National Organization on Disability.

Malikin, D., Rusalem H. (1969). *Vocational Rehabilitation of the Disabled: an Overview.* New York: New York University Press.

Mank, D. M., Phodes, L. E., & Bellamy. G. T. (1986). *Four supported employment for adults with developmental disabilites.* Baltimore: Paul H. Brookes Publishing Co., 129-153.

Mank, D. M., Rhodes, L. E., & Bellamy, G. T. (1986). Four supported employment alternatives. In: W. E. Kieman & J. A. Stark (Eds.), *Pathway to Empolyment for adults with developmental disabilities.* Baltimore: Paul H. Brookes Publishing Co., 139-153.

Marland, S. P., Jr. (1974). *Career education: A proposal for reform.* New York: McGraw-Hill.

Martin, J. E., & Marshall, L. H. (1994). *Choicemaker self-determination assessment.* Longmont, CO: Sopris West.

Martin, J. E., Marshall, L. H., Maxon, L., Jerman, P., Hughes, W., Miller, T., & McGill, T. (1997). *ChoiceMaker instructional series.* Longmont, CO: Sopris West.

McDonnell, J., Wilcox, B., & Hardman, M. (1991). *Secondary program for students with developmental disabilities.* Boston: Allyn and Bacon.

McGowan, J. F., Porter, T. L. (1967). *An Introduction to the Vocational Rehabilitation Process.* Washington: U, S. Dep. of Health, Education and Welfare, 3.

McLoughlin, J. A. & Lewis R. B. (2001). *Assessing students with special needs* (5th ed.). Upper Saddle River, NJ: Prentice Hall.

McMahan, R., & Bear, R. (2001). IDEA transition policy compliance and practice: Perceptions of transition stakeholders. *Career Development for Exceptional Individuals, 24*(2), 169-184.

Michaels, C. A. (Ed.). (1994). *Transition strategies for persons with learning disabilities*. San Diego, CA: Singular Publishing Group, Inc.

Michener, J. A. (1978). *Chesapeake*. New York: Random House.

Miller, R. J., & Corbey, S. A. (1994). *Rocketing into the future: A conference launching kit.*[monograph]. St. Paul, MN: Minnesota Department of Education.

Miller, R. J., (1994). Perparing for adult life: Teaching students their right and responsibilities. *CEC Today, 1*(7), 12

Miller, R. J., Lombard, R. C., Corbey. S. A., (2007). *Transition Assessment: Planning Transition and IEP Development for Youth with Mild to Moderate Disabilities.* Pearson Education, Inc.

Miller, S. E., Leinhardt, G., & Zigmond, N. (1988). Influencing engagement through accommodation: An ethnographic study of at-risk students. *American Educational Research Journal, 25*(4), 465-487.

Montgomery, D., Bull, K. S., & Beard, J. (1991). *Teacher competencies for transiton program as reported by state directors of special education.* Presented for American Council on Rural Special Education, SLC, Utah. Education.

Moon, M. S., Inge, K. J., Wehman, P., Brooke, V., & Barcus, J. M. (1990). *Helping persons with severe mental retardation get and keep employment: Supported employment issues and strategies*. Baltimore: Paul H. Brookes.

Morningstar, M. E., & Clark, G. M. (2003). The states of personnel preparation for transition education and service: What is critical content? How can it be offered? *Career Development for Exceptional Individuals. 25*(3), 227-237.

National Occupational Information Coordination Committee, (1992). *The national career development Guidelines.* Washington, DC: Author.

National Science Foundation. (2000). *Women, minorities, and persons with disabilities in science and engineering.* Arlington, VA: Author. Retrieved May 2, 2003, from http://www.nsf.gov/pubs/20002/nsf0225/nsf0225.html

Neff, W. S. (1985). *Work and human behavior*(3rd Ed.). New York: Aldine.

O'Bryan, A. The STP Benchwork model. In P. McCarthy, J.M. Everson, M.S. Moon, & J.M. Barcus (Eds.). (1985). School-to-work transition for youth with severe disabilities. Ricmond: Virginia Commonwealth University, Project Transition into Employment, *Rehabilitation Research and Training Center*, 183-194.

Osipow, S, H. (1973). *Theories of career development*(2nd ed). New York: Meredith Corporation.

Owens L., & Blanchett, W. J. (2004). Providing culturally relevant transition planning for students with disabilities: Perceptions of general and special education teachers. *Paper Presented at the Annual Conference of the Council for Exceptional Children*, New Orleans, LA.

Patton, J. R., & Dunn, C. (1999). *Transition from school to young adulthood: Basic concepts and recommended practices.* Austin, TX: PRO-ED.

Patton, J. R., & Polloway, E.A. (1982). The learning disabled: The adult years. *Topics in Learning and Learning Disabilities, 2*(3), 79-88.

Peterson, M. (1985). "School-based vocational assessment: A comprehensive, developmental approach". Inc. Smith & R. Fry (Eds.), *National forum on issues in vocational assessment.* Menomonie, WI: Materials, Development Center.

Pruitt, W. A. (1977). *Voational work evaluation*, Wis.: Walt Pruitt Associates, Publisher.

Pruitt, W. A. (1986). *Vocational Evaluation*(2nd Ed.). Menomonie, Wis.: Walt Pruitt Associates.

Raskind, M. H., Goldberg, R. J., Higgins, E. L., & Herman, K. L. (1999). Predictors of success in individuals with learning disabilities: Results from a twenty-year longitudinal study. *Learning Disabilities Research and Practice, 14*(1), 35-49.

Rehab Brief. (1986). *Supported Employment, 10(1).* Washington, DC: U.S. Department of Education, National Institute on Disability and Rehabilitation Research, Office of Special Education and Rehabilitative Services.

Renzaglia, A., Karvonen, M., Drasgow, E., & Stoxen, C. C. (2003). Promoting a lifetime of inclusion. *Focus on Autism and Other Developmental Disabilities, 18*(3), 1-13.

Rhodes, L. E., & Valenta, L. (1985). Industry-based supported employment: An enclave approach. *Journal of the Association for Persons with Severe Handicaps, 10*(1), 12-20.

Rhodes, L. E., & Valenta, L. Encalves in industry. In P. McCarthy, J. M. Everson, M. S. Moon, & J. M. Varcus (Eds.). (1985). *School-to-work transition for youth with severe disabilities.* Richmond: Virginia Common-wealth University, Project Transition into Employment, Rehabilitation Research and Training Center, 129-149.

Roberts, C. (1970). "Definitions, objectives and goals in work evaluation", *Journal of Rehabilitation, 36*(1), 12-15.

Rojewski, J. W. (1994). Applying theories of career behavior to special populations: Implications for vocational transition programming. In P.M. Retish(Ed.), *Issues in Special Education and Rehabilitation, 9*(1), 7-26. Israel: University of Haifa.

Rojewski, J. W. (1996). Educational and occupational aspirations of high school seniors with learning disabilities. *Exceptional Children, 62,* 463-476. (ERIC Document Reproduction Service No. EJ519 867)

Rojewski, J. W. (2002). Career assessment for adolescents with mild disabilities: Critical concerns of transition planning. *Career Development for Exceptonal Individuals, 25*(1), 73-95.

Rokewski, J. W. (1993) Theoretical structure of career maturity for rural adolescents with learning disabilities. *Career Development for Excepriomal Individuals, 16,* 39-52.

Rusch, F. R., Ed. (1986). *Competitive employment issues and strategies.* Baltimore: Paul H. Brookes Publishing.

Sailor, W., Wilcox, B., & Brown, L. (1980). *Methods of instruction for severely handicapped students.* Baltimore: Paul H. Brookes Publishing Co.

Sarkees-Wircenski, M. & Scott, J. L. (1995). *Vocational special need.* Homewood, IL: American Technical Publishers.

Schalock, R. L. & Jensen, C. M. (1986). Assessing the goodness-of-fit between persons and their enviroments. *Journal of Association for Person with Severe Handicaps, 11*(2), 285-302.

Schalock, R. L. & Thornton, C. V. D. (1988). *Program evaluation: A Field guide for administrators*. New York: Plenum.

Schmidt, B. J., Finch, C. R., & Moore, M. (1997). Facilitating School-To-Work Transition: Teacher involvement and contributions(MDS-938). *National Center for Reserch in Vocational Education*. University of California at Berkeley.

Schumaker, J. B., Hazel, J. S., & Pederson, C. S. (1988). *Social skills for daily living*. Circle Pines, MN: American Guidance Service.

Sheet, D., & Gold, E. (2003). *My future my plan: A transition planning resource for life after high school-For students with disabilities and their families.* Wasington, DC: State of the Art, Inc.

Shrey, D. E., Mitchell, D. K., Hursh, N. C. (1985). *Employer development and industrial exploration manual*. Dublin, OH: The International Genter for Industry, Labor, and Rehabilitation.

Siegel, S., Robert, M., Waxman, M., & Gaylord-Ross, R. (1992). A follow-along study of participants in a longitudinal transition program of youths with mild disabilities. *Exceptional Children, 58*, 346-356. (ERIC Document Reproduction Service No. EJ 442 994)

Sitlington P. L., Clark, G. M., & Kolstoe, O.P. (2000). *Transition education and services for adolescents with disabilities*(3rd ed.). Needham Heights, MA: Allyn & Bacon.

Sitlington, P. L. & Clark, G. M. (2006). *Transition education and services for students with disabilities*(4th ed). Boston, MA: Pearson Education Inc.

Sitlington, P. L., Neubert, D. A., Begun, W., Lombard, R. C., & Leconte, P. J. (1996). *Assess for success: Handbook on transition assessment*. Reston, VA: The Council for Exceptional Children.

Sitlington, P., & Frank, A. (1993). Success as an adult-Does gender make a difference for graduates with mental disabilities? *Career Development for*

Exceptional Individuals, 16, 171-182.

Sitlington, P., Neubert, D., & Leconte, P.(1997). Transition assessment: The position of the Division on Career Development and Transition. *Career Development for Exceptional Individuals, 20*(1), 69-80.

Sitlington, P.L., Frank, Al., & Carson, R. (1992). Are adolescents with learning disabilities successfully crossing the bridge into adult life? *Learning Disabilities Quarterly, 13,* 97-111. (ERIC Documnet Reproduction Service No.EJ 411-771)

Sitlington, P.L., Neubert, D.A., Begun, W., Lombard, R.C., & Leconte, P.J. (1996). *Assess for success: Handbook on transition assessment.* Reston, VA: the Council for Exceptional Children

Stenhjem, P., & Schoeller, K. (2003). *My future my plan: Parent, family member and teacher guide.* Washington, DC: State of the Art, Inc.

Super, D. (1957). *The psychology of careers.* New York: Harper & Row.

Super, D. (1990). A life-span, life-space approach to career development. In D. Brown and L. Brooks (Eds.), *Career choice and development: Applying contemporary theories to practice* (2nd ed., pp. 197-261). Sna Francisco: Jossey-Bass.

Super, D. E. (1983). Assessment in career guidance: Toward truly developmental counseling. *The personnel and Guidance Journal, 61*(9), 555-561.

Super, D. E. (1994). A Life-span, Life-space perspective on convergence. In M. L. Sanvickas & R.W. Lent (Eds.)., *Convergence in career development theories: Implications for science and practice* (pp. 63-74). Palo Alto, CA: Consulting Psychologists Press.

Szymanski, E. M. (1994). Transition: Life-span and Life-space considerations for empowerment. *Exceptional Children, 60*(5), 402-410.

Szymanski, E. M., & Parker, R. M. (Eds.). (1996). *Work and disability: Issues and strategies in career development and job placement.* Austin, TX: PRO-ED

Teideman, D. V., & O'Hara, R. P. (1963). *Career development: Choice and adjustment.* New York: College Entrance Examination Board.

Test, D. W., Fowler, C. H., Wood, W. M., Brewer, D. M., & Eddy, S. (2005). A conceptual frame-work of self-advocacy for students with disabilities. *Remedial and Special Education, 26*, 43-54.

Test, D.W., Eddy, S.E., Neale, M. & Wood, W.M. (2004). A survey of the types of data collected by transition teachers. *Career Development for Exceptional Individuals, 27*(1), 87-100.

Test. D. W., Aspel. N. P., Everson. J. M., (2006). *Transition Methods for Youth with Disabilities.* Peason Education, INC.

Thomas, C. A., Held, M. F., & Sadder, S. (2002). Transition assessment practices in Nevada and Arizona: Are they tied to best practices? *Focus on Autism and other developmental Disabilities, 17*, 242-250.

Tseng, C. C. (1992) A study of the relationship of disability status and life experience among college students. (Doctoral dissertation, University of Wisconsin-Madison). *Dissertation Abstracts International, 53*, 1883A.

U. S. Department of Education (1984). *Programs for the handicapped.* Washington, DC: Author.

U. S. Department of Education, Office of Special Education and Rehabilitative Services (1990). *Twelfth annual report to Congress on the implementation of the Education of the Handicapped Act.* Washington, DC: U. S. Government Printing Office.

U. S. Department of Labor (1994). *The occupational outlook handbook.* Washington, DC: U. S. Government Printing Office.

U. S. Employment Service (1991). *Dictionary of occupational titles.* Washington, DC: U.S. Government Printing Office.

Valenti, R. A. (1989). *Developing self-advocacy: A practical guide and workbook for preparing high school learning disabled students and their parents.* Columbia, MO: Hawthorne Educational Services.

Van Reusen, A. K., & Bos, C. (1994). Facilitating student participation in individual educational programs through motivation strategy instruction. *Exceptional Children, 60*(5), 466-475

Van Reusen, A. K., & Bos, C.S. (1990). I Plan: Helping student communicate in planning conferences. *Teaching Exceptional Children, 22*(4), 30-32

Van Reusen, A., Bos, C., Schumaker, J., & Deshler, D. (1994). *The self-advocacy strategy for education and transition planning*. Lawrence, KS: Edge Enterprises.

Vandercook, T., York, J., & Forest, M.(1989). The McGill Action Planning System (MAPS): A strategy for building the vision. *Jornal of the Association for Persons with Severe Handicaps, 14*(3), 205-215.

Venn, G. (1979). "Thirteen Ways to Improve Your Occupation Program". In J. W. Fuller and T. O. Whealon(Ed.) *Career Education*. Chicago Nelson-Hall Inc.

Vertruba, J. C. (1981). Strategies for organizational change. *New Directiona for Continuing Education, 9,* 13-27.

Wagner, M. & Shaver, D. M. (1989). *The transition experiences of youth with disabilities: A report from the National Longitudinal Transitional Study.* Menlo Park, CA: SRI International.

Watts. F. A. (1978). "Study of work behavior in a psychiatric rehabilitation unit" , *British Journal of Clinical Psychology. 17*, 85-92.

Webb, K., Repetto, J., A., Perkins, D., Bailey, M., & Schwartz, S. (1999). *Dare to dream: A guide to planning your future.* Revised. Tallahassee, FL: Florida State Department of Education. Retrieved August 12, 2005 from http// www.thetransiiton-ioncenter.org/page

Wehman, P. (1992). *Life beyond the classroom: Transition strategies for young people with disabilities.* Baltimore: Paul H. Brookes.

Wehman, P. (1996). *Life beyond the classroom: Transition strategies for young people with disabilities*(2nd ed.). Baltimore: Paul H. Brookes Publishing Co.

Wehman, P., Kregel, J., & Barcus, J. M. (1985). From school to work: A vocational transition model for handicapped students. *Exceptional Children, 52*(1), 25-37.

Wehman, P., Kreutzer, J., Wood, W., Morton, M., Sherron, P. (1988). "Supported work model of competitive employment for persons with traumatic brain injury: Toward job placement and retention" .*Rehabilitation Counseling Bulletin. 31*(4), 298-312.

Wehman, P., Moon, M. S., Everson, J. M., Wood, W., & Barcus, J. M.(1988).

Transition from school to work: New challenges for youth with severe disabilities. Baltimore: Paul H. Brooks Publishing.

Wehman. P. & Kregel. J. A. (1985). A supported work approach to competitive employment of individuals with moderate and severe handicaps. *Journal of Autism and Developmental Disorder, 16*(3), 295-316.

Wehmeyer, M. (2002). *Promoting the self-determination of student with severe disabilities.* Arlington, VA: Eric Clearing-house on Disabilities and Gifted Education.

Wehmeyer, M. L. (1996). Self-determination for youth with significant cognitive disabilities: From theory to practice. In L. E. Powers, G. H. S. Singer, & J. Sowers (Eds.), *On the road to autonomy: Promoting self-competence in children and youth with disabilities* (pp. 115-134). Baltimore: Paul H. Brookes Publishing Co.

Wehmeyer, M. L. (2002). Transition principles and access to the general education curriculum. In C. A. Kochar-Bryant & D. Bassett (Eds.), *Aligning transition and students-based education. Issues and strategies.* Arlington, VA: *Council for Exceptional Children.*

Wehmeyer, M. L., & Schwartz, M. (1998). The relationship between self-determination and quality of life for adults with mental retardation. *Education and Training in Mental Retardation and Developmental Disabilities, 33*, 3-12.

Wehmeyer, M. L., Agran, M., & Hughes, C. (1998). *Teaching self-determined students with disabilities: Basic skills for successful transition.* Baltimore, MD: Paul H. Brookes.

Wehmeyer, M., & Kelchner, K. (1995). *The Arc self-determination scale.* Retrieved August 15, 2005 from http://www.beachcenter.org

Wehmeyer, M., & Kelchner, K. (1996). Perceptions of classroom environments, locus of control and academic attributions of adolescents with and without cognitive disabilities. *Career Development for Exceptional Individuals, 19*(1), 15-29.

Westing, D. L, & Fox, L. (1995). *Teaching students with severe disabilities.*

Englewood, NJ: Prentice Hall.

Wilcox, B. & Bellamy, G. T. (1982). *Design of high school programs for severely handicapped students.* Baltimore: Paul H. Brookes Publishing Co.

Will, M. (1984). *OSERS programming for the transition of youth with disabilities: Bridges from school to working life.* Washington, DC: Office of Special Education and Rehabilitative Services.

Wood, W. M., Karvonen, M., Test, D. W., Browder, D., & Algozzine, B. (2004). Promoting student self-determination skills in IEP planning. *Teaching Exceptional children, 36*(3), 8-16.

Ysseldyke, J. E., Algozzine, B., & Thurlow, M. L.(1992). *Critical issues in special education*(2nd ed.). Boston: Houghton Mifflin.

Zetlin, A. G., Turner, J., & Wenik, L., (1987). *Socialization effects on the community adaptation of adult who have mild mental retardation*(pp. 293-313). Washington, DC: American Association on Mental Retardation.

찾 아 보 기